COLLECTION
DES MÉMOIRES

RELATIFS

A L'HISTOIRE DE FRANCE.

MÉMOIRES DU CARDINAL DE RETZ, TOME II.

DE L'IMPRIMERIE DE A. BELIN.

COLLECTION
DES MÉMOIRES

RELATIFS

A L'HISTOIRE DE FRANCE,

DEPUIS L'AVÉNEMENT DE HENRI IV JUSQU'A LA PAIX DE PARIS CONCLUE EN 1763;

AVEC DES NOTICES SUR CHAQUE AUTEUR,
ET DES OBSERVATIONS SUR CHAQUE OUVRAGE,

Par M. PETITOT.

TOME XLV.

PARIS,
FOUCAULT, LIBRAIRE, RUE DE SORBONNE, N°. 9.
1825.

MÉMOIRES

DU

CARDINAL DE RETZ,

ÉCRITS PAR LUI-MÊME

A MADAME DE ✱✱✱.

LIVRE TROISIÈME.

Il étoit deux heures après minuit sonnées quand je retournai chez moi; et je trouvai pour rafraîchissement une lettre de Laigues, où il n'y avoit que deux ou trois lignes en lettres ordinaires, et dix-sept pages de chiffres. Je passai le reste de la nuit à la déchiffrer, et je ne rencontrai pas une syllabe qui ne me donnât une nouvelle douleur. La lettre étoit écrite de la main de Laigues, mais elle étoit en commun de Noirmoutier et de lui. La substance étoit que nous avions eu tout le tort du monde de souhaiter que les Espagnols ne s'avançassent pas dans le royaume; que tous les peuples étoient si animés contre Mazarin, et si bien intentionnés pour le parti et pour la défense de Paris, qu'ils venoient de toutes parts au devant d'eux; que nous ne devions point appréhender que leur marche nous fît tort dans le public; que M. l'archiduc étoit un saint, qui mourroit plutôt de dix mille morts que de prendre des avantages desquels on ne seroit pas convenu; que M. de Fuensaldagne étoit un homme net, de qui dans le fond il n'y avoit rien à craindre. La conclusion étoit que le gros de l'armée d'Espagne seroit tel jour à Vadoncourt, l'avant-garde tel jour à Pont-à-Verre; qu'elle y séjourneroit quelques autres jours, après lesquels M. l'archiduc faisoit état de se venir poster à Dammartin; que le comte de Fuensaldagne leur avoit donné des raisons si solides pour cette marche, qu'ils ne s'étoient pas pu défendre d'y donner les mains, et même de l'approuver; qu'il les avoit priés de m'en donner part en mon particulier, et de m'assurer qu'il ne feroit rien que de concert avec moi. Il n'étoit plus heure de se coucher quand j'eus déchiffré cette lettre; mais quand j'eusse été dans le lit, je n'y aurois pas reposé, dans la cruelle agitation qu'elle me donna, et qui étoit aigrie par toutes les circonstances qui la pouvoient envenimer. Je voyois le parlement plus éloigné que jamais de s'engager dans la guerre, à cause de la désertion de l'armée de M. de Turenne. Je voyois les députés, à Ruel, plus hardis que la première fois, par le succès de leur prévarication. Je voyois le peuple de Paris aussi disposé à faire entrer l'archiduc, qu'il l'eût pu être à recevoir M. le duc d'Orléans. Je voyois que ce prince, avec son chapelet toujours à la main, et Fuensaldagne avec son argent, y auroient en huit jours plus de pouvoir que nous tous. Je voyois que le dernier, qui étoit un des plus habiles hommes, avoit tellement mis la main sur Noirmoutier et sur Laigues, qu'il les avoit comme enchantés. Je voyois que M. de Bouillon retomboit dans ses premières propositions de porter toutes les choses à l'extrémité. Je voyois que la cour, qui se croyoit assurée du parlement, y précipitoit nos généraux, par le mépris qu'elle recommençoit d'en faire. Je voyois que toutes ces dispositions nous conduisoient à une sédition populaire qui étrangleroit le parlement, qui mettroit les Espagnols dans le Louvre, qui renverseroit peut-être l'Etat. Et je voyois sur le tout que le crédit que j'avois chez le peuple et par M. de Beaufort et par moi-même, et les noms de Noirmoutier et de Laigues, qui avoient mon caractère, me donneroient le triste et le funeste honneur de ces fameux exploits, dans lesquels le premier soin du comte de Fuensaldagne seroit de m'anéantir moi-même.

Je fus tout le matin dans ces pensées, et je me résolus de les aller communiquer à mon père, qui depuis plus de vingt ans étoit retiré dans l'Oratoire, et qui n'avoit jamais voulu entendre parler de mes intrigues. Il me vint une pensée entre la porte Saint-Jacques et Saint-Magloire, qui fut de contribuer sous main en tout ce qui seroit en moi à la paix, pour assurer l'Etat, qui me paroissoit sur le penchant de sa ruine; et de m'y opposer en apparence pour me maintenir avec le peuple, et pour demeurer toujours à la tête d'un parti non armé, que je pourrois armer et ne pas armer dans la suite, selon les occasions. Cette imagination, quoique non digérée, tomba d'abord dans l'esprit de mon père, qui étoit naturellement fort modéré; et cela commença à me faire croire qu'elle n'étoit pas si extrême qu'elle me l'avoit paru d'abord. Après l'avoir discutée, elle ne nous parut pas même si hasardeuse à beaucoup près; et je me ressouvins de ce que j'avois observé quelquefois, que tout ce qui paroît hasardeux et ne l'est pas est presque toujours sage. Ce qui me confirma encore dans mon opinion fut que mon père, qui avoit reçu, deux jours auparavant, des offres avantageuses pour moi de la cour, par la voie de M. de Liancourt qui étoit à Saint-Germain, convenoit que je n'y pourrois trouver aucune sûreté. Nous dégraissâmes, pour ainsi dire, notre proposition; nous la revêtîmes de ce qui pouvoit lui donner et de la couleur et de la force; et je me résolus de prendre ce parti, et de l'inspirer dès l'après-dînée, s'il m'étoit possible, à messieurs de Bouillon, de Beaufort, et de La Mothe-Houdancourt.

M. de Bouillon remit l'assemblée jusqu'au lendemain. Je confesse que je ne me doutai point de son dessein, et que je ne m'en aperçus que le soir, où je trouvai M. de Beaufort très-persuadé que nous n'avions plus rien à faire qu'à fermer les portes de Paris aux députés de Ruel, qu'à chasser le parlement, qu'à nous rendre maîtres de l'hôtel-de-ville, et qu'à faire avancer l'armée d'Espagne dans nos faubourgs.

Comme le président de Bellièvre venoit de m'avertir que madame de Montbazon lui avoit parlé dans les mêmes termes, je me le tins pour dit, et je commençai là à connoître la sottise que j'avois faite de m'ouvrir au point que je m'étois ouvert, en présence de don Gabriel de Tolède, chez M. de Bouillon. J'ai su depuis par lui-même qu'il avoit été quatre ou cinq heures la nuit chez madame de Montbazon, à qui il avoit promis vingt mille écus comptant et une pension de six mille, en cas qu'elle portât M. de Beaufort à ce que M. l'archiduc désiroit de lui. Il n'oublia pas les autres. Il eut bon marché de M. d'Elbœuf; il donna des lueurs au maréchal de La Mothe de lui faire trouver des accommodemens touchant le duché de Cardonne. Enfin je connus, le jour que nous nous assemblâmes, M. de Beaufort, M. de Bouillon, le maréchal de La Mothe et moi, que le catholicon (1) d'Espagne n'avoit pas été épargné dans les drogues qui se débitèrent dans cette conversation. Tout le monde m'y parut persuadé que la désertion des troupes de M. de Turenne ne nous laissoit plus de choix pour le parti qu'il y avoit à prendre, et que l'unique étoit de se rendre, par le moyen du peuple, les maîtres du parlement et de l'hôtel-de-ville. Je vous ennuierois, si je rebattois ici les raisons que j'alléguai contre ce sentiment. M. de Bouillon ayant perdu l'armée d'Allemagne, et ne se voyant plus par conséquent assez de considération pour tirer de grands avantages du côté de la cour, ne craignoit plus de s'engager pleinement avec l'Espagne. Il ne voulut point concevoir ce que je disois; mais j'emportai messieurs de Beaufort et de La Mothe, auxquels je fis comprendre qu'ils ne trouveroient pas une bonne place dans le parti, qui seroit réduit dans quinze jours à dépendre du conseil d'Espagne. Le maréchal de La Mothe n'eut aucune peine de se rendre à mon sentiment; mais comme il savoit que don Francisco Pizarro étoit parti la veille pour aller trouver M. de Longueville, avec qui il étoit intimement lié, il ne s'expli-

(1) On a appelé catholicon d'Espagne, du temps de la Ligue, les intrigues de la cour d'Espagne, qui, sous un prétexte de religion et de bien public, entretenoit en France l'animosité des ligueurs. Catholicon d'Espagne ici signifie particulièrement l'argent d'Espagne. (A. E.)

quoit pas tout-à-fait décisivement. M. de Beaufort ne balança pas, quoique je reconnusse à mille choses qu'il avoit été bien catéchisé par madame de Montbazon, dont je remarquai de certaines expressions toutes copiées. M. de Bouillon me dit avec émotion :
« Mais si nous eussions engagé le parlement, comme
« vous le vouliez dernièrement, et que l'armée d'Al-
« lemagne nous eût manqué comme elle a fait, n'au-
« rions-nous pas été dans le même état où nous som-
« mes? Vous faisiez pourtant votre compte, en ce
« cas, de soutenir la guerre avec nos troupes, avec
« celles de M. de Longueville, avec celles qui se font
« à présent pour nous dans toutes les provinces du
« royaume. — Ajoutez, monsieur, lui répondis-je,
« *avec le parlement de Paris déclaré et engagé*
« *pour la paix générale*. Car si ce même parlement,
« qui ne s'engagera pas sans M. de Turenne, avoit
« une fois été engagé, il seroit aussi judicieux de
« fonder sur lui, qu'il l'est, à mon avis, à cette heure
« de n'y rien compter. Les compagnies vont toujours
« devant elles quand elles ont été jusqu'à un certain
« point, et leur retour n'est point à craindre quand
« elles sont fixées. La proposition de la paix générale
« l'eût fait, à mon avis, dans le moment de la décla-
« ration de M. de Turenne. Nous avons manqué ce
« moment: je suis convaincu qu'il n'y a plus rien à
« faire de ce côté-là; et je crois même, monsieur,
« que vous en êtes persuadé comme moi. La seule
« différence est que vous croyez que nous pouvons
« soutenir l'affaire par le peuple, et je crois que nous
« ne le devons pas : c'est la vieille question, qui a
« déjà été agitée plusieurs fois. »

M. de Bouillon, qui ne la voulut point remettre sur le tapis, parce qu'il avoit reconnu de bonne foi en deux ou trois occasions que mes sentimens étoient raisonnables sur ce sujet, tourna tout court, et il me dit : « Ne contestons point. Supposé qu'il ne se faille « point servir du peuple dans cette conjoncture, que « faut-il faire ? quel est votre avis ? — Il est bizarre et « extraordinaire, lui répliquai-je. Le voici : nous ne « pouvons empêcher la paix, sans ruiner le parlement « par le peuple; nous ne saurions soutenir la guerre « par le peuple, sans nous mettre dans la dépendance « de l'Espagne ; nous ne saurions avoir la paix avec « Saint-Germain, que nous ne consentions à voir le « Mazarin dans le ministère. » M. de Bouillon, qui, avec la physionomie d'un bœuf, avoit la perspicacité d'un aigle, ne me laissa pas achever. « Je vous en-« tends, me dit-il; vous voulez laisser faire la paix, et « vous voulez en même temps n'en pas être. — Je veux « faire plus, lui répondis-je, car je m'y veux opposer ; « mais de ma voix seulement, et de celle des gens qui « voudront bien hasarder la même chose. — Je vous « entends encore, reprit M. de Bouillon : voilà une « grande et belle pensée. Elle vous convient, elle « peut même convenir à M. de Beaufort : mais elle ne « convient qu'à vous deux. — Si elle ne convenoit qu'à « nous deux, lui repartis-je, je me couperois plutôt « la langue que de la proposer. Si vous voulez jouer « le même personnage que nous, et si vous ne croyez « pas le devoir, celui que nous jouerons ne vous con-« viendra pas moins, parce que vous vous en pourrez « accommoder. Je suis persuadé que ceux qui persis-« teront à demander, pour condition de l'accommo-

« dement, l'exclusion du Mazarin, demeureront les
« maîtres du peuple encore assez long-temps, pour
« profiter de l'occasion que la fortune fait toujours
« naître dans des temps qui ne sont pas encore remis
« et assurés. Qui peut jouer ce rôle avec plus de di-
« gnité que vous, monsieur, et par votre réputation
« et par votre capacité? Nous avons déjà la faveur des
« peuples, M. de Beaufort et moi; vous l'aurez demain
« comme nous, par une déclaration de cette nature.
« Nous serons regardés comme les seuls sur qui l'es-
« pérance publique se pourra fonder; toutes les fautes
« du ministre nous tourneront à compte: notre con-
« sidération en sauvera quelques-unes au public, et
« les Espagnols en auront une très-grande pour nous.
« Le cardinal ne pourra s'empêcher de nous en don-
« ner, parce que la pente qu'il a toujours à négocier
« fera qu'il ne pourra s'empêcher de nous rechercher.
« Tous ces avantages ne me persuadent pas que ce
« parti que je vous propose soit fort bon : j'en vois
« tous les inconvéniens, et je n'ignore pas que, dans
« le chapitre des accidens auxquels je conviens qu'il
« faut s'abandonner en suivant ce chemin-là, nous
« pouvons trouver des abîmes. Mais, à mon opinion,
« il est nécessaire de se hasarder, quand on est as-
« suré de rencontrer encore plus de précipices dans
« les voies ordinaires. Nous n'avons déjà que trop re-
« battu ceux qui sont inévitables dans la guerre; et
« ne voyons-nous pas d'un clin d'œil ceux de la paix,
« sous un ministre outragé, et dont le rétablissement
« parfait ne dépendra que de notre ruine? Ces consi-
« dérations me font croire que ce parti convient à
« vous tous pour le moins aussi justement qu'à moi;

« mais je maintiens que quand il ne vous conviendroit
« pas de le prendre, il vous convient toujours que je
« le prenne, parce qu'il facilitera votre accommode-
« ment, en vous donnant plus de temps pour le trai-
« ter avant que la paix se conclue ; et en tenant, après
« qu'elle le sera, le Mazarin en état d'avoir plus d'é-
« gards pour ceux dont il pourra appréhender la réu-
« nion avec moi. »

M. de Bouillon, qui avoit toujours dans la tête qu'il pourroit trouver sa place dans l'extrémité, sourit à ces dernières paroles. Il me dit : « Vous m'avez tan-
« tôt fait la guerre de la figure de rhétorique de Bar-
« neveldt. Je vous le rends : car vous supposez par
« votre raisonnement qu'il faut laisser faire la paix,
« et c'est ce qui est en question, parce que nous pou-
« vons soutenir la guerre en nous rendant maîtres du
« parlement par le peuple. — Je ne vous ai parlé, mon-
« sieur, lui répondis-je, que sur ce que vous m'avez
« dit qu'il ne falloit plus contester sur ce point, et
« que vous désiriez simplement d'être éclairci du
« détail de mes vues sur la proposition que je vous
« faisois : vous revenez présentement au gros de la
« question. — Nous n'en sommes pas persuadés, reprit-
« il ; et voulez-vous bien vous en rapporter au plus
« de voix ? — De tout mon cœur, lui répondis-je. Il n'y
« a rien de plus juste, nous sommes dans le même
« vaisseau ; il faut périr ou se sauver tous ensemble.
« Voilà M. de Beaufort qui est dans le même senti-
« ment ; et quand lui et moi serions encore plus maî-
« tres du peuple que nous le sommes, je crois que
« lui et moi mériterions d'être déshonorés, si nous
« nous servions de notre crédit, je ne dis pas pour

« abandonner, mais pour forcer le moindre homme
« du parti à ce qui ne seroit pas de son avantage. Je
« me conformerai à l'avis commun, je le signerai de
« mon sang, à condition que vous ne serez pas dans
« la liste de ceux à qui je m'engagerai : car je suis
« assez engagé, comme vous savez, par le respect et
« par l'amitié que j'ai pour vous. » M. de Beaufort
nous réjouit sur cela de quelques apophthegmes, qui
ne manquoient jamais dans les occasions où ils étoient
le moins requis.

M. de Bouillon, qui savoit que son avis ne passeroit pas à la pluralité, et qui ne m'avoit proposé de
l'y mettre que parce qu'il croyoit que j'en appréhenderois la commission, me dit sagement : « Vous savez
« que ce ne seroit ni votre compte ni le mien de dis-
« cuter ce détail en ce moment, où nous sommes en
« présence de gens qui en pourroient abuser. Vous
« êtes trop sage, et je ne suis pas assez fou, pour leur
« porter cette matière aussi peu digérée qu'elle l'est
« encore. Approfondissons-la avant qu'ils puissent
« seulement s'imaginer que nous la traitons. Votre
« intérêt n'est pas à vous rendre maître de Paris par
« le peuple : le mien n'est pas à laisser faire la paix
« sans m'accommoder. Demandez, ajouta-t-il, à M. le
« maréchal de La Mothe si mademoiselle de Touci y
« consentiroit pour lui? » (M. de La Mothe étoit amoureux de mademoiselle de Touci : on croyoit alors qu'il
l'épouseroit plus tôt qu'il ne fit.) M. de Bouillon, qui
vouloit me marquer que la considération de madame
sa femme ne lui permettoit pas de prendre pour lui
le parti que je lui avois proposé, et ne vouloit pas le
marquer aux autres, se servit de cette manière pour

me l'insinuer. Il me l'expliqua ainsi un moment après qu'il eut le moyen de me parler seul, et me dit que je ne devois pas avoir au moins seul les gants de ma proposition; qu'elle lui étoit venue dans l'esprit, dès qu'il eut appris la désertion de l'armée de monsieur son frère; qu'il avoit même le moyen de l'améliorer en la faisant goûter aux Espagnols; qu'il avoit été sur le point cinq ou six fois en un jour de me la communiquer : mais que madame sa femme s'y étoit toujours opposée avec une telle fermeté et avec tant de larmes, qu'enfin elle lui avoit fait donner parole de n'y plus penser, et de s'accommoder avec la cour, ou de prendre parti avec l'Espagne. « Je vois bien, me dit-il, « que vous ne voulez pas du second; aidez-moi au « premier, je vous en conjure : vous voyez la con- « fiance que j'ai en vous. »

Comme messieurs de Beaufort et de La Mothe nous rejoignirent avec le président de Bellièvre, je n'eus que le temps de serrer la main à M. de Bouillon, qui ensuite expliqua en peu de mots à M. de Bellièvre le commencement de notre conversation, et lui témoigna qu'il ne pouvoit prendre le parti que je lui avois proposé, parce qu'il risquoit pour jamais toute sa maison, à laquelle il seroit responsable de sa ruine. Il n'oublia rien pour lui persuader qu'il jouoit le droit du jeu, de ne pas entrer dans ma proposition (je le remarquai, et je vous en dirai tantôt la raison); et se tournant ensuite vers M. de Beaufort et vers moi : « Mais entendons-nous, dit-il, comme vous l'avez tan- « tôt proposé. Ne consentez à la paix au moins que « par votre voix au parlement, que sous la condition « de l'exclusion du Mazarin je me joindrai à vous,

« et je tiendrai le même langage : peut-être que notre
« fermeté donnera plus de force que nous ne croyons
« au parlement. Si cela n'arrive pas, agréez que je
« cherche à sauver ma maison par les accommode-
« mens, qui ne sauroient être fort bons en l'état où
« sont les choses, mais qui pourront le devenir avec
« le temps. »

Je n'ai guère eu en ma vie de plus sensible joie que celle que je reçus à cet instant. Je répondis à M. de Bouillon que j'avois tant d'impatience de lui faire connoître à quel point j'étois son serviteur, que je ne pouvois m'empêcher de manquer même au respect que je devois à M. de Beaufort, en prenant la parole avant lui, pour l'assurer qu'en mon particulier je lui rendrois toutes les paroles d'engagemens qu'il avoit pris avec moi, et que je lui donnois de plus la mienne que je ferois pour faciliter son accommodement tout ce qu'il lui plairoit; qu'il pouvoit se servir de moi et de mon nom pour donner à la cour toutes les offres qui lui pourroient être bonnes; et que comme dans le fond je ne voulois pas m'accommoder avec Mazarin, je le rendois maître de toutes les apparences de ma conduite, dont il se pourroit servir pour ses avantages.

M. de Beaufort, dont le naturel étoit de renchérir toujours sur celui qui avoit parlé le dernier, lui sacrifia en même temps avec emphase tous les intérêts passés, présens et à venir de la maison de Vendôme. Le maréchal de La Mothe lui fit son compliment, et le président de Bellièvre lui fit son éloge. Nous convînmes en un quart-d'heure de tous nos faits. M. de Bouillon se chargea de faire agréer aux Espagnols cette conduite, pourvu que nous lui donnassions parole de ne leur point témoigner qu'elle eût été concertée auparavant avec nous. Nous prîmes le soin, le maréchal de La Mothe et moi, de proposer à M. de Longueville, en son nom, en celui de M. de Beaufort et au mien, le parti que M. de Bouillon prenoit pour lui; et nous ne doutâmes point qu'il ne l'acceptât, parce que les gens irrésolus prennent toujours avec facilité toutes les ouvertures qui les mènent à deux chemins, et qui par conséquent ne les pressent pas d'opter. Nous crûmes que pour cette raison M. de La Rochefoucauld ne nous feroit point d'obstacle, ni auprès de M. le prince de Conti, ni auprès de madame de Longueville : ainsi nous résolûmes que M. de Bouillon feroit, dès ce soir même, la proposition à M. le prince de Conti, en présence de tous les généraux. Cette conférence fut sérieuse, en ce que M. de Bouillon n'y proféra pas un mot par lequel on pût se plaindre qu'il eût seulement songé à tromper, et qu'il n'en omit pas un seul qui pût couvrir son véritable dessein. Je vous rapporterai son discours syllabe à syllabe, et tel que je l'écrivis une heure après qu'il l'eut fait, après que je vous aurai rendu compte de ce qu'il me dit en sortant de la conférence dont je viens de vous parler.

« Ne me plaignez-vous pas, me dit-il, de me voir
« dans la nécessité de ne pouvoir prendre l'unique parti
« où il y ait de la réputation pour l'avenir et de la sû-
« reté pour le présent? Je conviens que c'est celui
« que vous avez choisi; et s'il étoit en mon pouvoir
« de le suivre, je crois sans vanité que j'y mettrois
« un grain qui ajouteroit un peu au poids. Vous avez
« remarqué que j'avois peine à m'ouvrir tout-à-fait

« sur les raisons que j'ai d'agir comme je fais devant
« le président de Bellièvre, et il est vrai; et vous
« avouerez que je n'ai pas tort, quand je vous aurai
« dit que ce bourgeois me déchira avant-hier une
« heure durant, sur la déférence que j'ai pour les sen-
« timens de ma femme. Je veux bien vous l'avouer à
« vous, qui ne me blâmerez pas de ne pas exposer
« une femme que j'aime tendrement, et huit enfans
« qu'elle aime plus que soi-même, à un parti aussi
« hasardeux que celui que vous prenez, et que je
« prendrois avec vous si j'étois seul. »

Je fus touché du sentiment de M. de Bouillon et de sa confiance; et je lui répondis que j'étois si éloigné de le blâmer, qu'au contraire je l'en honorois davantage; et que la tendresse pour madame sa femme, qu'il venoit d'appeler une foiblesse, étoit une de ces sortes de choses que la politique condamne, mais que la morale justifie, parce qu'elles sont une marque de la bonté d'un cœur, qui ne peut être supérieur à la politique qu'il ne le soit en même temps à l'intérêt.

Nous entrâmes un moment après chez M. le prince de Conti, qui soupoit. M. de Bouillon le pria de permettre qu'il lui pût parler devant madame de Longueville, messieurs les généraux, et les principales personnes du parti. Comme il falloit du temps pour rassembler ces gens, on remit la conversation à onze heures du soir; et M. de Bouillon alla, en attendant, chez les envoyés d'Espagne, auxquels il persuada que la conduite que nous venions de résoudre ensemble, et qu'il ne leur disoit pourtant pas avoir été concertée avec nous, leur pourroit être très-utile, parce que la fermeté que nous conservions contre le

Mazarin pourroit peut-être rompre la paix ; et aussi parce que, supposé même qu'elle se fît, ils pourroient toujours tirer dans la suite un grand avantage du personnage que j'avois résolu de jouer. Il assaisonna ceci de tout ce qui les pouvoit persuader que l'accommodement de M. d'Elbœuf avec Saint-Germain leur étoit fort bon, parce qu'il les déchargeoit d'un homme qui leur coûteroit de l'argent, et qui leur seroit fort inutile ; que le sien particulier, supposé même qu'il le fît (dont il doutoit fort), leur pouvoit être utile, parce que le peu de foi du Mazarin lui donnoit lieu par avance de garder avec eux ses anciennes mesures ; qu'il n'y avoit aucune sûreté en tout ce qu'ils négocieroient avec M. le prince de Conti, qui n'étoit qu'une girouette ; qu'il n'y en avoit qu'une médiocre en M. de Longueville, qui traitoit toujours avec les deux partis ; que messieurs de Beaufort, de La Mothe, de Brissac et de Vitry ne se sépareroient pas de moi, et qu'ainsi la pensée de se rendre maîtres du parlement étoit devenue impraticable par l'opposition que j'y avois. Ces considérations, jointes à l'ordre que les envoyés avoient de se rapporter en tout au sentiment de M. de Bouillon, les obligèrent de donner les mains à tout ce qu'il voulut. Il n'eut pas plus de peine de persuader, à son retour à l'hôtel-de-ville, messieurs les généraux, qui furent charmés d'un parti qui leur feroit faire tous les matins les braves au parlement, et qui leur laisseroit la liberté de traiter tous les soirs avec la cour. Ce que je trouvai de plus habile dans son discours est qu'il y mêla des circonstances dont les divers tours qu'il leur pouvoit donner en cas de besoin ôteroient, quand il seroit nécessaire, toute créance au mauvais usage que l'on en pourroit faire du côté des Espagnols et du côté de la cour. Tout le monde sortit content de cette conférence, qui ne dura pas plus d'une heure et demie. M. le prince de Conti nous assura même que M. de Longueville l'agréoit au dernier point. Je retournai avec M. de Bouillon chez lui, et je trouvai les envoyés d'Espagne qui l'y attendoient. J'aperçus aisément, et à leurs manières et à leurs paroles, que M. de Bouillon leur avoit fait valoir et pour lui et pour moi la résolution que j'avois prise de ne me pas accommoder: aussi me firent-ils toutes les honnêtetés et toutes les offres imaginables. Nous convînmes de tous nos faits : ce qui fut bien aisé, parce qu'ils approuvoient tout ce que M. de Bouillon proposoit. Il leur fit un pont d'or pour retirer leurs troupes avec bienséance, et sans qu'il parût qu'ils le fissent par nécessité. Il leur fit goûter tout ce que les occasions lui pourroient inspirer de leur proposer; il prit vingt dates différentes et quelquefois même contraires, pour les pouvoir appliquer dans la suite comme il le jugeroit à propos. Je lui dis, aussitôt qu'ils furent sortis, que je n'avois jamais vu personne qui fût si éloquent que lui pour persuader aux gens que les fièvres quartes leur étoient bonnes. « Le malheur est, « me répondit-il, qu'il faut pour cette fois que je « me le persuade aussi à moi-même. »

Comme je fus retourné chez moi, je trouvai Varicarville qui venoit de Rouen de la part de M. de Longueville. Je crois être obligé de vous faire excuse ici de ce que, vous rendant compte de la guerre civile, je n'ai encore touché que légèrement un des principaux actes qui se joua, ou plutôt qui se dut jouer en Normandie. Je n'ai fait récit, dès le commencement de cet ouvrage, que de ce que j'ai vu moi-même : mais puisque je trouve en cet endroit Varicarville, qui a été, à mon sens, le gentilhomme le plus véritable du royaume, je crois vous devoir faire un récit succinct (1) de ce qui se passa de ce côté-là depuis le 20 janvier, que M. de Longueville partit de Paris pour y aller.

Vous avez vu que le parlement et la ville de Rouen se déclarèrent pour lui. Messieurs de Matignon (2) et de Beuvron (3) firent de même avec tout le corps de la noblesse. Les châteaux et les villes de Dieppe et de Caen étoient en sa disposition. Lizieux le suivit avec son évêque (4); et tous les peuples passionnés pour lui contribuèrent avec joie à la cause commune. Tous les deniers du Roi furent saisis dans toutes les recettes. On fit des levées jusqu'au nombre, à ce qu'on publioit, de sept mille hommes de pied et de trois mille chevaux ; mais, dans la vérité, ces levées n'alloient qu'au nombre de quatre mille hommes de pied et quinze cents chevaux. Le comte d'Harcourt, que le Roi envoya avec un petit camp volant, tint toutes ces villes, toutes ces troupes et tous ces peuples en haleine, et les resserra presque toujours dans les murailles de

(1) *Un récit succinct :* Saint-Evremond, qui se trouvoit alors en Normandie, composa une relation fort gaie des troubles qui agitèrent cette province en 1649. Ce petit écrit est intitulé *Retraite de M. de Longueville en son gouvernement.* Il se trouve dans le second volume des OEuvres de Saint-Evremond, édition de 1753. — (2) François de Matignon, comte de Torigny, mort le 29 janvier 1675. (A. E.) — (3) *De Beuvron :* François d'Harcourt, marquis de Beuvron, mort en 1658. — (4) Cet évêque de Lizieux s'appeloit Léonor de Matignon. Il mourut le 14 février 1680.

T. 45.

Rouen. L'unique exploit qu'ils firent à la campagne fut la prise de Harfleur, place non tenable, et de deux ou trois petits châteaux qui ne furent point défendus. Varicarville, qui étoit mon ami et qui me parloit confidemment, n'attribuoit cette pauvre et misérable conduite ni au défaut de cœur de M. de Longueville, qui étoit très-bon soldat, ni même au défaut d'expérience, quoiqu'il ne fût pas capitaine : il en accusoit uniquement son incertitude naturelle, qui lui faisoit chercher continuellement des ménagemens. Antonville, qui commandoit sa compagnie des gendarmes, étoit son négociateur en titre d'office ; et j'avois été averti de Saint-Germain par madame de Lesdiguières que, dès le second mois de la guerre, il avoit fait un voyage secret à Saint-Germain. Mais comme je connoissois M. de Longueville pour un esprit qui ne se pouvoit empêcher de *traitailler*, dans le temps même où il avoit le moins d'intention de s'accommoder, je ne fus pas ému de cet avis : d'autant moins que Varicarville, à qui j'en écrivis, me manda que je devois connoître le terrain, qui n'étoit jamais ferme : mais que je serois informé à point nommé lorsqu'il s'amolliroit davantage.

Dès que je connus que Paris penchoit à la paix au point de nous y emporter nous-mêmes, je crus être obligé de le faire savoir à M. de Longueville : en quoi Varicarville soutenoit que j'avois fait une faute, parce qu'il disoit à M. de Longueville même qu'il falloit que ses amis le traitassent comme un malade, et le servissent en beaucoup de choses sans lui. Je ne crus pas devoir user de cette liberté dans une conjoncture où les contre-temps du parlement pouvoient faire une paix fourrée à tous les quarts-d'heure : et je m'imaginai que je remédierois à l'inconvénient que je voyois bien qu'un avis de cette nature pouvoit produire dans un esprit aussi vacillant que celui de M. de Longueville. J'avertis Varicarville de le tenir de près, afin de l'empêcher au moins de faire de méchans traités particuliers : mais je me trompai en ce point, parce que M. de Longueville avoit autant de facilité à croire Antonville dans la fin des affaires, qu'il en avoit à croire Varicarville dans les commencemens. Le premier le portoit continuellement dans les sentimens de la cour ; et le second, qui aimoit la personne du duc, et qui le vouloit faire vivre à l'égard des ministres avec dignité, l'engageoit dans les occasions qui pouvoient flatter un cœur où tout étoit bon, et un esprit où rien n'étoit mauvais que le défaut de fermeté.

Il y avoit six semaines qu'il étoit dans la guerre civile, quand je lui donnai l'avis dont je vous ai parlé. Je vis par la réponse de Varicarville qu'Antonville étoit sur le point de servir son quartier. Il fit quelque temps après un voyage à Saint-Germain, comme je l'ai dit ; et Varicarville m'assura depuis qu'il n'y trouva ni son compte ni celui de son maître : ce qui obligea M. de Longueville de reprendre la grande voie, et de se servir de l'occasion de la conférence de Ruel pour entrer dans un traité. Comme il n'approuvoit pas mes pensées sur tout le détail dont je lui avois toujours fait part, il m'envoya Varicarville pour me faire agréer les siennes, sous prétexte de me faire savoir les tentatives que don Francisco Pizarro lui étoit allé faire de la part de l'archiduc. Nous connûmes, M. de

Bouillon et moi, que le gentilhomme que nous venions de dépêcher à Rouen y donneroit la plus agréable nouvelle à M. de Longueville, en lui apprenant que l'on ne prétendoit plus le contraindre sur la matière des traités; et Varicarville, qui étoit un des hommes de France les plus fermes, me témoigna même de l'impatience que l'on obtînt des passeports pour Antonville, destiné par M. de Longueville à la conférence: tant il étoit persuadé que son maître feroit autant de foiblesses qu'il demeureroit de momens dans un parti qu'il n'avoit pas la force de soutenir. Je reviens à ce qui se passa et au parlement et à la conférence.

Je vous ai dit que les députés retournèrent à Ruel le 16 mars: ils allèrent le lendemain à Saint-Germain, où la seconde conférence se devoit tenir à la chancellerie. Ils ne manquèrent pas de lire d'abord les propositions que ceux du parti avoient faites avec un empressement merveilleux pour leurs intérêts particuliers: propositions que messieurs les généraux, qui ne s'y étoient pas oubliés, avoient toujours stipulé ne devoir être faites qu'après que les intérêts du parlement seroient ajustés. Le premier président fit tout le contraire, sous prétexte de leur témoigner que leurs intérêts étoient plus chers à la compagnie que les siens propres: mais dans la vérité pour les décrier dans le public. Je l'avois prévu, et j'avois insisté, par cette considération, qu'ils ne donnassent leurs mémoires qu'après que l'on seroit demeuré d'accord des articles dont le parlement demandoit la réformation; mais le premier président les enchanta tellement, que lorsqu'on sut que messieurs les généraux se faisoient entendre sur leurs intérêts, il n'y eut pas un officier dans l'armée qui ne crût être en droit de s'adresser au premier président pour ses prétentions. M. de Bouillon m'avoua qu'il n'avoit pas assez pesé cet inconvénient, qui jeta un grand air de ridicule sur tout le parti. Je fis des efforts inconcevables pour obliger M. de Beaufort et M. de La Mothe à ne pas donner dans le panneau. L'un et l'autre me l'avoient promis; mais le premier président et Violé gagnèrent le second par des espérances frivoles. M. de Vendôme envoya en forme sa malédiction à son fils, s'il n'obtenoit au moins la surintendance des mers (1), qui lui avoit été promise à la régence, pour récompense du gouvernement de Bretagne. Les plus désintéressés s'imaginèrent qu'ils seroient les dupes des autres, s'ils ne se mettoient aussi sur les rangs. M. de Retz, qui sut que M. de La Trémouille son voisin y étoit pour le comté de Roussillon, et qu'il avoit même envie d'y être pour le royaume de Naples (2), ne m'a pas encore pardonné

(1) Cette charge fut créée en 1627 en faveur du cardinal de Richelieu, à la place de la dignité de grand amiral, qui fut supprimée par un édit de la même année, avec celle de connétable. Louis XIV supprima en 1669 cette surintendance des mers et de la navigation, et rétablit la charge de grand amiral, qui fut donnée à Louis, comte de Vermandois. — (2) *Pour le royaume de Naples* : Anne, petite-fille de Frédéric III, roi de Naples, épousa en 1521 François de La Trémouille, prince de Talmont. En 1665, il ne restoit que la ligne de cette princesse, représentée par Henri, duc de La Trémouille, son arrière-petit-fils. En vertu de cette descendance, la maison de La Trémouille fit valoir des prétentions sur le royaume de Naples, comme unique héritière du roi Frédéric III. En 1648, elle avoit obtenu la permission d'envoyer au congrès de Munster un député chargé de réclamer la conservation de ses droits. Ces protestations furent renouvelées dans les congrès subséquens. Il en fut question, pour la dernière fois, au congrès d'Aix-la-Chapelle en 1748.

de ce que je n'entrepris pas de lui faire rendre la généralité des galères. Enfin je ne trouvai que M. de Brissac qui voulut bien ne point entrer en prétention ; et encore Matha, qui n'avoit guère de cervelle, lui ayant dit qu'il se faisoit tort, il se mit dans l'esprit qu'il le falloit réparer par un emploi tel que vous verrez dans la suite. Toutes ces démarches me firent résoudre à me tirer du pair, et à me servir de l'occasion de la déclaration que M. le prince de Conti fit faire au parlement, qu'il avoit nommé pour son député à la conférence le comte de Maure, pour y faire une pareille déclaration en mon nom le même jour, qui fut le 19 mars. Je suppliai la compagnie, par cette déclaration, de ne me comprendre en rien de tout ce qui pourroit regarder directement ou indirectement aucun intérêt. Ce pas auquel je fus forcé, pour n'être pas chargé dans le public de la *glissade* de M. de Beaufort, joint au mauvais effet que cette nuée de prétentions ridicules y avoit produit, avança de quelques jours la proposition que les généraux n'avoient résolu de faire contre la personne de Mazarin, que dans les momens où ils jugeoient qu'elle leur pourroit servir à donner chaleur, par la crainte qui lui étoit fort naturelle, aux négociations qu'il avoit par différens canaux avec chacun d'eux.

M. de Bouillon nous assembla le même soir du 19 chez le prince de Conti ; et il y fit résoudre que ce prince lui-même diroit le lendemain au parlement qu'il n'avoit donné, ni lui ni les autres généraux, les mémoires de leurs prétentions, que par la nécessité où ils s'étoient trouvés de chercher leurs sûretés en cas que le cardinal Mazarin demeurât dans le ministère; mais qu'il protestoit, et en son nom et en celui de toutes les personnes de qualité qui étoient entrées dans le parti, qu'aussitôt qu'il en seroit exclus, ils renonceroient à toutes sortes d'intérêts sans exception.

Le 20, cette déclaration se fit en beaux termes. Je suis persuadé que si elle eût été faite avant que les généraux et les subalternes eussent fait éclore cette fourmilière de prétentions, comme il avoit été concerté entre M. de Bouillon et moi, elle auroit sauvé plus de réputation au parti, et donné plus d'appréhension à la cour, que je ne m'étois imaginé : car Paris et Saint-Germain eussent eu lieu de croire que la résolution prise par les généraux de parler pour leurs intérêts, et d'envoyer des députés pour en traiter, n'étoit que la suite du dessein qu'ils avoient formé de sacrifier ces mêmes intérêts à l'exclusion du ministre. Cette faute est la plus grande, à mon sens, que M. de Bouillon ait jamais faite. Il la rejetoit sur la précipitation que M. d'Elbœuf avoit eue de mettre ses mémoires entre les mains du premier président; mais M. de Bouillon étoit toujours la première cause de cette faute, parce qu'il avoit le premier lâché la main à cette conduite. *Celui qui dans les grandes affaires donne lieu au manquement des autres est souvent plus coupable qu'eux.* Voilà donc une grande faute de M. de Bouillon.

Voici une des plus signalées sottises que j'aie jamais faites. J'ai dit que M. de Bouillon avoit promis aux envoyés de l'archiduc un pont d'or pour se retirer en leur pays, en cas que nous fissions la paix. Ces envoyés, qui n'entendoient parler que de députations et de conférences, ne laissoient pas, à travers toute la confiance qu'ils avoient en M. de Bouillon, de me sommer de temps en temps de la parole que je leur avois donnée de ne les pas laisser surprendre. J'avois de ma part une raison particulière pour cela, outre mon engagement, par l'amitié que j'avois pour Noirmoutier et pour Laigues, qui auroient trouvé mauvais que je n'eusse pas approuvé leurs raisons pour me faire consentir à l'approche des Espagnols. Mais comme cet engagement ne me paroissoit plus honnête en l'état où étoient les affaires, je n'oubliai rien pour faire que M. de Bouillon trouvât bon que nous ne différassions pas davantage à leur faire ce pont d'or, duquel il s'étoit ouvert à moi. Il remettoit de jour à autre, parce que, négociant comme il faisoit avec la cour par l'entremise de M. le prince, pour la récompense de Sedan, il lui étoit très-bon que l'armée d'Espagne ne se retirât pas encore. Sa probité et mes raisons l'emportèrent, après quelques jours de délais, sur son intérêt. Je dépêchai un courrier à Noirmoutier; nous parlâmes décisivement aux envoyés de l'archiduc; nous leur fîmes voir que la paix se pouvoit faire en un quart-d'heure, et que M. le prince pourroit être à portée de leur armée en quatre jours; que celle de M. de Turenne s'avançoit sous le commandement d'Erlac, dépendant en tout et partout du cardinal. M. de Bouillon acheva de construire, dans cette conversation, le pont d'or qu'il leur avoit promis. Il leur dit que son sentiment étoit qu'ils remplissent un blanc de l'archiduc; qu'ils en fissent une lettre de lui à M. le prince de Conti, par laquelle il lui mandât que pour faire voir qu'il n'étoit entré en France que pour procurer à la chrétienté la paix générale, et non pas pour profiter de la division qui étoit dans le royaume, il offroit d'en retirer ses troupes dès le moment qu'il auroit plu au Roi de nommer un lieu d'assemblée pour la paix, et des députés pour en traiter. Cette proposition, qui ne pouvoit plus avoir d'effet solide dans la conjoncture, étoit assez d'usage pour ce que M. de Bouillon s'y proposoit; et il n'y avoit pas lieu de douter que la cour, qui verroit aisément que dans le fond de la chose cette offre ne pourroit plus aller à rien qu'autant qu'il lui plairoit, n'y donnât les mains, au moins en apparence, et en même temps un prétexte honnête aux Espagnols pour se retirer sans déchet de leur réputation.

Le bernardin ne fut pas si satisfait de ce pont d'or, qu'il ne me dît après en particulier qu'il en eût beaucoup mieux aimé un de bois sur la Marne ou sur la Seine. Ils donnèrent toutefois les uns et les autres à tout ce que M. de Bouillon désira d'eux, parce que leur ordre le portoit; et ils écrivirent sans contradiction la lettre que je leur dictai. M. le prince de Conti, qui étoit indisposé, me chargea d'aller de sa part au parlement faire le rapport de cette prétendue lettre, que les envoyés de l'archiduc lui portèrent en grande cérémonie. Je fus assez innocent pour recevoir cette commission, qui donnoit lieu à mes ennemis de me faire passer pour un homme tout-à-fait concerté avec l'Espagne, dans le moment que j'en refusois toutes les offres qu'elle me faisoit pour mes avantages particuliers, et que je lui rompois toutes ses mesures pour ne point blesser le véritable intérêt de l'Etat. Il n'y a jamais eu de bêtise plus complète. M. de Bouillon en fut fâché pour l'amour de moi, quoiqu'il y trouvât assez son compte. Cependant je la réparai en quelque manière de concert avec lui, en ajoutant, au rapport que je fis dans le parlement le 22, qu'en cas que l'archiduc ne tînt pas exactement ce qu'il promettoit, M. le prince de Conti et messieurs les généraux m'avoient chargé d'assurer la compagnie qu'ils joindroient sans délai et sans condition toutes leurs troupes à celles du Roi.

J'ai dit que M. de Bouillon trouvoit assez son compte à ce que cette proposition eût été faite par moi, parce que le cardinal, qui me croyoit tout-à-fait contraire à la paix, voyant que j'en avois pris la commission presque en même temps que le comte de Maure avoit porté à la conférence celle de son exclusion, ne douta point que ce ne fût une partie que j'eusse liée. Il l'appréhenda plus qu'il ne devoit. Il fit réponse aux députés du parlement, et ceux-ci la firent à la conférence, d'une manière qui marqua que le cardinal en avoit pris l'alarme. Comme ses frayeurs ne guérissoient d'ordinaire que par la négociation qu'il aimoit fort, il donna plus de jour à celle que M. le prince avoit entamée pour M. de Bouillon, parce qu'il le crut de concert avec moi dans la démarche que je venois de faire au parlement. Quand il vit qu'elle n'avoit point de suite, il crut que nous avions manqué notre coup, et que la compagnie, n'ayant pas pris feu comme nous l'avions voulu, il n'avoit qu'à nous pousser.

M. le prince, qui étoit bien intentionné pour l'accommodement de M. de Bouillon et de M. de Turenne, manda au premier, par un billet, qu'il avoit trouvé le cardinal changé absolument sur son sujet du soir au matin. Nous en conçûmes fort aisément la raison,

M. de Bouillon et moi ; et nous résolûmes de donner au Mazarin ce que M. de Bouillon appeloit un haussepied, c'est-à-dire de l'attaquer encore personnellement : ce qui le mettroit au désespoir dans un temps où le bon sens lui eût pu donner assez d'insensibilité pour ces tentatives, qui au fond ne lui faisoient pas grand mal ; mais elles nous étoient bonnes à M. de Bouillon et à moi, quoiqu'en différentes manières. M. de Bouillon croyoit qu'on en avanceroit toutes les négociations ; et il étoit de mon intérêt de me signaler contre la personne du Mazarin, à la veille de la conclusion d'un traité qui donneroit peut-être la paix à tout le monde, hors à moi. Nous travaillâmes donc sur ce fondement, M. de Bouillon et moi, avec tant de succès, que nous obligeâmes M. le prince de Conti, qui n'en avoit aucune envie, de proposer au parlement d'ordonner à ses députés qu'ils se joignissent au comte de Maure touchant l'expulsion du Mazarin. M. le prince de Conti fit cette proposition le 27 ; et comme nous avions eu deux ou trois jours pour tourner les esprits, il passa, de quatre-vingt-deux voix contre quarante, que l'on manderoit le même jour aux députés d'insister. J'ajoutai en opinant : *Et persister*; en quoi je ne fus suivi que de vingt-cinq voix, et je n'en fus pas surpris. Vous avez vu les raisons que j'avois de me distinguer sur cette matière.

J'avois failli à me décréditer dans le peuple et à passer pour mazarin, parce que le 13 mars j'avois empêché que l'on ne massacrât le premier président, et que, le 23 et le 24, je m'étois opposé à la vente de la bibliothèque du cardinal. Je me remis en honneur dans la salle du Palais et parmi les emportés du parlement, en prônant fortement contre le comte de Grancey, qui avoit été assez insolent pour piller une maison de M. de Coulon ; en insistant, le 24, que l'on donnât permission au prince d'Harcourt de prendre les deniers royaux dans les recettes de Picardie; en pestant, le 25, contre une trêve qu'il étoit ridicule de refuser dans le temps d'une conférence; et en m'opposant, le 30, à celle que l'on fit, quoique je susse que la paix étoit faite. Je reviens à la conférence de Saint-Germain.

Vous avez vu que les députés la commencèrent malignement par les prétentions particulières. La cour les entretint adroitement par des négociations secrètes avec les plus considérables, jusqu'à ce que se voyant assurée de la paix, elle en éluda la meilleure partie par une réponse habile. Elle distingua ces prétentions sous le titre de celles de *justice* et de celles de *grâce*: elle expliqua cette distinction à sa mode; et comme le premier président et le président de Mesmes s'entendoient avec elle contre les députés des généraux, quoiqu'ils fissent mine de les appuyer, elle en fut quitte à bon marché, et il ne lui en coûta presque rien de comptant; il n'y eut presque que des paroles, que le Mazarin comptoit pour rien. Il se faisoit un grand mérite de ce qu'il avoit fait évanouir (c'étoient ses termes) avec un peu de poudre d'alchimie cette nuée de prétentions : mais vous verrez par la suite qu'il eût fait sagement d'y mêler un pont d'or.

La cour sortit encore plus aisément de la proposition faite par l'archiduc sur le sujet de la paix générale. Elle répondit qu'elle l'acceptoit avec joie : et elle envoya dès le jour même M. de Brienne [1] au

[1] Henri-Auguste de Loménie de La Ville-aux-Clercs, comte de-

nonce et à l'ambassadeur de Venise, pour conférer avec eux, comme médiateurs, de la manière de la traiter.

Pour ce qui regardoit l'exclusion du Mazarin, que le comte de Maure demanda d'abord, que M. de Brissac pressa conjointement avec messieurs de Barrière et de Crécy, députés des généraux, et sur laquelle les députés du parlement insistèrent de nouveau, au moins en apparence, comme il leur avoit été ordonné par leur compagnie, la Reine, M. le duc d'Orléans et M. le prince déclarèrent qu'ils n'y consentiroient jamais.

On contesta quelque temps touchant les intérêts du parlement de Rouen, qui avoit encore ses députés à la conférence, avec Antonville, député de M. de Longueville; mais enfin l'on convint.

On n'eut presque point de difficulté sur les articles dont le parlement de Paris avoit demandé la réformation: la Reine se relâcha de faire tenir un lit de justice à Saint-Germain; elle consentit que la défense au parlement de s'assembler le reste de l'année 1649 ne fût pas insérée dans la déclaration, à condition que les députés en donnassent leur parole, sur celle que la Reine leur donneroit aussi que telles et telles déclarations accordées ci-devant seroient inviolablement observées. La cour promit de ne point presser la restitution de la Bastille, et elle s'engagea même de parole à la laisser entre les mains de La Louvières, fils de M. de Broussel, qui y fut établi gouverneur par le parlement lorsqu'elle fut prise par M. d'Elbœuf.

Brienne, mort le 5 novembre 1666, âgé de soixante-onze ans. Il étoit secrétaire d'Etat. Ses Mémoires font partie de cette série. (A. E.)

L'amnistie fut accordée dans tous les termes que l'on demandoit. On y comprit expressément M. le prince de Conti, messieurs de Longueville, de Beaufort, d'Elbœuf, d'Harcourt, de Rieux, de Lillebonne, de Bouillon, de Turenne, de Brissac, de Duras, de Matignon, de Beuvron, de Noirmoutier, de Sévigné, de La Trémouille, de La Rochefoucauld, de Retz, d'Estissac, de Montrésor, de Matha, de Saint-Germain, d'Apchon, de Sauvebœuf, de Saint-Ibal, de Lauretat, de Laigues, de Chavagnac, de Chaumont, de Caumesnil, de Cugnac, de Crécy, d'Allici et de Barrière.

Il y eut quelques difficultés touchant Noirmoutier et Laigues, la cour ayant affecté de leur vouloir donner une abolition, comme étant plus criminels que les autres, parce qu'ils étoient encore publiquement dans l'armée d'Espagne. M. le chancelier même fit voir aux députés du parlement un ordre par lequel le premier ordonnoit, comme lieutenant général de l'armée du Roi commandée par M. le prince de Conti, aux communautés de Picardie d'apporter des vivres au camp de l'archiduc; et une lettre du second qui sollicitoit Bridieu, gouverneur de Guise, de remettre la place aux Espagnols, sous promesse de la liberté de M. de Guise, qui avoit été pris à Naples. M. de Brissac soutint que toutes ces paperasses étoient supposées : et le premier président se joignant à lui, il fut dit que l'un et l'autre seroient compris dans l'amnistie sans distinction. Le président de Mesmes, qui eût été ravi de me pouvoir noter, affecta de dire alors qu'il ne concevoit pas pourquoi on ne me nommoit pas expressément dans cette amnistie; et qu'un homme de ma dignité ne devoit pas être compris dans le commun. M. de Brissac, qui étoit plus homme du monde que de négociation, n'eut pas l'esprit assez présent; il répondit qu'il falloit savoir sur cela mes intentions. Il m'envoya un gentilhomme, à qui je donnai un billet en ces termes : « Comme je n'ai rien fait « dans le mouvement présent que ce que j'ai cru « être du service du Roi et du véritable intérêt de « l'Etat, j'ai trop de raisons de souhaiter que Sa Ma- « jesté en soit bien informée à sa majorité, pour ne « pas supplier messieurs les députés de ne point souf- « frir que l'on me comprenne dans l'amnistie. » Je signai le billet, et je priai M. de Brissac de le donner à messieurs les députés du parlement et des généraux, en présence de M. le duc d'Orléans et de M. le prince. Il ne le fit pas, à la prière de M. de Liancourt, qui crut que cette circonstance aigriroit encore plus la Reine contre moi; mais il en dit la substance, et on ne me nomma point dans la déclaration. Vous ne pourriez croire à quel point cette bagatelle aida à me soutenir dans le public.

Le 30, les députés du parlement retournèrent à Paris.

Le 31, ils firent leur relation au parlement, sur laquelle M. de Bouillon eut des paroles assez fâcheuses avec messieurs les présidens. Les négociations particulières lui avoient manqué; celles que le parlement avoit faites pour lui ne le satisfaisoient pas, parce que ce n'étoit que la confirmation du traité fait autrefois avec lui pour la récompense de Sedan, dont il ne voyoit pas de garantie bien certaine. Il lui revint le soir quelque pensée de troubler la fête, par une sédition qu'il croyoit aisée à émouvoir dans la disposition où il voyoit le peuple ; mais il la perdit aussitôt qu'il eut fait réflexion sur mille circonstances qui faisoient que, même selon ses principes, elle ne pouvoit être de saison. Une des moindres fut que l'armée d'Espagne s'étoit déjà retirée.

Madame de Bouillon me fit pitié ce soir-là : elle versa un torrent de larmes. Il y a eu des momens où M. de Bouillon a manqué des coups décisifs par lui-même, et par le pur esprit de négociation. Ce défaut, qui m'a paru en lui un peu trop naturel, m'a fait quelquefois douter qu'il eût été capable de tout ce que ses grandes qualités ont fait croire de lui.

Le premier avril, qui fut le jeudi saint de l'année 1649, la déclaration de la paix fut vérifiée au parlement. Comme je fus averti la nuit précédente que le peuple s'étoit attroupé en quelques endroits pour s'y opposer, et qu'il menaçoit même de forcer les gardes qui étoient au Palais, j'affectai de finir un peu tard la cérémonie des saintes huiles que je faisois à Notre-Dame, pour me tenir en état de marcher au secours du parlement s'il étoit attaqué. On me vint dire, comme je sortois de l'église, que l'émotion commençoit sur le quai des Orfèvres : et comme j'étois en chemin pour y aller, je trouvai un page de M. de Bouillon, qui me donna un billet par lequel il me conjuroit d'aller prendre ma place au parlement, parce qu'il craignoit que le peuple ne m'y voyant pas n'en prît sujet de se soulever, en disant que c'étoit une marque que je n'approuvois pas la paix. Je ne trouvai dans les rues que des gens qui crioient : *Point de Mazarin! point de paix!* Je dissipai ce que je trouvai d'assemblé au Marché-Neuf et sur le quai des Orfèvres, en leur disant que les mazarins vouloient diviser le peuple du parlement; qu'il falloit se garder de donner dans le panneau; que le parlement avoit ses raisons d'agir comme il faisoit; mais qu'il n'en falloit rien craindre à l'égard du Mazarin; et qu'ils m'en pouvoient croire, puisque je leur donnois ma foi de ne me point accorder avec lui. Cette protestation rassura tout le monde. J'entrai dans le Palais, où je trouvai les gardes aussi échauffés que le reste du peuple. M. de Vitry me dit qu'ils lui avoient offert de massacrer ceux qu'il leur nommeroit comme mazarins. Je leur parlai comme j'avois fait aux autres; et la délibération n'étoit pas encore achevée, lorsque je pris ma place dans la grand'chambre. Le premier président, en me voyant entrer, dit : « Il vient de faire « des huiles qui ne sont pas sans salpêtre. » Je l'entendis, et n'en fis pas semblant : car si j'eusse relevé cette parole, et qu'elle eût été portée dans la grand'-salle, il n'eût pas été en mon pouvoir de sauver peut-être un seul homme du parlement. M. de Bouillon, à qui je la dis, en fit honte dès l'après-dînée, à ce qu'il me dit, au premier président.

Cette paix, que le cardinal se vantoit d'avoir achetée à fort bon marché, ne lui valut pas tout ce qu'il en espéroit. Il me laissa un levain de mécontentement qu'il m'eût pu ôter avec assez de facilité, et je me trouvai très-bien de son reste. M. le prince de Conti et madame de Longueville allèrent faire leur cour à Saint-Germain, après avoir vu M. le prince à Chaillot pour la première fois, de la manière la plus froide de part et d'autre. M. de Bouillon, à qui, le jour de l'enregistrement de la déclaration, le premier président avoit donné des assurances nouvelles d'une récompense pour Sedan, fut présenté au Roi par M. le prince, qui affecta de le protéger dans ses prétentions; et le cardinal n'oublia rien de toutes les honnêtetés possibles à son égard. Comme je m'aperçus que l'exemple commençoit à opérer, je m'expliquai, plus tôt que je n'avois résolu de le faire, sur le peu de sûreté que je trouvois à aller à la cour, où mon ennemi capital étoit encore le maître. Je m'en déclarai ainsi à M. le prince, qui fit un petit tour à Paris huit ou dix jours après la paix, et que je vis chez madame de Longuéville. M. de Beaufort et M. le maréchal de La Mothe parlèrent de même. M. d'Elbœuf en eut envie; mais la cour le gagna par je ne sais quel intérêt. Messieurs de Brissac, de Retz, de Vitry, de Fiesque, de Fontrailles, de Montrésor, de Noirmoutier, de Matha, de La Boulaye, de Caumesnil, de Moreul, de Laigues et d'Annery demeurèrent unis avec nous; et nous fîmes une espèce de corps qui, avec la faveur du peuple, n'étoit pas un fantôme. Le cardinal l'en traita toutefois d'abord, et avec tant de hauteur, que M. de Beaufort, messieurs de Brissac, de La Mothe et moi ayant prié chacun un de nos amis d'assurer la Reine de nos très-humbles obéissances, elle nous répondit qu'elle en recevroit les assurances quand nous aurions rendu nos devoirs à M. le cardinal.

Madame de Chevreuse revint dans ce temps-là à Paris. Laigues, qui l'avoit précédée de huit ou dix jours, nous avoit préparés à son retour. Il avoit fort bien suivi son instruction, et s'étoit attaché à elle, quoiqu'elle n'eût pas d'abord d'inclination pour lui. Mademoiselle de Chevreuse m'a dit depuis qu'elle disoit qu'il ressembloit à Bellerose, qui étoit un comédien qui avoit la mine fade ; qu'elle changea de sentiment avant que de partir de Bruxelles, et qu'elle en fut contente en toutes manières à Cambray. Il l'étoit aussi d'elle. Il nous la prôna comme une héroïne, à qui nous eussions eu l'obligation de la déclaration de M. de Lorraine en notre faveur, si la guerre eût continué, et à qui nous avions celle de la marche de l'armée d'Espagne. Montrésor, qui avoit été pour ses intérêts quinze mois à la Bastille, faisoit ses éloges ; et j'y donnois avec joie, dans la vue d'enlever à madame de Montbazon M. de Beaufort par le moyen de mademoiselle de Chevreuse (du mariage de laquelle avec lui on avoit parlé autrefois), et de m'ouvrir un nouveau chemin pour aller aux Espagnols en cas de besoin. Madame de Chevreuse en fit plus de la moitié pour venir à moi. Noirmoutier et Laigues, qui ne doutoient pas que je ne lui fusse nécessaire, et qui craignoient que madame de Guémené, qui la haïssoit mortellement quoiqu'elle fût sa belle-sœur, ne m'empêchât d'être autant de ses amis qu'ils le souhaitoient, me tendirent un panneau pour m'y engager, et j'y donnai. Le jour qu'elle arriva, ils me firent tenir avec mademoiselle sa fille un enfant, qui vint au monde tout à propos. Mademoiselle de Chevreuse s'étoit parée de tout ce qu'elle avoit de pierreries : elle étoit belle ; j'étois en colère contre madame de Guémené, qui dès le second jour du siége de Paris s'en étoit allée d'effroi en Anjou. Il arriva le lendemain du baptême une occasion qui lui donna de la reconnoissance pour moi, et qui commença à m'en faire espérer de l'amitié. Madame de Chevreuse venoit de Bruxelles, et elle en venoit sans permission. La Reine s'en fâcha, et lui envoya un ordre de sortir de Paris dans vingt-quatre heures. Laigues me le vint dire aussitôt; j'allai avec lui à l'hôtel de Chevreuse, et je trouvai la belle à sa toilette, dans les pleurs. J'eus le cœur tendre, et je priai madame de Chevreuse de ne point obéir que je n'eusse eu l'honneur de la revoir. Je sortis en même temps pour chercher M. de Beaufort, à qui je persuadai qu'il n'étoit ni de notre honneur ni de notre intérêt de souffrir le rétablissement des lettres de cachet, qui n'étoit pas le moins odieux des moyens dont on s'étoit servi pour opprimer la liberté publique. Je jugeai bien que nous n'étions pas trop bons et lui et moi pour relever une affaire de cette nature, qui, bien que dans les lois et vraiment importante à la sûreté, ne laissoit pas d'être délicate le lendemain d'une paix, et par rapport à cette dame, la personne du royaume la plus convaincue de factions et d'intrigues. Je croyois par cette raison qu'il étoit de la bonne conduite que cette escarmouche, que nous ne pouvions ni ne devions éviter, quoiqu'elle eût ses inconvéniens, se fît plutôt par M. de Beaufort que par moi. Il s'en défendit avec opiniâtreté, et il fallut me charger de cette commission, parce qu'elle devoit être exécutée au moins par l'un de nous deux pour faire quelque effet dans l'esprit du premier président. J'y allai en sortant de chez M. de Beaufort; et comme je commençois à lui représenter la nécessité qu'il y avoit à ne pas aigrir les esprits par l'infraction des déclarations si solennelles, il m'arrêta tout court, en

me disant : « C'est assez, mon bon seigneur ; vous ne
« voulez pas qu'elle sorte ? elle ne sortira pas. » A
quoi il ajouta en s'approchant de mon oreille : « Elle
« a les yeux très-beaux. » La vérité est que, quoiqu'il eût exécuté son ordre, il avoit écrit dès la veille,
à Saint-Germain, que les tentatives en seroient inutiles, et que l'on commettroit trop légèrement l'autorité du Roi.

Je retournai à l'hôtel de Chevreuse, et je n'y fus
pas mal reçu. J'y trouvai mademoiselle de Chevreuse
aimable. Je me liai intimement avec madame de Rhodes, bâtarde du feu cardinal de Guise, qui étoit bien
avec elle. Je ruinai dans son esprit le duc de Bruns-
wick-Zell, avec qui elle étoit comme accordée. Laigues
me fit quelques obstacles au commencement ; mais la
résolution de la fille et la facilité de la mère les levèrent bientôt. Je la voyois tous les jours chez elle, et
très-souvent chez madame de Rhodes, qui nous laissoit en toute liberté. Nous nous en servîmes. Je l'ai-
mai, ou plutôt je crus l'aimer : car je ne laissai pas de
continuer mon commerce avec madame de Pommereux.

La société de messieurs de Brissac, de Vitry, de
Matha et de Fontrailles, qui étoient demeurés en
union avec moi, n'étoit pas un bénéfice sans charge.
Ils étoient cruellement débauchés : et la licence publique leur donnant encore plus de liberté, ils s'emportoient tous les jours dans des excès qui alloient
jusqu'au scandale. Ils revenoient un jour d'un dîner
qu'ils avoient fait chez Coulon : ils virent venir un
convoi funèbre, et ils le chargèrent l'épée à la main, en
criant au crucifix : « Voici l'ennemi ! » Une autre fois

ils maltraitèrent, en pleine rue, un valet de pied du Roi. Les chansons n'épargnoient pas toujours Dieu. Ces folies me donnoient de la peine. Le premier président les savoit bien relever; les ecclésiastiques s'en scandalisoient; le peuple ne les trouvoit nullement bonnes : je ne les pouvois ni couvrir ni excuser, et elles retomboient nécessairement sur la Fronde. Voici l'étymologie du mot de Fronde, que j'avois omis dans le premier livre de cet ouvrage.

Quand le parlement commença à s'assembler pour les affaires publiques, M. le duc d'Orléans et M. le prince y vinrent assez souvent, comme vous avez vu, et y adoucirent même les esprits. Ce calme n'y étoit que par intervalle. La chaleur revenoit au bout de deux jours.

Bachaumont s'avisa de dire un jour, en badinant, que le parlement faisoit comme les écoliers qui frondent dans les fossés de Paris, qui se séparent dès qu'ils voient le lieutenant civil, et qui se rassemblent quand il ne paroît plus. Cette comparaison fut trouvée assez plaisante : elle fut célébrée par les chansons, et elle refleurit particulièrement, lorsque la paix étant faite entre le Roi et le parlement, on trouva lieu de l'appliquer à la faction de ceux qui ne s'étoient pas accommodés avec la cour. Nous y donnâmes nous-mêmes assez de cours, parce que nous remarquâmes que cette distinction de nom échauffoit les esprits; et nous résolûmes dès ce soir de prendre des cordons de chapeaux qui eussent quelque forme de frondes. Un marchand affidé nous en fit quantité, qu'il débita à une infinité de personnes qui n'y entendoient aucune finesse; et nous n'en portâmes que les derniers, pour n'y point faire paroître d'affectation, qui en eût gâté tout le mystère. L'effet de cette bagatelle fut incroyable. Tout fut à la mode de la Fronde, le pain, les chapeaux, les gants, les mouchoirs, les éventails, les garnitures; et nous fûmes nous-mêmes encore plus à la mode par cette sottise que par l'essentiel. Nous avions besoin de tout pour nous soutenir, ayant toute la maison royale sur les bras. Car quoique j'eusse vu M. le prince chez madame de Longueville, je ne me croyois que médiocrement raccommodé : il m'avoit traité civilement, mais froidement, et je savois même qu'il étoit persuadé que je m'étois plaint de lui comme ayant manqué aux paroles qu'il m'avoit fait porter à des particuliers du parlement. Comme je ne l'avois pas fait, j'avois sujet de croire que l'on eût affecté de me brouiller avec lui. Je trouvois que la chose venoit apparemment de M. le prince de Conti, qui étoit naturellement très-malin, et qui me haïssoit sans savoir pourquoi, ni que je le pusse deviner moi-même. Madame de Longueville ne m'aimoit guère davantage, et j'en découvris un peu après la raison. Je me défiois de madame de Montbazon, qui n'avoit pas à beaucoup près tant de pouvoir que moi sur l'esprit de M. de Beaufort, mais qui en avoit plus qu'il ne falloit pour lui tirer tous ses secrets. Elle ne me pouvoit pas aimer, parce qu'elle savoit que je lui ôtois la meilleure partie de la considération qu'elle en eût pu tirer à la cour. Cependant j'eusse pu m'accorder avec elle, car jamais femme n'a été de si facile composition : mais comment arranger cet accommodement avec mes autres engagemens, qui me plaisoient davantage, et où j'avois plus de sûretés? Vous voyez assez que je n'étois pas sans embarras. Il ne tint pas au compte de Fuensaldagne de me soulager. Il n'étoit pas content de M. de Bouillon, qui, à la vérité, avoit manqué le point décisif de la paix générale. Il l'étoit beaucoup moins de ses envoyés, qu'il appeloit des taupes; et il étoit fort satisfait de moi, parce que j'avois toujours insisté pour la paix des couronnes, et que je n'avois eu aucun intérêt dans la paix particulière. Il m'envoya don Antonio Pimentel pour m'offrir tout ce qui étoit au pouvoir du Roi son maître, et pour me dire que, sachant l'état où j'étois avec le ministre, il ne doutoit point que je n'eusse besoin d'assistance; qu'il me prioit de recevoir cent mille écus que don Antonio Pimentel m'apportoit en trois lettres de change, dont l'une étoit pour Bâle, la seconde pour Strasbourg, et la troisième pour Francfort; qu'il ne me demandoit pour cela aucun engagement, et que le roi Catholique seroit très-satisfait de n'en tirer aucun avantage que celui de me protéger. Je reçus avec un profond respect cette honnêteté; j'en témoignai ma reconnoissance; je n'éloignai point du tout les vues de l'avenir; mais je refusai pour le présent, en disant à don Antonio que je me croirois absolument indigne de la protection du roi Catholique, si je recevois des gratifications de lui, n'étant pas en état de le servir; que j'étois né Français, et attaché encore plus particulièrement qu'un autre, par ma dignité, à la capitale du royaume; que mon malheur m'avoit porté à me brouiller avec le premier ministre de mon Roi; mais que mon ressentiment ne me porteroit jamais à chercher de l'appui parmi les ennemis, que lorsque la nécessité de la défense naturelle m'y obligeroit; que la providence de Dieu, qui connoissoit la pureté de mes intentions, m'avoit mis dans Paris en un état où je me soutiendrois apparemment par moi-même; que si j'avois besoin d'une protection, je savois que je n'en pourrois jamais trouver de si puissante et si glorieuse que celle de Sa Majesté Catholique, à laquelle je tiendrois toujours à gloire de recourir. Fuensaldagne fut très-content de ma réponse, qui lui parut, à ce qu'il dit depuis à Saint-Ibal, d'un homme qui se croyoit assez de force, qui n'étoit point âpre à l'argent, et qui avec le temps en pourroit recevoir. Il me renvoya don Antonio Pimentel sur-le-champ même, avec une grande lettre pleine d'honnêteté, et un petit billet de M. l'archiduc, qui me mandoit qu'il marcheroit sur un mot de ma main, *con todas las fuerças del Rei el senor.*

Le lendemain du départ de don Antonio Pimentel, il m'arriva une petite intrigue qui me fâcha plus qu'une grande. Laigues me vint dire que M. le prince de Conti étoit dans une colère terrible contre moi; qu'il disoit que je lui avois manqué au respect; qu'il périroit lui et toute sa maison, ou qu'il s'en ressentiroit. Sarrazin (1), que je lui avois donné pour secrétaire, entra un moment après, qui confirma la même chose. Jugez à quel point un homme qui ne se sent rien sur le cœur est surpris d'un éclat de cette espèce! Je n'en fus en récompense que très-peu touché, parce qu'il s'en falloit beaucoup que j'eusse autant de respect pour la personne de M. le prince de Conti que j'en avois pour sa qualité. Je priai Laigues de lui aller rendre de ma

(1) Jean-François Sarrazin, bel esprit de ce temps-là, connu par divers ouvrages, et mort en 1657. (A. E.)

part ce que je lui devois, de lui demander avec respect le sujet de sa colère, et de l'assurer qu'il n'en pouvoit avoir aucun qui fût fondé à mon égard. Laigues revint, très-persuadé qu'il n'y avoit point eu de colère effective; qu'elle étoit toute affectée et contrefaite, à dessein d'avoir une manière d'éclaircissement qui fît ou qui fît paroître un raccommodement; et ce qui lui donna cette pensée fut qu'aussitôt qu'il eut fait son compliment à M. le prince de Conti, il fut reçu avec joie, et remis pourtant pour la réponse à madame de Longueville, comme à la principale intéressée. Elle fit beaucoup d'honnêtetés à Laigues pour moi, et le pria de me mener le soir chez elle. Elle me reçut admirablement, en disant toutefois qu'elle avoit de grands sujets de se plaindre de moi, et que c'étoient de ces choses qui ne se disoient point : mais que je les savois bien. Voilà tout ce que j'en pus tirer pour le fond : car j'en eus toutes les honnêtetés possibles, et toutes les avances, même pour rentrer en union avec moi, disoit-elle, et avec mes amis. En disant cette dernière parole, elle me donna sur le visage d'un de ses gants, et elle me dit en sortant : « M'entendez-vous bien? » Elle avoit raison ; et voici ce que j'en dis. M. de La Rochefoucauld avoit beaucoup négocié avec la cour; mais comme il n'y avoit pas d'assurance aux paroles du cardinal Mazarin, il crut qu'il ne seroit pas mal à propos de le solliciter, ou de le fixer par un renouvellement de considération à M. le prince de Conti, à qui M. le prince en donnoit peu, et parce que l'on savoit qu'il le méprisoit, et parce qu'il paroissoit en toutes choses que leur réconciliation n'étoit pas sincère. Il eût souhaité par cette raison de se remettre à la tête de la Fronde, de laquelle il s'étoit assez séparé dès les premiers jours de la paix par des railleries dont il n'étoit pas le maître, et par un rapprochement à la cour, qui, contre tout bon sens, avoit encore été plus apparent qu'effectif. M. de La Rochefoucauld s'imagina que l'on ne pourroit revenir plus naturellement du refroidissement qui avoit paru, que par un raccommodement, qui d'ailleurs feroit éclat, et donneroit par conséquent ombrage à la cour : ce qui alloit à ses fins. Je lui ai demandé depuis, une fois ou deux, la vérité de cette intrigue. Il me dit seulement en général qu'ils étoient en ce temps-là persuadés, dans leurs cabales, que je rendois de mauvais services sur son sujet à madame de Longueville auprès de son mari. C'est de toutes les choses du monde celle dont j'ai été toute ma vie le moins capable; et je ne crois pas que ce soupçon fut la cause de l'éclat que M. le prince de Conti fit contre moi, parce qu'aussitôt que j'eus fait faire par Laigues mon premier compliment, je fus reçu à bras ouverts; et qu'aussitôt que madame de Longueville s'aperçut que je ne répondois qu'en termes généraux à ce qu'elle me dit de mes amis, elle retomba dans une froideur qui passa en haine. Comme je savois que je n'avois rien fait qui me pût attirer l'éclat que M. le prince de Conti avoit fait contre moi, et que je m'imaginai être affecté, pour en faire servir l'accommodement à des intérêts particuliers, je demeurai fort froid à ce mot de mes amis. Elle se le tint pour dit : et cela, joint au passé, eut des suites qui nous ont dû apprendre *qu'il n'y a point de petits pas dans les grandes affaires.*

M. le cardinal Mazarin ne songea après la paix qu'à

se défendre, pour ainsi parler, des obligations qu'il avoit à M. le prince, qui, à la lettre, l'avoit tiré de la potence ; et l'une de ses premières vues fut de s'allier avec la maison de Vendôme, qui, en deux ou trois rencontres, s'étoit trouvée opposée aux intérêts de la maison de Condé. Il s'appliqua, par le même motif, à gagner l'abbé de La Rivière ; et il eut même l'imprudence de laisser voir à M. le prince qu'il lui faisoit espérer le chapeau destiné à M. le prince de Conti.

Quelques chanoines de Liége ayant jeté les yeux sur le même prince de Conti pour cet évêché, le cardinal, qui affectoit de témoigner à La Rivière qu'il eût souhaité de le dégoûter de sa profession, y trouva des obstacles, sous le prétexte qu'il n'étoit pas de l'intérêt de la France de se brouiller avec la maison de Bavière, qui y avoit des prétentions naturelles et déclarées.

J'omets une infinité de circonstances, qui marquèrent à M. le prince la méconnoissance et la défiance du cardinal. Il étoit trop vif et trop jeune encore pour songer à diminuer la dernière : il l'augmenta par la protection qu'il donna à Chavigny, qui étoit la bête du Mazarin, et pour qui il demanda et obtint la liberté de revenir à Paris, par le soin qu'il prit des intérêts de M. de Bouillon, qui s'étoit fort attaché à lui depuis la paix, et par les ménagemens qu'il avoit de son côté pour La Rivière, lesquels n'étoient pas secrets. *Il ne se faut point jouer avec ceux qui ont en main l'autorité royale. Quelques défauts qu'ils aient, ils ne sont jamais assez foibles pour ne pas mériter ou qu'on les ménage ou qu'on les perde.*

Leurs ennemis ne les doivent jamais mépriser, parce qu'il n'y a au monde que ces sortes de gens à qui il ne convienne pas quelquefois d'être méprisés.

Ces indispositions firent que M. le prince ne se pressa pas, comme il avoit accoutumé, de prendre cette campagne le commandement des armées. Les Espagnols avoient pris Saint-Venant et Ypres; et le cardinal se mit dans l'esprit de prendre Cambray. M. le prince, qui ne jugea pas l'entreprise praticable, ne s'en voulut pas charger. Il laissa cet emploi à M. le comte d'Harcourt, qui y échoua; et il partit pour aller en Bourgogne, en même temps que le Roi s'avança à Compiègne pour pousser avec chaleur le siége de Cambray.

Ce voyage, quoique fait avec la permission du Roi, fit peine au cardinal, et l'obligea à faire couler à M. le prince des propositions indirectes de rapprochement. M. de Bouillon m'a dit qu'il savoit qu'Arnauld, qui avoit été mestre de camp des carabins, et qui étoit fort attaché à M. le prince, s'en étoit chargé. Je ne sais pas si M. de Bouillon en étoit bien informé, et je sais aussi peu quelles suites ces propositions purent avoir. Ce qui me parut est que Mezerolles, négociateur de M. le prince, vint à Compiègne en ce temps-là; qu'il y eut des conférences particulières avec M. le cardinal; et qu'il lui déclara au nom de son maître que si la Reine se défaisoit de la surintendance des mers qu'elle avoit prise pour elle à la mort de M. de Brezé son beau-frère, il prétendoit que ce fût en sa faveur, et non en celle de M. de Vendôme, comme le bruit en couroit. Madame de Bouillon, qui croyoit être bien avertie, me dit que le cardinal avoit été fort étonné de ce discours, auquel il n'avoit répondu que par un galimatias, « que l'on lui « fera bien expliquer, ajouta-t-elle, quand on le tien- « dra à Paris. » Je remarquai ce mot, que je lui fis moi-même expliquer; et j'appris que M. le prince faisoit état de ne pas demeurer long-temps en Bourgogne, et d'obliger à son retour la cour de revenir à Paris, où le cardinal seroit plus souple qu'ailleurs. Cette parole faillit à me coûter la vie, comme vous verrez. Mais parlons auparavant de ce qui se passoit à Paris.

La licence y étoit d'autant plus grande que nous ne pouvions donner ordre à celle même qui ne nous convenoit pas. C'est le plus irrémédiable de tous les inconvéniens qui sont attachés à la faction : et il est très-grand, en ce que la licence qui ne convient pas à la faction lui est presque toujours funeste, parce qu'elle la décrie. Nous avions intérêt de ne pas étouffer les libelles et les vaudevilles qui se faisoient contre le cardinal : mais nous n'en avions pas un moindre à supprimer ceux qui se faisoient contre la Reine et contre l'Etat. On ne peut s'imaginer la peine que la chaleur des esprits nous donna sur ce sujet. La tournelle condamna à mort deux criminels [1] convaincus d'avoir mis au jour deux ouvrages très-dignes du feu. Comme ils étoient sur l'échelle, ils crièrent qu'on les faisoit mourir pour avoir débité des vers contre le Mazarin : le peuple les enleva à la justice. Je touche cette circonstance pour vous faire connoître l'embarras où sont les gens sur le compte desquels on ne

---

[1] Un de ces criminels étoit Marlot, imprimeur. Il avoit été condamné au gibet pour avoir imprimé un libelle très-offensant contre la Reine. Voyez les *Mémoires de Guy-Joly*. (A. E.)

manque jamais de mettre tout ce qui se fait contre les lois : et ce qui est encore plus fâcheux, c'est qu'il ne tient cinq ou six fois le jour qu'à la fortune de corrompre, par des contre-temps plus naturels à ces sortes d'affaires qu'à aucune autre, les meilleures et les plus sages productions du bon sens. En voici un exemple.

Jarzé (1), qui étoit dans ce temps-là fort attaché au cardinal, se mit en tête d'accoutumer, disoit-il, les Parisiens à son nom ; et il s'imagina qu'il y réussiroit en brillant avec tous les autres jeunes gens de la cour, qui avoient ce caractère, dans les Tuileries, où tout le monde avoit pris fantaisie de se promener tous les soirs. Messieurs de Candale (2), de Boutteville (3), de Souvré, de Saint-Mesgrin (4), se laissèrent persuader à cette folie, qui leur réussit au commencement. Nous n'y fîmes point de réflexion : et comme nous nous sentions maîtres du pavé, nous crûmes même qu'il étoit de l'honnêteté de vivre civilement avec des gens de qualité à qui on devoit de la considération, quoiqu'ils fussent de parti contraire. Ils en prirent avantage : ils se vantèrent à Saint-Germain que les frondeurs ne leur faisoient point quitter le haut du pavé dans les Tuileries. Ils affectèrent de faire de grands soupers sur la terrasse du jardin de Renard, d'y mener les violons, et de boire publiquement à la santé de Son Excellence. Cette extravagance m'embarrassa.

(1) *Jarzé* : Duplessis, marquis de Jarzé. — (2) Louis-Charles Gaston de Nogaret, de La Valette et de Foix, duc de Candale, etc., mort sans alliance en 1658, âgé d'un peu plus de trente ans. (A. E.) — (3) François-Henri de Montmorency, duc de Piney-Luxembourg, maréchal de France en 1675, mort le 4 janvier 1695. (A. E.) — (4) Jacques Esthuer, marquis de Saint-Mesgrin, mort en 1652. Il fut tué aux troubles de Paris. (A. E.)

Je savois d'un côté qu'il est dangereux de souffrir que nos ennemis fassent devant les peuples ce qui nous doit déplaire, parce que les peuples s'imaginent qu'ils le peuvent, puisqu'on le souffre. Je ne voyois d'autre part point de moyen pour l'empêcher que la violence, qui n'étoit pas honnête contre des particuliers, parce que nous étions trop forts, et qui n'étoit pas sage parce qu'elle commettoit à des querelles particulières, par lesquelles le Mazarin eût été ravi de nous donner le change. Voici l'expédient qui me vint dans l'esprit. J'assemblai chez moi messieurs de Beaufort, de La Mothe, de Brissac, de Retz, de Vitry et de Fontrailles. Avant que de m'ouvrir, je leur fis jurer de se conduire à ma mode dans une affaire que j'avois à leur proposer. Je leur fis voir les inconvéniens de l'inaction sur ce qui se passoit dans les Tuileries, je leur exagérai les inconvéniens des procédés particuliers; et nous convînmes que, dès le soir, M. de Beaufort, accompagné de ceux que je viens de nommer, et de cent ou de cent vingt gentilshommes, se trouveroit chez Renard quand il sauroit que ces messieurs seroient à table; et qu'après avoir fait compliment à M. de Candale et aux autres, il diroit à Jarzé que, sans leur considération, on l'auroit jeté du haut du rempart, pour lui apprendre à se vanter. J'ajoutai qu'il seroit bon encore de faire casser quelques violons lorsque la bande s'en retourneroit, et qu'elle ne seroit plus en lieu où les personnes qu'on ne vouloit point offenser y pussent prendre part. Le pis de cette affaire étoit le procédé de Jarzé, qui ne pouvoit point avoir de mauvaise suite, parce que sa naissance n'étoit pas fort bonne. Ils promirent tous de ne recevoir aucune parole de lui, et de se servir de ce prétexte pour en faire purement une affaire de parti. Cette résolution fut très-mal exécutée. M. de Beaufort, au lieu de faire ce qui avoit été résolu, s'emporta de chaleur. Il tira d'abord la nape, il renversa la table ; l'on coiffa d'un potage le pauvre Videville, qui n'en pouvoit pas davantage, et qui se trouva par hasard à table avec eux. Le pauvre commandeur de Jars eut le même sort. L'on cassa les instrumens sur la tête des violons. Menil, qui étoit avec M. de Beaufort, donna trois ou quatre coups d'épée à Jarzé. M. de Candale et M. de Boutteville, qui est aujourd'hui M. de Luxembourg, mirent l'épée à la main ; et sans Caumesnil, qui se mit au devant d'eux, ils eussent couru fortune, dans la foule des gens qui avoient tous l'épée hors du fourreau.

Cette aventure me donna une cruelle douleur, et aux partisans de la cour la satisfaction d'en jeter sur moi le blâme dans le monde ; mais cela ne fut pas de longue durée, parce que l'application que j'eus à en empêcher les suites fit assez connoître mon intention, et parce qu'*il y a des temps où certaines gens ont toujours raison.* Par la raison des contraires, Mazarin avoit toujours tort. Nous ne manquâmes point de célébrer, comme nous devions, la levée du siége de Cambray ; le bon accueil fait à Servien, pour le payer de la rupture de la paix de Munster (1) ; le bruit du

---

(1) *La rupture de la paix de Munster :* Les frondeurs accusoient mal à propos Servien d'avoir fait manquer à Munster la paix avec l'Espagne. L'accueil qu'il reçut à la cour étoit tout naturel, parce qu'il avoit eu la principale part au traité de Westphalie, qui avoit rendu la paix à l'Empire, et posé les bases du système d'équilibre de l'Europe.

rétablissement d'Emery, qui courut aussitôt que M. de La Meilleraye se fut défait de la surintendance des finances, et qui se trouva vrai peu après. Enfin nous nous trouvions en état d'attendre avec sûreté et même avec dignité ce que pourroit produire le chapitre des accidens, dans lequel nous commencions à entrevoir de grandes indispositions de M. le prince pour le cardinal, et du cardinal pour M. le prince.

Ce fut dans ce moment où madame de Bouillon me découvrit que M. le prince avoit pris la résolution d'obliger le Roi de revenir à Paris; et M. de Bouillon me l'ayant confirmé, je pris celle de me donner l'honneur de ce retour, qui étoit très-souhaité du peuple. Pour cet effet, je fis insinuer à la cour que les frondeurs appréhendoient ce retour, et j'écoutai les négociations que Mazarin ne manquoit jamais de hasarder de huit en huit jours par différens canaux, pour lui lever tout soupçon qu'il y eût de l'art de notre côté. Je fis ce que je pus pour faire agir en cela M. de Beaufort sous son nom, parce que je croyois que le Mazarin s'imagineroit qu'il trouveroit plus de facilité à le tromper que moi. Mais comme M. de Beaufort vit que la suite de la négociation alloit à faire le voyage de Compiègne, La Boulaye, à qui il s'en ouvrit, lui conseilla de n'y point entrer, soit qu'il crût qu'il y eût trop de péril pour lui, soit qu'il ne pût se résoudre à laisser faire un pas à M. de Beaufort, aussi contraire aux espérances que madame de Montbazon, à qui La Boulaye étoit dévoué, donnoit continuellement à la cour de son accommodement. Cette ouverture de M. de Beaufort à La Boulaye me donna de l'inquiétude, parce qu'étant persuadé de son infidélité et de celle de son amie, je ne voyois pas seulement la fausse négociation que je projetois avec la cour inutile, je la considérois encore comme dangereuse. Elle étoit pourtant nécessaire : car vous jugez bien de quel inconvénient il étoit de laisser l'honneur du retour du Roi au cardinal ou à M. le prince, qui s'en fussent fait une preuve de ce qu'il avoit toujours dit, que nous nous y opposions. Le président de Bellièvre me dit que puisque M. de Beaufort m'avoit manqué au secret sur un point qui me pouvoit perdre, je pouvois lui en faire un de mon côté sur un point qui le pouvoit sauver lui-même; qu'il y alloit du tout pour le parti; qu'il falloit tromper M. de Beaufort pour son salut; que je le laissasse faire, et qu'il me donnoit parole qu'avant qu'il fût nuit il raccommoderoit tout le mal que le manquement de secret de M. de Beaufort avoit causé. Il me prit dans son carrosse, il me mena chez madame de Montbazon, où M. de Beaufort passoit toutes les soirées. Il arriva un moment après nous; et M. de Bellièvre fit si bien qu'il répara effectivement ce qui étoit gâté. Il leur fit croire qu'il m'avoit persuadé qu'il falloit songer tout de bon à s'accommoder; que la bonne conduite ne vouloit pas que nous laissassions venir le Roi à Paris, sans avoir au moins commencé à négocier; et que la négociation se devoit faire par nous-mêmes en personne, c'est-à-dire par M. de Beaufort et par moi. Madame de Montbazon, qui prit feu à cette ouverture, et qui crut qu'il n'y avoit plus de péril en ce voyage, puisqu'on vouloit bien effectivement négocier, avança même qu'il seroit mieux que M. de Beaufort y allât. Le président de Bellièvre allégua douze ou quinze raisons, dont il n'y en avoit pas une qu'il entendît lui-même, pour lui prouver que cela ne seroit pas à propos; et je remarquai alors que *rien ne persuade tant les gens qui ont peu de sens, que ce qu'ils n'entendent pas.* Le président de Bellièvre leur laissa même entrevoir qu'il seroit peut-être à propos que je me laissasse persuader, quand je serois là, de voir le cardinal. Madame de Montbazon, qui entretenoit des correspondances avec tout le monde, par les différentes relations qu'elle avoit avec chacun, se fit honneur, par celle qu'elle entretenoit avec le maréchal d'Albret [1] (à ce qu'on m'a dit depuis), de ce projet à la cour. Et ce qui me le fait assez croire est que Servien recommença fort instamment les négociations avec moi. J'y répondis à tout hasard, comme si j'eusse été assuré que la cour en eût été avertie par madame de Montbazon. Je ne m'engageai pas de voir à Compiègne le cardinal Mazarin, parce que j'étois très-résolu de ne l'y point voir; mais je lui fis entendre que je l'y pourrois voir, parce que je reconnus clairement que si le cardinal n'eût eu l'espérance que cette visite me décréditeroit chez le peuple, il n'eût point consenti à un voyage qui pouvoit faire croire au peuple que j'avois part au retour du Roi. Je jugeai à la mine plutôt qu'aux paroles de Servien que ce retour n'étoit pas si éloigné de l'inclination du cardinal que l'on le croyoit à Paris, et même à la cour. Vous voyez facilement que j'oubliai de dire à Servien que je fisse état de parler à la Reine sur ce retour. Il alla annoncer le mien à Compiègne avec une joie merveil-

---

[1] César-Phébus d'Albret, comte de Miossens, maréchal de France en 1653, mort en 1676. La branche de ce maréchal est bâtarde de la maison d'Albret. (A. E.)

leuse, et je trouvai dans mes amis une opposition extraordinaire, parce qu'ils crurent que j'y courois un grand péril : mais je leur fermai la bouche, en leur disant que *tout ce qui est nécessaire n'est pas hasardeux.* J'allai coucher à Liancourt, où le maître et la maîtresse de la maison (1) firent de grands efforts pour m'obliger à retourner à Paris; et j'arrivai le lendemain à Compiègne au lever de la Reine.

Comme je montois l'escalier, un petit homme habillé de noir, que je n'avois jamais vu, et que je n'ai jamais vu depuis, me coula dans la main un billet où étoient ces mots en grosses lettres : *Si vous entrez chez le Roi, vous êtes mort.* J'y étois, il n'étoit plus temps de reculer. Comme je vis que j'avois passé la salle des gardes sans être tué, je me crus sauvé. Je témoignai à la Reine que je venois l'assurer de mes obéissances très-humbles, et de la disposition où étoit l'église de Paris de rendre à Leurs Majestés tous les services auxquels elle étoit obligée. J'insinuai dans mon discours tout ce qui étoit nécessaire pour pouvoir dire que j'avois beaucoup insisté pour le retour du Roi. La Reine me témoigna beaucoup de bonté et même beaucoup d'agrément sur ce que je lui disois; mais quand elle fut tombée sur ce qui regardoit le cardinal, et qu'elle eut vu que, quoiqu'elle me pressât de le voir, je persistois à lui répondre que cette visite me rendroit inutile à son service, elle ne se put plus contenir : elle rougit ; et tout le pouvoir qu'elle eut sur

---

(1) *Le maître et la maîtresse de la maison :* Roger Du Plessis, duc de Liancourt, mort en 1674 ; Jeanne de Schomberg son épouse, morte la même année, deux mois avant son mari. Tous deux avoient embrassé avec ardeur la cause du jansénisme.

elle fut, à ce qu'elle a dit depuis, de ne me rien dire de fâcheux.

Servien racontoit un jour au maréchal de Clérembault que l'abbé Fouquet [1] proposa de me faire assassiner chez lui (Servien) où je dînois; et il ajouta qu'il étoit arrivé à temps pour empêcher ce malheur. M. de Vendôme, qui vint au sortir de table chez Servien, me pressa de partir, en me disant qu'on tenoit de fâcheux conseils contre moi; mais quand cela n'auroit pas été, M. de Vendôme l'auroit dit pourtant, car il n'y a jamais eu un imposteur pareil à lui.

Je revins à Paris, ayant fait tout ce que j'avois souhaité. J'avois effacé le soupçon que les frondeurs fussent contraires au retour du Roi; j'avois jeté sur le cardinal toute la haine du délai; je l'avois bravé dans son trône; je m'étois assuré l'honneur principal du retour. Il y eut le lendemain un libelle qui mit tous ces avantages dans leur jour. Le président de Bellièvre fit voir à madame de Montbazon que les circonstances particulières m'avoient forcé à changer de résolution touchant la visite du cardinal. J'en persuadai aisément M. de Beaufort, qui fut d'ailleurs chatouillé du succès que cette démarche eut auprès du peuple. Hocquincourt, qui étoit de nos amis, fit le même jour je ne sais quelle bravade au cardinal. Je ne me ressouviens point du détail, mais nous le relevâmes de mille couleurs. Enfin nous connûmes visiblement que nous avions encore pour long-temps de la provision dans l'imagination du peuple : ce qui fait le tout en ces sortes d'affaires.

---

[1] Basile Fouquet, abbé de Barjeau, frère du surintendant des finances, mort en 1683. (A. E.)

M. le prince étant revenu à Compiègne, la cour prit ou déclara la résolution de revenir à Paris. Elle y fut reçue comme les rois l'ont toujours été et le seront toujours, c'est-à-dire avec des acclamations qui ne signifient rien que pour ceux qui prennent plaisir à se flatter. Un petit procureur du châtelet aposta, pour de l'argent, douze ou quinze femmes qui, à l'entrée du faubourg, crièrent : *vive Son Eminence!* qui étoit dans le carrosse du Roi. Son Eminence crut là-dessus être maître de Paris : il s'aperçut, au bout de trois ou quatre jours, qu'il s'étoit trompé. Les libelles continuèrent. Marigny redoubla de force pour les chansons; les frondeurs parurent plus fiers que jamais. Nous marchions quelquefois seuls, M. de Beaufort et moi, avec un page derrière notre carrosse, quelquefois avec cinquante livrées et cent gentilshommes. Nous diversifiions la scène, selon que nous jugions qu'elle seroit du goût des spectateurs. Les gens de la cour, qui nous blâmoient depuis le matin jusqu'au soir, nous imitoient à leur mode. Il n'y en avoit pas un qui ne prît avantage sur le ministre des *frottades* que nous lui donnions (c'étoit le mot du président de Bellièvre); et M. le prince, qui en faisoit trop ou trop peu à son égard, continua à le traiter du haut en bas. Et comme il n'étoit pas content du refus qu'on lui avoit fait de la surintendance des mers, qui avoit été à monsieur son beau-frère (1), le cardinal pensoit toujours à le radoucir par des propositions de quelque autre accommodement, qu'il eût

---

(1) *Monsieur son beau-frère* : Le duc de Brezé, neveu du cardinal de Richelieu, avoit été tué le 14 juin 1646, dans un combat naval livré près d'Orbitello. Le prince de Condé avoit épousé sa sœur.

été bien aise toutefois de ne lui donner qu'en espérance. Il lui proposa que le Roi acheteroit le comté de Montbéliard, souveraineté assez considérable, et il donna charge à Hervart de ménager cette affaire avec le propriétaire, qui étoit un des cadets de la maison de Wurtemberg. On prétendoit, en ce temps-là, qu'Hervart même avoit averti M. le prince que sa commission secrète étoit de ne pas réussir dans sa négociation. Ce qui est constant, c'est que M. le prince n'étoit pas content du cardinal, et qu'il ne continua pas seulement, depuis son retour, à traiter fort bien M. de Chavigny, son ennemi capital; mais qu'il affecta même de se radoucir beaucoup à l'égard des frondeurs. Il me témoigna bien plus d'amitié qu'il n'avoit fait dans les premiers jours de la paix, et il ménagea plus que par le passé monsieur son frère et madame sa sœur. Il me semble que ce fut en ce temps-là qu'il remit M. le prince de Conti dans la fonction du gouvernement de Champagne, dont il n'avoit encore eu que le titre. Il s'attacha M. l'abbé de La Rivière, en souffrant que monsieur son frère, qu'il prétendoit pouvoir faire cardinal par une pure recommandation, lui laissât la nomination, pour laquelle le chevalier d'Elbène fut dépêché à Rome. Tous ces pas ne diminuoient point les défiances du cardinal, qui étoient fort augmentées par l'attachement que M. de Bouillon avoit pour M. le prince; mais elles étoient encore aigries, en ce qu'il croyoit que M. le prince favorisoit le mouvement de Bordeaux. Cette ville, tyrannisée par M. d'Epernon, esprit violent, avoit pris les armes, avec l'autorité du parlement, sous le commandement de Cambray, et depuis sous celui de

Sauvebœuf. Ce parlement avoit dépêché à celui de
Paris un de ses conseillers appelé Guyonnet. Celui-ci
ne bougeoit de chez M. de Beaufort, à qui tout ce
qui paroissoit plus grand paroissoit bon. Il ne tint pas
à moi d'empêcher toutes ces apparences qui ne servoient à rien, et qui au contraire pouvoient nuire.

M. le prince me parla avec aigreur de ces conférences de Guyonnet avec M. de Beaufort : ce qui fait
voir qu'il étoit bien éloigné de fomenter les désordres
de la Guienne. Mais le cardinal le croyoit, parce que
M. le prince penchoit à l'accommodement, et n'étoit
pas d'avis que l'on harcelât une province aussi importante que la Guienne, pour le caprice de M. d'Epernon. Un des plus grands défauts du cardinal Mazarin
étoit qu'il n'a jamais pu croire que personne lui parlât avec bonne intention.

Comme M. le prince avoit voulu se réunir toute sa
maison, il crut qu'il ne pourroit satisfaire pleinement
M. de Longueville, qu'il n'eût obligé le cardinal à lui
tenir la parole qu'on lui avoit donnée à la paix de
Ruel ; c'est-à-dire de lui mettre entre les mains le
Pont-de-l'Arche, qui, joint au vieux Palais de Rouen,
à Caen et à Dieppe, ne convenoit pas mal à un gouverneur de Normandie. Le cardinal s'opiniâtra à ne
le pas faire. M. le prince se trouvant un jour au cercle, et voyant qu'il faisoit le fier plus qu'à l'ordinaire,
lui dit, en sortant du cabinet de la Reine : « Adieu,
« Mars. » Cela se passa à onze heures du soir ; je le
sus un demi quart-d'heure après, ainsi que tout le
reste de la ville. Et comme j'allois le lendemain sur
les sept heures du matin à l'hôtel de Vendôme y chercher M. de Beaufort, je le trouvai sur le Pont-Neuf,

dans le carrosse de M. de Nemours qui le menoit chez madame sa femme, pour qui M. de Beaufort avoit beaucoup de tendresse. M. de Nemours étoit encore pour la Reine ; et comme il savoit l'éclat du jour précédent, il s'étoit mis dans l'esprit de persuader à M. de Beaufort de se déclarer pour elle en cette occasion. M. de Beaufort s'y trouvoit tout-à-fait disposé, d'autant plus que madame de Montbazon l'avoit prêché jusqu'à deux heures après minuit sur le même ton. Le connoissant comme je faisois, je ne devois pas être surpris de son peu de vue : je le fus pourtant. Je lui représentai qu'il ne pouvoit rien voir qui fût plus contraire au bon sens; qu'en nous offrant à M. le prince, nous ne hasardions rien : qu'en nous offrant à la Reine nous hasardions tout ; que dès que nous aurions fait ce pas, M. le prince s'accommoderoit avec le Mazarin, qui le recevroit à bras ouverts, et par sa propre considération, et par l'avantage qu'il trouveroit à faire connoître au peuple qu'il devroit sa conservation aux frondeurs : ce qui nous décréditeroit dans le public ; qu'en nous offrant à M. le prince, le pis-aller seroit de demeurer comme nous étions, avec la différence que nous aurions acquis un nouveau mérite à l'égard du public, par le nouvel effort que nous aurions fait pour ruiner son ennemi. Ces raisons emportèrent M. de Beaufort : nous allâmes l'après-dînée à l'hôtel de Longueville, où nous trouvâmes M. le prince dans la chambre de madame sa sœur. Nous lui offrîmes nos services, et nous fûmes reçus comme vous pouvez vous l'imaginer. Nous soupâmes avec lui chez Prudhomme, où le panégyrique du Mazarin ne manqua d'aucune figure.

Le lendemain au matin, M. le prince me fit l'honneur de me venir voir, et il continua à me parler du même air dont il m'avoit parlé la veille. Il reçut même avec plaisir la ballade en *na, ne, ni, no, nu*, que Marigny lui porta alors, comme il descendoit l'escalier. Il m'écrivit le soir, sur les onze heures, un petit billet où il m'ordonnoit de me trouver, le lendemain matin à quatre heures, chez lui avec Noirmoutier. Nous l'éveillâmes, comme il nous l'avoit commandé. Il nous dit qu'il ne pouvoit se résoudre à faire la guerre civile; que la Reine étoit si attachée au cardinal, qu'il n'y avoit que ce moyen de l'en séparer; qu'il n'étoit pas de sa conscience et de son honneur de le prendre, et qu'il étoit d'une naissance à laquelle la conduite du Balafré ne convenoit pas. Il ajouta qu'il n'oublieroit jamais l'obligation qu'il nous avoit; qu'en s'accommodant, il nous accommoderoit aussi avec la cour, si nous le voulions : sinon qu'il ne laisseroit pas, si la cour nous attaquoit, de prendre hautement notre protection. Nous lui répondîmes que nous n'avions prétendu, en lui offrant nos services, que l'honneur de le servir; que nous serions au désespoir que notre considération eût arrêté un moment son accommodement avec la Reine; que nous le suppliions de nous permettre de demeurer comme nous étions avec le cardinal; et que cela n'empêcheroit pas que nous ne demeurassions toujours dans les termes du respect et du service que nous avions voué à Son Altesse.

Les conditions de l'accommodement de M. le prince avec le cardinal n'ont jamais été publiques, parce qu'il ne s'en est su que ce qu'il a plu au cardinal, en ce temps-là, d'en jeter dans le monde. Ce qui en parut fut la remise du Pont-de-l'Arche entre les mains de M. de Longueville.

Les affaires publiques ne m'occupoient pas si fort que je ne fusse obligé de vaquer à des affaires particulières qui me donnèrent bien de la peine. Madame de Guémené, qui s'en étoit allée d'effroi dès les premiers jours du siége de Paris, revint de colère à la première nouvelle qu'elle eut de mes visites à l'hôtel de Chevreuse. Je fus assez fou pour la prendre à la gorge, sur ce qu'elle m'avoit lâchement abandonné : elle fut assez folle pour me jeter un chandelier à la tête, sur ce que je ne lui avois pas gardé la fidélité à l'égard de mademoiselle de Chevreuse. Nous nous accordâmes un quart-d'heure après ce fracas, et le lendemain je fis pour son service ce que vous allez voir.

Cinq ou six jours après que M. le prince se fut accommodé, il m'envoya le président Viole pour me dire qu'on le déchiroit dans Paris comme un homme qui avoit manqué de parole aux frondeurs; qu'il ne pouvoit pas croire que ces bruits-là vinssent de moi; mais qu'il savoit que M. de Beaufort et madame de Montbazon y contribuoient beaucoup; qu'il me prioit d'y donner ordre. Je montai aussitôt en carrosse avec le président Viole. J'allai avec lui chez M. le prince, et je lui témoignai que j'avois toujours parlé de lui comme je devois. J'excusai autant que je pus M. de Beaufort et madame de Montbazon, quoique je n'ignorasse pas que la dernière n'eût dit que trop de sottises. Je lui insinuai qu'il ne devoit pas trouver étrange que, dans une ville aussi enragée contre le Mazarin, on se fût plaint de son accommodement, qui le remettoit pour la seconde fois sur le trône. Il se fit justice ; il comprit que le peuple n'avoit pas besoin d'instigateurs pour être échauffé sur cette matière. Il entra avec moi dans les raisons qu'il avoit eues de ne pas pousser les affaires; il fut satisfait de ce que je lui dis pour lui justifier ma conduite; il m'assura de son amitié, je l'assurai de mes services; et la conversation finit d'une manière assez tendre pour me donner lieu de croire qu'il me tenoit pour son serviteur, et qu'il ne trouveroit pas mauvais que je me mêlasse d'une affaire arrivée justement la veille de ce que je viens de vous raconter.

M. le prince s'étoit engagé, à la prière de Meille, cadet de Foix, qui étoit fort attaché à lui, de faire donner le tabouret à la comtesse de Foix (1); et le cardinal, qui y avoit grande aversion, suscita toute la jeunesse de la cour pour s'opposer à tous les tabourets qui n'étoient pas fondés sur des brevets. M. le prince, qui vit tout d'un coup une manière d'assemblée de noblesse, à la tête de laquelle même le maréchal de L'Hôpital s'étoit mis, ne voulut pas s'attirer la chaleur publique pour des intérêts qui lui étoient assez indifférens; et il crut qu'il feroit assez pour la maison de Foix, s'il renversoit les tabourets des autres maisons privilégiées. Celle de Rohan étoit la première de ce nombre; et jugez de quel dégoût étoit un échec de cette nature aux dames de ce nom! La nouvelle leur en fut apportée le soir même que madame la princesse de Guémené revint d'Anjou. Mesdames de Chevreuse, de Rohan et de Montbazon se trouvèrent le lendemain chez elle. Elles prétendirent que l'affront qu'on leur vouloit faire n'étoit qu'une

---

(1) *La comtesse de Foix* : Madeleine-Charlotte d'Ailly.

vengeance qu'on prenoit de la Fronde. Nous résolûmes une contre-assemblée de noblesse, pour soutenir le tabouret de la maison de Rohan. Mademoiselle de Chevreuse eût eu assez de plaisir qu'on l'eût distinguée par là de celle de Lorraine; mais la considération de madame sa mère fit qu'elle n'osa contredire le sentiment commun. Il fut question d'essayer d'ébranler M. le prince, avant que de venir à l'éclat : je me chargeai de la commission. J'allai chez lui dès le soir même ; je pris mon prétexte sur la parenté que j'avois avec la maison de Guémené. M. le prince, qui m'entendit à demi mot, répondit ces paroles : « Vous êtes « bon parent, il est juste de vous satisfaire. Je vous « promets que je ne choquerai point le tabouret de « la maison de Rohan. »

J'exécutai fidèlement l'ordre de M. le prince: j'allai de chez lui à l'hôtel de Guémené, où je trouvai toute la compagnie assemblée. Je suppliai mademoiselle de Chevreuse de sortir du cabinet, et je fis rapport de mon ambassade aux dames, qui en furent beaucoup édifiées; il est si rare qu'une négociation finisse de cette manière, que celle-là m'a paru n'être pas indigne de l'histoire.

Cette complaisance qu'eut M. le prince pour moi déplut au cardinal, qui avoit encore tous les jours de nouveaux sujets de chagrin. Le vieux duc de Chaulnes [1], gouverneur d'Auvergne, lieutenant de roi en Picardie, et gouverneur d'Amiens, mourut en ce temps-là. Le cardinal, à qui la citadelle d'Amiens eût

(1) Honoré d'Albert, duc de Chaulnes, gouverneur d'Amiens, frère du connétable de Luynes, mort en 1649 le 30 octobre, en sa soixante-neuvième année. (A. E.)

assez plu pour lui-même, eût bien voulu que le vidame lui en eût cédé le gouvernement, dont il avoit la survivance, pour avoir celui d'Auvergne. Le vidame, qui étoit frère aîné de M. de Chaulnes que vous voyez aujourd'hui, se fâcha; il écrivit une lettre très-haute au cardinal, et s'attacha à M. le prince. M. de Nemours fit la même chose, parce qu'on balança à lui donner le gouvernement d'Auvergne. Miossens, qui est présentement le maréchal d'Albret, et qui étoit à la tête des gens d'armes du Roi, s'accoutuma et accoutuma les autres à menacer le ministre, qui augmenta la haine publique en rétablissant Emery, odieux à tout le royaume. Ce rétablissement nous fit un peu de peine, parce que cet homme, qui connoissoit mieux Paris que le cardinal, y jeta de l'argent, et l'y jeta même assez à propos. C'est une science particulière qui, bien ménagée, fait autant de bons effets dans un peuple qu'elle en produit de mauvais quand elle n'est pas bien entendue. Elle est de la nature de ces choses qui sont naturellement ou toutes bonnes ou toutes mauvaises.

Cette distribution, qu'il fit sagement et sans éclat, nous obligea encore à songer avec plus d'application à nous incorporer, pour ainsi dire, avec le peuple; et comme nous en trouvâmes une occasion qui étoit très-bonne en elle-même, nous ne la manquâmes pas. Si l'on m'eût cru, l'on ne l'eût pas prise si tôt; nous n'étions pas pressés, et *il n'est pas sage de faire dans les factions, où l'on n'est que sur la défensive, ce qui n'est pas pressé. Mais l'inquiétude des subalternes est la chose la plus incommode en ces rencontres: ils croient que, dès qu'on n'agit pas, on est perdu.* Je leur prêchois tous les jours qu'il falloit planer ; que les pointes étoient dangereuses ; que la patience avoit de plus grands effets que l'activité ; mais personne ne comprenoit cette vérité. L'impression que fit à ce propos dans les esprits un méchant mot de la princesse de Guémené est incroyable. Elle se ressouvint d'un vaudeville que l'on avoit fait autrefois sur un certain régiment de Brulon, où l'on disoit qu'il n'y avoit que deux dragons et quatre tambours. Comme elle haïssoit la Fronde pour plus d'une raison, elle me dit un jour chez elle, en me raillant, que nous n'étions plus que quatorze de notre parti, qu'elle compara ensuite au régiment de Brulon. Noirmoutier, qui étoit éveillé mais étourdi, et Laigues, qui étoit lourd mais présomptueux, furent touchés de cette raillerie, au point qu'ils murmuroient depuis le matin jusqu'au soir de ce que je ne m'accommodois pas, ou que je ne poussois pas les affaires à l'extrémité. Comme *les chefs dans les factions n'en sont maîtres qu'autant qu'ils savent prévenir ou apaiser les murmures,* il fallut en venir malgré moi à agir, quoiqu'il n'en fût pas encore temps ; et je trouvai, par bonne fortune, une matière qui eût rectifié l'imprudence, si ceux qui l'avoient causée ne l'eussent pas outrée.

Les rentes de l'hôtel-de-ville de Paris sont particulièrement le patrimoine de tous ceux qui n'ont que médiocrement de biens. Il est vrai qu'il y a de riches maisons qui y ont part, mais il est encore plus vrai qu'il semble que la Providence les ait plus destinées pour les pauvres que pour les riches : et cela, bien entendu et bien ménagé, pourroit être très-avantageux au service du Roi, parce que ce seroit un moyen d'autant plus efficace qu'il seroit imperceptible, pour attacher à Sa Majesté un nombre infini de *familles médiocres, qui sont toujours les plus redoutables dans les révolutions*. La licence des temps a donné plus d'une fois des atteintes à ce fonds sacré.

L'ignorance du cardinal Mazarin ne garda point de mesures dans sa puissance. Il recommença, aussitôt après la paix, à rompre celles par lesquelles et les arrêts du parlement et les déclarations du Roi avoient pourvu à ce désordre. Les officiers de l'hôtel-de-ville dépendant du ministre y contribuèrent par leurs prévarications. Les rentiers s'en émurent : ils s'assemblèrent en grand nombre. La chambre des vacations donna arrêt par lequel elle défendit ces assemblées; et quand le parlement fut rentré, à la Saint-Martin de l'année 1649, la grand'chambre confirma cet arrêt, qui étoit juridique en soi, parce que les assemblées sans l'autorité du prince ne sont jamais légitimes : mais qui autorisoit toutefois le mal, en ce qu'il en empêchoit le remède.

Ce qui obligea la grand'chambre à donner un second arrêt fut que, nonobstant celui qui avoit été rendu par la chambre des vacations, les rentiers assemblés, au nombre de plus de trois mille, tous bourgeois et vêtus de noir, avoient créé douze syndics pour veiller, disoient-ils, sur les prévarications du prévôt des marchands. Cette nomination des syndics fut inspirée à ces bourgeois par cinq ou six personnes (1) qui avoient en effet quelque intérêt dans les rentes, mais que j'avois jetées dans l'assemblée,

(1) *Par cinq ou six personnes* : entre autres Joly, dont les Mémoires

pour la diriger aussitôt que je la vis formée. Je rendis en cette occasion un grand service à l'Etat, parce que si je n'eusse réglé, comme je fis, cette assemblée, il y eût eu assurément une fort grande sédition. Tout s'y passa avec un très-grand ordre. Les rentiers demeurèrent dans le respect, pour quatre ou cinq conseillers du parlement qui parurent à leur tête, et qui voulurent bien accepter le syndicat. Ils y persistèrent avec joie, quand ils surent par les mêmes conseillers que nous leur donnions, M. de Beaufort et moi, notre protection. Ils nous firent une députation solennelle; et le premier président, voyant cette démarche, s'emporta, et donna ce second arrêt dont je viens de parler. Les syndics prétendirent que leur syndicat ne pourroit être cassé que par le parlement en corps, et non par la grand'chambre. Ils se plaignirent aux enquêtes, qui furent de même avis, après en avoir opiné dans leurs chambres; et qui allèrent ensuite chez monsieur le premier président, accompagnés d'un très-grand nombre de rentiers.

La cour, qui crut devoir faire un coup d'autorité, envoya des archers chez Parain des Coutures, capitaine de son quartier, et qui étoit un des douze syndics. Ils ne le trouvèrent pas chez lui. Le lendemain les rentiers s'assemblèrent en très-grand nombre en l'hôtel-de-ville, et ils y résolurent de présenter requête au parlement, et d'y demander justice de la violence qu'on avoit voulu faire à un de leurs syndics.

Jusque là nos affaires alloient à souhait : nous nous étions enveloppés dans la meilleure et la plus

suivent ceux de Retz. Cet émissaire du coadjuteur fut nommé l'un des syndics des rentiers.

juste affaire, et nous étions sur le point de nous reprendre et de nous recoudre, pour ainsi dire, avec le parlement, qui vouloit demander l'assemblée des chambres, et qui sanctifioit par conséquent tout ce que nous avions fait. Le diable monta à la tête de nos subalternes : ils crurent que cette occasion tomberoit si nous ne la relevions d'un grain qui fût de plus haut goût que les formes du Palais. Ce furent les propres mots de Montrésor, qui, dans un conseil de Fronde tenu chez le président de Bellièvre, proposa qu'il falloit tirer un coup de pistolet à l'un des syndics, pour obliger le parlement à s'assembler; parce qu'autrement, dit-il, le premier président n'accordera jamais l'assemblée des chambres, qui nous est absolument nécessaire, parce qu'elle nous rejoint au parlement, dans une conjoncture où nous serons, avec le parlement, les défenseurs de la veuve et de l'orphelin ; et où nous ne sommes, sans le parlement, que des séditieux et des tribuns du peuple. Il n'y a, ajouta-t-il, qu'à faire tirer un coup de pistolet dans la rue à un de nos syndics qui ne sera pas assez connu du peuple pour faire une trop grande émotion, mais qui la fera suffisante pour produire l'assemblée des chambres, qui nous est si nécessaire.

Je m'opposai à ce dessein de toute ma force ; je leur représentai que nous aurions l'assemblée des chambres sans cet étrange expédient, qui avoit mille inconvéniens. Le président de Bellièvre traita mon scrupule de pauvreté ; il me pria de me ressouvenir de ce que j'avois mis autrefois dans la Vie de César, que *dans les affaires publiques la morale est de plus d'étendue que dans les particulières.* Je le priai à mon tour de se ressouvenir de ce que j'avois mis à la fin de cette même Vie : qu'*il est toujours judicieux de ne se servir qu'avec d'extrêmes précautions de cette licence, parce qu'il n'y a que le succès qui la justifie. Et qui peut répondre du succès?* Je ne fus pas écouté, bien qu'il semblât que Dieu m'eût inspiré ces paroles, comme vous le verrez par l'événement. Il fut donc résolu qu'un gentilhomme qui étoit à Noirmoutier tireroit un coup de pistolet dans le carrosse de Joly, que vous avez vu depuis à moi, et qui étoit un des syndics des rentiers; que Joly se feroit une égratignure, pour faire croire qu'il étoit blessé; qu'il se mettroit au lit, et qu'il donneroit sa requête au parlement. Cette résolution me donna une telle inquiétude que je ne fermai pas l'œil de toute la nuit, et que je dis le lendemain matin au président de Bellièvre ces deux vers du fameux Corneille (1) :

Je rends grâces aux Dieux de n'être point Romain,
Pour conserver encor quelque chose d'humain.

Le maréchal de La Mothe en eut autant d'aversion que moi. Enfin elle s'exécuta le 11 décembre 1649, et la fortune ne manqua pas d'y jeter le plus cruel de tous les incidens. Le marquis de La Boulaye, soit de sa propre folie, soit de concert avec le cardinal, voyant que sur l'émotion causée dans la place Maubert par ce coup de pistolet, et sur la plainte du président Charton, l'un des syndics, qui s'imagina qu'on avoit pris Joly pour lui, se jeta comme un démoniaque (le parlement étant assemblé) au milieu de la salle

(1) *Du fameux Corneille* : Horace, acte II, scène 3.

du Palais, suivi de quinze ou vingt coquins, dont le plus honnête homme étoit un misérable savetier. Il cria aux armes, il n'oublia rien pour les faire prendre dans les rues voisines ; il alla chez le bon homme Broussel, qui lui fit une réprimande à sa mode. Il vint chez moi, et je le menaçai de le faire jeter par la fenêtre. Voici ce qui me fit croire qu'il agissoit de concert avec le cardinal :

Il étoit attaché à M. de Beaufort, qui le traitoit de parent ; mais il tenoit encore davantage auprès de lui par madame de Montbazon, de qui il étoit tout-à-fait dépendant. J'avois découvert que ce misérable avoit des conférences secrètes avec madame d'Epinelle, concubine, en titre d'office, d'Ondedei, et espionne avérée du Mazarin. J'avois pourtant fait jurer M. de Beaufort, sur les Evangiles, qu'il ne lui diroit jamais rien de tout ce qui me regarderoit. Laigues m'a dit que le cardinal, en mourant, le recommanda au Roi comme un homme qui l'avoit toujours fidèlement servi ; et vous remarquerez que ce même homme avoit toujours été frondeur de profession.

Je reviens à Joly. Le parlement s'étant assemblé, ordonna que l'on informeroit de cet assassinat. La Reine, qui vit que La Boulaye n'avoit pas réussi dans la tentative de la sédition, alla, à son ordinaire (car c'étoit un samedi), à la messe à Notre-Dame. Le prévôt des marchands l'alla assurer, à son retour, de la fidélité de la ville. On affecta de publier au Palais-Royal que les frondeurs avoient voulu soulever le peuple, et qu'ils avoient manqué leur coup : mais tout cela ne fut que douceur au prix de ce qui arriva le soir. La Boulaye posa une espèce de corps-de-garde de sept ou huit cavaliers dans la place Dauphine, pendant que lui-même (à ce qu'on m'a assuré depuis) étoit chez une fille de joie dans le voisinage. Il y eut je ne sais quelle rumeur entre les cavaliers et les bourgeois du guet; et l'on vint dire au Palais-Royal qu'il y avoit de l'émotion dans ce quartier. Servien eut ordre d'envoyer savoir ce que c'étoit; et l'on prétend qu'il grossit beaucoup, par son rapport, le nombre des gens qui y étoient. On observa même qu'il eut une assez longue conférence avec le cardinal dans la petite chambre grise de la Reine, et que ce ne fut qu'après cette conférence qu'il vint dire tout échauffé à M. le prince qu'il y avoit assurément quelque entreprise contre sa personne. M. le prince voulut aller s'éclaircir lui-même : la Reine l'en empêcha, et ils convinrent d'envoyer seulement le carrosse de M. le prince avec quelques carrosses de suite, pour voir si on l'attaqueroit. Arrivés sur le Pont-Neuf, ils trouvèrent quantité de gens armés, parce que les bourgeois avoient pris les armes à la première rumeur; et il n'arriva rien. Il y eut un laquais blessé d'un coup de pistolet derrière le carrosse de Duras, mais on ne sait point comment cela arriva. S'il est vrai, comme on le disoit en ce temps-là, que deux cavaliers tirèrent ce coup de pistolet après avoir regardé dans le carrosse de M. le prince, où ils ne trouvèrent personne, il y a apparence que ce fut un jeu, et la continuation de celui du matin. Un boucher, très-homme de bien, me dit huit jours après (et il me l'a dit vingt fois depuis) qu'il n'y avoit pas un mot de vrai de ce qui s'étoit dit de ces deux cavaliers; que ceux de La Boulaye n'y étoient plus quand les carrosses passèrent;

et que les coups de pistolet ne furent qu'entre des bourgeois ivres et quelques bouchers qui revenoient de Poissy, et qui n'étoient pas non plus à jeun. Ce boucher, appelé Le Roux, père du chartreux dont vous avez ouï parler, disoit qu'il étoit dans la compagnie.

L'artifice de Servien réunit au cardinal M. le prince, qui se trouva dans la nécessité de pousser les frondeurs, parce qu'il crut qu'ils l'avoient voulu assassiner. Tout ce qu'il y avoit de gens à lui crurent qu'ils ne lui témoigneroient point assez de zèle s'ils ne lui exagéroient son péril, et les flatteurs du Palais-Royal confondirent avec empressement l'entreprise du matin avec l'aventure du soir. On broda sur ce canevas tout ce que la plus lâche complaisance, tout ce que la plus noire imposture, tout ce que la crédulité la plus forte y purent figurer; et nous nous trouvâmes le lendemain au matin réveillés par le bruit qu'on répandit par la ville que nous avions voulu enlever la personne du Roi, le mener à l'hôtel-de-ville, et massacrer M. le prince; que pour cet effet les troupes d'Espagne s'avançoient sur la frontière, de concert avec nous. La cour fit le soir une peur épouvantable à madame de Montbazon, qu'on savoit être la patronne de La Boulaye. Le maréchal d'Albret, qui se vantoit d'être aimé de cette dame, lui portoit tout ce qu'il plaisoit au cardinal de faire aller jusqu'à elle. Vigneuil, qui en étoit effectivement aimé, lui inspiroit tout ce que M. le prince lui vouloit faire croire. Elle fit voir les enfers ouverts à M. de Beaufort, qui me vint éveiller à cinq heures du matin, pour me dire que nous étions perdus, et que nous n'avions qu'un parti à prendre : c'étoit, pour lui, de se jeter dans Peronne, où Hocquincourt le recevroit; et pour moi de me retirer à Mézières, où je pouvois disposer de Bussy-Lamet. Je crus d'abord qu'il avoit fait quelque sottise avec La Boulaye. Après qu'il m'eut fait mille sermens qu'il étoit aussi innocent que moi, je lui dis que le parti qu'il me proposoit étoit pernicieux ; qu'il nous feroit paroître coupables aux yeux de tout l'univers ; qu'il n'y en avoit point d'autre que de nous envelopper dans notre innocence, que de faire bonne mine, de ne rien entreprendre à l'égard de tout ce qui ne nous attaqueroit pas directement, et de résoudre ce que nous aurions à faire dans les occasions. Il entra dans mes raisons. Nous sortîmes sur les huit heures, pour nous faire voir au peuple, et pour voir nous-mêmes la contenance du peuple, qu'on nous avoit mandé de différens quartiers être beaucoup consterné. Cela nous parut effectivement; et si la cour nous eût attaqués dans ce moment, je ne sais si elle n'auroit point réussi. Je reçus trente billets sur le midi, qui me firent croire qu'elle en avoit le dessein, et trente autres qui me firent appréhender qu'elle ne le pût avec assez de succès.

Messieurs de Beaufort, de La Mothe, de Brissac, de Noirmoutier, de Laigues, de Fiesque, de Fontrailles et de Matha vinrent dîner chez moi. Il y eut après dîner une grande contestation, la plupart voulant que nous nous missions sur la défensive, c'est-à-dire que nous nous reconnussions coupables avant que d'être accusés. Mon avis l'emporta : ce fut que M. de Beaufort marchât seul dans les rues avec un page derrière son carrosse, et que j'y marchasse de même manière de mon côté; que nous allassions séparément chez M. le prince lui dire que nous étions très-persuadés qu'il ne nous faisoit point l'injustice de nous confondre dans les bruits qui couroient.

Je ne pus trouver après dîner M. le prince chez lui; et M. de Beaufort ne l'y ayant pas rencontré non plus, nous nous trouvâmes sur les six heures chez madame de Montbazon, qui vouloit à toute force que nous prissions des chevaux de poste pour nous enfuir. Nous eûmes sur cela une contestation qui ouvrit une scène où il y eut bien du ridicule, quoiqu'il ne s'y agît que du tragique. Madame de Montbazon soutenant qu'au personnage que nous jouions, M. de Beaufort et moi, il n'y avoit rien de si aisé que de se défaire de nous, puisque nous nous mettions entre les mains de nos ennemis : je lui répondis qu'il étoit vrai que nous hasardions notre vie; mais que si nous agissions autrement, nous perdrions notre honneur. A ce mot elle se leva de dessus son lit où elle étoit, et me dit, après m'avoir mené vers la cheminée : « Avouez le vrai, ce
« n'est pas ce qui vous tient; vous ne sauriez quitter
« vos nymphes. Amenons l'innocente avec nous : je
« crois que vous ne vous souciez plus guère de l'au-
« tre. » Comme j'étois accoutumé à ses manières, je ne fus pas surpris de ce discours; mais je le fus davantage quand je la vis dans la pensée de s'en aller à Peronne, et si effrayée qu'elle ne savoit ce qu'elle disoit. Je trouvai que ses deux amans lui avoient donné plus de frayeur qu'ils n'eussent voulu. J'essayai de la rassurer; et sur ce qu'elle me témoignoit quelque défiance que je ne fusse pas de ses amis, à cause de la liaison que j'avois avec mesdames de Chevreuse et de

Guémené, je lui dis tout ce que celle que j'avois avec M. de Beaufort pouvoit demander de moi dans cette conjoncture. A cela, elle me répondit brusquement : « Je veux que l'on soit de mes amis pour l'amour de « moi-même : ne le mérité-je pas bien ? » Je lui fis là-dessus son panégyrique ; et de propos en propos, qui continuèrent assez long-temps, elle tomba sur les beaux exploits que nous aurions faits, si nous nous étions trouvés unis ensemble : à quoi elle ajouta qu'elle ne concevoit pas comment je m'amusois à une vieille plus méchante qu'un diable, et à une jeune encore plus sotte à proportion. « Nous nous disputons tout le « jour cet innocent, reprit-elle en me montrant « M. de Beaufort qui jouoit aux échecs ; nous nous « donnons bien de la peine, et nous gâtons toutes nos « affaires : accordons-nous ensemble, allons-nous-en « à Peronne. Vous êtes maîtres de Mézières ; le car-« dinal nous enverra demain des négociateurs. »

Ne soyez pas surprise de ce qu'elle parloit ainsi de M. de Beaufort : c'étoient ses termes ordinaires ; et elle disoit à qui la vouloit entendre que le pauvre sire étoit impuissant. Ce qu'il y a de vrai ou presque vrai, est qu'il ne lui avoit jamais demandé le bout du doigt, et qu'il n'étoit amoureux que de son ame. En effet, il me paroissoit au désespoir quand elle mangeoit le vendredi de la viande : ce qui lui arrivoit souvent. J'étois accoutumé à ses dits, mais je ne l'étois pas à ses douceurs. J'en fus touché, quoiqu'elles me fussent suspectes, vu la conjoncture. Elle étoit fort belle, je n'avois pas des dispositions naturelles à perdre de telles occasions : ainsi je me radoucis beaucoup, et l'on ne m'arracha pas les yeux. Je proposai donc d'entrer dans le cabinet ; mais l'on me proposa, pour préalable de toutes choses, d'aller à Peronne : ainsi finirent nos amours. Nous rentrâmes dans la conversation : l'on se remit à contester sur la conduite qu'il falloit tenir. Le président de Bellièvre, que madame de Montbazon envoya consulter, répondit que l'unique parti étoit de faire toutes les démarches de respect à l'égard de M. le prince ; et si elles n'étoient pas reçues, qu'il restoit de se soutenir par son innocence et par sa fermeté.

M. de Beaufort sortit de l'hôtel de Montbazon pour aller chercher M. le prince, qu'il trouva à table. Il lui fit son compliment avec respect : M. le prince, qui se trouva surpris, lui demanda s'il se vouloit mettre à table. Il s'y mit, soutint la conversation sans s'embarrasser, et sortit d'affaire avec une audace qui ne déborda pas. Je ne sais ce qui se passa depuis ce souper jusqu'au lendemain matin ; mais je sais bien que M. le prince, qui n'avoit pas paru aigri ce soir-là, parut très-envenimé contre nous le lendemain.

J'allai chez lui avec Noirmoutier ; et quoique toute la cour y fût pour le complimenter sur son prétendu assassinat, et qu'il les fît tous entrer les uns après les autres dans son cabinet, le chevalier de Rivière, gentilhomme de sa chambre, me laissa toujours, en me disant qu'il n'avoit pas ordre de me faire entrer. Noirmoutier, qui étoit fort vif, s'impatientoit, et j'affectois de la patience. Je demeurai dans la chambre trois heures entières, et n'en sortit qu'avec les derniers. Je ne me contentai pas de cette avance : j'allai chez madame de Longueville, qui me reçut assez froidement ; après quoi je me rendis chez son époux, qui étoit arrivé à Paris depuis peu. Je le priai de témoigner en bien pour moi à M. le prince : et comme il étoit fort persuadé que tout ce qui se passoit n'étoit qu'un piége que la cour tendoit à M. le prince, il me fit connoître qu'il avoit un mortel déplaisir de tout ce qu'il voyoit. Mais comme il étoit naturellement foible et fraîchement raccommodé avec lui, il demeura dans les termes généraux, et contre son ordinaire il évita le détail.

Tout cela se passa le 11 et le 12 décembre 1649. Le 13, M. le duc d'Orléans, accompagné de M. le prince, de messieurs de Bouillon, de Vendôme, de Saint-Simon, d'Elbœuf et de Mercœur, vint au parlement, où sur une lettre de cachet envoyée par le Roi, par laquelle Sa Majesté ordonnoit que l'on informât des auteurs de la sédition, il fut arrêté que l'on travailleroit à cette affaire avec toute l'application que méritoit une conjuration contre l'Etat.

Le 14, M. le prince fit sa plainte, et demanda qu'il fût informé de l'assassinat qu'on avoit voulu commettre contre sa personne.

Le 15 on ne s'assembla pas, parce que l'on voulut donner du temps à messieurs Charon et Doujat pour achever les informations pour lesquelles ils avoient été commis.

Le 18, le parlement ne s'étant pas assemblé pour la même raison, Joly présenta requête à la grand'chambre pour être renvoyé à la tournelle, prétendant que son affaire n'étoit que particulière, et ne devoit pas être traitée dans l'assemblée des chambres, parce qu'elle n'avoit aucun rapport à la sédition. Le premier président, qui ne vouloit faire qu'un procès de tout ce qui s'étoit passé le 11, renvoya la requête à l'assemblée des chambres.

Le 19, il n'y eut point d'assemblée.

Le 20, Monsieur et M. le prince vinrent au Palais; et toute la séance se passa à contester si le président Charton, qui avoit fait sa plainte le jour du prétendu assassinat de Joly, opineroit ou n'opineroit pas. Il fut exclus, et avec justice.

Le 21, le parlement ne s'assembla pas.

Cependant la Fronde ne s'endormoit pas, et je n'oubliai rien de tout ce qui pouvoit servir au rétablissement de nos affaires. Presque tous nos amis étoient désespérés, tous étoient affoiblis: le maréchal de La Mothe même se laissa toucher à l'honnêteté que M. le prince lui fit de le tirer du pair; et s'il ne nous abandonna pas, il mollit beaucoup. Je suis obligé de faire en cet endroit l'éloge de Caumartin. Il étoit mon allié, Estri mon cousin germain ayant épousé une de ses tantes. Il avoit déjà quelque amitié pour moi, mais nous n'étions en nulle confidence. Il s'unit intimement avec moi le lendemain de l'éclat de La Boulaye, et entra dans mes intérêts lorsqu'on me croyoit abîmé. Je lui donnai ma confiance par reconnoissance, et je la continuai au bout de huit jours, par l'estime que j'eus pour sa capacité, qui passoit son âge.

Ce que je trouvai de plus ferme à Paris, dans la consternation, furent les curés(1). Ils travaillèrent dans ces sept ou huit jours-là parmi le peuple avec un zèle incroyable; et celui de Saint-Gervais, frère de l'avo-

---

(1) *Les curés :* Presque tous avoient embrassé la cause du jansénisme. Ils favorisoient la Fronde par tous les moyens qui étoient en leur pouvoir.

cat général Talon, m'écrivit dès le 5 : « Vous remon-
« terez : sauvez-vous de l'assassinat; avant qu'il soit
« huit jours, vous serez plus fort que vos ennemis. »

Le 21 à midi, un officier de la chancellerie me fit
avertir que M. Meillant, procureur général, s'étoit enfermé deux heures le matin avec M. le chancelier et
M. de Chavigny, et qu'il avoit été résolu, de l'avis du
premier président, que le 23 il prendroit ses conclusions contre M. de Beaufort, contre M. de Broussel
et contre moi; et qu'il concluroit à ce que nous serions assignés pour être ouïs : ce qui est une manière
d'ajournement personnel un peu mitigé.

Nous tînmes l'après-dînée un grand conseil de Fronde
chez Longueil, où il y eut de grandes contestations.
L'abattement du peuple faisoit craindre que la cour
ne se servît de cet instant pour nous faire arrêter, sous
quelque formalité de justice que Longueil prétendoit
pouvoir être coulée dans la procédure par l'adresse
du président de Mesmes, et soutenue par la hardiesse
du premier président. Ce sentiment de Longueil me
faisoit peine comme aux autres : je ne pouvois pourtant me rendre à l'avis des autres, qui étoit de hasarder un soulèvement. Je savois que le peuple revenoit à nous, mais je n'ignorois pas qu'il n'y étoit
point revenu; qu'ainsi nous pourrions manquer notre
coup; et j'étois assuré que quand même nous y réus-
sirions, nous serions perdus, parce que nous n'en pouvions soutenir les suites, et que nous nous ferions convaincre nous-mêmes de trois crimes capitaux et très-
odieux. Ces raisons sont bonnes pour toucher les esprits qui n'ont pas peur, mais ceux qui craignent ne
sont susceptibles que du sentiment que la peur inspire.

J'observai alors que *quand la frayeur est venue jusqu'à certain point, elle produit les mêmes effets que la témérité.* Longueil opina en cette occasion à investir le Palais-Royal. Après que je les eus laissés longtemps battre l'eau, pour laisser refroidir l'imagination, qui ne se rend jamais quand elle est échauffée, je leur proposai ce que j'avois résolu de leur dire avant que d'entrer chez Longueil. C'étoit que quand nous saurions le lendemain Monsieur et messieurs les princes au Palais, M. de Beaufort y allât, suivi de son écuyer ; que j'y entrasse en même temps par un autre degré avec un simple aumônier ; que nous allassions prendre nos places ; et que je disse, en son nom et au mien, qu'ayant appris qu'on nous impliquoit dans la sédition, nous venions porter nos têtes au parlement pour être punis si nous étions coupables, ou pour demander justice contre les calomniateurs, si nous nous trouvions innocens ; et que bien qu'en mon particulier je ne me tinsse pas justiciable de la compagnie, je renonçois pourtant à tous les priviléges, pour faire paroître mon innocence à un corps pour qui j'avois eu toute ma vie tant d'attachement et de vénération. « Je
« sais bien, messieurs, ajoutai-je, que le parti que
« je vous propose est un peu délicat, parce qu'on
« nous peut tuer au Palais ; mais si on manque de
« nous tuer, demain nous sommes maîtres du pavé :
« il est si beau à des particuliers de l'être dès le len-
« demain d'une accusation atroce, qu'il n'y a rien
« qu'il ne faille hasarder pour cela. Nous sommes in-
« nocens, la vérité est forte ; le peuple et nos amis
« ne sont abattus que parce que les circonstances mal-
« heureuses que le caprice de la fortune a assem-

« blées à un certain point les font douter de notre
« innocence. Notre sécurité ranimera le parlement et
« le peuple. Je maintiens que nous sortirons du Pa-
« lais (si nous n'y tombons pas) plus accompagnés
« que nos ennemis. Voici les fêtes de Noël : il n'y a
« plus d'assemblée que demain et après-demain. Si
« les choses se passent comme je vous marque, je les
« soutiendrai dans le peuple en un sermon que je pro-
« jette de prêcher le jour de Noël à Saint-Germain de
« l'Auxerrois, qui est la paroisse du Louvre. Nous le
« soutiendrons après les fêtes par nos amis, que nous
« aurons le temps de faire venir des provinces. »

On se rendit à cet avis, on nous recommanda à Dieu comme devant courir grand risque : mais chacun retourna chez soi avec fort peu d'espérance.

Je trouvai, en arrivant chez moi, un billet de madame de Lesdiguières, qui me donnoit avis que la Reine, qui avoit prévu que nous pourrions nous résoudre à aller au Palais, parce que les conclusions que le procureur général y devoit prendre s'étoient assez répandues dans le monde, avoit écrit à M. de Paris, le conjurant d'aller prendre sa place au parlement dans la vue de m'empêcher d'y aller, parce que M. de Paris y étant, je n'y avois plus de séance.

J'allai à trois heures du matin chercher messieurs de Brissac et de Retz, et les menai aux Capucins du faubourg Saint-Jacques, où M. de Paris avoit couché, pour le prier en corps de famille de ne point aller au Palais. Mon oncle avoit peu de sens, et le peu qu'il en avoit n'étoit pas droit : il étoit foible, timide, et jaloux de moi jusqu'au ridicule. Il avoit promis à la Reine qu'il iroit prendre sa place, et nous ne tirâmes de lui que des impertinences et des vanteries : comme, par exemple, qu'il me défendroit mieux que je ne me défendrois moi-même. Remarquez, s'il vous plaît, que bien qu'il jasât comme une linotte en particulier, il étoit toujours muet comme un poisson en public. Un chirurgien qu'il avoit à son service me pria d'aller attendre de ses nouvelles aux Carmélites qui sont tout proche, et me vint trouver un quart-d'heure après, pour me dire qu'aussitôt que nous étions sortis de la chambre de M. de Paris, il y étoit entré; qu'il l'avoit loué de la fermeté avec laquelle il avoit résisté à ses neveux, qui le vouloient enterrer tout vif; qu'ensuite il l'avoit exhorté à se lever en diligence pour aller au Palais : mais qu'aussitôt qu'il fut hors du lit, il lui avoit demandé d'un ton effaré comment il se portoit? Que M. de Paris lui avoit répondu : « Je me « porte bien. » A quoi il lui avoit reparti : « Cela ne « se peut, vous avez trop mauvais visage; » qu'après cela lui ayant tâté le pouls : « Vous avez, dit-il, la « fièvre. » Sur cela M. de Paris s'étoit remis au lit, d'où tous les rois et toutes les reines ne le feroient pas sortir de quinze jours.

Nous allâmes au Palais, messieurs de Beaufort, de Brissac, de Retz et moi; mais seuls et séparément. Messieurs les princes avoient près de mille gentilshommes avec eux, et on peut dire que toute la cour généralement s'y trouvoit. Comme j'étois en rochet et en camail, je passai la grand'salle le bonnet à la main; et peu de gens me rendirent le salut, tant on étoit persuadé que j'étois perdu. Etant entré dans la grand'chambre avant que M. de Beaufort y fût arrivé, et ayant surpris par conséquent la compagnie, j'entendis un petit bruit sourd, semblable à ceux que vous entendez quelquefois aux sermons, à la fin d'une période qui a plu. J'en augurai bien; et je dis, après avoir pris ma place, ce que j'avois projeté chez Longueil. Ce petit bruit recommença après mon discours, qui fut court et modeste. Un conseiller ayant voulu rapporter à ce moment une requête pour Joly, le président de Mesmes dit qu'avant toutes choses il falloit lire les informations faites contre la conjuration publique, dont il avoit plu à Dieu de préserver l'Etat et la maison royale. Il ajouta, en finissant ces paroles, quelque chose de celle d'Amboise, qui me donna, comme vous verrez, un terrible avantage sur lui. J'ai observé mille fois qu'il est aussi nécessaire de choisir les mots dans les grandes affaires, qu'il est superflu de les choisir dans les petites.

On lut les informations, où l'on ne trouva pour témoins qu'un appelé Canto, qui avoit été condamné à être pendu à Pau; Pichon, qui avoit été mis sur la roue en effigie au Mans; Sociande, contre lequel il y avoit preuve de fausseté à la tournelle; La Comette, Marcassar, Gorgibus, filoux fieffés. Je ne crois pas que vous ayez vu, dans les petites Lettres [1] de Port-Royal, des noms plus saugrenus que ceux-là : et Gorgibus vaut bien Tambourin. La seule déposition de Canto dura quatre heures à lire. En voici la substance : Qu'il s'étoit trouvé en plusieurs assemblées des rentiers à l'hôtel-de-ville, où il avoit ouï dire que M. de Beaufort et M. le coadjuteur vouloient tuer M. le prince; qu'il avoit vu La Boulaye chez M. de

---

[1] *Les petites lettres :* Il s'agit des Provinciales, que Pascal publia en 1656.

Broussel le jour de la sédition ; qu'il l'avoit aussi vu chez M. le coadjuteur ; que le même jour le président Charton avoit crié aux armes ; que Joly avoit dit à l'oreille, à lui Canto, quoiqu'il ne l'eût jamais ni vu ni connu que cette fois-là, qu'il falloit tuer le prince et la grande barbe(1). Les autres témoins confirmèrent cette déposition. Comme le procureur général, qu'on fit entrer après la lecture des informations, eut pris ses conclusions, qui furent de nous assigner pour être ouïs, M. de Beaufort, M. de Broussel et moi, j'ôtai mon bonnet pour parler ; et le premier président ayant voulu m'en empêcher, en disant que ce n'étoit pas l'ordre, et que je parlerois à mon tour, la sainte cohue des enquêtes s'éleva, et faillit à étouffer le premier président. Voici ce que je dis :

« Je ne crois pas, messieurs, que les siècles passés
« aient vu des ajournemens personnels donnés à des
« gens de notre qualité sur des ouï-dire ; mais je crois
« aussi peu que la postérité puisse ni souffrir ni croire
« que l'on ait seulement écouté ces ouï-dire de la
« bouche des plus infâmes scélérats qui soient jamais
« sortis des cachots. Canto a été condamné à la corde
« à Pau ; Pichon à la roue au Mans ; Sociande est en-
« core sur vos registres criminels. » (M. l'avocat général Bignon m'avoit envoyé, à deux heures après minuit, ces mémoires.) « Jugez, s'il vous plaît, de
« leurs témoignages par les étiquettes et par leur
« profession, qui est d'être des filoux avérés ! Ce n'est
« pas tout, messieurs, ils ont une autre qualité plus
« relevée et plus rare : ils sont témoins à brevet. Je
« suis au désespoir que la défense de notre honneur,

(1) On désignoit ainsi le premier président Molé. (A. E.)

« qui nous est commandée par toutes les lois divines
« et humaines, m'ait obligé de mettre au jour, sous
« le plus innocent des rois, ce que les siècles les
« plus corrompus ont détesté même dans le temps
« des plus grands égaremens des anciens tyrans. Oui,
« messieurs, Canto, Sociande et Gorgibus ont des
« brevets pour nous accuser, et ces brevets sont
« signés de l'auguste nom qui ne devroit être em-
« ployé qu'à conserver encore mieux les lois les
« plus saintes. M. le cardinal Mazarin, qui ne recon-
« noît que celles de la vengeance qu'il médite contre
« les défenseurs de la liberté publique, a forcé M. Le
« Tellier, secrétaire d'Etat, de contre-signer ces bre-
« vets infâmes. Nous en demandons justice, mais
« nous ne vous la demandons qu'après vous avoir
« très-humblement suppliés de la faire à nous-mêmes
« la plus rigoureuse que les ordonnances les plus
« sévères prescrivent contre les révoltés, s'il se
« trouve que nous ayons ni directement ni indirec-
« tement contribué à ce qui a excité ce dernier mou-
« vement. Est-il possible, messieurs, qu'un petit-fils
« de Henri-le-Grand, qu'un sénateur de l'âge et de
« la probité de M. de Broussel, qu'un coadjuteur de
« Paris, soient seulement soupçonnés d'une sédition
« où l'on n'a vu qu'un écervelé à la tête de quinze
« misérables de la lie du peuple? Je suis persuadé
« qu'il me seroit honteux de m'étendre sur ce sujet.
« Voilà, messieurs, ce que je sais de la moderne
« conjuration d'Amboise. »

Je ne vous puis exprimer les applaudissemens des enquêtes. Il y eut beaucoup de voix qui s'élevèrent sur ce que j'avois dit des témoins à brevet. Le bonhomme

Doujat, qui étoit un des rapporteurs, et qui m'en avoit fait avertir par l'avocat général Talon son parent, l'avoua, en faisant semblant de l'adoucir. Il se leva comme en colère, et dit très-finement : « Ces « brevets, monsieur, ne sont pas pour vous accuser « comme vous dites. Il est vrai qu'il y en a, mais ils « ne sont que pour découvrir ce qui se passe dans « les assemblées des rentiers. Comment le Roi seroit-« il informé, s'il ne promettoit l'impunité à ceux qui « lui donnent des avis pour son service, et qui sont « quelquefois obligés, pour les avoir, de dire des « paroles qu'on leur pourroit tourner à crime? Il y a « bien de la différence entre des brevets de cette « façon, et des brevets qu'on auroit donnés pour « vous accuser. »

La compagnie fut radoucie par ce discours ; le feu monta au visage de tout le monde. Le premier président, qui ne s'étonnoit pas du bruit, prit de la main sa longue barbe (c'étoit son geste ordinaire quand il se mettoit en colère). « Patience, messieurs, dit-il ; « allons avec ordre. Messieurs de Beaufort, le coad-« juteur et Broussel, vous êtes accusés : il y a des « conclusions contre vous ; sortez de vos places. » Comme M. de Beaufort et moi voulûmes en sortir, M. de Broussel nous retint en disant : « Nous ne de-« vons sortir, messieurs, ni vous ni moi, jusqu'à ce « que la compagnie l'ordonne. M. le premier prési-« dent, que tout le monde sait être notre partie, doit « sortir si nous sortons. » J'ajoutai : « Et M. le prince. » M. le prince s'entendant nommer, dit avec fierté et d'un ton moqueur : « Moi! moi! » A quoi je répondis : « Oui, oui, monsieur ; la justice égale tout le monde. »

Le président de Mesmes prit la parole, et lui dit :
« Non, monsieur, vous ne devez point sortir, à
« moins que la compagnie ne l'ordonne. Si M. le
« coadjuteur souhaite que vous sortiez, il faut qu'il
« le demande par une requête. Pour lui, il est accusé :
« il est de l'ordre qu'il sorte ; mais puisqu'il en fait
« difficulté, il faut opiner. » On étoit si échauffé sur
cette accusation, et contre ces témoins à brevet, qu'il
y eut plus de quatre-vingts voix à nous faire demeurer dans nos places, quoiqu'il n'y eût rien au monde
de plus contraire aux formes. Il passa enfin à la pluralité des voix que nous nous retirerions ; mais cependant la plupart des avis furent des panégyriques
pour nous, des satires contre les ministres, et des
anathêmes contre les brevets.

Nous avions des gens dans les lanternes (1), qui ne
manquoient pas de jeter des bruits de ce qui se passoit dans la salle. Les curés et les habitués des paroisses ne s'oublioient pas : le peuple accourut en
foule de tous les quartiers de la ville au Palais. Nous
y étions entrés à sept heures du matin, et nous n'en
sortîmes qu'à cinq heures du soir. Dix heures donnant un grand temps pour s'assembler, l'on se portoit
dans la grand'salle, dans la galerie, dans la cour et
sur le degré. Il n'y avoit que M. de Beaufort et moi
qui ne portassions personne et qui fussions portés : cependant on ne manqua point de respect ni à Monsieur
ni à M. le prince. On n'observa pourtant pas tout ce
qu'on leur devoit : car en leur présence une infinité

---

(1) *Les lanternes* : C'étoient de petits cabinets boisés qui donnoient sur la salle où se réunissoient les chambres. C'étoit là que se plaçoient ceux qui vouloient écouter les plaidoyers sans être vus.

de voix s'élevoient et crioient : *Vive Beaufort! vive le coadjuteur!*

Nous sortîmes ainsi du Palais, et nous allâmes dîner à six heures du soir chez moi, où nous eûmes peine d'aborder, à cause de la foule du peuple. Nous fûmes avertis sur les onze heures du soir qu'on avoit résolu au Palais-Royal de ne pas assembler les chambres le lendemain ; et le président de Bellièvre, à qui nous le fîmes savoir, nous conseilla de nous trouver dès sept heures au Palais, pour en demander l'assemblée. Nous n'y manquâmes pas.

M. de Beaufort dit au premier président que l'Etat et la maison royale étoient en péril ; que les momens étoient précieux ; qu'il falloit faire un exemple des coupables. Il conclut par la nécessité d'assembler la compagnie sans perdre un instant. Le bonhomme Broussel attaqua personnellement le premier président, et même avec emportement. Huit ou dix conseillers des enquêtes entrèrent incontinent dans la grand'chambre, pour témoigner l'étonnement où ils étoient, qu'après une conjuration aussi funeste l'on demeurât les bras croisés sans poursuivre la punition. Messieurs Bignon et Talon, avocats généraux, avoient échauffé les esprits, en disant au parquet des gens du Roi qu'ils n'avoient eu aucune part aux conclusions, et qu'elles étoient ridicules. Le premier président répondit très-sagement à toutes les paroles les plus piquantes qui lui furent dites, et les souffrit avec une patience incroyable, croyant avec raison que nous eussions été bien aises de l'obliger à quelque repartie qui eût pu fonder où appuyer une récusation.

Nous travaillâmes l'après-dînée à envoyer chercher

nos amis dans les provinces : ce qui ne se faisoit pas sans dépense, et M. de Beaufort n'avoit pas un sou. Lozières, dont je vous ai parlé à propos des bulles de la coadjutorerie de Paris, m'apporta trois mille pistoles, qui suppléèrent à tout. M. de Beaufort espéroit tirer du Vendômois et du Blaisois soixante gentilshommes et quarante des environs d'Anet; mais il n'en eut que cinquante-quatre. J'en tirai de Brie quatorze, et Anneri m'en amena quatre-vingts du Vexin, qui non-seulement ne voulurent jamais prendre un double de moi, mais qui même ne souffrirent pas que je payasse dans les hôtelleries. Ils furent dans tout le cours de ce procès assidus auprès de moi, comme s'ils eussent été mes gardes. Anneri pouvoit tout sur eux, et je pouvois tout sur Anneri, qui étoit un des hommes les plus fermes et les plus fidèles. Vous verrez dans la suite à quoi nous destinions cette noblesse.

Je prêchai le jour de Noël à Saint-Germain de l'Auxerrois. J'y traitai de la charité chrétienne, sans parler un mot des affaires présentes. Les femmes y pleuroient sur l'injustice de la persécution que l'on faisoit à un archevêque qui n'avoit que de la tendresse pour ses ennemis; et je connus bien au sortir de la chaire, par les bénédictions qui me furent données, que je ne m'étois pas trompé dans la pensée que j'avois eue que ce sermon feroit un très-bon effet. Il fut incroyable, et surpassa de bien loin mon imagination.

Il arriva à propos de ce sermon un incident [1]....dit depuis, et par la haine qu'il avoit pour elle. Je

[1] Il y a cinq lignes effacées dans l'original. (A. E.)

crois, sans raillerie, que par le même principe elle se résolut à m'en faire part..... Je m'aperçus que j'eusse mieux fait de l'être.

Justement, quatre ou cinq jours avant que le procès criminel commençât, mon médecin ordinaire se trouvant par malheur à l'extrémité, et un chirurgien domestique que j'avois étant venu à sortir de chez moi parce qu'il avoit tué un homme, je crus que je ne pouvois mieux m'adresser qu'au marquis de Noirmoutier, qui étoit mon ami intime, et qui avoit un médecin très-bon et très-affidé. Quoique je le connusse pour n'être pas secret, je ne pus m'imaginer qu'il ne le fût pas en cette occasion.... Noirmoutier, qui étoit auprès d'elle, lui répondit : « Vous le trouveriez « bien plus beau si vous saviez qu'il est si malade à « l'heure qu'il est, qu'un autre que lui ne pourroit « pas seulement ouvrir la bouche..... » A laquelle j'avois été obligé l'avant-veille, en parlant à elle-même, de donner un autre tour. Vous pouvez juger du bel effet que cette indiscrétion ou plutôt que cette trahison produisit..... ; mais je fus assez sot pour me raccommoder avec le cavalier, qui me demanda tant de pardons, et qui me fit tant de protestations, que j'excusai ou sa passion ou sa légèreté. Je crois plutôt la seconde : la mienne ne fut pas moindre de lui confier une place aussi considérable que le Mont-Olympe. Vous verrez ce détail dans la suite, et comment il fit justice à mon imprudence : car il m'abandonna et me trompa pour la seconde fois.

Le 29, nous entrâmes au Palais avant que messieurs les princes y fussent arrivés ; et nous y vînmes ensemble, M. de Beaufort et moi, avec un corps de

noblesse qui pouvoit faire trois cents gentilshommes. Le peuple, qui étoit revenu dans sa chaleur pour nous, nous donnoit assez de sûreté ; mais la noblesse nous étoit bonne, tant pour faire paroître que nous ne nous traitions pas simplement de tribuns du peuple, que parce que, faisant état de nous trouver tous les jours au Palais dans la quatrième chambre des enquêtes qui répondoit à la grande, nous étions bien aises de n'être pas exposés, dans un lieu où le peuple ne pouvoit pas entrer, à l'insulte des gens de la cour, qui y étoient pêle-mêle avec nous. Nous étions en conversation les uns avec les autres, nous nous faisions des civilités ; et cependant nous étions huit ou dix fois tous les matins sur le point de nous étrangler, pour peu que les voix s'élevassent dans la grand'chambre : ce qui arrivoit assez souvent par la contestation, dans la chaleur où étoient les esprits. Tout le monde étoit dans la défiance ; et je puis dire sans exagération que, sans même excepter les conseillers, il n'y avoit pas vingt hommes dans le Palais qui ne fussent armés de poignards. Pour moi, je n'en avois point voulu porter : M. de Brissac m'en fit prendre un par force, un jour où il paroissoit qu'on pourroit s'échauffer plus qu'à l'ordinaire. De telles armes, qui me convenoient peu, me causèrent un chagrin qui me fut des plus sensibles. M. de Beaufort, qui étoit un peu lourd et étourdi de son naturel, voyant la garde du stylet dont le bout paroissoit un peu hors de ma poche, le montra à Arnauld, à La Moussaye et à des Roches, capitaine des gardes de M. le prince, en leur disant : « Voilà le bré-
« viaire de M. le coadjuteur. » J'entendis la raillerie ;
mais, à dire vrai, je ne la soutins pas de bon cœur.

Nous présentâmes requête au parlement, pour récuser le premier président comme notre ennemi : ce qu'il ne soutint pas avec la fermeté qui lui étoit naturelle. Il en parut touché, et même abattu. La délibération pour admettre ou ne pas admettre la récusation dura plusieurs jours. On opina d'apparat, et il est constant que cette matière fut épuisée. Il passa enfin, à la pluralité de quatre-vingt-dix-huit contre soixante-deux, qu'il demeureroit juge ; et je suis persuadé que l'arrêt étoit juste, au moins dans les formes du Palais. Mais je suis persuadé en même temps que ceux qui n'étoient pas de cette opinion avoient raison dans le fond, ce magistrat témoignant autant de passion qu'il en faisoit voir en cette affaire : mais il ne la connoissoit pas lui-même. Il étoit préoccupé, et son intention étoit bonne.

[1650] Le temps qui se passa depuis le jugement de cette récusation, qui fut le 4 janvier, ne fut employé qu'à des chicanes que Charon, qui étoit l'un des rapporteurs, et tout-à-fait dépendant du premier président, faisoit autant qu'il pouvoit pour différer, et pour voir si on ne tireroit point quelque lumière de la prétendue conjuration par un certain Boquemont, qui avoit été lieutenant de La Boulaye en la guerre civile ; et par un nommé Belot, syndic des rentiers, alors prisonnier en la Conciergerie.

Ce Belot, qui avoit été arrêté sans décret, faillit à être la cause du bouleversement de Paris. Le président de La Grange remontra qu'il n'y avoit rien de plus opposé à la déclaration, pour laquelle on avoit fait de si grands efforts autrefois. M. le premier président soutenant l'emprisonnement de Belot, Daurat, conseiller de la troisième chambre, lui dit qu'il s'étonnoit qu'un homme, pour l'exclusion duquel il y avoit eu soixante-deux voix, se pût résoudre à violer les formes de la justice à la vue du soleil. Là-dessus le premier président se leva de colère, en disant qu'il n'y avoit plus de discipline, et qu'il laissoit sa place à quelqu'un pour qui on auroit plus de considération que pour lui. Ce mouvement fit une commotion, et causa un trépignement dans la grand'chambre qui fut entendu dans la quatrième, et qui fit que ceux des deux partis qui y étoient se démêlèrent avec précipitation les uns d'avec les autres pour se remettre ensemble. Si le moindre laquais eût alors tiré l'épée dans le Palais, Paris étoit confondu.

Nous pressions toujours notre jugement; et on le différoit tant qu'on pouvoit, parce qu'on ne pouvoit pas s'empêcher de nous absoudre et de condamner les témoins à brevet. Tantôt on prétendoit qu'on étoit obligé d'attendre un certain Desmartinaux qu'on avoit arrêté en Normandie, pour avoir crié contre les ministres dans les assemblées des rentiers, et que je ne connoissois pas seulement de visage ni de nom en ce temps-là : tantôt on incidentoit sur la manière de nous juger, les uns prétendant qu'on devoit juger ensemble tous ceux qui étoient nommés dans les informations, les autres ne pouvant souffrir que l'on confondît nos noms avec ceux de ces sortes de gens que l'on avoit impliqués en cette affaire. Il n'y a rien de si aisé qu'à laisser écouler les matinées en des procédures où il ne faut qu'un mot pour faire parler cinquante personnes : il falloit à tout moment relire ces misérables informations, où il n'y avoit pas seulement assez d'indices pour faire donner le fouet à un crocheteur. Voilà l'état du parlement jusqu'au 18 janvier 1650. Voilà tout ce que le monde voyoit : mais voici ce que personne ne savoit, que ceux qui connoissoient les ressorts de la machine.

Notre première apparition au parlement, jointe au ridicule des informations qui avoient été faites contre nous, changea si fort les esprits, que le public fut persuadé de notre innocence. M. le prince s'adoucit quatre ou cinq jours après la lecture des informations. M. de Bouillon m'a dit depuis plus d'une fois que le peu de preuves qu'il avoit trouvé à ce que la cour lui avoit fait voir d'abord comme clair et certain, lui avoit donné de bonne heure de violens soupçons de la tromperie de Servien et de l'artifice du cardinal; et que lui M. de Bouillon n'avoit rien oublié pour le confirmer dans cette pensée. Il ajoutoit que Chavigny, quoique ennemi de Mazarin, ne l'aidoit pas en cette occasion, parce qu'il ne vouloit pas que M. le prince se rapprochât des frondeurs. Je ne puis accorder cela avec l'avance que Chavigny me fit en ce temps-là par Du Guet-Bagnols, père de celui que vous connoissez, son ami et le mien. Il nous fit venir la nuit chez lui, où M. de Chavigny me témoigna qu'il eût cru être le plus heureux des hommes s'il eût pu contribuer à l'accommodement. Il me témoigna que M. le prince étoit persuadé que nous n'avions point eu de dessein contre lui; mais qu'il étoit engagé, et à l'égard du monde et à l'égard de la cour; que pour ce qui étoit de la cour, il eût pu trouver des tempéramens : mais qu'à l'égard du monde il étoit difficile de trouver quelque chose qui pût satisfaire un premier prince du sang, à qui on disputoit le pavé publiquement et les armes à la main, à moins que je ne me résolusse à le lui céder au moins pour quelque temps. Il me proposa en conséquence l'ambassade ordinaire de Rome, ou l'extraordinaire à l'Empire, dont il se parloit alors à propos de je ne sais quoi. Vous jugez bien quelle put être ma réponse : nous ne convînmes de rien, quoique je n'oubliasse pas de faire connoître à M. de Chavigny la passion extrême que j'avois de rentrer dans les bonnes grâces de M. le prince. Je demandai un jour à M. le prince à Bruxelles le dénoûment de ce que M. de Bouillon m'avoit dit de cette négociation de Chavigny, et je ne me puis remettre ce qu'il me répondit.

Cette conférence avec Chavigny se passa le 30 de décembre. Le premier de janvier, madame de Chevreuse, qui revoyoit la Reine depuis le retour du Roi à Paris, et qui, même dans ses disgrâces, avoit conservé avec elle une espèce d'habitude incompréhensible, alla au Palais-Royal. Le cardinal la tirant dans une croisée du petit cabinet de la Reine, lui dit : « Vous aimez la Reine : est-il possible que vous ne lui « puissiez donner vos amis ? — Le moyen, répondit- « elle ? La Reine n'est plus reine, elle est très-humble « servante de M. le prince. — Mon Dieu, reprit le « cardinal en se frottant le front, si l'on pouvoit s'as- « surer des gens, on feroit bien des choses ! Mais « M. de Beaufort est à madame de Montbazon, ma- « dame de Montbazon est à Vigneul, et le coadju- « teur...... » En me nommant il se prit à rire. « Je « vous entends, dit madame de Chevreuse ; je vous « réponds de lui et d'elle. » Voilà comment cette conversation s'entama. Le cardinal fit un signe de tête à la Reine, qui fit voir à madame de Chevreuse que la conversation avoit été concertée. Elle en eut une assez longue le même soir avec la Reine, qui lui donna le billet suivant, écrit et signé de sa main :

« Je ne puis croire, nonobstant le passé et le présent, que M. le coadjuteur ne soit à moi. Je le prie que je le puisse voir sans que personne le sache, que madame et mademoiselle de Chevreuse. Ce nom sera sa sûreté. ANNE. »

Madame de Chevreuse me trouva chez elle au retour du Palais-Royal ; et je m'aperçus d'abord qu'elle avoit quelque chose à me dire, parce que mademoiselle de Chevreuse, à qui elle avoit donné le mot en carrosse en revenant, me pressentit beaucoup sur les dispositions où je serois, en cas que le Mazarin voulût un accommodement avec moi. Je ne fus pas long-temps dans le doute de la tentative, parce que mademoiselle de Chevreuse, qui n'osoit me parler ouvertement devant sa mère, me serra la main en faisant semblant de ramasser son manchon, pour me faire connoître qu'elle ne me parloit pas d'elle-même. Ce qui faisoit craindre à madame de Chevreuse que je n'y voulusse pas donner les mains, étoit que quelque temps auparavant j'avois rompu malgré elle une négociation qu'Ondedei avoit fait proposer à Noirmoutier par madame Dempus. Laigues, qui en avoit été en colère contre moi, dit, six jours après, que j'avois bien fait ; et qu'il savoit que si Noirmoutier eût été la nuit chez la Reine, comme Ondedei le lui proposoit, la partie étoit liée pour faire mettre derrière une tapisserie le maréchal de Gramont, afin qu'il pût faire voir à M. le prince que les frondeurs, qui l'assuroient tous les jours de leurs services, étoient des trompeurs. Je ne balançai pas cependant après avoir pesé toutes ces circonstances, entre lesquelles celle qui me persuada le plus que sa colère contre M. le prince étoit sincère fut que j'étois informé qu'elle se prenoit à M. le prince d'une galanterie que Jarzé avoit voulu faire croire à tout le monde qu'il avoit avec elle. Il ne tint pas à mademoiselle de Chevreuse de m'empêcher de tenter une aventure dans laquelle elle croyoit qu'on me feroit périr ; et bien qu'elle n'eût pas voulu d'abord témoigner son sentiment devant madame sa mère, elle ne se put contenir ensuite. Je l'obligeai enfin à y consentir, et je fis cette réponse à la Reine :

« Il n'y a jamais eu de moment en ma vie où je n'aie été également à Votre Majesté. Je serois trop heureux de mourir pour son service, sans songer à ma sûreté. Je me rendrai où elle me l'ordonnera. »

J'enveloppai son billet dans le mien ; et madame de Chevreuse lui porta le lendemain ma réponse, qui fut bien reçue. On prit heure, et je me trouvai à minuit au cloître Saint-Honoré, où Gabouri, porte-manteau de la Reine, me vint prendre, et me mena par un escalier dérobé au petit oratoire où elle étoit toute seule enfermée. Elle me témoigna toutes les bontés que la haine qu'elle avoit contre M. le prince lui pouvoit inspirer, et que l'attachement qu'elle avoit pour M. le cardinal Mazarin lui pouvoit permettre. Le dernier me parut encore au dessus de l'autre. Je crois qu'elle me répéta vingt fois : « Le pauvre M. le cardi-« nal! » en me parlant de la guerre civile, et de l'amitié qu'il avoit pour moi. Son cardinal entra demi-heure après. Il supplia la Reine de lui permettre qu'il manquât au respect qu'il lui devoit, pour m'embrasser devant elle. Il fut au désespoir, disoit-il, de ce qu'il ne pouvoit me donner sur l'heure même son bonnet.; et il me parla tant de grâces, de récompenses et de bienfaits, que je fus obligé de m'expliquer, n'ignorant pas que *rien ne jette tant de défiance dans les réconciliations nouvelles, que l'aversion que l'on témoigne à être obligé à ceux avec qui on se réconcilie.* Je répondis à M. le cardinal que l'honneur de servir la Reine faisoit la récompense la plus signalée que je dusse jamais espérer, quand même j'aurois sauvé la couronne; et que je la suppliois très-humblement de ne me donner jamais que celle-là, afin que j'eusse au moins la satisfaction de lui faire connoître que c'étoit la seule récompense que j'estimois, et qui pût m'être sensible.

M. le cardinal prit la parole, et supplia la Reine de me commander de recevoir la nomination au cardinalat, que La Rivière, ajouta-t-il, a arrachée avec insolence, et qu'il a reconnue par une perfidie. Je m'en excusai, en disant que je m'étois promis à moi-même de n'être jamais cardinal par aucun moyen qui pût avoir le moindre rapport à la guerre civile, afin de faire connoître à la Reine que la seule nécessité m'avoit séparé de son service. Je me défis sur ce fondement de toutes les autres propositions qu'il me fit pour le paiement de mes dettes, pour la charge de grand aumônier, pour l'abbaye d'Orcan. Et comme il insista, soutenant toujours que la Reine ne pouvoit s'empêcher de faire quelque chose pour moi qui fût d'éclat, dans le service considérable que j'étois sur le point de lui rendre, je lui dis : « Il y a un point, « monsieur, sur lequel la Reine me peut faire plus « de bien que si elle me donnoit la tiare. Sa Majesté « vient de me dire qu'elle veut faire arrêter M. le « prince : la prison ne peut ni ne doit être éternelle « à un homme de son rang et de son mérite. Quand « il en sortira envenimé contre moi, ce me sera un « malheur; mais j'ai quelque lieu d'espérer que je le « pourrai soutenir par ma dignité. Il y a beaucoup « de gens qui sont engagés avec moi, et qui servi- « ront la Reine en cette occasion. S'il plaisoit, ma- « dame, à Votre Majesté de confier à l'un d'eux quel- « que place de considération, je lui serois plus obligé « que de dix chapeaux de cardinal. » Le cardinal dit à la Reine qu'il n'y avoit rien de plus juste, et que le détail étoit à concerter entre lui et moi. La Reine me demanda ma parole de ne me point ouvrir à M. de Beaufort du dessein d'arrêter M. le prince, jusqu'au jour de l'exécution, parce que madame de Montbazon, à qui il le découvriroit assurément, ne manqueroit pas de le dire à Vigneul, qui étoit tout de l'hôtel de Condé. Je lui répondis qu'un secret de cette nature, fait à M. de Beaufort dans une occasion où nos intérêts étoient si unis, me déshonoreroit dans le monde, si je n'en récompensois le manquement par quelque signalé service; que je suppliois donc Sa Majesté de me permettre de lui dire que la surintendance des mers, promise à cette maison dès les premiers jours de la régence, feroit un merveilleux effet dans le monde. M. le cardinal reprit alors brusquement : « Elle a été promise au père et au fils « aîné. » A quoi je lui repartis : « Le cœur me dit « que le fils aîné fera une alliance qui le mettra « beaucoup au dessus de la surintendance des mers. » Il sourit, et dit à la Reine qu'il accommoderoit encore cette affaire avec moi. J'eus une seconde conférence avec la Reine et avec lui, au même lieu et à la même heure : j'en eus trois avec lui seul dans son cabinet au Palais-Royal, dans lesquelles Noirmoutier et Laigues se trouvèrent. On convint dans ces conférences que M. de Vendôme auroit la surintendance des mers, et M. de Beaufort la survivance; que M. de Noirmoutier auroit le gouvernement de Charleville et de Mont-Olympe ; qu'il auroit aussi des lettres de duc; que M. de Laigues seroit capitaine des gardes de Monsieur; que M. le chevalier de Sévigné auroit vingt-deux mille livres; que M. de Brissac auroit pour récompense le gouvernement d'Anjou à tel prix, et avec un brevet de retenue pour toute la somme. Il fut résolu que l'on arrêteroit M. le prince, M. le prince de Conti et M. de Longueville. Je n'oubliai rien pour tirer du pair le dernier; je m'offris d'être sa caution, je contestai jusqu'à l'opiniâtreté, et je ne me rendis qu'après que le cardinal m'eut montré un billet de la main de La Rivière à Flamarin, où je lus ces propres mots : « Je vous remercie de votre avis; « mais je suis aussi assuré de M. de Longueville que « vous l'êtes de M. de La Rochefoucauld. Les paroles « sacramentales sont dites. »

Le cardinal s'étendit à ce propos sur l'infidélité de

La Rivière, dont il nous dit un détail qui en vérité faisoit horreur. « Cet homme croit, ajouta-t-il, que « je suis la plus grosse bête du monde, et qu'il sera « demain cardinal. J'ai eu le plaisir de lui faire « aujourd'hui essayer des étoffes rouges qu'on m'a « apportées d'Italie, et je les ai approchées de son « visage, pour voir ce qui y revenoit le mieux, ou « de la couleur de feu, ou de l'incarnat. » J'ai su depuis à Rome que, quelque perfidie que La Rivière eût faite au cardinal, celui-ci n'étoit pas en reste. Le propre jour qu'il l'eut fait nommer par le Roi, il écrivit au cardinal Sachetti une lettre que j'ai vue, bien plus capable de jaunir le chapeau que de le rougir, s'il m'est permis de le dire. Cette lettre étoit toutefois pleine de tendresse pour lui : ce qui étoit le vrai moyen de le perdre auprès d'Innocent, qui haïssoit si fort le cardinal qu'il avoit même de l'horreur pour tous ses amis.

Dans la seconde conférence que nous eûmes en présence de la Reine, on agita fort les moyens de faire consentir Monsieur à la prison de messieurs les princes. La Reine disoit qu'il n'y auroit nulle peine; mais le cardinal n'étoit pas si persuadé que la Reine des dispositions de Monsieur. Madame de Chevreuse se chargea de le sonder. Il avoit naturellement inclination pour elle ; elle s'en servit habilement : elle lui fit croire que la Reine ne pouvoit être emportée que par lui-même à une résolution de cette nature, bien que dans le fond elle fût mal satisfaite de M. le prince. Elle lui exagéra l'avantage que ce seroit de ramener au service du Roi une faction aussi puissante que celle de la Fronde; elle lui marqua comme insensiblement le péril où l'on étoit tous les jours de voir Paris à feu et à sang. Je suis persuadé (et elle le fut aussi) que cette dernière raison le toucha pour le moins autant que les autres : car il trembloit de peur toutes les fois qu'il venoit au Palais, et il y eut des jours où il fut impossible à M. le prince de l'y mener. On appeloit cela les accès de la colique de Son Altesse Royale. Sa frayeur n'étoit pas sans sujet. Si un laquais se fût avisé de tirer l'épée, nous eussions tous été tués en moins d'un quart-d'heure : et ce qui est rare est que si cette occasion fût arrivée entre le premier janvier et le 18, ceux qui nous eussent égorgés eussent été ceux-là mêmes avec qui nous étions d'accord ; parce que tous les officiers de la maison du Roi, de celle de la Reine, de celle de Monsieur, et de celle du cardinal, étoient persuadés qu'ils faisoient très-bien leur cour d'accompagner réglément tous les jours messieurs les princes.

Je n'ai jamais pu m'imaginer la raison pour laquelle le cardinal lanterna tant les cinq ou six derniers jours qui précédèrent cette exécution. Laigues et Noirmoutier crurent qu'il le faisoit à dessein, et dans l'espérance que nous nous massacrerions, M. le prince et nous, dans le Palais. Mais outre que s'il eût eu cette pensée, il lui eût été facile de la faire réussir, en apostant deux hommes qui eussent commencé la noise, je crois qu'il appréhendoit autant que nous, ne pouvant pas douter qu'il n'y avoit point d'asyle assez sacré pour le sauver lui-même d'une catastrophe. J'ai toujours attribué à son irrésolution naturelle ce délai, que je confesse avoir pu et dû même produire de grands inconvéniens. Ce secret, qui fut gardé entre dix-sept personnes, est un de ceux qui m'a persuadé que *parler trop n'est pas le défaut le plus commun des gens qui sont accoutumés aux grandes affaires.* Ce qui me donna une grande inquiétude fut que je connoissois Noirmoutier pour l'homme du monde le moins secret.

Le 18 janvier, Laigues ayant pressé au dernier point Lyonne pour l'exécution, dans une conférence qu'il eut la nuit avec lui, le cardinal la résolut à midi. Il avoit fait croire la veille à M. le prince que Parain des Coutures, qui avoit été un des syndics des rentiers, étoit caché dans une maison; et il fit en sorte que le prince lui-même donnât aux gendarmes et aux chevau-légers du Roi les ordres qui étoient nécessaires pour le mener au bois de Vincennes, sous le prétexte de régler ce qu'il falloit pour la prison de ce misérable. Messieurs les princes vinrent au conseil : Guitaut, capitaine des gardes de la Reine, arrêta M. le prince; Comminges, lieutenant, arrêta M. le prince de Conti ; et Cressi, enseigne, arrêta M. de Longueville. J'avois oublié de vous dire qu'après que madame de Chevreuse eut fait agréer à Monsieur qu'elle fît ses efforts auprès de la Reine pour l'obliger à prendre quelque résolution contre M. le prince, il lui demanda pour préalable que je m'engageasse par écrit à le servir ; et qu'aussitôt qu'il eut mon billet il le porta à la Reine, croyant lui avoir rendu un très-signalé service.

Aussitôt que M. le prince fut arrêté, M. de Boutteville, qui est à présent M. de Luxembourg, passa sur le pont Notre-Dame à toute bride, en criant au peuple que l'on venoit d'arrêter M. de Beaufort. On prit les armes, que je fis poser un moment après, en marchant avec cinq ou six flambeaux devant moi par les rues. M. de Beaufort s'y promena de même, et l'on fit partout des feux de joie.

Nous allâmes ensemble chez Monsieur, où nous trouvâmes La Rivière dans la grande salle, qui faisoit bonne mine, et qui racontoit aux assistans le détail de ce qui s'étoit passé au Palais-Royal. Il ne pouvoit pourtant pas douter qu'il ne fût perdu. Il demanda son congé, et il l'eut; mais il ne tint pas à M. le cardinal qu'il ne demeurât. Il m'envoya Lyonne sur le minuit, pour me le proposer, et pour me le persuader par les plus méchantes raisons du monde. J'en avois de bonnes pour m'en défendre. Lyonne me dit, il y a cinq ou six ans, que ce mouvement de conserver La Rivière fut inspiré au cardinal par M. Le Tellier, qui appréhenda que les frondeurs ne s'insinuassent dans l'esprit de Monsieur.

La Reine envoya, incontinent après, une lettre du Roi au parlement, par laquelle il expliquoit les raisons de la détention de M. le prince, qui ne furent ni fortes ni bien colorées. Nous eûmes notre arrêt d'absolution, et nous allâmes au Palais-Royal, où la badauderie des courtisans m'étonna plus que celle des bourgeois. Ils étoient montés sur tous les bancs des chambres, qu'on avoit apportés au sermon.

Mesdames les princesses eurent ordre de se retirer à Chantilly. Madame de Longueville sortit de Paris pour tirer du côté de la Normandie, où elle ne trouva point d'asyle. Le parlement de Rouen l'envoya prier de sortir de la ville : M. le duc de Richelieu ne la voulut pas recevoir dans le Havre. Elle se retira à Dieppe, où elle ne put pas demeurer long-temps.

M. de Bouillon, qui s'étoit fort attaché à M. le prince depuis la paix, alla en diligence à Turenne. M. de Turenne, qui avoit pris la même conduite depuis son retour en France, se jeta dans Stenay, bonne place que M. le prince avoit confiée à La Moussaye. M. de La Rochefoucauld, qui étoit alors prince de Marsillac, s'en alla chez lui en Poitou; et le maréchal de Brezé, beau-père de M. le prince, gagna Saumur.

On publia et on enregistra au parlement une déclaration contre eux, par laquelle il leur fut ordonné de se rendre dans quinze jours auprès du Roi : à faute de quoi ils étoient dès ce moment déclarés perturbateurs du repos public, et criminels de lèze-majesté. Le Roi partit en même temps pour faire un tour en Normandie, où l'on craignoit que madame de Longueville, qui avoit été reçue dans le château de Dieppe par Montigni, domestique du duc son mari, et Chamboi qui commandoit pour lui dans le Pont-de-l'Arche, ne fissent quelque mouvement. Tout plia devant la cour. Madame de Longueville se sauva par mer en Hollande, d'où elle alla ensuite à Arras pour sonder le bonhomme La Tour, pensionnaire de son époux, qui lui offrit sa personne, mais qui lui refusa sa place. Elle se rendit à Stenay, où M. de Turenne la vint joindre avec ce qu'il avoit pu ramasser d'amis et de serviteurs de messieurs les princes, depuis son départ de Paris. La Becheraille se rendit maître de Damvilliers, dont il avoit été autrefois lieutenant de roi, ayant fait révolter la garnison contre le chevalier de La Rochefoucauld, qui y commandoit pour son frère. Le maréchal de La Ferté se saisit de Clermont sans coup férir; les habitans de Mouzon chassèrent le comte de Grand-pré leur gouverneur, parce qu'il leur proposoit de se déclarer pour messieurs les princes. Le Roi, qui après son retour de Normandie alla en Bourgogne, y établit pour gouverneur, en la place de M. le prince, M. de Vendôme, comme il avoit établi en Normandie M. le comte d'Harcourt, en la place de M. de Longueville. Le château de Dijon se rendit à M. de Vendôme. Bellegarde, défendue par messieurs de Tavannes, de Boutteville et de Saint-Micaut, fit peu de résistance au Roi, qui revint à Paris de ses deux voyages de Normandie et de Bourgogne, tout couvert de lauriers.

Le bonheur monta un peu trop fortement à la tête du cardinal : il parut beaucoup plus fier qu'il n'avoit paru avant son départ. Voici la première marque qu'il en donna. Dans l'absence du Roi, madame la princesse douairière vint à Paris, et elle présenta requête au parlement pour demander d'être prise en la sauvegarde de la compagnie, afin de pouvoir demeurer à Paris, et avoir justice de la détention injuste de messieurs ses enfans. Le parlement ordonna que madame la princesse se mît chez M. de La Grange, maître des comptes, dans la cour du Palais, pendant que l'on iroit prier M. le duc d'Orléans de venir prendre sa place.

M. le duc d'Orléans répondit aux députés de la compagnie que madame la princesse ayant ordre du Roi d'aller à Bourges, il ne croyoit pas devoir aller au Palais pour opiner sur une affaire en laquelle il n'y avoit, qu'à obéir aux ordres supérieurs. Il ajouta qu'il seroit bien aise que M. le premier président le vînt trouver sur les cinq heures. Il y alla, et fit connoître à Monsieur qu'il étoit nécessaire qu'il se rendît le lendemain au Palais, pour assoupir par sa présence un commencement d'affaire qui pouvoit grossir, par la commisération très-naturelle envers une grande princesse affligée, et par la haine qu'on portoit au cardinal, haine qui n'étoit pas éteinte. Monsieur le crut. Il trouva à l'entrée de la grand'chambre madame la princesse, qui se jeta à ses pieds : elle demanda à M. de Beaufort sa protection, elle me dit qu'elle avoit l'honneur d'être ma parente. M. de Beaufort fut fort embarrassé; je faillis à mourir de honte. Monsieur dit à la compagnie que le Roi avoit commandé à madame la princesse de sortir de Chantilly, parce qu'on avoit trouvé un de ses valets de pied chargé de lettres pour celui qui commandoit dans Saumur; qu'il ne la pouvoit souffrir à Paris, parce qu'elle y étoit venue contre les ordres du Roi; qu'elle en sortît pour témoigner son obéissance, et pour mériter que le Roi, qui seroit de retour dans deux ou trois jours, eût égard à ce qu'elle alléguoit de sa mauvaise santé. Elle partit dès le soir même, et alla coucher à Berni, d'où le Roi, qui arriva un jour ou deux après, lui donna ordre d'aller à Valery. Elle resta malade à Angerville.

Je ne vois pas que Monsieur eût pu se conduire plus justement pour le service du Roi. Cependant le cardinal prétendit qu'il avoit trop ménagé madame la princesse; et il nous dit, à M. de Beaufort et à moi, que c'étoit en cette occasion que nous avions dû signaler le pouvoir que nous avions sur le peuple. Il étoit naturellement vétilleux et grondeur : ce qui est un grand défaut à des gens qui ont affaire à beaucoup de monde.

Je m'aperçus deux jours après de quelque chose de

pis. Comme il y avoit eu des particuliers qui avoient fait du bruit dans les assemblées de l'hôtel-de-ville, à cause de l'intérêt qu'ils avoient dans les rentes, ils appréhendoient d'en être recherchés ; et ils souhaitèrent, peu de temps après que M. le prince fût arrêté, que j'obtinsse une amnistie. J'en parlai à M. le cardinal, qui n'en fit aucune difficulté, et qui me dit même dans le grand cabinet de la Reine, en me montrant le cordon de son chapeau qui étoit à la Fronde : « Je serai moi-même compris dans cette amnistie. »

Au retour de ces voyages du Roi, ce ne fut plus cela. Il me proposa une abolition, dont le titre seul eût noté cinq ou six officiers du parlement qui avoient été syndics, et peut-être mille ou deux mille des plus notables bourgeois de Paris. Je lui fis faire ces considérations, qui paroissoient n'avoir point de réplique. Il contesta, il remit, il éluda ; il fit les deux voyages de Normandie et de Bourgogne sans rien conclure ; et quoique M. le prince eût été arrêté dès le 18 janvier, l'amnistie ne fut publiée et enregistrée au parlement que le 12 mai. Encore ne fut-elle obtenue que sur ce que je fis entendre que, si on ne me l'accordoit pas, je poursuivrois à toute rigueur la justice contre les témoins à brevet : chose que l'on appréhendoit au dernier point, parce que dans le fond il n'y avoit rien de si honteux. Ils en étoient si convaincus, que Canto et Pichon avoient disparu même avant que M. le prince fût arrêté.

Nous eûmes presque au même temps un autre démêlé sur le sujet des rentes de l'hôtel-de-ville, où d'Emery, qui ne vécut pas long-temps après, n'oublioit rien de tout ce qui pouvoit altérer les rentiers, même sur des sujets où le Roi trouvoit si peu de profit, que j'eus lieu d'être persuadé qu'il n'agissoit ainsi que pour leur faire voir que leurs protecteurs les avoient abandonnés depuis leur accommodement avec la cour.

Je fus averti d'ailleurs que l'abbé Fouquet cabaloit contre moi chez le menu peuple; qu'il y jetoit de l'argent, et semoit tous les bruits qui pouvoient me rendre suspect.

La vérité est que tous les subalternes sans exception, qui appréhendoient une union véritable du cardinal et de moi, et qui croyoient qu'elle seroit facile par le mariage de l'aîné Mancini (1) avec mademoiselle de Retz qui est présentement religieuse, ne songèrent qu'à nous brouiller dès le lendemain que nous fûmes raccommodés; et ils y trouvèrent de la facilité, parce que les ménagemens que j'étois obligé de garder avec le public pour ne me pas perdre leur donnoient lieu de les interpréter à leur mode auprès du Mazarin, et aussi parce que la confiance que M. le duc d'Orléans prit en moi, aussitôt après la prison de M. le prince, devoit par elle-même produire dans son esprit une défiance très-naturelle. Goulas, secrétaire des commandemens de Monsieur, rétabli dans sa maison par la disgrâce de La Rivière qui l'en avoit chassé, contribua beaucoup à la lui donner, par l'intérêt qu'il avoit à affoiblir auprès de son maître par le moyen de la cour ma faveur naissante, qu'il s'imaginoit traverser la sienne. Remarquez que je n'avois pas

(1) N.... Mancini, tué en 1652 au combat du faubourg Saint-Antoine. Il étoit fils de Michel-Laurent Mancini et de Hiéronyme Mazarini, sœur du cardinal. (A. E.)

recherché cette faveur, que je connoissois pour très-fragile et pour périlleuse, par l'humeur de Monsieur; et parce que je n'ignorois pas que l'ombre même d'un cabinet, dont on ne peut empêcher les foiblesses, n'est pas bonne à un homme dont la principale force consiste dans la réputation publique. Ma pensée avoit été de lui produire le président Bellièvre, parce qu'il lui falloit toujours quelqu'un qui le gouvernât : mais il ne prit pas le change. Il avoit de l'aversion pour sa mine trop fine et trop bourgeoise, disoit-il. Le cardinal, qui croyoit, et avec raison, Goulas trop dépendant de Chavigny, balança trop au choix : car si d'abord il eût soutenu Beloi, ami de Goulas, je crois qu'il eût réussi. Quoi qu'il en soit, le sort tomba sur moi; et j'en fus presque aussi fâché que la cour, pour les raisons marquées, et parce que cette sujétion contraignoit mon libertinage, qui étoit extrême et hors de raison.

Un autre incident me brouilla avec M. le cardinal. Le comte de Montross[1], Ecossais, et chef de la maison de Graham, le seul homme du monde qui m'ait jamais rappelé l'idée de certains héros que l'on ne

---

[1] *Le comte de Montross :* Jacques Graham, comte et duc de Montross, seigneur écossais. Il fut l'un des plus intrépides défenseurs de Charles premier. Après sa mort, il parut en Ecosse au nom de Charles II, et y déploya l'étendard royal. Etant tombé entre les mains du parti contraire, il fut condamné à être pendu, et l'on ordonna que ses membres seroient attachés aux portes des principales villes d'Ecosse. « Ah ! s'écria-t-il en « entendant lire sa sentence, que ne me coupe-t-on en assez grand « nombre de morceaux pour rappeler à chaque village du royaume la « fidélité qu'un sujet doit à son roi ! » Il mit ensuite cette pensée en vers. Ayant été conduit au supplice, il mourut avec courage le 21 mai 1650, âgé de trente-huit ans. On peut s'étonner qu'un tel homme ait eu des liaisons aussi intimes avec le chef de la Fronde.

voit plus que dans les Vies de Plutarque, avoit soutenu le parti du roi d'Angleterre dans son pays, avec une grandeur d'ame qui n'en avoit point de pareille en ce siècle. Il battit les parlementaires, quoiqu'ils fussent victorieux partout ailleurs; et il ne désarma qu'après que le Roi son maître se fut jeté lui-même entre les mains de ses ennemis. Il vint à Paris un peu avant la guerre civile, et je fis connoissance avec lui par un Ecossais qui étoit à moi, et qui se trouvoit un peu son parent. Je trouvai lieu de le servir dans son malheur : il prit de l'amitié pour moi, et cette amitié l'obligea de s'attacher à la France plutôt qu'à l'Empire, quoique l'Empire lui offrît l'emploi de feld-maréchal, qui est une charge très-considérable. Je fus l'entremetteur des paroles que M. le cardinal lui donna, et qu'il n'accepta que pour le temps où le roi d'Angleterre n'avoit pas besoin de son service. Il fut en effet redemandé quelques jours après par un billet de sa main qu'il porta au cardinal, qui le loua de son procédé, et lui dit en termes formels que l'on demeureroit fidèlement dans les engagemens qui avoient été pris.

Milord Montross repassa en France deux ou trois mois après que M. le prince eut été arrêté, et amena avec lui près de cent officiers, la plupart gens de qualité, et tous de service. M. le cardinal ne le connut plus alors. Ne trouvez-vous pas que je n'avois point sujet d'être satisfait? Je travaillai néanmoins de bonne foi à suppléer dans le parlement et dans le peuple à toutes les fausses démarches que l'ignorance du cardinal et l'insolence de Servien leur firent faire en plus de dix rencontres. J'en couvris la plupart; et s'il eût plu à la cour de se ménager, M. le prince eût eu, au moins pour assez long-temps, beaucoup de peine à se relever : mais rien n'est plus rare et plus difficile aux ministres que ce ménagement, dans le calme qui suit immédiatement les grandes tempêtes, parce que la flatterie y redouble, et que la défiance n'y est pas éteinte.

Ce calme pourtant ne pouvoit porter ce nom que par la comparaison du passé : car le feu recommençoit à s'allumer de bien des côtés. Le maréchal de Brezé, homme de très-petit mérite, s'étoit étonné à la première déclaration qui fut enregistrée au parlement, et il envoya assurer le Roi de sa fidélité ; mais il mourut aussitôt après : et Dumont, que vous voyez à M. le prince, et qui commandoit sous lui dans Saumur, crut qu'il étoit de son honneur de ne pas abandonner les intérêts de madame la princesse, fille de son maître. Il se déclara pour le parti, dans l'espérance que M. de La Rochefoucauld, qui sous prétexte des funérailles de monsieur son père avoit fait une grande assemblée de noblesse, le secourroit. Mais Loudun, dont il avoit fait dessein de se rendre maître, lui ayant manqué, et cette noblesse s'étant dissipée, Dumont rendit la place à Comminges(1), à qui la Reine en avoit donné le gouvernement.

Madame de Longueville et M. de Turenne firent un traité avec les Espagnols. Le dernier joignit leur armée, qui entra en Picardie et assiégea Guise, après avoir pris le Catelet. Bridieu, qui en étoit gouver-

(1) *Comminges*: Gaston (Jean-Baptiste), comte de Comminges, gouverneur de Saumur, et capitaine des gardes de la Reine, en survivance de François de Guitaut son oncle. C'étoit lui qui avoit arrêté Broussel.

neur, la défendit très-bien ; et le comte de Clermont, cadet de Tonnerre, s'y signala. Le siége dura dix-huit jours, et le manquement de vivres obligea l'archiduc à le lever. M. de Turenne avoit fait quelques troupes avec l'argent que les Espagnols venoient de lui accorder par son traité, et les avoit grossies du débris de celles qui avoient été dans Bellegarde. La plupart des officiers de celles qui étoient sous le nom de messieurs les princes l'avoient joint avec messieurs de Boutteville, de Coligny, de Langres, de Duras, de Rochefort, de Tavannes, de Persan(1), de La Moussaye, de La Suze, de Saint-Ibal, de Cugnac, de Chavagnac(2), de Guitaut(3), de Mailli, de Meille, les chevaliers de Foix et Gramont, etc.

Cette nuée qui grossissoit devoit faire faire réflexion à M. le cardinal sur l'état de la Guienne, où la pitoyable conduite de M. d'Epernon avoit jeté les affaires, que rien ne pouvoit démêler que son éloignement. Mille démêlés particuliers, dont la moitié ne venoit que de la ridicule chimère de sa principauté roturière, l'avoient brouillé avec le parlement et avec les magistrats de Bordeaux, qui pour la plupart n'étoient pas plus sages que lui. Mazarin, qui à mon sens étoit en cela plus fou encore que tous les deux, prit sur le compte de l'autorité royale tout ce qu'un habile ministre eût pu imputer, sans inconvéniens et même à l'avantage du Roi, aux deux partis.

Un des plus grands malheurs que l'autorité despotique des ministres du dernier siècle ait causés dans

---

(1) .... de Vaudetar, marquis de Persan. (A. E.) — (2) Gaspard, comte de Chavagnac. (A. E.) — (3) *Guitaut:* Guillaume de Comminges. On l'appeloit le petit Guitaut, pour le distinguer du capitaine des gardes.

l'Etat, c'est la pratique que leurs intérêts particuliers mal entendus y ont introduite, de soutenir toujours le supérieur contre l'inférieur. Cette maxime est de Machiavel, que la plupart des gens qui le lisent n'entendent pas, et que les autres croient avoir été habile, parce qu'il a toujours été méchant. Il s'en faut de beaucoup qu'il ne fût habile, et il s'est très-souvent trompé: mais en nul endroit, à mon opinion, plus qu'en celui-ci. M. le cardinal étoit sur ce point d'autant plus aveugle qu'il avoit une passion effrénée pour l'alliance de M. de Candale (1), qui n'avoit rien de grand que les canons. Et M. de Candale, dont le génie étoit au dessous du médiocre, étoit gouverné par l'abbé d'Estrées (2), présentement cardinal, qui a été, dès son enfance, l'esprit du monde le plus visionnaire et le plus inquiet. Tous ces caractères différens faisoient un galimatias inexplicable dans les affaires de la Guienne; et je ne pense pas que, pour les débrouiller, le bon sens des Jeannin et des Villeroy, infusé dans la cervelle du cardinal de Richelieu, eût même été assez bon. Monsieur conçut la suite de cette confusion : il m'en parla un jour en se promenant dans le jardin du Luxembourg, et me pressa d'en parler au cardinal. Je m'en excusai, sur ce qu'il voyoit comme moi qu'il n'y avoit entre nous que les apparences. Je lui conseillai d'essayer de lui faire ouvrir les yeux par le maréchal d'Estrées (3) et par

---

(1) *M. de Candale*: Louis-Charles Gaston de Nogaret étoit fils du duc d'Epernon. — (2) César d'Estrées, alors abbé de Long-Pont, de Saint-Germain-des-Prés, etc., ensuite évêque et duc de Laon, cardinal en 1671, et chevalier de l'ordre, etc.; mort le 18 de décembre 1714, âgé de près de quatre-vingt-sept ans. (A. E.) — (3) *Le maréchal d'Estrées*:

Senneterre(1). Il les trouva dans les mêmes sentimens que lui, bien qu'ils fussent attachés à la cour; et même Senneterre, très-aise de ce que Monsieur l'assuroit que j'y étois comme lui avec les plus sincères et les meilleures intentions du monde, entreprit de me raccommoder avec le cardinal, avec qui je n'avois pas encore rompu ouvertement. Il m'en parla donc, et me trouva très-bien disposé, parce que je voyois que notre division grossiroit en moins de rien le parti de M. le prince, et jetteroit les choses dans une confusion où la bonne conduite n'auroit plus de part, parce que l'on ne pourroit prendre son parti qu'avec précipitation. J'allai donc avec M. de Senneterre chez M. le cardinal, qui m'embrassa avec tendresse. Il mit son cœur sur la table (c'étoit son terme); il m'assura qu'il me parleroit comme à son fils. Je n'en crus rien : je l'assurai que je lui parlerois comme à mon père, et je lui tins parole. Je lui dis que je n'avois au monde aucun intérêt personnel, que celui de sortir des affaires publiques sans nul avantage; mais qu'aussi, par la même raison, je me sentois obligé plus qu'un autre à en sortir avec dignité et avec honneur; que je le suppliois de faire réflexion sur mon âge, qui, joint à mon incapacité, ne lui pouvoit donner aucune jalousie à l'égard de la première place; que je le conjurois en même temps de considérer que la dignité que j'avois dans Paris étoit plus avilie qu'elle n'étoit honorée par cette espèce de tribunat du peuple, que la seule nécessité rendoit supportable; et qu'il devoit ju-

---

François-Annibal, frère de Gabrielle d'Estrées, mort en 1670, âgé de quatre-vingt-dix-huit ans. Ses Mémoires font partie de cette série.

(1) *Senneterre :* Henri, mort en 1662, âgé de quatre-vingt-neuf ans.

ger que cette considération toute seule seroit capable de me donner de l'impatience pour sortir de la faction, quand il n'y en auroit pas eu mille autres qui m'en faisoient naître le dégoût à chaque instant. Que pour ce qui étoit du cardinalat, qui lui pouvoit faire quelque ombrage, je lui allois découvrir avec sincérité quels avoient été et quels étoient encore mes mouvemens sur cette dignité; que je m'étois mis follement dans la tête qu'il seroit plus glorieux de l'abattre que de la posséder; qu'il n'ignoroit pas que j'avois fait paroître quelques étincelles de cette vision dans les occasions; que M. d'Agen m'en avoit guéri, en me faisant voir par de bonnes raisons qu'elle n'avoit jamais réussi à ceux qui l'avoient eue; que cette circonstance lui faisoit au moins connoître que l'avidité pour la pourpre n'avoit pas été grande en moi, même dès mes plus jeunes années; qu'elle y étoit encore assez médiocre; que j'étois persuadé qu'il étoit assez difficile qu'elle manquât dans les temps à un archevêque de Paris; mais que je l'étois encore davantage que la facilité qu'il auroit à l'obtenir dans les formes, et par les actions purement de sa profession, lui feroit tourner à honte les autres moyens qu'il emploieroit pour se la procurer; que je serois au désespoir qu'il y eût sur ma pourpre une seule goutte du sang qui avoit été répandu dans la guerre civile, et que j'étois résolu de sortir absolument de tout ce qui s'appelle intrigue, avant que de faire ni de souffrir un pas qui y eût le moindre rapport; qu'il savoit que par la même raison je ne voulois ni argent ni abbaye; et qu'ainsi j'étois engagé, par les déclarations publiques que j'avois faites sur tous ces chefs, à servir la Reine sans intérêt; que le seul intérêt qui me tenoit en cette disposition étoit de finir avec honneur, et de rentrer dans les emplois purement spirituels de ma profession, mais avec sûreté; que je ne lui demandois pour cet effet que l'accomplissement de ce qui étoit encore plus du service du Roi que de mon avantage particulier; qu'il savoit que dès le lendemain que M. le prince fut arrêté il m'avoit fait porter aux rentiers telles et telles paroles, et que je voyois qu'au préjudice de ces paroles on affectoit tout ce qui pouvoit persuader à ces gens-là que j'agissois de concert avec la cour, pour les tromper; que j'étois averti que Ondedei avoit dit à certaine heure, chez M. Dempus, que le pauvre M. le cardinal avoit failli à se laisser surprendre par M. le coadjuteur : mais qu'on lui avoit bien ouvert les yeux, et qu'on me tailloit une besogne à laquelle je ne m'attendois pas; que je ne doutois point que l'accès que j'avois auprès de Monsieur ne lui fît peine : mais qu'il devoit être informé que je ne l'avois recherché en aucune façon, et que j'en voyois les inconvéniens. Je m'étendis beaucoup en cet endroit, qui est le plus difficile à comprendre pour un homme de cabinet : ces sortes de gens-là en sont toujours si entêtés que l'expérience même ne leur peut ôter de l'imagination que toute la considération n'y consiste. La conversation dura depuis trois heures après midi jusqu'à dix heures du soir, et je ne dis pas un mot dont je me puisse repentir à l'heure de la mort. La vérité jette, lorsqu'elle est arrivée à un certain point, une sorte d'éclat auquel on ne peut plus résister : mais je n'ai jamais vu d'homme qui fît si peu d'état de la vérité que Mazarin. Elle le toucha pourtant en cette occasion à un point que M. de Senneterre, qui étoit présent, en fut étonné. Il me pressa de prendre ce moment pour lui parler des dangereuses suites des mouvemens de la Guienne. Je le fis, et je lui représentai que s'il s'opiniâtroit à soutenir M. d'Epernon, le parti de messieurs les princes ne manqueroit pas cette occasion; que si le parlement de Bordeaux s'y engageoit, nous perdrions peu à peu celui de Paris; qu'après un aussi grand embrasement, le feu ne pourroit pas être assez éteint en cette capitale, pour ne pas craindre qu'il n'y en restât encore beaucoup sous la cendre; que les factieux y auroient beau champ pour faire appréhender le contre-coup du châtiment d'un corps coupable d'un crime dont la cour ne nous tenoit pas même purgés, que depuis deux ou trois mois. Senneterre appuya mon sentiment avec vigueur, et nous ébranlâmes le cardinal, qui avoit été averti la veille que M. de Bouillon commençoit à remuer dans le Limosin, où M. de La Rochefoucauld l'avoit joint avec quelques troupes; qu'il avoit enlevé à Brives la compagnie des gendarmes du prince Thomas, et qu'il avoit tenté d'en faire autant aux troupes qui étoient dans Tulles. Ces nouvelles obligèrent Son Excellence à faire réflexion sur ce que nous lui disions. Il nous parut moins rétif : et M. le maréchal d'Estrées, qui le vit un quart-d'heure après, nous dit à l'un et à l'autre, le lendemain au matin, qu'il l'avoit trouvé convaincu de ma bonne foi et de ma sincérité, et qu'il lui avoit répété à diverses reprises : « Dans le « fond, ce garçon veut le bien de l'Etat. » Ces dispositions donnèrent lieu à ces deux hommes, très-corrompus d'ailleurs, mais qui cherchoient leur repos particulier dans le repos public, parce qu'ils étoient fort vieux, de songer à trouver les moyens de nous unir intimement le cardinal et moi. Ils lui proposèrent pour cet effet le mariage de son neveu avec ma nièce. Il y donna les mains de bon cœur; mais je m'en éloignai à proportion, ne pouvant pas me résoudre à ensevelir ma maison dans celle du Mazarin, et n'estimant pas assez la grandeur pour l'acheter par la haine publique. Je répondis civilement aux oublieux (on appeloit ainsi ces messieurs, parce qu'ils alloient d'ordinaire, entre huit ou neuf heures du soir, dans les maisons où ils négocioient quelque chose : et ils négocioient toujours); je leur répondis, dis-je, civilement, mais négativement. Comme ils ne souhaitoient pas la rupture entre nous, ils colorèrent si adroitement le refus, qu'il ne produisit point d'aigreur; et comme ils avoient tiré de moi que j'aurois une grande joie d'être employé à la paix générale, ils firent si bien que le cardinal, de qui l'enthousiasme pour moi dura douze ou quinze jours, me le promit comme de lui-même, et de la meilleure grâce du monde.

Le maréchal d'Estrées se servit habilement de ce bon intervalle pour le rétablissement de M. de Châteauneuf[1] dans sa commission de garde des sceaux, dont le cardinal de Richelieu l'avoit dépouillé. On l'avoit ensuite tenu prisonnier treize ans dans le château d'Angoulême. Cet homme avoit vieilli dans les emplois, et s'y étoit acquis beaucoup de réputation,

---

[1] Charles de L'Aubespine, marquis de Châteauneuf, né en 1580. On lui ôta les sceaux en 1633, après les avoir tenus un peu plus de deux ans. On les lui rendit le 2 mars 1650. Il mourut le 17 septembre 1653. (A. E.)

à laquelle sa longue disgrâce donna même beaucoup
d'éclat. Il étoit proche parent du maréchal de Villeroy. Le commandeur de Jars avoit été sur l'échafaud
de Troyes, pour ses démêlés avec le cardinal de Richelieu. On l'avoit vu amant de madame de Chevreuse,
et il ne l'avoit pas été sans succès. Il étoit alors âgé
de soixante-douze ans; mais sa santé forte et vigou-
reuse, sa dépense splendide, son désintéressement
parfait en tout ce qui ne passoit pas le médiocre, et
son humeur brusque et féroce qui paroissoit franche,
suppléoient à son âge, et faisoient qu'on ne le regardoit pas encore comme un homme hors d'œuvre. Le
maréchal d'Estrées, qui vit que le cardinal se mettoit
dans l'esprit de se rétablir dans le public en accommodant les affaires de Bordeaux, et en remettant l'ordre dans les rentes, prit le temps de cette verve,
pour ainsi dire, qui ne dureroit pas long-temps, disoit-il, pour lui persuader qu'il falloit couronner
l'œuvre par la dégradation du chancelier, odieux au
public ou plutôt méprisé, à cause de son penchant
naturel à la servitude, qui obscurcissoit la grande capacité qu'il avoit pour cette dignité, et par l'installa-
tion de M. de Châteauneuf, dont le seul nom honore-
roit le choix. Je ne fus jamais plus étonné que quand
le maréchal d'Estrées nous vint dire, à M. de Bellièvre
et à moi, qu'il voyoit jour à ce changement. Je ne
connoissois M. de Châteauneuf que par réputation :
je ne me pouvois figurer que la jalousie d'un Italien
lui pût permettre de mettre en place un esprit aussi
bien fait pour le ministère; et ma surprise, qui n'eut
point d'autres causes que celle-là, fut interprétée par
le maréchal comme l'effet de mon appréhension que

ce ne fût un génie tout aussi bien fait pour un cardinal. Il ne m'en témoigna rien, mais il le dit le soir à M. le président de Bellièvre, qui, sachant mes intentions, l'assura fort du contraire. Il n'en fut pourtant pas persuadé : au contraire, il le fut si peu qu'il ne cessa point d'être surpris; et pour lever l'obstacle qu'il eut peur que je ne fisse à son ami, il m'apporta une lettre de sa part, par laquelle il m'assuroit de ne jamais songer au cardinalat avant que je l'eusse moi-même. Je faillis à tomber de mon haut à un compliment de cette nature, que je ne m'étois nullement attiré. On l'ornoit d'une période à chaque mot que je disois pour m'en défendre : on le fit pour moi à madame de Chevreuse, à Noirmoutier, à Laigues, et à douze ou quinze autres. Le bon homme s'aida ainsi de tout le monde, et tout le monde l'aida. Le cardinal le fit garde des sceaux, non pour couronner les deux grands desseins de l'accommodement de Bordeaux et du rétablissement des rentes, mais au contraire pour autoriser par un nom de réputation la conduite tout opposée qu'il avoit prise, à la persuasion des subalternes, qui appréhendoient surtout notre réunion, et la résolution de pousser le parlement de Guienne, et de décréditer dans Paris les frondeurs. Il crut d'ailleurs que ce nom lui serviroit à réparer un peu, à l'égard du public, le tort qu'il s'y faisoit en donnant la surintendance des finances, vacante par la mort d'E--mery, au président de Maisons, dont la probité étoit moins que problématique. Enfin il vouloit m'opposer, dans le besoin, un rival illustre pour le cardinalat. Sennèterre, qui étoit attaché à la cour et même au cardinal, me dit ces propres mots en parlant de lui :

« Cet homme se perdra, et perdra peut-être l'Etat,
« pour les beaux yeux de M. de Candale. »

Le jour que Senneterre prononça cet oracle, les nouvelles arrivèrent que messieurs de Bouillon et de La Rochefoucauld avoient fait entrer dans Bordeaux madame la princesse et M. le duc, que le cardinal avoit laissé entre les mains de madame sa mère, au lieu de le faire nourrir auprès du Roi, comme Servien le lui avoit conseillé. Le parlement de cette ville, dont le plus sage et le plus vieux jouoit en ce temps-là gaîment tout son bien en une soirée, sans faire tort à sa réputation, eut, en une même année, deux spectacles assez extraordinaires. Il vit un prince et une princesse du sang à genoux au bureau, lui demandant justice; et il fut assez fou, si on peut parler ainsi d'une compagnie en corps, pour faire exposer sur le même bureau une hostie consacrée, que des soldats des troupes de M. d'Epernon avoient laissé tomber d'un ciboire qui avoit été volé.

Le parlement de Bordeaux ne fut pas fâché de ce que le peuple avoit donné entrée à M. le duc; mais il garda pourtant beaucoup plus de mesures qu'il n'appartenoit au climat gascon, et à l'humeur où il étoit contre M. d'Epernon. Il ordonna que madame la princesse, M. le duc, messieurs de Bouillon et de La Rochefoucauld auroient la liberté de demeurer dans Bordeaux, à condition qu'ils donneroient leur parole de n'y rien entreprendre contre le service du Roi; et que cependant la requête de madame la princesse seroit envoyée à Sa Majesté; et que très-humbles remontrances lui seroient faites sur la détention de messieurs les princes. Le président de Gourgues dépêcha un courrier à Senneterre son ami, avec une lettre de treize pages en chiffres, par laquelle il lui mandoit que son parlement n'étoit pas si emporté qu'il ne demeurât dans la fidélité, si le Roi vouloit révoquer M. d'Epernon; qu'il lui en donnoit sa parole; que ce qu'il avoit fait jusque là n'étoit qu'à cette intention; mais que si l'on différoit, il ne répondoit plus de la compagnie, et beaucoup moins du peuple, qui, ménagé et appuyé comme il l'étoit par le parti des princes, se rendroit même dans peu maître du parlement. Senneterre n'oublia rien pour faire que le cardinal profitât de cet avis. M. de Châteauneuf fit des merveilles; et voyant que le cardinal ne répondoit à ses raisons que par des exclamations contre l'insolence du parlement de Bordeaux, qui avoit donné retraite à des gens condamnés par une déclaration du Roi, il lui dit brusquement : « Partez de« main, monsieur, si vous ne vous accommodez au« jourd'hui : vous devriez être déjà sur la Garonne. » Le succès fit voir que M. de Châteauneuf avoit raison de conseiller le radoucissement, et qu'on eût mieux fait de ne pas tant presser l'exécution : car quoiqu'il y eût de la chaleur dans le parlement de Bordeaux, qui alloit même jusqu'à la fureur, il résista pourtant long-temps aux emportemens du peuple animé par M. de Bouillon, et donna arrêt pour faire sortir de la ville don Joseph Osorio, qui étoit venu d'Espagne avec messieurs de Sillery et de Vassé, que M. de Bouillon y avoit envoyés pour traiter. Il fit plus : il défendit qu'aucun de son corps ne rendît visite à aucun de ceux qui avoient eu commerce avec les Espagnols, non pas même à madame la princesse. La populace ayant entrepris de le faire opiner de force pour l'union avec les princes, il arma les jurats, qui la firent retirer à coups de mousquet. Cette résistance du parlement de Bordeaux a été traitée de simulée par presque tout le monde : mais elle m'a été confirmée pour véritable et pour très-sincère par M. de Bouillon, qui m'a dit plusieurs fois depuis que si la cour n'eût point poussé les choses, on eût eu de la peine à les porter à l'extrémité. Ce qu'il y a de certain est qu'on crut à la cour que tout ce que faisoit ce parlement n'étoit que grimace; qu'au retour de Compiègne, où le Roi étoit allé dans le temps du siége de Guise, pour donner par sa présence de la vigueur à l'armée commandée par le maréchal Du Plessis-Praslin, on résolut d'aller en Guienne; que ceux qui en représentèrent les conséquences passèrent pour des factieux qui ne vouloient pas que l'on fît un exemple de leurs semblables, et qui avoient correspondance avec ceux de Bordeaux; que tout ce que l'on dit des suites prochaines et des influences immédiates que ce voyage auroit dans le parlement de Paris passa pour fable, ou au moins pour une prédiction du mal que l'on vouloit faire, et auquel on ne pourroit pas réussir; et que quand Monsieur s'offrit d'aller lui-même travailler à l'accommodement, pourvu qu'on lui donnât parole de révoquer M. d'Epernon, on lui dit, pour toute réponse, qu'il étoit de l'honneur du Roi de le maintenir dans son gouvernement.

Je vous ai déjà dit que la tendresse du cardinal pour moi ne dura pas long-temps. Senneterre, qui étoit de son naturel grand rhabilleur, ne voulut pas laisser partir la cour sans mettre un peu d'onction

(c'étoit son mot) à ce qui n'étoit, disoit-il, qu'un pur malentendu. La vérité est que le cardinal ne se pouvoit plaindre de moi, et que je me voulois encore moins plaindre de lui, quoique j'en eusse sujet. On se raccommode plus aisément quand on est disposé à ne se point plaindre que quand on l'est à se plaindre, quoiqu'on n'en ait pas de sujet. Je l'éprouvai en cette rencontre. Senneterre dit au premier président qu'un mot que la Reine avoit dit à M. le cardinal à la louange de ma fermeté lui avoit frappé l'esprit d'une telle manière, qu'il n'en reviendroit jamais. Il ne laissa pas de me témoigner toute l'amitié imaginable, avant qu'il partît pour la Guienne. Il affecta même de me laisser le choix d'un prévôt des marchands : ce qui fut honnête en apparence, mais un coup habile en effet ; car il avoit reconnu que le précédent qui y avoit été mis de sa main lui avoit été inutile. Cependant il n'oublia rien le même jour pour nous brouiller, M. de Beaufort et moi, sur un détail qu'il est nécessaire de reprendre plus haut.

Vous avez vu que la Reine avoit désiré que je ne m'ouvrisse point avec M. de Beaufort du dessein qu'elle avoit d'arrêter messieurs les princes. Le jour que ce dessein fut exécuté (ce qui fut sur les six heures du soir), madame de Chevreuse nous envoya querir sur le midi, lui et moi, et nous le découvrit comme un grand secret que la Reine lui eût commandé de nous communiquer à l'issue de la messe. M. de Beaufort le prit pour bon : je le menai dîner chez moi, je l'amusai toute l'après-dînée à jouer aux échecs, je l'empêchai d'aller chez madame de Montbazon ; et M. le prince fut arrêté avant qu'elle en eût le moindre soupçon.

Elle en fut en colère, et dit à M. de Beaufort tout ce qui lui pouvoit faire croire qu'on l'avoit joué. Il s'en plaignit à moi; je m'en éclaircis avec lui devant elle : je lui tirai de ma poche les patentes de l'amirauté. Il m'embrassa : madame de Montbazon m'en baisa cinq ou six fois bien tendrement. Ainsi finit l'histoire.

M. le cardinal prit en gré de la renouveler deux ou trois jours avant qu'il partît pour Bordeaux. Il témoigna une merveilleuse amitié à madame de Montbazon, lui fit des confidences extraordinaires; et, après de grands détours, tout aboutit à lui exagérer la douleur qu'il avoit eue d'avoir été obligé, par les instances de madame de Chevreuse et du coadjuteur, à lui faire une finesse de la prison de messieurs les princes. M. de Beaufort, à qui le président de Bellièvre fit voir que cette fausse confidence du Mazarin n'étoit qu'un artifice, me dit, en présence de madame de Montbazon : « Soyez alerte; je gage qu'on se voudra
« bientôt servir de mademoiselle de Chevreuse pour
« nous brouiller. »

Le Roi partit pour la Guyenne dans les premiers jours de juillet; et M. de Mazarin apprit, un peu avant son départ, que le bruit de son voyage avoit produit par avance tout ce qu'on lui avoit prédit; que le parlement de Bordeaux avoit accordé l'union avec messieurs les princes, et qu'il avoit député vers le parlement de Paris; que ce député avoit ordre de ne voir ni le Roi ni les ministres; que messieurs de La Force (1) et de Saint-Simon (2) étoient sur le point de

(1) Armand Nompar de Caumont, duc de La Force, créé maréchal de France en 1652, et mort en 1675. (A. E.) — (2) Claude de Saint-Simon, gouverneur de la ville, château et comté de Blaye, etc. Il avoit été favori

se déclarer (ils ne persistèrent pas), et que toute la province étoit prête à se soulever. La consternation du cardinal fut extrême : il se recommanda même aux moindres frondeurs, et cela avec des bassesses que je ne vous puis exprimer. Monsieur demeura à Paris avec le commandement ; la cour lui laissa M. Le Tellier pour surveillant. M. le garde des sceaux et M. le premier président entroient au conseil. On m'y offrit place, et je ne jugeai pas à propos de l'accepter. Tout le monde sans exception s'y trouva fort embarrassé, parce que nous y demeurâmes dans un état où il étoit impossible de ne pas broncher de côté ou d'autre à tous les pas. Vous en verrez le détail après que je vous aurai dit un mot du voyage de Guienne.

Aussitôt que le Roi fut à la portée, M. de Saint-Simon, gouverneur de Blaye, qui avoit branlé, vint à la cour ; et M. de La Force, avec qui M. de Bouillon avoit aussi traité, demeura dans l'inaction ; mais Dognon (1), qui commandoit dans Brouage, et qui devoit toute sa fortune au feu duc de Brezé, s'en excusa sous prétexte de la goutte. Les députés du parlement de Bordeaux furent au devant de la cour à Libourne. On leur commanda avec hauteur d'ouvrir leurs portes, pour y recevoir le Roi avec toutes ses troupes. Ils répondirent qu'un de leurs priviléges étoit de garder la personne des rois quand ils étoient dans leur ville. Le maréchal de La Meilleraye s'avança entre la Dordogne et la Garonne : il prit le château de Vaire, où Pichon

---

de Louis XIII, et il mourut en 1693, âgé de quatre-vingt-cinq ans. (A. E.)

(1) Louis Foucaut, comte Du Dognon, gouverneur de Brouage, et créé maréchal de France en 1653. Il mourut en 1659. (A. E.)

commandoit trois cents hommes pour les Bordelais; et
le cardinal le fit pendre à Libourne, à cent pas du logis
du Roi. M. de Bouillon fit pendre par représailles Ca-
nolle, officier dans l'armée de M. de La Meilleraye.
Il attaqua ensuite l'île de Saint-Georges, qui fut peu
défendue par La Mothe de Las, et où le chevalier de
La Valette (1) fut blessé à mort. Il assiégea après cela
Bordeaux dans les formes; et ensuite d'un grand
combat il emporta le faubourg de Saint-Surin, où
Saint-Mesgrin et Roquelaure, lieutenans généraux
dans l'armée du Roi, firent très-bien. M. de Bouillon
n'oublia rien de tout ce qu'on pouvoit attendre d'un
sage politique et d'un grand capitaine. M. de La Rochefoucauld signala son courage dans tout le cours de
ce siége, et particulièrement à la défense de la demi-
lune, où il y eut assez de carnage : mais il fallut enfin
céder au plus fort. Le parlement et le peuple, ne
voyant pas le secours d'Espagne, obligèrent les gens
de guerre à capituler, ou pour mieux dire, à faire
une espèce de paix. Gourville qui alla trouver, de la
part des assiégés, la cour qui s'étoit avancée à Bourg,
et les députés du parlement, convinrent de ces conditions : Que l'amnistie générale seroit accordée à
tous ceux qui avoient pris les armes, et négocié avec
l'Espagne sans exception ; que tous les gens de guerre
seroient licenciés, à la réserve de ceux qu'il plairoit
au Roi de retenir à sa solde ; que madame la princesse
avec M. le duc demeureroit, ou en Anjou dans l'une
de ses maisons, ou à Montrond, à son choix ; à condition que si elle choisissoit Montrond, qui étoit for-

(1) *Le chevalier de La Valette :* Jean-Louis, frère naturel du duc
d'Epernon.

tifié, elle n'y tiendroit pas plus de deux cents hommes de pied et soixante chevaux; que M. d'Epernon seroit révoqué du gouvernement de Guienne.

Madame la princesse vit le Roi et la Reine; et dans cette entrevue il y eut de grandes conférences de messieurs de Bouillon et de La Rochefoucauld avec M. le cardinal. Ce qui obligea le cardinal, au moins à ce que l'on a cru, à ne pas s'opiniâtrer à une réduction plus pleine et plus entière de Bordeaux, fut l'impatience extrême qu'il eut de revenir à Paris. Vous en allez voir les raisons.

Les coups de canon que l'on tira à Bordeaux avoient porté jusqu'à Paris, avant même que l'on y eût mis le feu. Aussitôt que le Roi fut parti, Voisin, conseiller et député de ce parlement, demanda audience à celui de Paris. On pria Monsieur d'y venir prendre sa place; et comme j'étois averti qu'il y avoit bien du feu à l'apparition de ce député, je dis à Monsieur que je croyois qu'il seroit à propos qu'il concertât avec M. le garde des sceaux et avec M. Le Tellier. Il les envoya querir à l'heure même, et il me commanda de demeurer avec eux dans le cabinet. Le garde des sceaux ne put ou ne voulut pas concevoir que le parlement pût seulement songer à délibérer sur une proposition de cette nature. Je considérai sa sécurité comme une hauteur d'un ministre accoutumé au temps du cardinal de Richelieu : mais vous verrez qu'elle avoit un autre principe. Quand je m'aperçus que M. Le Tellier, qui n'étoit plus en colère, parloit sur le même ton, je me modérai, je fis mine d'être ébranlé de ce que l'un et l'autre disoient; et Monsieur, qui connoissoit mieux le terrain, s'en mettant en colère contre moi, je lui proposai de prendre le sentiment du premier président. Il y envoya sur-le-champ M. Le Tellier, qui revint très-convaincu de mon opinion, et qui dit nettement à Monsieur que celle du premier président étoit qu'il passeroit du bonnet à entendre le député. Vous remarquerez que lorsque les députés de la compagnie avoient été recevoir les commandemens du Roi à son départ, le garde des sceaux leur avoit dit en sa présence que ce député n'étoit qu'un envoyé des séditieux, et non pas du parlement.

Il se trouva le lendemain que l'avis du premier président étoit bon. Quoique Monsieur eût dit d'abord que le Roi avoit commandé à M. d'Epernon de sortir de la Guienne, et de venir au devant de lui sur son passage, dans la vue de traiter les affaires avec douceur, et d'agir en père plutôt qu'en roi, il n'y eut pas dix voix à ne pas recevoir le député. On le fit entrer à l'heure même : il présenta la lettre du parlement de Bordeaux ; il harangua, et même avec éloquence ; il mit sur le bureau les arrêts rendus par sa compagnie, et il conclut par la demande de l'union.

On opina deux ou trois jours de suite sur cette affaire, et l'on conclut à faire registre de ce que Monsieur avoit dit touchant l'ordre du Roi à M. d'Epernon ; que le député de Bordeaux donneroit sa créance par écrit, laquelle seroit présentée au Roi par les députés du parlement de Paris, qui supplieroient très-humblement la Reine de donner la paix à la Guienne. La délibération fut assez sage : on ne s'emporta point ; mais ceux qui connoissoient le parlement virent clairement, à l'air plutôt qu'aux paroles, que celui de

Paris ne vouloit pas la perte de celui de Bordeaux. Monsieur me dit dans son carrosse, au sortir du Palais : « Les flatteurs du cardinal lui manderont que tout « va bien, et je ne sais s'il n'auroit pas été à propos « qu'il eût paru aujourd'hui plus de chaleur. » Il devina : car le garde des sceaux me dit à moi-même ensuite que ce que le premier président avoit mandé à Monsieur la veille n'étoit qu'un effet de la passion qu'il avoit de se faire valoir dans les moindres choses. Il ne le connoissoit pas, et ce n'étoit pas là son foible.

Le garde des sceaux fit le même jour une faute plus considérable que celle-là. La lettre du parlement de Bordeaux contenoit une plainte contre les violences de Foulai, maître des requêtes, et intendant de justice en Limosin; et la compagnie ordonna sur cet article que Foulai seroit ouï. Le garde des sceaux crut qu'il y alloit de l'autorité du Roi de le soutenir, au moins indirectement. Il aposta Menardeau, conseiller de la grand'chambre, habile homme, mais décrié à cause du mazarinisme, pour présenter une requête de récusation contre le bon homme Broussel, qui en avoit rapporté une d'un nommé Chambret. Ce Chambret récusa de sa part Menardeau ; et ces contestations tinrent les chambres assemblées cinq ou six jours. Monsieur ayant appris que le président de Gourgues étoit arrivé à Paris avec un conseiller nommé Guyonet, envoyé par sa compagnie pour chef de la députation, le voulut voir, de l'avis de M. Le Tellier, qui connoissoit mieux que tout ce qui étoit à la cour la conséquence des mouvemens de Guienne. Je m'imaginai (car je ne l'ai jamais su au vrai) qu'il avoit reçu quelques ordres secrets de la cour, qui lui donnoient lieu de conseiller à Monsieur ce que vous allez voir : car je doute, de l'humeur dont il étoit, qu'il eût été assez hardi pour l'oser faire de lui-même. Il l'assuroit pourtant; je m'en rapporte à ce qui en est. Il dit donc à Monsieur que son avis seroit que Son Altesse Royale assurât, dès le lendemain, les députés que le Roi avoit envoyés à M. d'Epernon à Loches, qu'on lui ôteroit même le gouvernement de la Guienne, pour satisfaire l'aversion des peuples; qu'on donneroit une amnistie générale à messieurs de Bouillon et de La Rochefoucauld; qu'il souhaitoit qu'ils écrivissent à leur compagnie les propositions qu'il leur faisoit; et qu'ils l'assurassent qu'il iroit lui-même, si elle le désiroit, les négocier à la cour. Monsieur me commanda d'aller conférer de sa part avec M. le premier président, qui m'embrassa, ne doutant, non plus que moi, que le cardinal ne fût obligé, par les difficultés qu'il trouvoit en Guienne, à prendre le parti de faire faire ces propositions par Monsieur, afin de couvrir et son imprudence et sa légèreté. Il me parut très-persuadé qu'elles adouciroient beaucoup le parlement; et comme il sut que Monsieur les avoit faites aux députés de Bordeaux, il envoya les gens du Roi dans les chambres des enquêtes dire au nom de Son Altesse Royale qu'elle les avoit mandées ce matin, pour leur ordonner de dire à la compagnie qu'il n'étoit pas nécessaire qu'elle s'assemblât, parce qu'il étoit en traité avec les députés du parlement de Bordeaux. Ce procédé choqua les enquêtes : elles prirent leurs places tumultuairement dans la grand'chambre; et le plus ancien de leurs présidens dit à M. le premier président que l'ordre n'étoit pas de porter des paroles aux chambres par les gens du Roi, et que quand il y avoit une proposition, elle devoit être faite en pleine assemblée du parlement. Le premier président, surpris, ne la put pas refuser ; et, pour la différer au moins jusqu'au lendemain, il prit le prétexte de Monsieur, sans lequel il n'étoit pas du respect d'opiner, ni même de la possibilité de le faire, puisqu'il s'agissoit d'une proposition qui avoit été faite par lui.

Il y eut le soir une scène chez Monsieur qui mérite votre attention. Il nous assembla, M. le garde des sceaux, M. Le Tellier, M. de Beaufort et moi, pour savoir nos sentimens sur la conduite qu'il avoit à tenir dans le parlement le lendemain matin. Le garde des sceaux soutint d'abord qu'il falloit que Monsieur, ou n'y allât point, ou défendît l'assemblée, ou du moins qu'il n'y demeurât qu'un moment; et qu'après avoir dit à la compagnie son intention, il sortît pour peu qu'il trouvât d'opposition. Cette proposition, qui eût tourné en moins d'un demi quart-d'heure toute la compagnie du côté des princes, si elle eût été exécutée, ne trouva aucune approbation ; mais elle ne fut contredite que par M. de Beaufort et par moi, parce que M. Le Tellier, qui en voyoit le ridicule comme nous, ne s'y voulut pas opposer avec force, pour laisser échauffer la contestation entre le garde des sceaux et moi, qu'il étoit fort aise de brouiller; et pour faire sa cour au cardinal, en lui faisant voir qu'il alloit aux avis les plus vigoureux pour son service. Je connus dans la même conversation que le garde des sceaux mêloit, dans son humeur brusque et dans ses anciennes maximes, de l'art pour faire aussi sa cour à mes dépens, et pour faire paroître à la Reine qu'il se détachoit des frondeurs, où il s'agissoit de l'autorité royale. Je voyois aussi qu'en me roidissant contre leurs sentimens, je donnois lieu, et à eux et à tous ceux qui vouloient plaire à la cour, de me traiter d'esprit dangereux qui cabaloit auprès de Monsieur pour les aliéner, et qui avoit intelligence avec les rebelles de Bordeaux. Je considérois d'autre part que si Monsieur suivoit leur conseil, il donneroit en peu de semaines le parlement de Paris à M. le prince; que Monsieur, dont je connoissois la foiblesse, s'y redonneroit lui-même dès qu'il verroit que le public y courroit; que le cardinal y pourroit même revenir, et qu'ainsi je courrois risque de périr par les fautes d'autrui, et par celles-là mêmes par lesquelles je ne pouvois me défendre de m'attirer ou la défiance et la haine de la cour, ou l'aversion publique, et la honte du mauvais succès, en y consentant. Je ne trouvai de ressource qu'à me remettre au jugement de M. le premier président. M. Le Tellier y alla de la part de Monsieur; et il en revint persuadé que l'on perdroit tout si l'on ne ménageoit le parlement avec adresse, dans une conjoncture où les serviteurs de M. le prince n'oublioient rien pour faire appréhender les conséquences de la perte de Bordeaux.

Je fus encore plus persuadé, au retour de M. Le Tellier, que la complaisance qu'il avoit eue pour le garde des sceaux n'étoit qu'un effet des raisons que je vous ai déjà marquées : car aussitôt qu'il en eut assez dit pour pouvoir mander à la cour qu'il n'avoit pas tenu à lui que l'on n'eût fait des merveilles, et qu'il m'avoit commis avec le garde des sceaux, il revint à mon avis, sous prétexte de se rendre à celui du premier président, avec une précipitation que Monsieur remarqua, et qui l'obligea à me dire dès le soir que Le Tellier n'avoit jamais été, dans le cœur, d'un autre avis que de celui auquel il disoit seulement être revenu.

Monsieur proposa le lendemain au parlement ce qu'il avoit offert aux députés de Bordeaux, en ajoutant qu'il souhaitoit que ses offres fussent acceptées dans dix jours : faute de quoi il retireroit sa parole. Vous comprenez que M. Le Tellier non-seulement n'eût pas fait une proposition de cette nature, mais qu'il n'y eût pas même consenti, s'il n'eût eu un ordre bien exprès de M. le cardinal; et vous concevrez encore plus facilement l'importance de ne faire jamais ces propositions que bien à propos. Celle de la destitution de M. d'Epernon eût désarmé la Guienne peut-être pour toujours, et eût imposé silence aux partisans de M. le prince dans le parlement de Paris, si elle y eût été faite seulement huit jours avant le départ du Roi, qui fut dans les premiers jours de juillet : mais elle ne fut pas comptée pour beaucoup le 8 et le 9 août, et l'on se contenta d'ordonner qu'on en donneroit avis au président de Bailleul et aux autres députés de la compagnie qui étoient partis pour aller à la cour; et elle n'empêcha pas que bien que M. d'Orléans menaçât à tous momens de se retirer, si l'on mêloit dans les opinions des matières qui ne fussent pas de la délibération, il n'y eut beaucoup de voix concluantes à demander à la Reine l'élargissement de messieurs les princes et l'éloignement du cardinal Mazarin. Le président Viole, passionné partisan de

M. le prince, ouvrit l'avis : non qu'il espérât de le faire passer (car il savoit bien que nous étions encore plus forts que lui en nombre de voix), mais pour en tirer l'avantage de nous embarrasser, M. de Beaufort et moi, sur un sujet sur lequel nous n'avions garde de parler, et sur lequel nous ne pouvions pourtant nous taire sans passer en quelque façon pour des mazarins. Le président Viole servit admirablement M. le prince en cette occasion, où Bourdet, brave soldat, qui avoit été capitaine aux gardes, et qui depuis s'attacha à M. le prince, fit une action qui ne lui réussit pas, mais qui donna beaucoup d'audace à son parti. Il s'habilla en maçon avec quatre-vingts officiers de ses troupes qui s'étoient coulées dans Paris; et ayant ramassé des gens de la lie du peuple auxquels on avoit délivré quelque argent, il vint droit à Monsieur qui sortoit, et qui étoit déjà au milieu de la salle, en criant : *Point de Mazarin! vivent les princes!* Monsieur, à cette vision, et à deux coups de pistolet que Bourdet tira en même temps, tourna brusquement, et s'enfuit courageusement dans la grand'-chambre, quelques efforts que M. de Beaufort et moi fissions pour le retenir. J'eus un coup de poignard dans mon rochet; et M. de Beaufort, ayant fait ferme avec les gardes de Monsieur et nos gens, repoussa Bourdet, et le renversa sur les degrés du Palais. Il y eut deux gardes de Monsieur tués.

Le fracas de la grand'chambre étoit un peu plus dangereux : on s'y assembloit presque tous les jours à cause de l'affaire de Foulai, dont je vous ai déjà parlé; et il n'y avoit point d'assemblées où on ne donnât des *bourrades* au cardinal, et où ceux du parti de

M. le prince n'eussent le plaisir, deux ou trois fois le jour, de nous faire voir au peuple comme des gens qui étoient dans une parfaite union avec lui. Ce qu'il y a de plus admirable est que dans ces mêmes momens le cardinal et ses adhérens nous accusoient d'avoir intelligence avec le parlement de Bordeaux, parce que nous soutenions que si on ne s'accommodoit avec lui, nous donnerions infailliblement celui de Paris à M. le prince. M. Le Tellier le voyoit comme nous, et il nous disoit qu'il le mandoit tous les jours à la cour; mais je ne puis vous dire ce qui en étoit. Le grand prévôt, qui étoit à la cour, me dit, quand elle fut revenue, que Le Tellier disoit vrai, et qu'il le savoit de science certaine. Lyonne (1) m'a assuré depuis tout le contraire, et qu'il étoit vrai que Le Tellier avoit pressé le retour du Roi à Paris: mais pour obvier, disoit-il, aux cabales que j'y faisois contre le service du Roi. Si j'étois à l'article de la mort, je ne me confesserois pas sur ce point. J'agis en ce temps-là avec toute la sincérité que j'eusse pu avoir si j'avois été neveu du cardinal Mazarin. Ce n'étoit pourtant pas pour l'amour de lui : mais je me croyois obligé, par les règles de la bonne conduite, de m'opposer aux progrès que la faction de M. le prince faisoit, par la mauvaise conduite de ses propres ennemis; et, pour m'y opposer avec effet, je me trouvois dans la nécessité de combattre avec autant d'application la flatterie des partisans du ministre que les efforts des serviteurs de M. le prince.

Le 3 de septembre, le président de Bailleul revint

(1) Hugues de Lyonne, marquis de Berni, secrétaire ministre d'État, et ambassadeur; mort en 1671; âgé de soixante ans. (A. E.)

avec les autres députés; il fit la relation de son voyage à la cour dans le parlement, dont la substance fut que la Reine les avoit remerciés des bons sentimens que la compagnie lui avoit témoignés; et qu'elle leur avoit commandé de l'assurer de sa part qu'elle étoit très-bien disposée pour donner la paix à la Guienne; et qu'elle l'auroit déjà, si M. de Bouillon, qui avoit traité avec les Espagnols, ne se fût rendu maître de Bordeaux, et n'eût empêché les effets de la bonté du Roi.

Les députés du parlement de Bordeaux entrèrent en même temps dans la grand'chambre; et ils firent leurs plaintes en forme de ce qu'on avoit donné si peu de temps de négocier à ceux de Paris, à qui on n'avoit pas permis seulement de demeurer deux jours à Libourne, et de ce qu'on les avoit laissés trois jours à Angoulême sans leur donner aucune réponse: en sorte qu'ils avoient été obligés de revenir avec aussi peu d'éclaircissement qu'ils en avoient lorsqu'ils étoient sortis de Paris. Ce procédé eût porté la compagnie à un grand éclat, si Monsieur, qui l'avoit prévu, n'eût pris très-sagement le parti d'étouffer le plus petit bruit par le plus grand, en disant au parlement qu'il avoit reçu une lettre de M. l'archiduc, qui lui faisoit savoir que le roi d'Espagne ayant envoyé un plein pouvoir de faire la paix, il souhaitoit avec passion de la traiter avec lui. Monsieur ajouta qu'il n'avoit point voulu faire de réponse que par l'avis de la compagnie. Cette petite pluie fit tomber le vent qui commençoit à se lever dans la grand'chambre; et l'on résolut de s'assembler le lundi suivant, pour délibérer sur une proposition de cette importance.

La veille que Monsieur l'apporta au parlement, elle fut extrêmement discutée dans son cabinet; et l'on convint que, selon toutes les apparences, elle n'étoit pas faite de bonne foi par les Espagnols. Ils venoient de prendre La Capelle : M. de Turenne les avoit joints avec ce qu'il avoit pu ramasser d'officiers et de troupes de messieurs les princes. Le maréchal Du Plessis, qui commandoit l'armée du Roi, n'étoit pas en état de leur faire tête. Le trompette qui apporta la lettre de l'archiduc à Monsieur, datée du camp de Bazoches, auprès de Reims, fit une chamade à la Croix-du-Tiroir, et tint même des discours fort séditieux au peuple. On trouva le lendemain cinq ou six placards affichés en différens endroits de la ville au nom de M. de Turenne, par lesquels il assuroit que M. l'archiduc ne venoit qu'avec un esprit de paix. Et dans l'un des placards ces paroles y étoient contenues : « C'est à vous, peuples de Paris, à solliciter vos faux « tribuns, devenus enfin pensionnaires et protecteurs « du cardinal Mazarin, qui se jouent depuis si long- « temps de vos fortunes et de votre repos, et qui « vous ont tantôt excités et tantôt ralentis, tantôt « poussés et tantôt retenus, selon leurs caprices, et « les différens progrès de leur ambition. »

Vous voyez l'état où étoient les frondeurs, dans une conjoncture où ils ne pouvoient faire un pas qui ne fût contre eux. Monsieur me parla, le soir, avec une très-grande aigreur contre le cardinal : ce qu'il n'avoit jamais fait jusque-là. Il me dit qu'il croyoit qu'il lui avoit fait proposer par M. Le Tellier ce qu'il avoit avancé à la compagnie pour le décréditer; qu'une disparate pareille ne pouvoit pas être l'effet de la pure-

imprudence; qu'il falloit qu'il y eût de la mauvaise intention; qu'il me vouloit découvrir un secret sur lequel il ne s'étoit jamais expliqué; que le cardinal lui avoit fait deux perfidies terribles en sa vie; qu'il y en avoit une dont il ne s'ouvriroit jamais à personne. Voici l'autre. Dans l'accommodement qu'il fit avec M. le prince touchant le Pont-de-l'Arche, il étoit expressément porté que s'il arrivoit que lui Monsieur eût quelque chose à démêler avec M. le prince, il se déclareroit contre lui, et ne marieroit même aucune de ses nièces sans le consentement de M. le prince. Monsieur ajouta encore deux ou trois conditions aussi engageantes que j'ai oubliées, avec des opprobres contre La Rivière, qui le trahissoit, me dit-il, pour les deux autres, et qui les trahissoit pourtant tous trois. Monsieur continua à s'emporter contre le cardinal, jusqu'au point de me dire qu'il perdroit l'Etat en se perdant soi-même, et qu'il nous perdroit tous avec lui; qu'il remettroit M. le prince sur le trône.

Je vous assure que s'il m'eût plu ce jour-là de pousser Monsieur, je n'eusse pas eu peine à lui faire prendre des vues peu favorables à la cour; mais je me crus obligé à la conduite contraire, parce que, dans l'éloignement où elle étoit, la moindre apparence qu'il eût donnée de son mécontentement eût été capable de l'empêcher de se rapprocher, et peut-être même de la porter à se raccommoder avec M. le prince. Je répondis à Monsieur que je n'excusois pas le procédé de M. le cardinal, qui étoit insoutenable: mais que j'étois persuadé toutefois qu'il n'avoit pas un aussi mauvais principe que celui qu'il lui donnoit;

que je croyois que son premier dessein avoit été, connoissant que la présence du Roi n'avoit pas produit à
Bordeaux l'effet qu'on en avoit attendu; que son premier dessein, dis-je, avoit été de penser sérieusement à l'accommodement, et qu'il avoit donné sur
cela ses ordres à Le Tellier; que voyant depuis que
les Espagnols ne faisoient pas, pour le secours de
cette ville, ce qu'il en avoit dû craindre lui-même,
il avoit changé d'avis dans la vue et dans l'espérance
de la réduire; que je ne prétendois pas faire son panégyrique en l'excusant ainsi : mais que je concevois
pourtant que l'on devoit faire une notable différence
entre une faute de cette espèce, et celle dont Son Altesse Royale le soupçonnoit. Voilà par où je commençai son apologie; je la continuai par tout ce que le
meilleur de ses amis eût pu dire pour sa défense, et
je la finis par l'explication de la maxime qui nous
ordonne *de ne nous pas si fort choquer des fautes
de ceux qui sont nos amis, que nous en donnions
de l'avantage à ceux contre qui nous agissons.*
Cette dernière considération toucha Monsieur, qui
revint à lui presque tout d'un coup, et qui me dit :
« Je vous l'avoue, il n'est pas encore temps de mettre
« à bas Mazarin. » Je remarquai ces paroles, et je les
dis le soir au président de Bellièvre, qui me répondit :
« Alerte! cet homme peut nous échapper à tous les
« momens. »

Comme cette conversation avec Monsieur finissoit,
M. le garde des sceaux, M. le premier président,
M. d'Avaux, et les présidens Le Coigneux le père et
de Bellièvre, qu'il avoit envoyé quérir, entrèrent
dans sa chambre avec M. Le Tellier; et comme ils le

trouvèrent présque tout ému de l'emportement où il avoit été contre le cardinal, et que le premier mot qu'il dit à Le Tellier fut un reproche du pas auquel il l'avoit engagé, et qui avoit été si mal secondé par M. le cardinal, toute la compagnie, qui m'avoit trouvé seul avec lui, ne douta pas que je ne l'eusse échauffé; et quoique je me joignisse de très-bonne foi à ceux qui le supplioient d'attendre, avant que de se plaindre, le retour de Coudray-Montpensier, qu'il avoit envoyé à la cour et à Bordeaux touchant les offres qui lui avoient été inspirées par Le Tellier : personne, à la réserve du président de Bellièvre qui savoit ma pensée, ne douta que ce que je disois ne fût un jeu tout pur. Ce qui le faisoit croire encore davantage est que de temps en temps je faisois de certains signes à Monsieur, pour le faire ressouvenir de ce qu'il venoit de confesser lui-même, qu'il n'étoit pas temps d'éclater contre le cardinal. On prenoit ces signes au sens contraire, parce que Monsieur ne s'en aperçut pas d'abord, et qu'il continua à pester : de sorte que quand il se radoucit, ils crurent que la force de leurs raisons l'avoit emporté sur la fureur de mes conseils; et dès le soir ils s'en firent honneur, et l'écrivirent à la cour. Madame de Lesdiguières m'en fit voir une relation très-habilement et très-malicieusement circonstanciée, quinze jours ou trois semaines après; mais elle ne me voulut pas dire de qui elle la tenoit : elle protesta seulement que ce n'étoit pas du maréchal de Villeroy. Je crus qu'elle étoit de Vardes (1), qui étoit en ce temps-là un peu amoureux d'elle.

M. de Beaufort vint à cet instant chez Monsieur;

(1) François-René Du Bec, marquis de Vardes, mort en 1688. (A. E.)

et s'impatientant d'entendre assez souvent, à travers les acclamations accoutumées, des voix qui nous reprochoient notre union avec Mazarin, il dit assez brusquement à M. Le Tellier qu'il ne concevoit pas pourquoi le cardinal avoit affecté de recevoir, comme il avoit fait, les députés du parlement de Paris; et qu'il n'y avoit point de moyen plus sûr pour donner le parlement entier à M. le prince. Comme je craignois l'impétuosité de l'éloquence de M. de Beaufort, je voulus dire un mot pour la modérer; et le garde des sceaux s'approchant alors de l'oreille du premier président, lui dit : « Voilà le bon et le mauvais soldat. » Ornano (1), maître de la garde-robe de Monsieur, qui l'entendit, me le redit un quart-d'heure après.

Le reste de la soirée ne raccommoda pas ce qu'il sembloit que la fortune prît plaisir à gâter. On parla de la lettre de l'archiduc; sur laquelle le premier président prononça hardiment, et avant même qu'on lui eût demandé son avis. « Il la faut prendre pour bonne, « dit-il, si par hasard elle l'est. Si elle ne l'est pas, il « est important d'en faire connoître l'artifice aux Fran- « çais et aux étrangers. » Vous avouerez qu'un homme de bien et sage ne pouvoit pas être d'un autre avis; mais le garde des sceaux le combattit avec une force qui passa jusqu'à la brutalité, et soutint qu'il étoit du respect dû à la souveraineté de n'y point faire de réponse, et de renvoyer tout à la Reine. Le Tellier, qui connoissoit comme nous que si on prenoit ce parti on donneroit lieu aux partisans de M. le prince de re-

---

(1) Joseph-Charles d'Ornano, fils d'Alphonse Corse d'Ornano, maréchal de France. Joseph-Charles, maître de la garde-robe de Gaston, duc d'Orléans, mourut en 1670, âgé de soixante-dix-huit ans. (A. E.)

jeter sur nous la rupture de la paix générale, parce qu'il étoit public que le cardinal avoit rompu celle de Munster; Le Tellier, dis-je, n'appuya l'avis du garde des sceaux qu'autant qu'il fallut pour nous commettre encore davantage ensemble. Dès qu'il eut fait son effet, il tourna tout court comme l'autre fois, et il se rendit au sentiment de M. d'Avaux (1), qui fut plus fort que celui du premier président et que le mien : car au lieu que nous n'avions fait que proposer que Monsieur écrivît à l'archiduc, et lui mandât seulement en général qu'il avoit reçu ses offres avec joie, et qu'il le prioit de lui faire savoir son intention plus en particulier pour la manière de traiter, il soutint que Monsieur devoit dépêcher le lendemain un gentilhomme pour lui en proposer lui-même la manière. « Ce qui, « ajouta-t-il, abrégera de beaucoup, et fera connoître « aux Espagnols que la proposition qu'ils ne font peut-« être en mauvaise intention que parce qu'ils sont « persuadés que nous ne voulons pas la paix, pourra « produire un meilleur effet qu'ils ne se le sont eux-« mêmes imaginé. » M. Le Tellier, en appuyant ce sentiment, dit à Monsieur qu'il le pouvoit assurer que la Reine ne désapprouveroit pas ces démarches; qu'il supplioit Son Altesse Royale de lui dépêcher un courrier, lequel lui apporteroit sûrement à son retour un plein et absolu pouvoir de traiter, et de conclure la paix générale.

Le baron de Verderonne fut envoyé le lendemain à l'archiduc avec une lettre par laquelle Monsieur fai-

---

(1) Claude de Mesmes, comte d'Avaux, plénipotentiaire à Munster, ensuite surintendant des finances, et ministre d'État; mort le 19 décembre 1650. (A. E.)

soit réponse à la sienne, en lui demandant le lieu, le temps et les personnes que l'Espagne voudroit employer à la paix, et en l'assurant qu'au jour et au lieu préfix, il enverroit sans délai un pareil nombre de personnes. Verderonne étant près de partir, Monsieur, à qui il vint quelque scrupule sur la réponse que Le Tellier avoit dressée, envoya chercher les mêmes personnes qui s'étoient trouvées en la conversation du soir précédent, et il nous fit faire la lecture de cette réponse. Le premier président remarqua que Monsieur ne répondoit pas à l'article dans lequel l'archiduc lui proposoit de traiter personnellement avec lui ; et il me le dit tout bas, en ajoutant : « Je ne sais si je dois « relever l'omission. » M. d'Avaux ne lui en laissa pas le temps : car il en parla, et même avec véhémence. M. Le Tellier s'excusa, sur ce que la veille on ne s'en étoit pas expliqué distinctement. M. d'Avaux insista que cette clause y étoit entièrement nécessaire. Le premier président se joignit à lui : messieurs Le Coigneux et de Bellièvre furent de même avis. Le garde des sceaux et Le Tellier prétendirent que Monsieur ne se pouvoit engager à un colloque personnel avec l'archiduc, sans un agrément exprès et même sans un commandement positif du Roi ; et qu'il y avoit bien de la différence entre une réponse générale sur un traité de paix que Son Altesse Royale savoit ne pouvoir jamais être refusé par la cour, et une conférence personnelle d'un fils de France avec un prince de la maison d'Autriche. Monsieur, qui étoit naturellement foible, se rendit ou aux raisons ou à la faveur de M. Le Tellier, et la lettre demeura simplement comme elle étoit. M. d'Avaux, qui étoit très-homme de bien, s'emporta

contre le faux Caton (c'est ainsi qu'il appela le garde
des sceaux); et il me témoigna être satisfait de ce que
j'avois dit à Monsieur. Nous nous connoissions peu :
et comme il étoit frère de M. le président de Mesmes,
avec qui j'étois fort brouillé à cause des affaires publiques, le peu d'habitude que nous avions eu ensemble
avant les troubles étoit comme perdu. La sincérité
avec laquelle je parlois à Monsieur contre les sentimens de Le Tellier lui plut, et lui donna lieu d'entrer en matière avec moi sur la paix, pour laquelle
je suis persuadé qu'il eût donné sa vie du meilleur
de son cœur. Il le fit bien voir à Munster, où, si
M. de Longueville eût eu la fermeté nécessaire, il
l'eût donnée à la France malgré les artifices du ministre, avec plus de gloire et d'avantage pour la couronne
que dix batailles ne lui en eussent pu apporter. Il me
trouva, dans la conversation dont je vous parle, si
conforme à ses sentimens, qu'il m'en aima toujours
depuis, et qu'il eut même souvent sur ce point des
contestations avec ses frères.

Verderonne revint, et il ramena avec lui don Gabriel de Tolède, qui avoit une lettre de l'archiduc à
Monsieur, par laquelle il le prioit que l'assemblée se
fît entre Reims et Rhetel, et que Monsieur et lui y
traitassent personnellement, en choisissant toutefois
ceux qu'il leur plairoit de part et d'autre pour les assister. Le courrier dépêché à la cour arriva aussi; et il
sembloit que le ciel alloit bénir ce grand ouvrage,
quand toutes les espérances s'évanouirent de la manière la plus surprenante.

La cour fut surprise et affligée de la proposition de
l'archiduc, parce que dans la vérité Servien avoit

corrompu l'esprit du cardinal à l'égard de la paix générale; et que le désir que je lui avois témoigné, lorsque je m'étois raccommodé la dernière fois avec lui, d'en être un des plénipotentiaires, lui fit croire que cette proposition étoit un peu jouée, et que j'avois été de concert avec M. de Turenne pour la faire faire à l'archiduc. Il ne l'osa pourtant pas refuser, M. Le Tellier lui ayant mandé que tout Paris se souleveroit, si seulement il y balançoit. Le grand prévôt me dit au retour qu'il savoit, de science certaine, que Servien avoit fait tous les efforts possibles pour l'obliger à ne point envoyer à Monsieur le plein pouvoir, et pour faire qu'il ne se rendît pas, particulièrement sur le point de la conférence personnelle de Monsieur avec l'archiduc.

Les patentes arrivèrent à propos pour les faire voir à don Gabriel de Tolède. Elles donnoient à Monsieur un plein et entier pouvoir de traiter et conclure la paix à telles conditions qu'il trouveroit raisonnables et avantageuses pour le service du Roi; et elles lui joignoient, avec subordination, mais cependant aussi avec le titre d'ambassadeurs extraordinaires et plénipotentiaires, messieurs Molé, premier président, et d'Avaux. Vous êtes peut-être surprise de ne me pas trouver en tiers, après les engagemens dont je vous ai parlé ci-dessus. Je le fus aussi, mais je n'éclatai pas, et j'empêchai Monsieur, qui n'en étoit guère moins en colère que moi, de faire paroître ses sentimens: car je ne voulois pas donner la moindre lueur d'aucun intérêt particulier dans les préliminaires d'un bien aussi grand et aussi général que celui de la paix. Je m'en expliquai dans ces termes à tout le monde, et j'ajoutai que tant qu'il y auroit espérance de le faire réussir, je lui sacrifierois de bon cœur le ressentiment que je pouvois et que je devois avoir de l'injure que l'on m'avoit faite. Madame de Chevreuse, qui en appréhenda la suite d'autant plus que je paroissois modéré, obligea Le Tellier d'en écrire à la cour. Elle en écrivit elle-même très-fortement. Le cardinal s'effraya : il m'envoya la commission d'ambassadeur extraordinaire, comme aux deux autres; et M. d'Avaux, qui en fut transporté de joie, m'obligea à parler à don Gabriel de Tolède en particulier, et à l'assurer de sa part et de la mienne que si les Espagnols se vouloient réduire à des conditions raisonnables, nous ferions la paix en deux jours. Ce que M. d'Avaux me dit sur ce sujet est remarquable. Je faisois quelque difficulté, venant de recevoir la commission de plénipotentiaire, de conférer sur cette matière, quoique légèrement, avec un ministre d'Espagne. Il me dit alors : « J'eus cette foiblesse à Munster, dans une occasion « où elle eût peut-être coûté la paix à l'Europe. Mon- « sieur est lieutenant général de l'Etat, et le Roi est « mineur. Vous lui ferez agréer ce que je vous pro- « pose : parlez-en à Monsieur, je consens que vous « lui disiez que je vous l'ai conseillé. » J'entrai sur-le-champ dans le cabinet des livres, où Monsieur arrangeoit ses médailles; je lui fis la proposition de M. d'Avaux. Il le fit entrer; et après l'avoir fait parler plus d'un quart-d'heure sur ce détail, il me recommanda de dire ou de faire dire à don Gabriel de Tolède, qu'il disoit être homme à argent, que si la paix se faisoit dans la conférence qui avoit été proposée, il lui donneroit cent mille écus; et qu'il le prioit, pour toute condition, de dire à l'archiduc que si les Espagnols en proposoient de raisonnables il les accepteroit, les signeroit, et les feroit enregistrer au parlement, avant que le Mazarin en eût seulement le premier avis.

M. d'Avaux crut que je devois écrire en même temps à M. de Turenne, et il se chargea de lui faire rendre ma lettre en main propre. La lettre fut honnêtement folle, pour être écrite sur un sujet sérieux. Elle commençoit par ces paroles : « Il vous sied bien, maudit « Espagnol, de nous traiter de tribuns du peuple! » Elle ne finissoit pas plus sagement : car je lui faisois la guerre d'une petite grisette qu'il aimoit de tout son cœur, dans la rue des Petits-Champs. Le milieu de la dépêche étoit plus solide : on lui faisoit voir que nous étions bien intentionnés pour la paix. Je parlai à don Gabriel de Tolède, chez Monsieur, d'une manière qui parut si peu affectée qu'elle ne fut pas remarquée, mais qui ne laissa pas de lui expliquer suffisamment ce que j'avois à lui dire. Il le reçut avec une joie sensible, et il ne fit même ni le fier ni le délicat sur la proposition des cent mille écus. Il étoit intime avec Fuensaldagne, qui avoit de l'inclination pour lui, et qui, pour excuser certaines fantaisies particulières auxquelles il étoit sujet, disoit que c'étoit le plus sage fou qu'il eût jamais vu. J'ai remarqué plus d'une fois que ces sortes d'esprits persuadent peu, mais qu'ils insinuent bien, et que *le talent d'insinuer est plus d'usage que celui de persuader; parce que l'on peut insinuer à tout le monde, et que l'on ne persuade presque jamais personne.* Don Gabriel n'insinua ni ne persuada à Fuensaldagne ce que l'on avoit espéré : car le nonce du Pape, et le ministre qui en l'absence de l'ambassadeur résidoit à Paris pour la république de Venise, l'ayant suivi de fort près avec M. d'Avaux, et étant allés coucher à Nanteuil pour attendre de plus près les passeports qu'ils demandoient à l'archiduc pour concerter en détail ce que don Gabriel de Tolède n'avoit touché que fort en général, ils eurent pour toute réponse que Son Altesse Impériale ayant assigné le lieu et le temps comme elle avoit fait, n'avoit rien à dire de nouveau; que le mouvement des armes ne lui permettoit pas d'attendre plus long-temps que le dix-huitième; qu'il n'étoit aucun besoin de médiateurs, et que toutes les fois que la conjoncture pourroit permettre de traiter de la paix, on y apporteroit toutes les facilités imaginables. Vous voyez que l'on ne peut sortir d'affaire, je ne dis pas plus malhonnêtement, mais encore plus grossièrement que les Espagnols en sortirent en cette occasion. Ils y agirent contre leurs intérêts, contre leur réputation et contre la bienséance; et je n'ai jamais pu trouver personne qui m'en pût dire la raison. Cet événement est, à mon sens, un des plus rares et des plus extraordinaires de notre siècle.

En voici un d'une autre nature, qui n'est pas moindre. Le roi d'Angleterre, qui venoit de perdre la bataille de Worcester, arriva à Paris le propre jour du départ de don Gabriel de Tolède; milord Taff lui servoit de grand chambellan, de valet de chambre, d'écuyer de cuisine, et de chef de gobelet. L'équipage étoit digne de la cour; et il n'avoit pas changé de chemise depuis l'Angleterre. Milord Jermyn lui en donna une des siennes en arrivant. La Reine sa mère n'avoit pas assez d'argent pour lui donner de quoi en acheter pour le lendemain. Monsieur l'alla voir aussitôt qu'il fut arrivé; mais il ne fut pas en mon pouvoir de l'obliger à offrir un sou au Roi son neveu, parce que, disoit-il, peu n'est pas digne de lui, et beaucoup m'engageroit à trop dans la suite. A propos de ces paroles je fais cette digression, qu'*il n'y a rien de si fâcheux que d'être le ministre d'un prince dont on n'est pas le favori; parce qu'il n'y a que la faveur qui donne le pouvoir sur le petit détail de sa maison, dont on ne laisse pas d'être responsable au public, lorsque le monde voit que l'on a le pouvoir sur des choses bien plus considérables que le domestique.* La faveur de M. le duc d'Orléans ne s'acquéroit pas, mais elle se conquéroit. Il savoit qu'il étoit toujours gouverné, et il affectoit toujours d'éviter de l'être, ou plutôt de paroître l'éviter; et jusqu'à ce qu'il fût dompté, pour ainsi parler, il ruoit et donnoit des saccades. J'avois trouvé qu'il me convenoit assez d'entrer dans les grandes affaires; mais je n'avois pas cru qu'il me convînt d'entrer dans les petites. La figure qu'il y eût fallu faire m'eût trop donné l'air de confusion, qui ne m'étoit pas bon, parce qu'elle ne se fût pas bien accordée avec l'homme du public, dont je tenois le poste, plus beau et bien plus sûr que celui de favori de M. d'Orléans. Je dis plus sûr, car le peuple de Paris se fixe plus aisément qu'aucun autre; et M. de Villeroy, qui en a parfaitement connu le naturel dans tout le cours de la Ligue, où il gouvernoit sous M. du Maine, a été de ce sentiment. Ce que j'en éprouvois moi-même me le persuadoit, et fit que bien que Montrésor, qui avoit été long-temps à Monsieur, me pressât de prendre au palais d'Orléans l'appartement

de l'abbé de La Rivière, que Monsieur m'avoit offert,
et qu'il m'assurât que j'aurois des dégoûts tant que
je ne me serois pas érigé moi-même en favori, bien
que Madame m'en pressât très-souvent aussi elle-
même, bien qu'il n'y eût rien de si facile, parce que
Monsieur joignoit à l'inclination qu'il avoit pour ma
personne une très-grande considération pour le pouvoir que j'avois dans le public, je demeurai pourtant
toujours ferme dans ma première résolution, qui étoit
bonne dans le fond, mais qui ne laissa pas d'avoir des
inconvéniens par la suite : par exemple, celui sur le
sujet duquel je vous fais cette remarque. Si je me
fusse logé au palais d'Orléans, et que j'eusse vu les
comptes du trésorier de Monsieur, j'eusse donné la
moitié de son apanage à qui il m'eût plu; et quand
il l'auroit trouvé mauvais, il ne m'en eût osé rien dire.
Je ne voulus pas me mettre sur ce pied. Il ne fut donc
pas en mon pouvoir de l'obliger d'assister le roi d'Angleterre de mille pistoles, et j'en eus honte pour lui
et pour moi. J'en empruntai quinze cents de M. de
Morangis, oncle de celui que vous connoissez; et je
les portai à milord Taff, pour le Roi son maître. Il ne
tint qu'à moi d'en être remboursé dès le lendemain,
en monnoie même de son pays : car en retournant
chez moi sur les onze heures du soir, je rencontrai
un certain Tilnei, Anglais, que j'avois connu autrefois à Rome, qui me dit que Vaire, grand parlemen-
taire et très-confident de Cromwell, venoit d'arriver
à Paris, et qu'il avoit ordre de me voir. Je me trouvai
un peu embarrassé; je ne crus pas toutefois devoir
refuser cette entrevue. Vaire me donna une petite
lettre de la part de Cromwell, laquelle n'étoit que de

créance. Elle portoit que les sentimens que j'avois fait paroître dans la défense de la liberté publique, joints à ma réputation, avoient donné à Cromwell le dessein de faire une étroite amitié avec moi. Le fond fut orné de toutes les honnêtetés, de toutes les offres, de toutes les vues que vous pouvez vous imaginer. Je répondis avec respect; mais je ne dis et ne fis rien qui ne fût digne d'un vrai catholique et d'un bon Français. Vaire me parut d'une capacité surprenante. Je reviens à ce qui se passa le lendemain chez Monsieur.

Laigues, qui y avoit eu le matin une grande conférence avec M. Le Tellier, m'aborda, et je connus qu'il avoit quelque chose à me communiquer. Je le lui dis, et il me répondit : « Il est vrai ; mais me « donnez-vous votre parole de me garder le secret ? » Je l'en assurai. Le secret étoit que Le Tellier avoit ordre positif du cardinal de tirer messieurs les princes du bois de Vincennes, si les ennemis se mettoient à portée d'en pouvoir approcher; et de ne rien oublier pour y faire consentir Monsieur, mais de l'exécuter quand bien même il n'y consentiroit pas; d'essayer de me gagner sur ce point par le moyen de madame de Chevreuse, qui n'étoit pas encore tout-à-fait payée des quatre-vingt mille livres que la Reine lui avoit données de la rançon du prince de Ligne, qui avoit été pris prisonnier à la bataille de Lens, et qu'il croyoit par cette considération être plus dépendante de la cour. Laigues ajouta toutes les raisons qu'il put trouver lui-même, pour me prouver la nécessité et même l'utilité de cette translation. Je l'arrêtai tout court, et je lui répondis que je serois bien aise de lui parler devant M. Le Tellier. Nous l'attendîmes chez Mon-

sieur : nous le prîmes sur le degré, nous le menâmes
dans la chambre du vicomte d'Autel, et je l'assurai
que je n'avois aucune aversion à la translation de messieurs les princes ; que je ne croyois pas y avoir aucun
intérêt ; que j'étois même persuadé que Monsieur n'y
en avoit aucun véritable ; et que s'il me faisoit l'honneur de m'en demander mon sentiment, je n'estime-
rois pas parler contre ma conscience en lui parlant
ainsi ; mais que mon opinion avoit été en même temps
qu'il n'y avoit rien de plus contraire au service du
Roi, parce que cette translation étoit de la nature des
choses dont le fond n'étoit pas bon, et dont les apparences sont mauvaises, et qui, par cette raison,
sont toujours dangereuses. « Je m'explique, ajoutai-
« je : il faudroit que les Espagnols eussent gagné une
« bataille, pour venir à Vincennes ; et quand ils l'au-
« roient gagnée, il faudroit qu'ils eussent des esca-
« drons volans pour l'investir avant qu'on eût le temps
« d'en tirer messieurs les princes. Je suis convaincu,
« par cette raison, que la translation n'est pas néces-
« saire ; et je soutiens que *dans les matières qui ne*
« *sont pas favorables par elles-mêmes, tout chan-*
« *gement qui n'est pas nécessaire est pernicieux,*
« *parce qu'il est odieux.* Je la tiens encore moins
« nécessaire du côté de Monsieur et du côté des
« frondeurs, que du côté des Espagnols. Supposé
« que Monsieur ait toutes les plus méchantes inten-
« tions du monde contre la cour ; supposé que M. de
« Beaufort et moi voulions enlever messieurs les
« princes, comment s'y prendroit-on ? Toutes les
« compagnies qui sont dans le château ne sont-elles
« pas au Roi ? Monsieur a-t-il des troupes pour assié-

« ger Vincennes? Et les frondeurs, quelque fous
« qu'ils puissent être, exposeront-ils le peuple de Pa-
« ris à un siége que deux mille chevaux détachés de
« l'armée du Roi feront lever dans un quart-d'heure
« à cent mille bourgeois? Je conclus que la transla-
« tion n'est pas bonne dans le fond. Examinons les
« apparences : ne seront-elles pas que M. le cardinal
« se seroit voulu rendre maître, sous le prétexte des
« Espagnols, des personnes de messieurs les princes,
« pour en disposer à sa mode? Qui peut répondre que
« Monsieur n'en prenne pas lui-même de l'ombrage,
« ou du moins qu'il ne se choque d'une action que
« le commun ne peut au moins s'empêcher de croire
« lui être désavantageuse? Le peuple, qui est géné-
« ralement frondeur, croira que vous lui ôtez M. le
« prince, qu'il croit présentement en ses mains,
« quand il le voit sur le haut du donjon; et que
« vous le lui ôtez pour lui rendre la liberté quand
« il vous plaira, et pour venir assiéger Paris une se-
« conde fois avec lui. Les partisans de M. le prince
« s'en serviront utilement pour échauffer les esprits,
« par la commisération que le seul spectacle de trois
« princes enchaînés, et promenés de cachot en cachot,
« produira dans l'imagination. Je vous ai dit que je
« n'avois aucun intérêt dans cette translation : je me
« suis trompé; j'y en trouve un grand, qui est que
« le peuple criera, et dans ce peuple je compte tout
« le parlement. Je serai obligé, pour ne me point
« perdre, de dire que je n'ai pas approuvé la résolu-
« tion. On mandera à la cour que je la blâme, et l'on
« mandera le vrai. On ajoutera que je la blâme pour
« émouvoir le peuple et pour décréditer M. le car-

« dinal, et cela ne sera pas vrai; mais comme l'effet
« s'en suivra, cela sera cru : et ainsi il m'arrivera ce
« qui m'est arrivé au commencement des troubles,
« et ce que j'éprouve encore aujourd'hui sur les af-
« faires de Guienne. J'ai fait les troubles, parce que
« je les ai prédits; et je fomente la révolte de Bor-
« deaux, parce que je me suis opposé à la conduite
« qui l'a fait naître. Voilà ce que j'ai à vous dire sur ce
« que vous me proposez, et que j'écrirai si vous vou-
« lez aujourd'hui à M. le cardinal, et même à la Reine. »

Le Tellier, qui avoit ses ordres, ne prit de mon discours que ce qui facilitoit son dessein. Il me remercia, au nom de la Reine, de la disposition que je témoignois à ne m'y point opposer. Il exagéra l'avantage que ce me seroit d'effacer, par cette complaisance aux frayeurs (quoique non raisonnables), si je voulois, de la Reine, les ombrages qu'on avoit voulu donner de ma conduite auprès de Monsieur; et je connus alors de Le Tellier ce qu'on m'en avoit déjà dit, qu'une des figures de sa rhétorique étoit souvent de ne pas justifier celui qu'il ne vouloit pas servir. Je ne me rendis pas à ses raisons, qui n'étoient point solides; mais je m'étois attendu par avance à celles que je vous ai déjà touchées sur un autre sujet, et qui étoient tirées de la nécessité de ne pas outrer le cardinal, dans une conjoncture où il pouvoit à tout moment s'accommoder avec M. le prince. Je promis à M. Le Tellier tout ce qu'il lui plut sur ce fait, et je le lui tins fidèlement : car aussitôt qu'il en eut fait la proposition à Monsieur de la part de la Reine, je pris la parole, non pas pour le soutenir sur ce qu'il disoit de la nécessité de la translation, de laquelle je ne me pus pas résoudre de convenir, mais pour faire voir à Monsieur qu'elle lui étoit indifférente en son particulier; et que, supposé que la Reine la voulût absolument, il y devoit consentir. M. de Beaufort s'opposa avec fureur à la proposition de Le Tellier, et jusqu'au point d'offrir à Monsieur de charger leurs gardes quand on les transféreroit. Je ne manquai pas de bonnes raisons pour combattre son opinion : et comme il se rendit lui-même de bonne grâce à la dernière que je lui alléguai, qui étoit que je savois de la propre bouche de la Reine que Bar lui avoit offert, lorsqu'elle partit pour aller en Gūienne, de tuer lui-même messieurs les princes, s'il arrivoit une occasion où il crût ne les pouvoir empêcher de se sauver; je m'étonnai beaucoup de la confidence, et j'en jugeai qu'il falloit que le Mazarin lui eût mis, dans ce temps-là, des soupçons dans l'esprit que les frondeurs pensassent à se saisir de la personne de M. le prince. Je n'y avois songé de ma vie. Monsieur comprit l'inconvénient affreux qu'il y auroit à une action qui auroit une suite aussi funeste : M. de Beaufort en conçut de l'horreur; et l'on convint que Monsieur donneroit les mains à la translation, et que M. de Beaufort et moi ne dirions point dans le public que nous l'eussions approuvée. Le Tellier me témoigna être satisfait de mon procédé, quand il sut que dans la vérité j'avois approuvé son avis auprès de Monsieur. Servien m'a dit depuis qu'il avoit écrit à la cour tout le contraire, et qu'il s'y étoit fait valoir comme ayant emporté Monsieur contre les frondeurs. Je ne sais ce qui en est.

- Permettez-moi d'égayer un peu ces matières sérieuses par deux petits contes qui sont très-ridicules, mais qui vous feront connoître le génie des gens avec qui j'avois à agir. M. Le Tellier, proposant à madame de Chevreuse la translation de messieurs les princes, lui demanda si elle pouvoit s'assurer de moi sur ce point; et il lui répéta cette demande trois ou quatre fois. Elle comprit à la fin ce qu'il entendoit, et elle lui dit : « Je vous entends; oui, je suis assurée de « lui et d'elle : il lui est plus attaché que jamais, et « j'agis de si bonne foi en tout ce qui regarde la Reine « et le cardinal, que quand cela finira ou diminue- « ra, je vous en avertirai fidèlement. » Le Tellier la remercia bonnement; et de peur d'être soupçonné d'ingratitude en son endroit, en cachant l'obligation qu'il lui avoit, il en fit la confidence une heure après à Vassé, qu'il trouva apparemment en son chemin, plutôt que les trompettes de la ville. Le jour que madame de Chevreuse fit cette amitié à M. Le Tellier, elle m'en fit une autre. Elle me mena dans le cabinet de l'appartement bas de l'hôtel de Chevreuse; elle ferma les verrous sur elle et sur moi, et elle me demanda si je n'étois pas effectivement de ses amis. Vous vous attendez sans doute à un éclaircissement de ce côté-là : nullement..... Je l'assurai cependant de ma prudence. Elle prit ma parole, et me dit du fond du cœur : « Laigues est quelquefois insupportable. » Cette parole, jointe aux réprimandes impertinentes qu'il faisoit de temps en temps avec un *rechignement*...., et aux liaisons un peu trop étroites qu'il me paroissoit prendre avec Le Tellier, m'obligea de tenir un conseil dans le cabinet de madame de Rhodes; et nous résolûmes, elle, mademoiselle de Chevreuse et moi, de donner un autre amant à la mère. Hacqueville fut mis sur les rangs : il commençoit en ce temps-là à venir très-souvent à l'hôtel de Chevreuse, et il avoit aussi renoué depuis peu avec moi une ancienne amitié de collége. Il m'a dit plusieurs fois qu'il n'auroit pas accepté la commission; je m'en rapporte. Je n'en pressai pas l'expédition, parce que je n'eus pas la force sur moi-même de solliciter la destitution de l'autre : mais je ne m'en trouvai pas mieux, et ce ne fut pas là la première fois que je m'aperçus que l'on paie souvent les dépens de sa bonté.

Le jour que messieurs les princes furent transférés à Marcoussis, maison de M. d'Entragues, bonne à un coup de main, et située à six lieues de Paris, d'un côté où les Espagnols n'eussent pu aborder à cause des rivières, le président de Bellièvre parla fortement au garde des sceaux, et lui déclara en termes formels que s'il continuoit à agir à mon égard comme il avoit commencé, il seroit obligé, pour son honneur, de rendre le témoignage qu'il devoit à la vérité. Le garde des sceaux lui répondit assez brusquement : « Les « princes ne sont plus à la vue de Paris : il ne faut « pas que le coadjuteur parle si haut. » Vous verrez bientôt que j'eus raison de prendre date de cette parole. Je retourne au parlement.

Le Coudray-Montpensier étant revenu de la cour et de Bordeaux, où Monsieur l'avoit envoyé porter les conditions qu'on a vues ici, n'en apporta pas beaucoup plus de satisfaction que les députés du parlement de Paris. Il fit en pleine assemblée la relation de ce qu'il avoit négocié en l'une et en l'autre : dont la substance étoit que lui Coudray-Montpensier, étant arrivé à Libourne où étoit le Roi, avoit envoyé deux trompettes à Bordeaux et deux courriers, pour y proposer la cessation d'armes pour dix jours ; que huit de ces jours étant écoulés avant qu'il pût être à Bordeaux pour avoir la réponse, ceux de ce parlement avoient désiré que cette cessation d'armes ne fût comptée que du jour que Coudray-Montpensier retourneroit à Bordeaux, du voyage qu'il étoit prié de faire à Libourne, pour obtenir du Roi cette prolongation. Il rapporta encore qu'ayant jugé cette condition raisonnable, il étoit sorti de la ville pour la venir proposer à la cour; mais qu'étant à moitié chemin, il avoit reçu un ordre du Roi de renvoyer l'escorte et le tambour de M. de Bouillon; que le lendemain, comme lui et ceux de la ville s'attendoient à une réponse favorable, ils avoient vu paroître le maréchal de La Meilleraye qui les croyoit surprendre, et qui étoit venu attaquer la Bastide, dont il avoit été repoussé. Voilà la vérité de la relation de Coudray-Montpensier. Je ne sais si le peu de commotion qu'elle causa dans les esprits le jour qu'il l'apporta à l'assemblée des chambres se doit attribuer aux couleurs dont nous la déguisâmes tout le soir de la veille chez Monsieur, ou à des influences benignes et douces qui adoucissent, en de certains jours, les esprits d'une compagnie. Je ne l'ai jamais vue plus modérée : l'on ne nomma presque pas le cardinal, et on passa sans contestation à l'avis de Monsieur, qui avoit été concerté la veille avec M. Le Tellier. Cet avis fut d'envoyer deux députés de la compagnie et le Coudray-Montpensier à Bordeaux, savoir pour la dernière fois si le parlement vouloit la paix ou non ; et d'inviter même deux députés de Bordeaux d'y accompagner ceux de Paris.

Cinq ou six jours après, le parlement de Toulouse écrivit à celui de Paris touchant les mouvemens de la Guienne, dont une partie est de sa juridiction, et lui demanda en termes exprès l'union; mais Monsieur éluda avec adresse cette rencontre, qui étoit très-importante, et fit, par insinuation plutôt que par autorité, que la compagnie ne répondit que par des civilités, et par des expressions qui ne signifioient rien. Il ne se trouva pas à la délibération, pour mieux couvrir son jeu. Le président de Bellièvre me dit l'après-dînée : « Quel plaisir y auroit-il à faire ce que nous faisons pour « des gens qui seroient capables de le connoître ? » Il avoit raison; et vous le connoîtrez, lorsque je vous aurai dit que nous fûmes lui et moi une partie du soir chez Monsieur avec Le Tellier, qui ne nous en dit pas seulement une parole.

Le calme du parlement n'étoit pas si parfait qu'il n'y eût toujours de l'agitation. Tantôt il donnoit arrêt pour interroger les prisonniers d'Etat qui étoient dans la Bastille; tantôt il en sortoit à propos de rien, comme un tourbillon qui sembloit mêlé d'éclairs et de foudres contre le cardinal Mazarin; tantôt on se plaignoit du divertissement des fonds destinés pour les rentes. Nous avions peine à parer aux coups; et nous n'eussions pas tenu long-temps contre les vagues, si la nouvelle de la paix de Bordeaux ne fût arrivée. Elle fut enregistrée à Bordeaux le premier jour d'octobre 1650. Meunier(1) et Bitaut, députés du parlement de Paris, le mandèrent à la compagnie par une lettre qui y fut lue le 11. Cette nouvelle abattit extrêmement les partisans de M. le prince : ils n'osoient

(1) Le Meunier, conseiller à la première des enquêtes. (A. E.)

presque plus ouvrir la bouche ; et les assemblées des chambres cessèrent ce jour-là 11 octobre, pour ne recommencer qu'à la Saint-Martin. La nouvelle de Bordeaux fit qu'on ne proposa pas même la continuation du parlement dans les vacations : ce qui n'auroit pas manqué d'être résolu tout d'une voix sans cette considération. L'avarice sordide et infâme d'Ondedei (1) couvrit et entretint le feu qui étoit sous la cendre. Montreuil (2), secrétaire de M. le prince de Conti ou de M. le prince (je ne m'en souviens pas bien), et qui étoit un des plus jolis garçons que j'aie jamais connus, rallia, par son adresse et par son application, tous les serviteurs de M. le prince qui étoient dans Paris, et en fit un corps invisible, qui est assez souvent, en ces sortes d'affaires, plus à redouter que des bataillons. J'en avertis la cour d'assez bonne heure, qui n'y donna aucun ordre. J'en fus surpris au point que je crus long-temps que le cardinal en savoit plus que moi, et qu'il l'avoit peut-être gagné. Comme je fus raccommodé avec M. le prince, Montreuil, qui agissoit tous les jours avec moi, me dit que c'étoit lui-même qui avoit gagné Ondedei, en lui donnant mille écus par an pour l'empêcher d'être chassé de Paris. Il y servit admirablement messieurs les princes ; et son activité, réglée par madame la palatine et soutenue par Arnauld, Viole et Croissy, conserva dans Paris un levain de parti qu'il n'étoit pas sage de souffrir. J'aperçus même en ce temps-là que les *grands noms, quoique*

---

(1) Longo Ondedei, créature du cardinal Mazarin, docteur en droit, et ensuite évêque de Fréjus. (A. E.) — (2) *Montreuil* : Matthieu, auteur de plusieurs poésies, et d'un recueil de lettres en vers et en prose ; mort en 1691.

peu remplis et même vides, sont toujours dangereux.

M. de Nemours (1) étoit moins que rien pour la capacité ; mais il ne laissa pas d'y faire figure, et de nous incommoder en de certaines conjonctures. Les frondeurs ne pouvoient faire quitter le pavé à cette cabale que par une violence, qui n'est presque jamais honnête à des particuliers, et sur laquelle l'exemple de ce qui étoit arrivé chez Renard m'avoit fort corrigé. La petite finesse qui infectoit toujours la politique quoique habile du cardinal, lui donnoit du goût à laisser devant nos yeux, et pour ainsi dire entre lui et nous, des gens avec qui il pût se raccommoder contre nous-mêmes. Ces mêmes gens l'amusoient par des négociations : il les croyoit tromper par la même voie. Ce qui en arriva fut qu'il s'en forma et s'en grossit une nuée, dans laquelle les frondeurs s'enveloppèrent eux-mêmes à la fin ; mais ils y enflammèrent les exhalaisons, et ils y forgèrent des foudres.

Le Roi ne demeura que dix jours en Guienne après la paix ; et M. le cardinal, enflé du succès de la pacification de cette province, ne songea qu'à venir couronner son triomphe par le châtiment des frondeurs, qui s'étoient servis, disoit-il, de l'absence du Roi pour éloigner Monsieur de son service, pour favoriser la révolte de Bordeaux, et pour travailler à se rendre maîtres de messieurs les princes. En même temps il faisoit dire à la palatine qu'il avoit horreur de la haine que j'avois dans le cœur pour M. le prince, et que je lui faisois faire tous les jours des proposi-

(1) *M. de Nemours :* Charles-Amédée de Savoie, mort en 1652, à l'âge de vingt-huit ans.

tions sur ce sujet, qui étoient indignes d'un chrétien. Il faisoit suggérer un moment après à Monsieur, par Beloi, qui étoit à lui, quoique domestique de Monsieur, que je faisois de grandes avances vers lui pour me raccommoder à la cour : mais qu'il ne pouvoit prendre aucune confiance en moi, parce que je traitois depuis le matin jusqu'au soir avec les partisans de M. le prince. C'est de cette manière que le cardinal me récompensoit de ce que j'avois fait, dans l'absence de la cour, pour le service de la Reine, avec une application incroyable, et (la vérité me force à le dire) avec une sincérité qui a peu d'exemples. Je ne parle pas du péril que je crois y avoir couru deux ou trois fois par jour, péril plus grand que celui des batailles ; mais faites réflexion sur ce que c'étoit pour moi que d'essuyer l'envie et de soutenir la haine d'un nom aussi odieux que l'étoit celui de Mazarin, dans une ville où il ne travailloit qu'à me perdre auprès d'un prince dont les deux qualités étoient d'avoir toujours peur, et de ne se fier jamais à personne qu'à des gens qui mettoient leur intérêt à me ruiner.

Je passai pendant le siége de Bordeaux au dessus de ces considérations, et je m'enveloppai dans mon devoir. Je puis même dire que je ne fis alors aucun pas qui ne fût d'un bon chrétien et d'un bon citoyen. Cette pensée que je m'étois imprimée dans l'esprit, et mon aversion pour tout ce qui avoit la moindre apparence de *girouetterie*(1), m'eût, à ce que je crois,

(1) *De girouetterie :* Cette constance qu'affecte le cardinal de Retz n'étoit rien moins que réelle. On a vu qu'après avoir été chef d'un parti rebelle, il s'étoit réconcilié avec Mazarin pour faire arrêter les princes. Bientôt on le verra changer encore plusieurs fois d'opinion et de parti.

11.

conduit insensiblement par le chemin de la patience dans le précipice, s'il n'eût plu à M. le cardinal Mazarin de m'en arracher comme par force, et de me rejeter malgré moi dans la faction.

L'éclat qu'il fit après la paix de Bordeaux me revint de tous côtés. Madame de Lesdiguières me fit voir une lettre de M. le maréchal de Villeroy, par laquelle il lui mandoit que je ferois très-sagement de me retirer, et de ne pas attendre le retour du Roi. Le grand prévôt m'écrivit la même chose: ce n'étoit plus un secret; et dès qu'une chose de cette nature n'a plus la forme de secret, elle est irrémédiable. Madame de Chevreuse, qui conçut que j'aurois peine à me laisser opprimer comme une bête, et qui eût souhaité que la Fronde n'eût pas quitté le service de la Reine, auprès de laquelle elle commençoit à retrouver de l'agrément, songea à empêcher les suites que la conduite du cardinal lui faisoit craindre. Elle trouva du secours pour son dessein dans la disposition de la plupart de ceux de notre parti, qui n'en avoit aucune à retourner à celui de M. le prince. Ils se joignirent presque tous à elle, non pas pour me persuader, car ils me faisoient justice, et ils savoient comme moi qu'il eût été ridicule de m'endormir, mais pour détromper la cour, et faire connoître au cardinal la netteté de mon procédé et ses propres intérêts. Je me souviens d'un endroit de la lettre que madame de Chevreuse lui écrivit. Après lui avoir exagéré ce que j'avois fait pour soutenir le peuple, elle ajoutoit: « Est-il possible qu'il y ait des gens assez scélérats « pour oser vous mander que le coadjuteur ait eu « commerce avec ceux de Bordeaux? Je suis témoin

« que, quand il étoit votre ennemi déclaré, il avoit
« peine à garder les mesures nécessaires avec leurs
« députés; et qu'un jour que je l'en grondai, et que
« je lui reprochai qu'il vivoit mieux avec ceux de
« Provence, il me répondit que les Provençaux n'é-
« toient que frivoles, dont on peut quelquefois tirer
« parti; et que les Gascons sont toujours fous, et
« gens avec qui il n'y a que des impertinences à
« faire. » Madame de Chevreuse me rendoit justice :
elle ne put jamais persuader au cardinal de me la
rendre, soit qu'il fût trompé par le garde des sceaux
et par Le Tellier, comme Lyonne me le dit depuis,
ou qu'il fît semblant de l'être dans la vue d'avoir occasion de me pousser.

Madame de Rhodes, de qui le bon homme garde
des sceaux étoit plus amoureux qu'elle ne l'étoit de
lui, et qui étoit en grande liaison avec moi par le
commerce de madame de Chevreuse, trouvoit dans
la disposition où étoient les affaires une matière
bien ample à satisfaire son humeur, naturellement
portée à l'intrigue. Elle ne se brouilloit pas avec le
garde des sceaux en contribuant à me brouiller avec
la cour, non par aucune pièce qu'elle m'y fît, car elle
étoit incapable de perfidie, mais en entrant dans les
moyens de m'en éloigner. Elle avoit été assez amie de
madame de Longueville, et l'étoit davantage de madame la palatine, qui la pressoit de me faire des propositions pour la liberté de messieurs les princes. Ces
propositions, dont elle ne se cacha pas à l'hôtel de
Chevreuse, alarmèrent toute la cabale de ceux du
parti, qui ne regardoient que leurs petits intérêts
particuliers qu'ils trouvoient avec la cour, et qui

eussent été bien aises de ne s'en pas détacher. De ce nombre étoient madame de Chevreuse, Noirmoutier et Laigues. Le reste se trouvoit subdivisé en deux bandes, dont les uns vouloient la sûreté et l'honneur du parti, comme messieurs de Montrésor, de Vitry, de Bellièvre, de Brissac, à sa mode paresseuse, et M. de Caumartin; les autres ne savoient presque pas ce qu'ils vouloient. M. de Beaufort et madame de Montbazon ne vouloient proprement rien, à force de tout vouloir; et ces sortes d'esprits assemblent toujours dans leurs imaginations des choses contradictoires. Je disois à madame de Montbazon que je serois trop satisfait de sa conduite, pourvu qu'il lui plût de ne changer d'avis, et de ne prendre parti que deux ou trois fois le jour entre M. le prince et M. le cardinal. Pour comble d'embarras j'avois affaire à Monsieur, qui, comme j'ai dit, étoit un des hommes le plus foible, le plus défiant et le plus couvert. Il n'y a que l'expérience qui puisse faire connoître combien l'union de ces qualités dans un même homme le rend d'un commerce difficile et épineux. Comme j'étois résolu à ne point prendre de parti que de concert avec ceux qui m'étoient unis, je fus bien aise de m'en expliquer à fond avec eux. Tous par différens intérêts conclurent au même avis, qui leur fut inspiré habilement par Caumartin. Depuis long-temps il combattoit l'opiniâtreté que j'avois à ne pas songer à la pourpre : et il m'avoit représenté plusieurs fois que la déclaration que j'avois faite sur ce sujet avoit été suffisamment remplie et soutenue, par le désintéressement que j'avois témoigné en tant d'occasions; qu'elle ne devoit et ne pouvoit avoir lieu tout au plus que pour le temps de la guerre de Paris, sur laquelle je pouvois avoir eu quelque fondement de parler et d'agir comme je faisois; mais qu'il ne s'agissoit plus ni de cela, ni de la défense de Paris, ni du sang du peuple; que la brouillerie, qui étoit présentement dans l'Etat, n'étoit proprement qu'une intrigue de cabinet entre un prince du sang et un ministre; et que la réputation qui, dans la première affaire, consistoit dans le désintéressement, tournoit en celle-ci sur l'habileté; qu'il s'y agissoit de passer pour un sot ou pour un habile homme; que M. le prince m'avoit cruellement offensé, par l'accusation qu'il avoit intentée contre moi; que je l'avois aussi outragé par la prison; que je voyois, par le procédé du cardinal avec moi, qu'il étoit tout autant blessé des services que je rendois à la Reine, qu'il l'avoit été de ceux que j'avois rendus au parlement; que ces considérations me devoient faire comprendre la nécessité où je me trouvois à songer de me mettre à couvert du ressentiment d'un prince et de la jalousie d'un ministre, qui pouvoient à tous momens s'accorder ensemble; qu'il n'y avoit que le chapeau de cardinal qui pût m'égaler à l'un et à l'autre par la grandeur de la dignité; que la mître de Paris ne pouvoit pas, avec tous ses brillans, faire cet effet, qui étoit toutefois nécessaire pour se soutenir, particulièrement dans des temps calmes, contre ceux auxquels la supériorité de rang donne presque toujours autant de considération et autant de force que de pompe et d'éclat.

Voilà ce que M. de Caumartin et tous ceux qui m'aimoient me proposoient depuis le soir jusqu'au matin. Ils avoient raison: car il est constant que si

M. le prince et M. le cardinal se fussent réunis, et m'eussent opprimé par leur poids, ce qui paroissoit désintéressement dans le temps que je me soutenois eût passé pour duperie en celui où j'eusse été abattu. Il n'y a rien de si louable que la générosité : mais il n'y a rien qui se doive moins outrer. J'en ai cent exemples. Caumartin par amitié, et le président de Bellièvre par l'intérêt de ne me pas laisser tomber, m'avoient beaucoup ébranlé, au moins quant à la spéculation, depuis que je m'étois aperçu que je me perdois à la cour, et même par mes services. Mais il y a bien loin d'être simplement persuadé, à l'être assez pour agir dans les choses qui sont contre notre inclination. Lorsqu'on se trouve dans cet état, que l'on peut appeler mitoyen, on prend les occasions, mais on ne les cherche pas. La fortune m'en présenta deux en six semaines ou deux mois, avant que la cour revînt de Guienne. Il est nécessaire de les représenter de plus haut.

M. le cardinal Mazarin avoit été autrefois secrétaire de Pancirole (1), nonce extraordinaire pour la paix d'Italie. Il avoit trahi son maître en cette occasion, et fut même convaincu d'avoir rendu compte de ses dépêches au gouvernement de Milan. Pimentel m'en a fait le détail, qui vous ennuieroit ici. Pancirole ayant été créé cardinal et secrétaire d'Etat de l'Eglise, n'oublia pas la perfidie de son secrétaire, à qui le pape Urbain avoit donné le chapeau par les instances du cardinal de Richelieu; et il n'aida pas à adoucir l'aigreur envenimée que le pape Innocent

---

(1) Jean-Jacques Pancirole, ou plutôt Panzirolo, romain, cardinal de la création d'Urbain VIII, le 13 juillet 1643; mort en 1652. (A. E.)

conservoit contre Mazarin depuis l'assassinat d'un de ses neveux, dont il croyoit qu'il avoit été complice avec le cardinal Antoine (1). Pancirole, qui crut qu'il ne pouvoit faire un déplaisir plus sensible à Mazarin que de me porter au cardinalat, le mit dans l'esprit d'Innocent, et ce pape agréa qu'il entrât en commerce avec moi. Il se servit pour cet effet du vicaire général des Augustins, qui lui étoit très-confident, et qui passoit à Paris pour aller en Espagne. Il me donna une lettre de lui; il m'en exposa la créance, et m'assura que si j'obtenois la nomination le Pape feroit la promotion sans délai. Ces offres ne firent pas que je me résolusse à la demander, ni même à la prendre; mais elles firent que quand les autres considérations que je vous ai rapportées tombèrent sur le point de l'éclat que la cour fit contre moi après la paix de Bordeaux, je m'y laissai emporter plus facilement que je n'eusse fait si je ne me fusse cru assuré de Rome: car une des raisons qui me donnoient tant d'aversion pour le chapeau étoit la difficulté de fixer la nomination, parce qu'elle peut toujours être révoquée; et je ne sache rien de plus fâcheux : car la révocation met toujours le prétendant au dessous de ce qu'il étoit avant que d'avoir prétendu. Elle avilit La Rivière, qui étoit méprisable par lui-même; et il est certain qu'elle nuit à proportion de l'élévation.

Quand je fus persuadé que je devois penser au cha-

(1) Antoine Barberini, neveu d'Urbain VIII, créé cardinal en 1628, devenu protecteur de la couronne de France en 1633, grand aumônier de ce royaume en 1653. Ensuite il fut nommé à l'évêché de Poitiers, et fut fait archevêque de Reims en 1657. Il mourut en 1671. (A. E.)

peau, je me servis des mesures que j'avois jusque là plutôt reçues que prises. Je dépêchai un courrier à Rome; je renouvelai les engagemens. Pancirole me donna toutes les assurances imaginables : je trouvai même une seconde protection qui ne me fut pas inutile. Madame la princesse de Rossane s'étoit depuis peu raccommodée avec le Pape, de qui elle avoit épousé le neveu, après avoir été mariée en premières noces au prince de Sulmone. Elle étoit fille et héritière de la maison des Aldobrandins, avec laquelle la mienne a eu en Italie beaucoup d'union et d'alliances. Elle se joignit pour mes intérêts à Pancirole, et vous en verrez le succès.

Comme je ne m'endormois pas du côté de Rome, Caumartin ne s'endormoit pas du côté de Paris. Il donnoit tous les matins à madame de Chevreuse quelque nouvelle douleur sur mon accommodement avec messieurs les princes, « qui nous perdra tous, disoit-« il, en nous entraînant dans un parti dont le ressen-« timent sera toujours plus à craindre que la recon-« noissance n'y sera à espérer. » Il insinuoit tous les soirs à Monsieur le peu de sûreté qu'il y avoit à la cour, et les inconvéniens que l'on trouvoit avec les princes; et il employoit fort habilement la maxime qui ordonne *de faire voir, à ceux qui sont naturellement foibles, toutes sortes d'abîmes, parce que c'est le vrai moyen de les obliger à se jeter dans le chemin qu'on leur ouvre.* M. de Bellièvre lui donnoit à tous momens sur le même principe des frayeurs à l'égard de l'infidélité de la cour, et lui faisoit en même temps des images affreuses du retour de la faction. Toutes ces différentes idées, qui se brouilloient les unes dans les autres cinq ou six fois par jour, formèrent presque dans les esprits le projet de se défendre de la cour par la cour même, et d'essayer au moins de diviser le cabinet avant que de se résoudre à rentrer dans la faction. J'ai déjà remarqué que tout ce qui est interlocutoire paroît sage aux esprits irrésolus, parce que leurs inclinations les portent à ne point prendre de résolutions finales. Ils flattent d'un beau titre leurs sentimens. Caumartin trouva cette facilité dans le tempérament des gens avec qui il avoit affaire, et il leur fit naître presque imperceptiblement la pensée qu'il leur vouloit inspirer. Monsieur faisoit en toutes choses comme font la plupart des hommes quand ils se baignent : ils ferment les yeux en se jetant dans l'eau. Caumartin, qui connoissoit l'humeur de Monsieur, me conseilla de les lui tenir toujours ouverts par des peurs modérées, mais successives. J'avoue que cette pensée ne m'étoit point venue dans l'esprit, et que comme le défaut de Monsieur étoit la timidité, j'avois toujours cru qu'il étoit bon de lui inspirer incessamment de la hardiesse. Caumartin me démontra le contraire, et je me trouvai très-bien de son avis. Il seroit ennuyeux de vous raconter par le détail les tours qu'il donna à cette intrigue, dans laquelle il est vrai que bien que je fusse persuadé que la pourpre m'étoit absolument nécessaire, je n'avois pas toute l'activité requise, par un reste de scrupule qui étoit assez impertinent. Il réussit enfin : de sorte que Monsieur crut qu'il étoit de son honneur et de son intérêt de me procurer le chapeau; que madame de Chevreuse ne douta point qu'elle ne fît autant pour la cour que pour moi, en rompant ou retardant les mesures que l'on me pressoit de prendre avec messieurs les princes; que madame de Montbazon fut ravie d'avoir de quoi se faire valoir des deux côtés, les négociations des uns donnant toujours du poids aux autres; et que M. de Beaufort se piqua d'honneur de me rendre, au moins en ce qu'il pouvoit, touchant le cardinalat, ce que je lui avois effectivement donné touchant la surintendance des mers. Nous jugions bien qu'avec tout ce concours le coup ne seroit pas sûr : mais nous le tenions possible, vu l'embarras où le cardinal se trouvoit; et *l'on doit hasarder le possible toutes les fois que l'on se sent en état de profiter même du manquement du succès*. Il étoit de mon intérêt de mener mes amis à M. le prince, en cas que je prisse mon parti. Le peu d'inclination qu'ils avoient tous à y aller n'y pouvoit être plus naturellement conduit que par un engagement d'honneur qu'ils prissent avec moi sur un point où la manière dont j'avois agi pour leurs intérêts les déshonorât s'ils ne concouroient aussi à leur tour à ma fortune. Voilà ce qui me détermina à rompre cette lance plutôt que toutes les autres raisons que j'ai alléguées, parce que, dans le fond, je ne fus jamais persuadé que le cardinal se pût résoudre à me donner le chapeau, ou plutôt à le laisser tomber sur ma tête (c'étoit le terme de Caumartin, et dont il disoit que le cardinal Mazarin étoit capable, quoique contre son intention). Nous n'oubliâmes pas de ménager autant que nous pûmes le garde des sceaux par madame de Rhodes, afin qu'il ne nous fît pas tout le mal que ses manières nous donnoient lieu d'appréhender. Mais comme l'union de madame de Rhodes avec mademoiselle de Chevreuse, avec Caumartin et moi l'avoit fâché, il n'avoit plus, à beaucoup près, tant de confiance en elle. Il la joua, et ne lui dit justement que ce qu'il falloit pour ne m'empêcher pas de prendre les précautions nécessaires contre ses atteintes.

Les dispositions étant mises, madame de Chevreuse ouvrit la tranchée. Elle dit à Le Tellier qu'il ne pouvoit ignorer les cruelles injustices qu'on m'avoit faites; qu'elle ne vouloit pas aussi lui cacher le juste ressentiment que j'en avois; qu'on publioit à la cour qu'elle venoit avec la résolution de me perdre, et que je disois publiquement dans Paris que je me mettois en état de me défendre; qu'il voyoit comme elle que le parti de M. le prince, qui n'étoit pas mort, quoiqu'il parût endormi, se réveilleroit à cette lueur, qui commençoit à lui donner de grandes espérances; qu'elle savoit qu'on faisoit des paris immenses; que la plupart de mes amis étoient déjà gagnés; que ceux qui tenoient encore bon, comme elle, Noirmoutier et Laigues, ne savoient que répondre quand je leur disois : « Qu'ai-je fait? quel crime ai-je commis? Où « est ma sûreté, je ne dis pas ma récompense? » Que jusque là je ne m'étois que plaint, parce que l'on m'amusoit; mais qu'étant à la Reine au point qu'elle étoit, et amie véritable du cardinal, elle ne lui céleroit pas que l'on ne pouvoit plus amuser l'amuseuse, et que l'amuseuse même commençoit fort à douter de son pouvoir, au moins sur ce point; que je m'expliquois peu, mais qu'on voyoit bien à ma contenance que je sentois ma force, et que je me relevois à proportion des menaces; qu'elle ne savoit pas précisément où j'en étois avec Monsieur : mais qu'il lui avoit dit depuis deux jours que jamais homme n'avoit servi le Roi plus fidèlement, et que la conduite que la cour prenoit à mon égard étoit d'un pernicieux exemple; que M. de Beaufort avoit juré, devant tout ce qu'il y avoit de gens dans l'antichambre de Monsieur, que si l'on continuoit encore huit jours à agir comme on faisoit, il se prépareroit à soutenir un second siége dans Paris, sous les ordres de Son Altesse Royale; et que j'avois répondu : « Ils ne sont pas en état de nous « assiéger, et nous sommes en état de les combattre. » Qu'elle ne pouvoit pas se figurer que ces discours se fissent à deux pas de Monsieur, si ceux qui les faisoient n'étoient bien assurés de ses intentions; que celle qui lui paroissoit à elle dans nos esprits, et même dans nos cœurs, n'étoit point mauvaise dans le fond; que nous nous croyions outragés par le cardinal, mais que la considération de la Reine étoufferoit en moins de rien ce ressentiment, si la défiance ne l'envenimoit; que c'étoit à quoi il falloit remédier. Vous voyez la chute du discours, qui tomba sur le chapeau. La contestation fut vive : Le Tellier refusa d'en faire la proposition à la cour; madame de Chevreuse se chargea des conséquences. Il y consentit, à condition que madame de Chevreuse en écrivît de son côté, et mandât qu'elle l'y avoit comme forcé. La cour reçut ces agréables dépêches lorsqu'elle étoit en chemin à son retour de Bordeaux; et le cardinal en remit la réponse à Fontainebleau.

Le garde des sceaux, qui ne vouloit pas que je fusse cardinal parce qu'il vouloit l'être, et qui vouloit aussi perdre Mazarin parce qu'il vouloit encore devenir ministre, crut qu'il feroit un double coup s'il faisoit voir à Monsieur que son avis n'étoit pas qu'il exposât sa personne aux caprices du Mazarin, qui avoit témoigné si publiquement ne pas approuver la conduite que Monsieur avoit tenue dans l'absence de la cour. Comme il étoit persuadé que mon intérêt demandoit que ce voyage se fît, parce qu'une déclaration de Monsieur présent pourroit beaucoup appuyer ma prétention, il s'imagina que je ne manquerois pas de le conseiller; et qu'ainsi il lui feroit sa cour aux dépens du cardinal et du coadjuteur même, en marquant à Son Altesse Royale beaucoup plus d'égard et de soin pour sa personne; que lui, au reste, jouoit ce personnage à coup sûr: car il en faisoit faire la proposition par Fremont, secrétaire des commandemens de Monsieur, l'homme de toute sa maison le plus propre à être désavoué.

Comme je connoissois le personnage, qui n'étoit pas trop fin, et qui d'ailleurs étoit assez de mes amis, je connus à sa première parole qu'il avoit été sifflé; et je me résolus de parler comme lui, tant pour ne point donner dans le panneau qui m'étoit tendu par l'endroit que Monsieur avoit de plus foible, que parce que, dans la vérité, j'appréhendois pour sa personne. Tous mes amis se moquoient de moi sur cet article, ne pouvant seulement s'imaginer qu'en l'état où étoit le royaume on osât penser à l'arrêter; mais j'avoue que je ne pouvois me rassurer sur ce point, et que, bien que je visse que mon intérêt étoit qu'il allât à Fontainebleau, je ne me pus jamais résoudre à le lui conseiller, parce qu'il me sembloit que si l'on eût été assez hardi pour cela à la cour, le cardinal eût pu trouver dans la suite des issues aussi sûres, pour le moins, que celles qu'il pouvoit espérer par l'autre voie. Je sais bien que le coup eût fait une commotion générale dans les esprits; et que le parti de messieurs les princes, joint avec les frondeurs, en eût pris d'abord autant de force que de prétexte. Mais je sais bien aussi que Monsieur et messieurs les princes étant arrêtés, le parti contraire à la cour n'ayant plus à la tête que leurs noms, on eût tous les jours affoibli sa considération, parce que chacun eût voulu s'en servir à sa mode, ou se fût bientôt divisé, ou fût devenu populaire : ce qui eût été un grand malheur pour l'Etat, mais qui étoit cependant d'une nature à n'être pas prévu par le cardinal Mazarin, et à ne pouvoir par conséquent lui servir de motif pour l'empêcher d'entreprendre sur la liberté de Monsieur. En tout cela je fus seul de mon avis. J'ai su depuis que je n'avois pas tout-à-fait tort; et M. de Lyonne me dit à Saint-Germain, un ou deux ans avant qu'il mourût, que Servien l'avoit proposé au cardinal, deux jours avant son arrivée à Fontainebleau, en présence de la Reine; que la Reine y avoit consenti de tout son cœur, mais que Mazarin avoit rejeté la proposition comme folle. Ce qu'il y a de vrai est que l'appréhension que j'en eus ne parut fondée à personne, et qu'elle fut même interprétée en un autre sens : on crut qu'elle n'étoit qu'un prétexte de celle que je pourrois avoir apparemment que Monsieur ne se laissât gagner par la Reine. Je connoissois la portée de sa foiblesse, et j'étois convaincu qu'elle n'iroit pas jusque là; mais ce qui m'étonna fut que bien que Fremont eût essayé de lui faire peur du voyage de la cour, il n'en fut point du tout touché;

et je me souviens qu'il dit à Madame, qui balançoit un peu : « Je ne l'aurois pas hasardé avec le cardinal « de Richelieu ; mais il n'y a point de péril avec Ma- « zarin. » Il ne laissa pas de témoigner à Le Tellier, adroitement et sans affectation, plus de bonnes dispositions qu'à l'ordinaire pour la cour, et pour le cardinal en particulier. Il affecta même, de concert avec moi, de ralentir un peu le commerce que j'avois avec lui ; et il résolut, de mon avis, de consentir à la translation de messieurs les princes au Havre-de-Grâce, que je sus, la veille qu'il partit, lui devoir être proposée par la Reine à Fontainebleau. Il étonna Monsieur, jusqu'à le faire balancer pour le voyage, parce que le murmure qui s'étoit élevé au consentement qu'il avoit donné pour Marcoussis lui en faisoit appréhender un bien plus grand. Mon avis fut que s'il prenoit le parti d'aller à la cour, il ne devoit s'opposer à la translation qu'autant qu'il seroit nécessaire pour donner plus d'agrément au consentement qu'il y donneroit. J'étois persuadé que dans le fond il étoit très-indifférent et à lui et aux frondeurs en quel lieu fussent messieurs les princes, parce que la cour étoit également maîtresse de tout. Si elle eût su ce que M. le prince m'a dit depuis, que si on ne l'eût tiré de Marcoussis il s'en seroit immanquablement sauvé par une entreprise qui étoit sur le point d'éclore, je ne m'étonnerois pas que le cardinal eût eu de l'impatience de l'en faire sortir ; mais comme il l'y croyoit fort en sûreté, je n'ai pu concevoir la raison qui le pouvoit obliger à une action qui ne lui servoit de rien, et qui aigrissoit contre lui tous les esprits. Cette translation tenoit toutefois si fort au cœur de

M. le cardinal, que dans la suite nous sûmes qu'il fut transporté de joie quand il trouva à Fontainebleau que Monsieur n'en étoit pas si éloigné qu'il le pensoit, et que sa joie éclata même jusqu'au ridicule quand on lui manda de Paris que les frondeurs étoient au désespoir de cette translation : car nous la jouâmes très-bien, nous l'ornâmes de toutes les couleurs ; et l'on vit, deux jours après, une estampe sur le Pont-Neuf, et dans les boutiques des graveurs, qui représentoit le comte d'Harcourt armé de toutes pièces, menant en triomphe M. le prince. Vous ne sauriez croire l'effet que fit cette estampe, et la commisération qu'elle excita parmi le peuple. Nous tirâmes cependant Monsieur du pair, parce que, du moment qu'il fut revenu de Fontainebleau, nous publiâmes qu'il avoit fait tous ses efforts pour empêcher la translation; et qu'il n'y avoit donné les mains à la fin que parce qu'il ne se croyoit pas lui-même en sûreté. Il faut avouer qu'on ne peut pas mieux jouer son personnage qu'il le joua à Fontainebleau. Il n'y fit pas une démarche qui ne fût digne d'un fils de France; il n'y dit pas une parole qui en dégénérât; il y parla fermement, sagement, honnêtement. Il n'oublia rien pour faire sentir la vérité à la Reine, et pour la faire connoître au cardinal : et quand il vit qu'il étoit tombé dans un sens réprouvé, il se tira d'affaire habilement. Il revint à Paris, et me dit ces mots : « Madame de « Chevreuse a été repoussée sur la barrière à votre « sujet, et le cardinal m'a traité sur le même article « du haut en bas, comme sur tous les autres. J'en « suis ravi ; le misérable nous auroit amusés, et fait « périr tous avec lui : il n'est bon qu'à pendre. »

Voici ce qui s'étoit passé à la cour sur mon sujet.

Madame de Chevreuse dit à la Reine et à Mazarin tout ce qu'elle avoit vu de ma conduite pendant l'absence du Roi : et ce qu'elle avoit vu étoit assurément un tissu de services considérables que j'avois rendus à la Reine. Elle retomba ensuite sur les injustices qu'on m'avoit toujours faites, sur le mépris qu'on m'avoit témoigné, sur les justes sujets de défiance que je ne pouvois m'empêcher de prendre à chaque instant. Elle conclut par la nécessité de les lever, par l'impossibilité d'y réussir autrement que par le chapeau. La Reine s'emporta; le cardinal s'en défendit, non pas par le refus, car il me l'avoit offert trop souvent, mais par la proposition du délai, qu'il fonda sur la dignité de la conduite d'un grand monarque, qui ne doit jamais être forcé en rien. Monsieur, venant à la charge pour soutenir madame de Chevreuse, ébranla, au moins en apparence, Mazarin, qui lui voulut marquer, mais en paroles, le respect et la considération qu'il avoit pour lui. Madame de Chevreuse voyant que l'on parlementoit, ne douta point du succès de la capitulation : elle s'y confirma quand elle vit la Reine se radoucir, et dire à Monsieur qu'elle lui donnoit tout son ressentiment, et qu'elle feroit ce que son conseil jugeroit bon et raisonnable. Ce conseil, qui étoit un nom spécieux, fut réduit à M. le cardinal, au garde des sceaux, à Le Tellier et à Servien.

Monsieur se moqua de cet expédient, jugeant très-sagement qu'il n'étoit proposé que pour me faire refuser la nomination. Laigues, un peu grossier, se laissa enjôler par Mazarin, qui lui fit croire que ce moyen étoit nécessaire pour vaincre l'opiniâtreté de la Reine. Le cardinal proposa l'affaire au conseil, et conclut, par une prière très-humble qu'il fit à la Reine, de condescendre à la demande de M. le duc d'Orléans, et à ce que les services et les mérites de M. le coadjuteur demandoient encore avec plus d'instance (ce furent ses propres paroles). Elles furent relevées avec une hauteur et une fermeté que l'on ne trouve pas souvent dans les conseils, quand il s'agit de combattre les avis des premiers ministres. Le Tellier et Servien se contentèrent de ne lui pas applaudir ; mais le garde des sceaux lui perdit tout respect : il l'accusa de prévarication et de foiblesse; il mit un genou en terre devant la Reine, pour la supplier, au nom du Roi son fils, de ne pas autoriser, par un exemple qu'il appela funeste, l'insolence d'un sujet qui vouloit arracher les grâces l'épée à la main. La Reine fut émue ; le pauvre cardinal eut honte de sa mollesse et de sa trop grande bonté; et madame de Chevreuse et Laigues eurent tout sujet de reconnoître que j'avois bien jugé, et que j'avois été cruellement joué. Il est vrai que j'en avois donné de ma part une occasion très-belle et très-naturelle. J'ai fait bien des sottises en ma vie : voici à mon sens une des plus signalées. J'ai remarqué plusieurs fois que *quand les hommes ont balancé long-temps à entreprendre quelque chose par la crainte de n'y pas réussir, l'impression qui leur reste de cette crainte fait, pour l'ordinaire, qu'ils vont ensuite trop vite dans la conduite de leurs entreprises.* Voilà ce qui m'arriva. J'avois eu toutes les peines du monde à me résoudre à prétendre au cardinalat, parce que la prétention sans la certitude du succès me paroissoit au dessous de moi. Dès qu'on m'y eût engagé, le reste de cette idée m'obligea, pour ainsi dire, à me précipiter, de peur de demeurer trop long-temps en cet état; et au lieu de laisser agir madame de Chevreuse auprès de Le Tellier, comme nous l'avions concerté, je lui parlai moi-même deux ou trois jours après. Je lui dis en bonne amitié que j'étois bien fâché que l'on m'eût réduit, malgré moi, dans une condition où je ne pouvois plus être que chef de parti ou cardinal; que c'étoit à M. Mazarin à opter. M. Le Tellier rendit un compte fidèle de ce discours, qui servit de thème à l'opinion du garde des sceaux. Il le devoit assurément laisser prendre à un autre, après l'obligation qu'il m'avoit, et après les engagemens pris avec moi et malgré moi. Mais je confesse aussi qu'il y avoit bien de l'étourderie de l'avoir donné : *il est moins imprudent d'agir en maître que de ne pas parler en sujet.* Le cardinal ne fut pas beaucoup plus sage dans l'apparat qu'il donna au refus de ma nomination : il crut me faire beaucoup de tort en faisant voir au public que j'avois un intérêt, quoique j'eusse toujours fait profession de n'en point avoir. Il ne distinguoit point les temps ; il ne faisoit pas réflexion qu'il ne s'agissoit plus, comme disoit Caumartin, de la défense de Paris et de la protection des peuples, où tout ce qui paroît particulier est suspect. Il ne me nuisit point par sa scène dans le public, où ma promotion étoit fort dans l'ordre et fort nécessaire ; mais il m'engagea, par cette scène, à ne pouvoir jamais recevoir de tempérament sur cette même promotion.

Le cardinal revint quelque temps après avec le Roi : il offrit pour moi, à madame de Chevreuse, Orcan, Saint-Lucien, le paiement de mes dettes, la charge de grand aumônier; et il ne tint pas à elle et à Laigues que je ne prisse ce parti. Je l'aurois refusé, même s'il y eût ajouté douze chapeaux. J'étois engagé à Monsieur, qui s'étoit défait de sa pensée d'ériger autel contre autel, par l'impossibilité qu'il avoit trouvée à Fontainebleau de diviser le cabinet, et de m'y mettre en perspective vis-à-vis le cardinal Mazarin en calotte rouge. Monsieur avoit donc pris la résolution de faire sortir de prison messieurs les princes, et il y avoit très-long-temps que je lui en voyois des velléités: mais elles fussent demeurées long-temps stériles et infructueuses, si je ne les eusse cultivées et échauffées. Il ne les avoit jamais que comme son pis-aller, parce qu'il craignoit naturellement M. le prince comme offensé, et comme supérieur, sans proportion, en gloire, en courage et en génie : de sorte qu'il perdoit ces velléités presque aussitôt qu'elles naissoient, et dès qu'il voyoit le moindre jour à se pouvoir tirer par une autre voie de l'embarras où les contre-temps du cardinal le jetoient à tous les instans à l'égard du public, dont Monsieur ne vouloit en aucune façon perdre l'amour. Caumartin se servit habilement de ces lumières pour lui proposer ma promotion, comme une voie mitoyenne entre l'abandonnement au cardinal et le renouvellement de la faction. Monsieur la prit avec joie, parce qu'il crut qu'elle ne feroit qu'une intrigue de cabinet que l'on pourroit pousser et appliquer dans les suites, selon qu'il conviendroit. Mais dès qu'il vit que le cardinal avoit fermé cette porte, il ne balança plus sur la liberté des princes. Je conviens que comme *tous les hommes irrésolus de leur naturel ne se déterminent que difficilement pour les moyens, quoiqu'ils soient déterminés pour la fin,* il auroit été long-temps à porter la résolution jusqu'à la pratique, si je ne lui en eusse ouvert le chemin. Je vous rendrai compte de ce détail après avoir parlé de deux aventures assez bizarres que j'eus en ce temps-là.

Le cardinal Mazarin, étant revenu à Paris, ne songea qu'à diviser la Fronde ; et les manières de madame de Chevreuse lui en donnoient assez d'espérance : car quoiqu'elle connût très-bien qu'elle tomberoit à rien si elle se séparoit de moi, elle ne laissoit pas de se ménager soigneusement à toutes fins avec la cour, et de lui laisser croire qu'elle étoit bien moins attachée à moi par elle-même, que par l'opiniâtreté de mademoiselle sa fille. Le cardinal, persuadé qu'il m'affoibliroit beaucoup auprès de Monsieur s'il m'ôtoit madame de Chevreuse, pour qui il avoit une inclination naturelle, pensa de plus qu'il feroit un grand coup pour lui s'il me pouvoit brouiller avec mademoiselle de Chevreuse ; et il crut qu'il n'y avoit point de plus sûr moyen que de me donner un rival qui lui fût plus agréable. Il pensa qu'il réussiroit mieux par M. d'Aumale, qui étoit beau comme un ange, et qui pouvoit aisément convenir à la demoiselle par la sympathie. Il s'étoit entièrement donné au cardinal, contre les intérêts mêmes de M. de Nemours son aîné ; et il se sentit très-honoré de la commission qu'on lui donna. Il s'attacha donc à l'hôtel de Chevreuse, et se conduisit d'abord si bien que je ne balançai pas à croire qu'il ne fût envoyé pour jouer le second acte de la pièce, qui n'avoit pas réussi à M. de Candale. J'observai toutes ses démarches, et j'eus lieu de me confirmer dans mon opinion. Je m'en ouvris à mademoiselle de Chevreuse, mais je ne trouvois pas qu'elle me répondît à ma mode. Je me fâchai : on m'apaisa ; je me remis en colère ; et mademoiselle de Chevreuse me disant devant lui, pour me plaire et pour le picoter, qu'elle ne concevoit pas comme on pouvoit souffrir un impertinent : « Pardonnez-moi, « mademoiselle, repris-je ; on fait quelquefois grâce « à l'impertinence, en faveur de l'extravagance. » Le seigneur étoit, de notoriété publique, l'un et l'autre. Le mot fut trouvé bon et bien appliqué ; on se défit de lui en peu de jours à l'hôtel de Chevreuse, mais il se voulut aussi défaire de moi. Il aposta un filou appelé Grandmaison, pour m'assassiner. Le filou, au lieu d'exécuter sa commission, m'en donna avis. Je le dis à l'oreille à M. d'Aumale, que je trouvai chez Monsieur, en y ajoutant ces paroles : « J'ai trop de « respect pour le nom de Savoie, pour ne pas tenir la « chose secrète. » Il me nia le fait, mais d'une manière qui me le fit croire, parce qu'il me conjura de ne le pas publier. Je le lui promis, et je lui ai tenu parole.

L'autre aventure fut encore plus rare. Vous jugez aisément, par ce que vous avez déjà vu de madame de Guémené, qu'il devoit y avoir beaucoup de démêlés entre nous. Il me semble que Caumartin vous en contoit un soir chez vous le détail, qui vous divertit un quart-d'heure. Tantôt elle se plaignoit à mon père comme une bonne parente ; tantôt elle en parloit à un chanoine de Notre-Dame (1), qui m'en importunoit beaucoup; tantôt elle s'emportoit publiquement, avec des injures atroces contre la mère, contre la fille et contre moi ; quelquefois le ménage se rétablissoit pour quelques jours, et même pour quelques semaines. Voici le comble de la folie. Elle fit très-proprement accommoder une manière de cave, ou plutôt de serre d'orangers, qui répond dans son jardin, et qui est justement sous son petit cabinet; et elle proposa à la Reine de m'y perdre, en lui promettant qu'elle lui en donneroit les moyens, pourvu qu'elle lui donnât sa parole de me laisser sous sa garde, et enfermé dans la serre. La Reine me l'a dit depuis, et madame de Guémené me l'a confessé. Le cardinal ne le voulut pas, parce que si j'eusse disparu, le peuple s'en seroit pris à lui. De bonne fortune pour moi, elle ne s'avisa de ce bel expédient que dans le temps que le Roi étoit à Paris ; si c'eût été en celui du voyage de Guienne, j'étois perdu : car comme j'allois quelquefois chez elle de nuit et seul, elle m'eût très-facilement livré. Je reviens à Monsieur.

Je vous ai dit qu'il avoit pris la résolution de faire sortir de prison messieurs les princes; mais il n'y avoit rien de plus difficile que la manière dont il seroit à propos de s'y prendre. Ils étoient entre les mains du cardinal, qui pouvoit en un quart-d'heure se donner, au moins par l'événement, le mérite de tous les efforts que Monsieur pouvoit faire en des années ; et la plus petite apparence de ces efforts étoit capable de lui en faire prendre la résolution en un quart-d'heure.

(1) *A un chanoine de Notre-Dame :* Probablement Claude Joly, oncle de Guy Joly, auteur des Mémoires.

Nous résolûmes, sur ces réflexions, de nous tenir couverts pour le fond de notre dessein, et de réunir, sans considérer les offenses et les intérêts particuliers, tous ceux qui avoient un intérêt commun à la perte du ministre; de jeter les apparences d'intention non droite et non sincère pour la liberté de messieurs les princes, non-seulement parmi les gens de la cour, mais parmi ceux mêmes de leur parti, qui étoient les moins bien disposés pour les frondeurs; de donner des lueurs de division parmi nous, et d'en fortifier de temps en temps les soupçons par des accommodemens avec M. le prince; que nous serions séparés successivement les uns après les autres. On résolut aussi de réserver Monsieur pour le coup décisif; et, au moment de ce coup, de pousser tous ensemble le ministre et le ministère, les uns par le cabinet, et les autres par le parlement; et sur le tout de s'entendre d'abord uniquement avec une personne du parti des princes, qui en eût la confiance et la clef. Tous ces ressorts étoient nécessaires, et il n'y en eut aucun qui manqua. Toutes les pièces eurent la justesse et le mouvement auquel on les avoit destinées : les seules roues de la machine qui allèrent un peu plus vite que l'on avoit projeté se remirent dans leur équilibre, presque au moment de leur déréglement. Je m'explique. Madame de Rhodes, qui conservoit toujours beaucoup d'habitude avec le garde des sceaux, lui donna une grande joie en lui faisant croire qu'elle auroit assez de pouvoir auprès de moi, par le moyen de mademoiselle de Chevreuse, pour m'obliger à ne pas rompre avec lui sur le dernier tour qu'il m'avoit fait. Il m'avoit ôté le chapeau, à ce qu'il pensoit; et il se trouvoit heureux de trouver un ami qui me dorât la pilule en cette occasion, et qui lui donnât lieu de demeurer lié à une cabale qui poussoit le Mazarin : ce qui étoit son compte. Cependant il en avoit paru détaché, et c'étoit aussi son jeu. Il nous étoit d'une si grande conséquence de ne pas unir au cardinal le garde des sceaux, qui connoissoit notre manœuvre comme ayant été des nôtres, et comme y ayant même beaucoup de part, hors en ce qui regardoit mon chapeau, que je pris ou feignis de prendre pour bon tout ce qu'il lui plut de me dire à la comédie de Fontainebleau. Il joua fort bien, et je ne jouai pas mal. Je trouvai qu'il lui eût été impossible de se défendre d'en user comme il en avoit usé, vu les circonstances. Mademoiselle de Chevreuse, qui l'appeloit son papa, fit des merveilles : nous soupâmes chez lui, il nous donna la comédie en tous sens; et comme il étoit extrêmement bijoutier, et qu'il avoit toujours les doigts pleins de petites bagues, nous fûmes une partie du soir à raisonner.............., ne nous furent pas inutiles, et qu'elles coûtèrent cher à Mazarin. Il s'imagina que madame de Rhodes m'amusoit par mademoiselle de Chevreuse, à qui il se figuroit qu'elle faisoit croire tout ce qu'il vouloit. Il ne pouvoit douter que le garde des sceaux et moi ne fussions intimement mal; et je sais que quand il connut que nous nous étions raccommodés pour le chasser, il dit en jurant que rien ne l'avoit tant surpris de tout ce qui lui étoit arrivé en sa vie.

Madame de Rhodes ne nous fut pas moins utile du côté de madame la palatine. Je vous ai dit qu'elle en avoit été extrêmement recherchée; et vous pouvez juger comme elle en fut reçue. Elle ménagea avec elle fort adroitement tous les préalablés. Je la vis la nuit, et je l'admirai. Je la trouvai d'une capacité étonnante: ce qui me parut particulièrement en ce qu'elle savoit se fixer. C'est une qualité très-rare, et qui marque un esprit éclairé au dessus du commun. Elle fut ravie de me voir aussi inquiet que je l'étois sur le secret, parce qu'elle ne l'étoit pas moins que moi. Je lui dis nettement que nous appréhendions que ceux du parti de messieurs les princes ne nous montrassent au cardinal, pour le presser de s'accommoder avec eux. Elle m'avoua que ceux du parti de messieurs les princes craignoient que nous ne les montrassions au cardinal, pour le forcer de s'accommoder avec nous. Sur quoi lui ayant répondu que je lui engageois ma foi que nous ne recevrions aucune proposition de la cour, je la vis dans un transport de joie que je ne puis exprimer.

Elle ne nous pouvoit pas donner, dit-elle, la même parole, parce que M. le prince se trouvoit dans un état où il étoit obligé de recevoir tout ce qui lui pouvoit donner la liberté ; mais elle m'assuroit que si je voulois traiter avec elle, la première condition seroit que quoi qu'il pût promettre à la cour, cela ne pourroit jamais l'engager au préjudice de ce dont nous serions convenus. Nous entrâmes ensuite en matière. Je lui communiquai mes vues, elle s'ouvrit des siennes, et me dit après deux heures de conférence: « Je vois « bien que nous serons bientôt du même parti, si « nous n'en sommes déjà. Il vous faut tout dire...... » Elle tira de dessous son chevet (car elle étoit au lit) huit ou dix liasses de lettres chiffrées et de blancs signés ; elle prit confiance en moi : nous fîmes un petit mémoire de tout ce que nous avions à faire de part et d'autre, et le voici :

. Madame la palatine devoit dire à M. de Nemours, au président Viole, à Arnauld et à Croissy, que les frondeurs étoient ébranlés pour servir M. le prince; mais qu'elle doutoit extrêmement que l'intention du coadjuteur ne fût de se servir de son parti pour abattre le cardinal, et non pas pour lui rendre la liberté; que celui qui avoit fait des avances, et qui ne vouloit pas être nommé, lui avoit parlé si ambigument; qu'elle en étoit entrée en défiance; qu'à tout hasard il falloit écouter : mais qu'il falloit être fort alerte, parce que les coups doubles étoient à craindre. Madame la palatine avoit cru devoir parler ainsi d'abord, parce qu'il lui importoit, pour le service des princes, d'effacer de l'esprit de beaucoup de gens de son parti l'opinion qu'ils avoient qu'elle ne fût trop aliénée de la cour; et aussi pour répandre dans le même parti un air de défiance des frondeurs qui allât jusqu'à la cour, et qui l'empêchât de prendre l'alarme si chaude de leur réunion.

« Si j'étois, me dit madame la palatine, de l'avis
« de ceux qui croient que Mazarin pourra se résoudre
« à rendre la liberté à M. le prince, je le servirois
« très-mal en prenant cette conduite : mais je suis con-
« vaincue, par tout ce que j'ai vu de la sienne depuis
« la prison, qu'il n'y consentira jamais. Je suis per-
« suadée qu'il ne faut que se mettre entre vos mains,
« et que nous ne nous y mettrions qu'à demi, si nous
« ne nous donnions lieu de vous défendre des piéges
« que ceux des amis de M. le prince, qui ne sont pas de
« mon sentiment, vous croiront tendre, et qu'ils ten-

« droient, par l'événement, à M. le prince même. Je
« sais bien que je hasarde, et que vous pouvez abuser
« de ma confiance; mais je sais bien qu'il faut hasar-
« der pour servir M. le prince; et que, dans la con-
« joncture présente, on ne le peut servir sans hasar-
« der précisément ce que je hasarde. Vous m'en mon-
« trez l'exemple : vous êtes ici sur ma parole, vous
« êtes ici entre mes mains. »

J'avois naturellement de l'inclination à servir M. le prince; mais je crois que le procédé si net et si habile de la palatine m'y eût engagé, quand je n'y aurois pas été aussi porté. Je commençai à l'aimer : car elle eut autant de bonté à me confier les raisons de ses sentimens, qu'elle avoit eu d'habileté à me les persuader. Dès qu'elle vit que je répondois à sa franchise, non plus par des honnêtetés sur les faits, mais par des ouvertures sur les motifs, elle quitta la plume dont elle écrivoit son mémoire. Elle me fit le plan de son parti : elle me dit que le premier président vouloit la liberté de M. le prince et par lui-même et par Champlâtreux, mais qu'il l'espéroit par la cour, et qu'il ne la vouloit point par la guerre; que le maréchal de Gramont la souhaitoit plus qu'homme de France, mais qu'elle n'en connoissoit pas un plus propre à serrer ses liens, parce qu'il seroit toute sa vie la dupe du cabinet; que madame de Montbazon leur faisoit tous les jours espérer M. de Beaufort, mais que l'on comptoit sa foi pour rien, et son pouvoir pour peu de chose; qu'Arnauld et Viole vouloient la liberté de messieurs les princes pour leur intérêt particulier, et que leur avidité toute seule soutenoit leurs espérances; que Croissy étoit persuadé qu'il n'y avoit rien à faire qu'avec moi : mais qu'il étoit si emporté, qu'il n'étoit pas encore temps de s'en ouvrir avec lui; que M. de Nemours n'étoit qu'un fantôme agréable; que le seul homme à qui elle se découvriroit, et par qui elle négocieroit avec moi, seroit Montreuil. Elle reprit ici son mémoire pour le continuer.

Vous avez vu le premier article. Le second fut que quand on jugeroit nécessaire de faire paroître la Fronde, nous commencerions par madame de Montbazon, qui croiroit si bien elle-même avoir entraîné M. de Beaufort (que j'aurois toutefois disposé auparavant), que si le cardinal en étoit averti, il ne douteroit pas lui-même que la Fronde ne fût divisée : ce qui, au lieu de l'intimider, lui donneroit plus d'audace. Le troisième article fut qu'elle ne s'ouvriroit sur mon sujet à qui que ce soit, jusqu'à ce qu'elle eût vu tous les esprits de la faction disposés à recevoir ce que l'on voudroit leur faire savoir. Nous nous jurâmes après cela un concert entier et parfait, et nous nous tînmes fidèlement parole.

Monsieur approuva ma négociation, qui n'étoit que le plan de notre conduite, et ce qui étoit le plus pressé, parce qu'il n'y avoit pas un instant où l'on ne l'eût pu déconcerter par des pas contraires. Nous avions remis à la nuit suivante la discussion des conditions par lesquelles on commence d'ordinaire, et par lesquelles nous ne fîmes pas difficulté de finir en cette occasion, parce que la Fronde avoit la carte blanche, et qu'il ne s'agissoit pas de combattre d'honnêtetés. Monsieur ne voulut point d'autres conditions que l'amitié de M. le prince, le mariage de mademoiselle d'Alençon avec M. le duc, et la rénovation de la connétablie.

On m'offroit les abbayes de M. le prince de Conti; et vous croyez aisément que je ne les voulois pas. M. de Beaufort étoit bien aise qu'on ne le troublât pas dans la possession de l'amirauté; et ce n'étoit pas une affaire. Mademoiselle de Chevreuse n'étoit pas fâchée de devenir princesse du sang, par le mariage de M. le prince de Conti; et ce fut la première offre que madame la palatine fit à madame de Rhodes. Il fut réglé en même temps qu'il ne s'en écriroit rien qu'à mesure que les traités particuliers se feroient; et cela pour la même raison pour laquelle il avoit été résolu de n'en point faire de général. Madame la palatine me pressa beaucoup de recevoir en forme la parole de messieurs les princes de ne point traverser mon cardinalat. Vous verrez la raison que j'eus pour ne la pas accepter en ce temps-là. La postérité aura peine à croire la justesse avec laquelle toutes ces mesures se gardèrent. Je remédiai à ce qui les pouvoit rompre plus facilement, qui étoit le peu de secret et l'infidélité de madame de Montbazon : car nous jugeâmes, madame la palatine et moi, qu'il étoit temps que M. de Beaufort s'ouvrît, plus qu'il n'avoit fait jusque là, avec les amis de M. le prince. Je lui fis voir que le secret qu'il garderoit sur le sujet de Monsieur et sur le mien, à madame de Montbazon, lui donneroit un grand mérite auprès d'elle, et feroit cesser les reproches qu'elle lui faisoit continuellement du pouvoir que j'avois sur son esprit. Il sentit ce que je lui disois : il en fut ravi. Arnauld crut avoir fait un miracle en faveur de son parti, d'avoir gagné M. de Beaufort par madame de Montbazon. Madame de Nemours, sa belle-sœur, prétendit cette gloire. Madame la palatine s'en donnoit toutes les nuits la comédie à elle et à moi. Le prodige est que ce traité de M. de Beaufort demeura très-secret, contre toutes sortes d'apparences; qu'il ne nuisit à rien, et qu'il ne produisit justement que l'effet que l'on vouloit, qui étoit de faire connoître, à ceux qui gouvernoient à Paris les affaires de M. le prince, que l'unique ressource ne consistoit pas en Mazarin. Un des articles portoit que M. de Beaufort feroit tous ses efforts pour obliger Monsieur à prendre la protection de messieurs les princes, et qu'il romproit même avec le coadjuteur, s'il persistoit dans l'opiniâtreté qu'il avoit témoignée jusque là contre leur service. Madame de Montbazon avoit été négligée dans les derniers temps par la cour, qui n'estimoit ni sa capacité ni sa fidélité, et qui connoissoit son peu de pouvoir. Cette circonstance ne nous fut pas inutile.

Quand madame la palatine eut donné le temps à son parti de se détromper des fausses lueurs dont la cour l'amusoit, et qu'elle eût mis les esprits au point que Monsieur les vouloit, je me laissai pénétrer plus que je n'avois accoutumé à Arnauld et à Viole, qui se pressèrent de lui en apprendre la bonne nouvelle. Croissy fut l'entremetteur de notre entrevue; elle se fit la nuit chez madame la palatine. Nous conférâmes, nous signâmes le traité; M. de Beaufort le signa aussi, pour faire voir au parti des princes notre union, et que celui qu'il avoit signé auparavant tout seul n'étoit pas le bon. Nous convînmes que ce traité seroit mis en dépôt entre les mains de Blancménil, qui, tel que vous le connoissez, faisoit en ce temps-là quelque figure, à cause qu'il avoit été des premiers à déclamer dans le parlement contre le cardinal Mazarin. Ce traité est en original entre les mains de Caumartin, qui, étant un jour avec moi à Joigny il y a huit ou dix ans, le trouva abandonné dans une vieille armoire de garde-robe. Ce qu'il y eut en cela de plaisant dans cette conférence fut que, de concert avec la palatine, je leur fis le fin des intentions de Monsieur : ce qui étoit la grosse corde, qu'on ne devoit toucher que la dernière; et qu'eux pareillement, par le même concert, me firent aussi les fins de ce qu'ils en savoient d'ailleurs. La différence est qu'elle vouloit bien que je visse le dessous des cartes, parce qu'elle voyoit que je ne gâterois rien au jeu, et qu'elle le leur cachoit par la raison que je vais expliquer.

Monsieur ne se résolvoit jamais que très-difficilement aux moyens, quoiqu'il fût résolu à la fin. Ce défaut est une des sources les plus empoisonnées des fausses démarches des hommes. Il vouloit la liberté de messieurs les princes, mais il y avoit des momens qu'il la vouloit par la cour. Cela ne se pouvoit pas : car si la cour y eût donné, son premier soin eût été d'en exclure Monsieur, ou du moins de ne l'y admettre qu'après coup, et comme une représentation. Il le jugeoit très-bien, mais il étoit foible : il se laissoit aller quelquefois à M. le maréchal de Gramont, qui, d'autre part, se laissoit amuser du soir au matin par Mazarin.

Je m'aperçus bientôt de l'effet des longues conversations du maréchal de Gramont ; mais comme il me sembloit que j'en effacerois toujours les impressions par une ou deux paroles, je n'y faisois pas beaucoup de réflexion, ne pouvant m'imaginer que Monsieur, qui m'avoit témoigné des appréhensions mortelles du manquement du secret, fût capable de se laisser entamer par l'homme du monde qu'il connoissoit pour en avoir le moins. Je me trompois toutefois : car Monsieur, qui véritablement ne lui avoit pas avoué qu'il traitât avec le parti des princes par les frondeurs, avoit fait presque pis en lui découvrant que les frondeurs y traitoient pour eux-mêmes; qu'ils lui avoient voulu persuader de faire la même chose; qu'il l'avoit refusé; et qu'au fond il ne vouloit entrer que conjointement avec la cour, dans l'opinion que la cour y marcheroit de bon pied.

Le premier président et le maréchal de Gramont, qui agissoient de concert, se firent honneur de cette importante nouvelle auprès de Viole, de Croissy et d'Arnauld, pour les empêcher de prendre aucune confiance aux frondeurs, dont enfin la principale considération consistoit en Monsieur. Jugez de l'effet de ce contre-temps, si les mesures que j'avois prises avec madame la palatine ne l'eussent sauvé! Elle s'en servit finement cinq ou six jours durant, pour brouiller ce que l'impétuosité de Viole avoit un peu trop éclairci. Quand elle eut fait ce qu'elle désiroit, et qu'elle crut que *comœdia in comœdiâ* n'étoit plus de saison, elle se servit encore plus finement du dénouement de la pièce, tel que vous l'allez voir.

Nous jugeâmes à propos, madame la palatine et moi, que je m'expliquasse à Monsieur, pour empêcher qu'une autre fois de pareils malentendus n'arrivassent, qui eussent été capables de déconcerter les mesures les mieux prises. Je lui parlai avec liberté, je me plaignis avec ressentiment : il en eut regret. Il me paya d'abord de fausse monnoie, en me disant qu'il n'avoit pas dit cela et cela au maréchal de Gramont; mais qu'à la vérité il avoit estimé qu'il seroit bon de lui faire croire qu'il n'étoit pas si fort passionné pour les frondeurs que la Reine se le vouloit persuader. Comme je lui eus fait voir la conséquence de ce faux pas pour lui et pour nous, il m'offrit avec empressement de faire tout ce qui seroit nécessaire pour y remédier. Il écrivit une lettre antidatée de Limours, où il alloit assez souvent, par laquelle il me faisoit des railleries fort plaisantes des négociations que le maréchal de Gramont prétendoit avoir avec lui. Ces railleries étoient si bien circonstanciées, selon les instructions que la palatine m'avoit données, que les négociations du maréchal n'en paroissoient que plus chimériques. Madame la palatine fit voir cette lettre, comme en grande confiance, à Viole, à Arnauld et à Croissy. Je fis semblant d'en être fâché; je me radoucis, j'entrai dans la raillerie : et de ce jour jusqu'à celui de la liberté de messieurs les princes, le maréchal de Gramont et le premier président furent joués d'une manière qui me faisoit quelquefois pitié.

Nous eûmes encore un petit embarras. Le garde des sceaux, qui s'étoit remis avec nous pour la perte du Mazarin, appréhendoit extrêmement la liberté de M. le prince, quoiqu'il ne s'en expliquât pas ainsi en nous parlant; mais comme Laigues ne s'y étoit rendu que parce qu'il n'avoit pas eu la force de me résister, il se servit de lui pour essayer de retarder nos effets par madame de Chevreuse. Je m'en aperçus, et j'abattis cette fumée par le moyen de mademoiselle de Chevreuse, qui fit tant de honte à sa mère de ce qu'elle balançoit pour son établissement, qu'elle revint à nous, et qu'elle ne nous fut pas même d'un médiocre usage auprès de Monsieur, dans la foiblesse duquel il y avoit bien des étages. Il y avoit très-loin de la velléité à la volonté, de la volonté à la résolution, de la résolution au choix des moyens, du choix des moyens à l'application. Il arrivoit même assez souvent qu'il demeuroit tout court au milieu de l'application. Madame de Chevreuse nous aida sur ce point; et Laigues même, voyant l'affaire trop engagée, ne nous y nuisit point. Madame de Rhodes ne s'oublia pas auprès du garde des sceaux, qui n'osa d'ailleurs tout-à-fait se déclarer. Enfin Monsieur signa son traité. Caumartin l'avoit dans sa poche, avec une écritoire de l'autre côté. Il l'attrapa entre les deux portes, il lui mit une plume entre les doigts, et signa, à ce que disoit madame de Chevreuse, comme il auroit signé la cédule du sabbat, s'il avoit eu peur d'y être surpris par son bon ange. Le mariage de mademoiselle de Chevreuse avec M. le prince de Conti fut stipulé par ce traité. La promesse de ne se point opposer à ma promotion y fut aussi insérée, mais par rapport à l'article du mariage, et en marquant expressément que Monsieur ne m'avoit pu faire consentir à recevoir pour moi cette parole de M. le prince, qu'après m'avoir fait voir que le changement de profession de monsieur son frère ne lui laissoit plus aucun lieu d'y prétendre pour lui. Messieurs les princes étoient de toutes ces négociations, comme s'ils eussent été en pleine liberté. Nous leur écrivions, ils nous faisoient réponse; et le commerce de Paris à Lyon n'a jamais été mieux réglé. Bar, qui les gardoit, étoit homme de peu de sens : de plus, les plus fins y sont trompés.

M. le cardinal Mazarin, qui avoit pris goût pour la seconde fois aux acclamations du peuple quand le Roi revint de Guienne, s'en lassa dans peu de jours. Les frondeurs n'en tinrent pas moins le pavé; mais je n'en étois pas moins souvent à l'hôtel de Chevreuse, qui est à présent l'hôtel de Longueville, et qui n'est qu'à cent pas du Palais-Royal, où le Roi logeoit. J'y allois tous les soirs, et mes vedettes se posoient régulièrement à vingt pas des sentinelles des gardes; j'en ai encore honte quand j'y pense; mais ce qui m'en faisoit dans le fond du cœur dès ce temps-là paroissoit grand au vulgaire, parce qu'il étoit haut, et excusable aux autres, parce qu'il étoit nécessaire. On pouvoit dire qu'il n'étoit pas nécessaire que j'allasse à l'hôtel de Chevreuse; mais presque personne ne le disoit, tant l'habitude a de force, particulièrement dans la faction, en faveur de ceux qui ont gagné les cœurs! Souvenez-vous de ce que je vous ai dit dans le premier livre de cet ouvrage sur ce sujet. Il n'y avoit rien de si contraire à tout ce qui se passoit à l'hôtel de Chevreuse, que les confirmations, les conférences de Saint-Magloire, et autres telles occupations. Mais j'avois trouvé l'art de les concilier; et cet art justifie, à l'égard du monde, ce qu'il concilie.

Le cardinal, fatigué des alarmes que l'abbé Fouquet commençoit à lui donner à Paris pour se rendre nécessaire auprès de lui, et entêté de sa capacité pour le gouvernement d'une armée, sortit en ce temps-là assez brusquement de Paris pour aller en campagne, et reprendre Rethel et Château-Portien, que les ennemis avoient occupés, et dans lesquels M. de Turenne prétendoit hiverner. L'archiduc, qui s'étoit rendu maître de Mouzon après un siége assez opiniâtre, lui avoit donné un corps de troupes considérable, qui, jointes à celles qui avoient été ramassées par tous ceux qui étoient attachés à messieurs les princes, formoient une très-leste et très-belle armée. Le cardinal lui en opposa une qui n'étoit pas moins forte : car il joignit, à celle que le maréchal Du Plessis commandoit déjà dans la province, les troupes que le Roi avoit ramenées de Guienne, et d'autres encore que Villequier et d'Hocquincourt avoient maintenues et même grossies tout l'été. Je vous raconterai les exploits de ces deux armées, après que vous aurez vu ceux qui se firent dans le parlement un peu après le départ du cardinal.

Nous résolûmes, dans un conseil tenu chez madame la palatine, de ne pas le laisser respirer, et de l'attaquer dès le lendemain de l'ouverture du parlement. Le premier président, qui étoit très-bien intentionné pour M. le prince, avoit fait témoigner à ses serviteurs qu'il le serviroit avec zèle en tout ce qui seroit purement des voies de la justice; mais que si on prenoit celles de la faction, il n'en pourroit être. Il s'en expliqua ainsi au président Viole, ajoutant que le cardinal, voyant que le parlement ne pourroit s'empêcher de faire enfin justice à deux princes du sang qui la demandoient, et contre lesquels il n'y avoit aucune accusation intentée, se rendroit infailliblement, pourvu qu'on ne lui donnât aucun lieu de croire qu'on eût des mesures avec les frondeurs, et que le moindre soupçon de correspondance feroit qu'il n'y auroit aucunes extrémités dont il ne fût capable, plutôt que d'avoir la moindre pensée pour leur liberté. Voilà ce que la Reine, le cardinal et les subalternes disoient à tous momens ; voilà ce que le premier président et le maréchal de Gramont se persuadoient être bon et sincère ; et voilà ce qui eût tenu M. le prince dans les fers peut-être toute la vie du Mazarin, sans le bon sens et la fermeté de la palatine. Vous voyez de quelle nécessité il étoit de couvrir notre jeu dans une conjoncture où, au moins, pour l'ouverture de la scène, la contenance du premier président nous étoit très-considérable. Il faut avouer qu'il n'y a jamais eu de comédie si bien exécutée. Monsieur fit croire au maréchal de Gramont qu'il vouloit la liberté des princes, mais qu'il ne la vouloit que par la cour, parce qu'il n'y avoit qu'elle qui pût la donner sans guerre civile ; et qu'il avoit découvert que les frondeurs ne la vouloient pas dans le fond. Les amis de M. le prince firent voir au premier président que, comme nous les voulions tromper en nous servant d'eux pour pousser Mazarin, sous prétexte de servir M. le prince, ils se vouloient servir de nous pour donner la liberté à M. le prince, sous prétexte de pousser Mazarin. Je donnois par mes manières toutes les apparences possibles à ces discours et à ces soupçons, et cette conduite fit tous les effets que nous voulions : elle échauffa pour le service des princes le premier président, et tous ceux du corps qui avoient de la disposition contre la Fronde ; elle empêcha que le cardinal ne se précipitât dans quelque résolution qui ne nous plût pas, parce qu'elle lui donna lieu d'espérer qu'il détruiroit les deux partis l'un par l'autre ; et elle couvrit si bien notre marche, que l'on ne faisoit pas seulement réflexion sur les avis qui venoient de toutes parts à la cour contre nous. On y croyoit savoir le dessous des cartes. Le premier président ne pouvoit quelquefois s'empêcher de dire à sa place de certaines paroles équivoques, qu'il croyoit que nous n'entendions pas, et qui nous avoient été expliquées la veille chez la palatine. Nous nous y réjouissions du maréchal de Gramont, qui disoit que les frondeurs seroient bientôt pris pour dupes. Enfin il y eut sur ce détail mille farces dignes du ridicule de Molière. Revenons au parlement.

La Saint-Martin de l'année 1650 arriva. Le premier président et l'avocat général Talon exhortèrent la compagnie à demeurer tranquille, pour ne point donner avantage aux ennemis de l'Etat.

Deslandes-Payen, conseiller de la grand'chambre, dit qu'il avoit été chargé la veille, à neuf heures du soir, d'une requête de madame la princesse. On la lut. Elle concluoit à ce que les princes fussent amenés au Louvre; qu'ils y fussent gardés par un officier de la maison du Roi; que le procureur général fût mandé pour déclarer s'il avoit quelque chose à proposer contre leur innocence; et que, faute de ce faire, il fût incessamment pourvu à leur liberté. Ce qui fut assez plaisant à l'égard de cette requête est qu'elle fut concertée l'avant-veille chez madame la palatine entre Croissy, Viole et moi, et qu'elle fut minutée la veille chez le premier président, qui disoit aux deux autres : « Voilà servir les princes dans les formes et en gens « de bien, et non pas comme des factieux. » On mit le soir même sur la requête le *soit montré :* ce qui étoit de la forme. Elle fut renvoyée au parquet. L'on prit jour pour délibérer au mercredi d'après, qui étoit le 7 décembre.

Ce jour-là, les chambres étant assemblées, Talon, avocat général, qui avoit été mandé pour prendre ses conclusions sur la requête, dit que la veille la Reine avoit mandé les gens du Roi, pour leur ordonner de faire entendre à la compagnie que son intention étoit que le parlement ne prît aucune connoissance de la requête présentée par madame la princesse, parce que tout ce qui regardoit la prison des princes n'appartenoit qu'à l'autorité royale. Les conclusions de Talon, au nom du procureur général, furent que le parlement renvoyât par une députation la requête à la Reine, et la suppliât d'y avoir quelque égard. Talon n'eut pas achevé de parler, que Crespin, doyen de la grand'chambre, rapporta une autre requête de mademoiselle de Longueville, par laquelle elle demandoit la liberté de monsieur son père, et la permission de demeurer à Paris pour la solliciter.

Aussitôt que la requête eut été lue, les huissiers vinrent avertir que Desroches, capitaine des gardes de M. le prince, étoit à la porte, qui demandoit à la compagnie qu'il lui plût de le faire entrer pour lui présenter une lettre des trois princes. On lui donna audience. Il dit qu'un cavalier des troupes qui avoient conduit M. le prince au Havre-de-Grâce lui avoit apporté cette lettre : elle fut lue. On y demandoit qu'on leur fît leur procès, ou qu'on leur donnât la liberté.

Le vendredi 9, le parlement s'étant assemblé pour délibérer, Saintot, lieutenant des cérémonies, apporta à la compagnie une lettre de cachet, par laquelle le Roi ordonnoit de surseoir toutes délibérations jusqu'à ce qu'on eût député vers lui pour apprendre ses volontés.

On députa dès l'après-dînée. La Reine reçut les députés dans le lit, où elle leur dit qu'elle se portoit fort mal. Le garde des sceaux ajouta que l'intention du Roi étoit que le parlement ne s'assemblât, pour quelque affaire que ce pût être, avant que la santé de la Reine sa mère ne fût un peu rétablie, afin qu'elle pût elle-même travailler avec plus d'application à tout ce qui seroit de leur satisfaction.

Le 10, le parlement résolut de ne donner de délai que jusqu'au 14; et ce fut ce jour-là que Crespin, doyen du parlement, ne sachant quel avis prendre, porta celui de demander à M. l'archevêque une procession générale, pour demander à Dieu la grâce de n'en point prendre que de bons.

Le 14, on eut une lettre de cachet pour empêcher qu'on ne délibérât. Elle portoit que la Reine donneroit satisfaction au plus tôt sur l'affaire de messieurs les princes. On n'eut aucun égard à cette lettre de cachet. Le Nain, conseiller de la grand'chambre, fut d'avis d'inviter M. le duc d'Orléans de venir prendre sa place; et la chose passa au plus de voix. Vous jugez, par tout ce que vous avez vu ci-devant, qu'il n'étoit pas encore temps que Monsieur parût. Il répondit aux députés qu'il ne se trouveroit point à l'assemblée; qu'on y faisoit trop de bruit; que ce n'étoit plus qu'une cohue; qu'il ne concevoit pas ce que le parlement prétendoit; qu'il étoit inouï qu'il eût pris connoissance de semblables affaires; qu'il n'y avoit qu'à renvoyer les requêtes à la Reine. Remarquez que cette réponse, qui avoit été résolue chez la palatine, parut, par l'adresse de Monsieur, lui avoir été inspirée par la cour. Il ne répondit à Doujat et à Menardeau (1), qui lui avoient été députés, qu'après en avoir conféré avec la Reine, à qui il tourna son absence du parlement d'une manière si délicate, qu'il se la fit demander. Ce qu'il dit aux députés acheva de confirmer la cour dans l'opinion que le maréchal de Gramont voyoit clair dans ses véritables intentions ; et le premier président en fut encore plus persuadé que les frondeurs demeuroient les dupes de l'intrigue. Comme il ne l'étoit pas lui-même du Mazarin à beaucoup près tant que le maréchal de Gramont, il n'étoit pas fâché que le parlement lui donnât des coups d'éperons ; et quoiqu'il fît toujours semblant de les rabattre de temps en temps, il n'étoit pas difficile à connoître, quelquefois par lui-même et toujours par ceux qui dépendoient de lui dans la compagnie, qu'il vouloit la liberté des princes, quoiqu'il ne la voulût pas par la guerre.

Le 15, on continua la délibération.

Le 17, de même, avec cette différence que Deslandes-Payen, rapporteur de la requête de messieurs les princes, ayant été interrogé par le premier président s'il n'avoit rien à ajouter à son avis, qu'il avoit porté dès le 14 et répété dès le 15, y ajouta que si la compagnie jugeoit à propos de joindre, aux remontrances qu'il feroit de vive voix et par écrit pour la liberté des princes, une plainte en forme contre la conduite du cardinal Mazarin ; il ne s'en éloigneroit pas. Broussel opina encore plus fortement contre lui.

(1) Gratien Menardeau, conseiller au parlement de Paris. (A. E.)

Je ne sais pas la raison pour laquelle le premier président s'attira, même contre les formes, cette répétition d'avis du rapporteur ; mais je sais bien qu'on ne lui en voulut pas de mal au Palais-Royal, et d'autant plus que le cardinal fut nommé dans cette répétition.

Le 18, la nouvelle arriva que le maréchal Du Plessis avoit gagné une grande bataille (1) contre M. de Turenne; que le dernier, qui venoit au secours de Rethel, et qui l'avoit trouvé déjà rendu au maréchal Du Plessis par Delliponti, qui y commandoit la garnison espagnole, s'étant voulu retirer, avoit été forcé de combattre dans la plaine de Saumepuis; qu'il s'étoit sauvé à toute peine lui cinquième, après y avoir fait des merveilles; qu'il y avoit eu plus de deux mille hommes tués sur la place, du nombre desquels étoit un des frères de l'électeur palatin, et six colonels, et près de quatre mille prisonniers, entre lesquels étoit don Estevan de Gamarre, la seconde personne de l'armée; Boutteville, qui est aujourd'hui M. de Luxembourg; le comte de Bossu, le comte de Quintin-Haucourt, Sensy, le chevalier de Jarzé, et tous les colonels. On ajoutoit que l'on avoit pris vingt drapeaux et quatre-vingt-quatre étendards. Vous ne doutez pas de la consternation du parti des princes. Je n'eus toute la nuit chez moi que des pleurs et des désespérés. Je trouvai Monsieur atterré.

Le 19, j'allai au Palais, où les chambres se dévoient assembler. Le peuple me parut, dans les rues, morne, abattu et effrayé. Je connus dans ce moment

(1) *Avoit gagné une grande bataille :* Le maréchal Du Plessis avoit pris Rethel le 13 décembre. Turenne, qui étoit venu au secours de cette place, crut devoir hasarder une bataille. Il fut vaincu le 15.

combien le premier président étoit bien intentionné pour les princes : car M. de Rhodes, grand maître des cérémonies, étant venu commander au parlement, de la part du Roi, de se trouver le lendemain à Notre-Dame au *Te Deum* de la victoire, le premier président se servit naturellement de cette occasion pour faire qu'il n'y eût que peu de gens qui opinassent dans un temps où il voyoit bien que personne n'opineroit apparemment que foiblement. Il n'y eut en effet que quinze ou seize conseillers qui parlassent.

Le premier président ayant trouvé moyen de consumer le temps, ils allèrent pour la plupart aux remontrances pour la liberté des princes, mais simplement, timidement, sans chaleur, et sans parler contre le Mazarin. Il n'y eut que Menardeau-Champré qui le nomma, mais avec des éloges, en lui donnant tout l'honneur de la bataille de Rethel, et disant, comme il étoit vrai, qu'il avoit forcé le maréchal Du Plessis à la donner. Il avança encore que la compagnie ne pouvoit mieux faire que de supplier la Reine de remettre les princes à la garde de ce bon et sage ministre, qui en auroit le même soin qu'il avoit eu jusque là de l'Etat. Ce qui me surprit, c'est que cet homme non-seulement ne fut pas sifflé dans l'assemblée des chambres, mais que même en passant dans la salle où il y avoit une foule innombrable de peuple, il ne s'éleva pas une voix contre lui. Cette circonstance, qui me fit voir le fond de l'abattement du peuple, jointe à tout ce qui me parut l'après-dînée dans la vieille et dans la nouvelle Fronde (celle-ci étoit le parti des princes), me fit prendre la résolution de me déclarer le lendemain pour relever les courages.

Le tempérament que j'y apportai fut de laisser dans mon avis, qui paroîtroit favorable à messieurs les princes, une porte, laquelle le Mazarin et le premier président pussent croire que je me tinsse ouverte à dessein, pour ne pas m'engager à les servir en particulier pour leur liberté. Je connoissois le premier président pour un homme tout d'une pièce; et les gens de ce caractère ne manquent jamais de gober avec avidité toutes les apparences qui les confirment dans la première impression qu'ils ont prise. Je connoissois le cardinal pour un esprit qui n'eût pu s'empêcher de croire qu'il n'y eût eu une porte de derrière partout où il y avoit de la place pour la mettre. C'est presque jeu sûr, avec les hommes de cette espèce, de leur faire croire que l'on veut tromper ceux que l'on veut servir.

Je me résolus, sur ce fondement, d'opiner le lendemain fortement contre les désordres de l'Etat, et de prendre mon thême sur ce que Dieu ayant béni les armes du Roi, et éloigné les ennemis de la frontière par la victoire de M. le maréchal Du Plessis, nous donnoit moyen de penser sérieusement aux maladies internes, qui sont les plus dangereuses. A quoi je fis dessein d'ajouter que je me croyois obligé d'ouvrir la bouche sur l'oppression des peuples, dans un moment où la plainte ne pouvoit plus donner d'avantage aux Espagnols, atterrés par la dernière défaite; que l'une des ressources de l'Etat étoit la conservation des membres de la maison royale; que je ne pouvois voir qu'avec une extrême douleur messieurs les princes dans un air aussi mauvais que celui du Havre; et que je croyois que l'on devoit faire de très-humbles remontrances au Roi pour les en tirer, et pour les mettre en lieu où il n'y eût au moins rien à craindre pour leur santé. Je ne crus pas devoir nommer le Mazarin, afin de lui donner lieu à lui-même et au premier président de croire que ce ménagement pourroit être l'effet de quelque arrière-pensée que j'avois peut-être de me raccommoder avec lui plus facilement, après avoir ameuté et échauffé contre lui le parti de messieurs les princes, par une dernière déclaration qui, n'étant point pour la liberté, ne m'engageoit à rien dans les suites. Je communiquai cette pensée à madame de Lesdiguières, à madame la palatine, à madame de Chevreuse, à Viole, à Arnauld, à Croissy, au président de Bellièvre et à Caumartin. Il n'y eut que le dernier qui l'approuva, tout le monde disant qu'il falloit laisser remettre les esprits, qui ne se fussent jamais remis. Je l'emportai enfin par mon opiniâtreté; mais je connus que si je ne réussissois pas, je serois désavoué par quelqu'un et blâmé par tous. Le coup étoit si nécessaire, que je crus en devoir prendre le hasard.

Le 20, je le pris : je parlai comme je viens de vous le dire. Tout le monde reprit cœur ; on conclut que tout n'étoit pas perdu. Le premier président donna dans ce dont je m'étois flatté, et dit au président Le Coigneux, au lever de l'assemblée, que mon avis avoit été fort artificieux; mais qu'on voyoit au travers mon animosité contre les princes. Le président de Mesmes, seul et unique, ne donna pas dans le panneau. Il jugea que je m'étois raccommodé avec messieurs les princes, et il s'en affligea à un point qu'il y a des gens qui ont cru que sa douleur contribua à sa mort, qui arriva aussitôt après. Il y eut fort peu de gens qui opinassent ce jour-là, parce qu'il fallut aller au *Te Deum;* mais on vit l'air des esprits et des visages sensiblement changé. La salle du Palais, instruite par ceux qui étoient dans les lanternes, rentra dans sa première ferveur : elle retentit des acclamations accoutumées quand nous sortîmes, et j'eus ce jour-là trois cents carrosses chez moi.

Le 22, on continua la délibération, et on s'aperçut de plus en plus que le parlement ne suivroit pas le char de triomphe du Mazarin. Son imprudence d'avoir hasardé tout le royaume dans la dernière bataille, y fut relevée de toutes les couleurs que l'on put croire capables de ternir celles de la victoire.

Le 30 couronna l'œuvre : il produisit l'arrêt par lequel il fut ordonné que très-humbles remontrances seroient faites à la Reine pour demander la liberté des princes, et le séjour de mademoiselle de Longueville à Paris.

Il fut aussi arrêté de député un président et deux conseillers au duc d'Orléans, pour le prier d'employer son autorité pour le même effet.

Il ne seroit pas juste que j'oubliasse en ce lieu l'original de la fameuse chanson : *Il y a trois points dans cette affaire* (1)*, etc.*

---

(1) Voici cette chanson :

        Or écoutez, peuple de France,
        Le propre avis en terme exprès
        Du grand Beaufort, fait en présence
        Du parlement dans le Palais.

        Il saluit la compagnie
        De son chapeau très-humblement ;

J'avois recordé jusqu'à deux heures après minuit M. de Beaufort chez madame de Montbazon, pour le faire parler au moins un peu juste dans une occasion aussi délicate. J'y réussis, comme vous voyez, par la chanson, qui, dans la vérité, est rendue en vers mot à mot de la prose. Admirez la force de l'imagination! Le vieux Machaut, doyen du conseil, qui n'étoit rien moins qu'un sot, me dit à l'oreille, en entendant cet avis : « On voit bien que cela n'est pas « de son cru. » Et ce qui est encore plus merveilleux est que les gens de la cour y entendirent finesse. Quand je demandai à M. de Beaufort pourquoi il avoit parlé dans son avis de M. le duc d'Orléans, qui ne pouvoit opiner parce qu'il n'étoit pas présent, il me

   Puis d'une mine très-hardie
   Il fit ce beau raisonnement :

   « J'avons trois points dans notre affaire :
   « Les princes sont le premier point.
   « Je les honore et les révère :
   « C'est pourquoi je n'en parle point.

   « Le second est de l'Eminence,
   « Monsieur Jules de Mazarin.
   « Sans barguigner j'aime la France,
   « Et vas toujours mon grand chemin.

   « J'ai le cœur fait comme la mine,
   « Et suis tous les beaux sentimens.
   « C'est pourquoi j'conclus et opine
   « Com' fera monsieur d'Orléans. »

   A ces beaux mots, la compagnie
   Frappa des mains, et dit tout haut :
   « Voyez comment pour sa patrie
   « Beaufort opine comme il faut! »

         (A. E.)

répondit qu'il l'avoit fait pour embarrasser le premier président. Cette repartie vaut la chanson.

Les gens du Roi ayant demandé audience pour les remontrances, la Reine les remit à la huitaine, sous prétexte des remèdes qui lui avoient été ordonnés par les médecins. Monsieur répondit d'une manière ambiguë au président de Novion, qui lui avoit été député. Les remèdes de la Reine durèrent huit ou dix jours plus qu'elle n'avoit cru, ou plutôt qu'elle n'avoit dit; et les remontrances du parlement ne se firent que le 20 janvier 1651. Elles furent fortes, et le premier président n'oublia rien de ce qui les pouvoit rendre efficaces.

Le 21, il en fit sa relation; c'est-à-dire il la voulut faire: car il en fût empêché par un bruit confus qui s'éleva tout d'un coup des bancs des enquêtes, pour l'obliger à remettre cette relation, dans laquelle il ne s'agissoit que de la liberté des deux princes du sang, et du repos ou du bouleversement de l'Etat; et pour délibérer sur une entreprise qu'on prétendoit que le garde des sceaux avoit faite sur la juridiction du parlement en la personne d'un secrétaire du Roi. Cette bagatelle tint toute la matinée, et obligea le premier président à ne faire la relation que le 28. Il la finit, en disant que la Reine avoit répondu qu'elle feroit réponse dans peu de jours.

[1651] Nous fûmes avertis en ce temps-là que le cardinal, qui n'étoit revenu à Paris (1) après la bataille de

---

(1) *Revenu à Paris :* Mazarin étoit rentré à Paris le premier janvier, avec une escorte de cinq cents chevaux. Il s'étoit flatté qu'il seroit reçu avec de grandes acclamations; mais les frondeurs avoient eu le temps de lui faire perdre l'avantage qu'il venoit d'obtenir.

Rethel que parce qu'il ne douta point qu'il ne dût atterrer tous ses ennemis; nous fûmes, dis-je, avertis que, se voyant déchu de cette espérance, il pensoit à en faire sortir le Roi; et nous sûmes même que Beloi qui étoit à lui, quoique domestique de Monsieur, qui dans le fond ne vouloit point de guerre civile, suivroit certainement la cour. Madame de Frenoi dit à Fremont, à qui elle ne se cachoit pas parce qu'il lui prêtoit de l'argent, que son mari, qui étoit à Madame et en cabale avec Beloi, étoit de ce sentiment, et qu'il ne l'avoit pas pris sans fondement. Nous ne la croyions pas bien informée; mais comme on ne pouvoit jamais pleinement s'assurer de l'esprit de Monsieur, et que d'ailleurs nous considérions que le parlement étoit si engagé à la liberté de messieurs les princes, et que le premier président s'étoit même si hautement déclaré, qu'il n'y avoit plus lieu de craindre qu'ils pussent ni l'un ni l'autre faire le pas en arrière, nous crûmes qu'il n'y avoit plus de péril que Monsieur s'ouvrît, ou du moins que le peu de péril qui y restoit ne pouvoit pas contrepeser la nécessité que nous trouvions à engager Monsieur lui-même. Car, supposé que le Roi sortît de Paris, nous étions très-assurés que Monsieur ne le suivroit pas, s'il avoit rompu publiquement avec le cardinal; au lieu que nous ne nous en pourrions répondre si la cour prenoit cette résolution dans le temps qu'il y gardoit encore des mesures. Nous nous servîmes de cette disparate du parlement, dont je viens de vous parler à propos d'un secrétaire du Roi, pour faire appréhender à Monsieur que cet exemple n'instruisît la cour, et ne lui donnât la pensée de faire de ces sortes de diversions, dont elle avoit mille moyens dans les conjonctures où les momens étoient précieux, et où il ne falloit qu'un instant pour déconcerter les plus sages résolutions du monde. Nous employâmes deux ou trois jours à persuader Monsieur que le temps de dissimuler étoit passé. Il le connoissoit, et il le sentoit comme nous ; mais *les esprits irrésolus ne suivent jamais ni leurs vues ni leurs sentimens, tant qu'il leur reste une excuse de ne se pas déterminer.* Celle qu'il nous alléguoit étoit que s'il se déclaroit, le Roi sortiroit de Paris, et qu'ainsi nous ferions la guerre civile. Nous lui répondîmes qu'il ne tenoit qu'à lui, étant lieutenant général de l'Etat, de faire que le Roi ne sortît pas de Paris, et que la Reine ne pouvoit pas refuser, dans une minorité, les assurances qu'on lui demanderoit sur cela. Monsieur levoit les épaules : il remettoit du matin à l'après-dînée, et de l'après-dînée au soir. *L'un des plus grands embarras que l'on ait auprès des princes, c'est que l'on est souvent obligé, par la considération de leur propre service, de leur donner des conseils dont on ne peut dire la véritable raison.* Celle qui nous faisoit parler étoit le doute ou plutôt la connoissance que nous avions de sa foiblesse, et c'étoit justement celle que nous n'osions dire. De bonne fortune pour nous, celui contre lequel nous agissions eut encore plus d'imprudence que celui pour lequel nous agissions n'eut de foiblesse : car justement, trois ou quatre jours avant que la Reine répondît aux remontrances du parlement, il dit à Monsieur des choses assez fortes devant la Reine, sur la confiance qu'il avoit en moi. Le propre jour de la réponse, qui fut le dernier jour de janvier, il haussa de ton. Il parla à Monsieur, dans la petite chambre grise de la Reine, du parlement, de M. de Beaufort et de moi, comme de la chambre basse de Londres, de Fairfax et de Cromwell. Il s'emporta jusqu'à l'exclamation en s'adressant au Roi. Il fit peur à Monsieur, qui fut si aise d'être hors du Palais-Royal sain et sauf, qu'en montant en carrosse il dit à Jouy, qui étoit à lui, qu'il ne se remettroit jamais entre les mains de cette enragée furie. Il appeloit ainsi la Reine, parce qu'elle avoit renchéri sur ce que le cardinal avoit dit au Roi. Jouy, qui étoit de mes amis, m'avertit de la disposition de Monsieur, et je ne la laissai point refroidir. Nous nous joignîmes, M. de Beaufort et moi, pour l'obliger de se déclarer dès le lendemain au parlement. Nous lui fîmes voir qu'après ce qui s'étoit passé il n'y avoit plus de sûreté pour lui dans le tempérament; et que si le Roi sortoit de Paris, nous tomberions dans une guerre civile, où il demeureroit apparemment seul avec Paris, parce que le cardinal qui tenoit les princes entre ses mains feroit ses conditions avec eux. Qu'il savoit mieux que personne que nous l'avions plutôt retenu qu'échauffé, tant que nous avions cru pouvoir amuser le cardinal Mazarin; mais que la chose étant dans sa maturité, nous le tromperions et nous serions des serviteurs inutiles, si nous ne lui disions qu'il n'y avoit plus de temps à perdre, à moins qu'il ne se résolût lui-même à perdre toute confiance dans le parti des princes, qui commençoient à se défier de son inaction; qu'il falloit que le cardinal fût le plus aveugle de tous les hommes, pour n'avoir pas pris ces instans pour négocier avec eux, et pour se donner le mérite de leur liberté, qui paroissoit par l'événement avoir été appréhendée par Monsieur; que tout ce qui avoit été fait et dit par les frondeurs ne passeroit en ce cas que pour un artifice; que nous ne doutions point que la cour ne fût sur le point de prendre ce parti; que ce qu'elle venoit de répondre au parlement en étoit une marque assurée, parce qu'elle lui promettoit la liberté de messieurs les princes aussitôt après que leur parti seroit désarmé; que sa réponse étoit captieuse, mais qu'elle étoit fixe; qu'elle engageoit nécessairement, et sans qu'il y eût même prétexte de s'en défendre, à une négociation avec le parti des princes, que le cardinal éluderoit facilement si Monsieur ne la pressoit pas, ou qu'il tourneroit contre Monsieur même si Monsieur ne la pressoit qu'à demi; qu'il seroit également honteux et périlleux à Son Altesse Royale ou de laisser les princes dans les fers après avoir traité avec eux, ou de laisser les moyens au cardinal de leur faire croire qu'il auroit été le véritable auteur de leur liberté; qu'il ne s'agissoit de rien moins dans le délai que de ces deux inconvéniens; que l'assemblée du lendemain en décideroit peut-être, parce que la décision dépendoit de la manière dont le parlement prendroit la réponse de la Reine; que cette manière n'étoit point problématique si Monsieur y vouloit paroître, parce que sa présence assureroit la liberté des princes, et lui en donneroit l'honneur.

Nous fûmes, depuis huit heures jusqu'à minuit sonné, à haranguer Monsieur sur ce ton; et Madame, que nous avions fait avertir par le vicomte d'Autel[1],

---

[1] Ferry de Choiseul, troisième du nom, vicomte d'Autel, frère puîné du maréchal duc de Choiseul, dit le maréchal Du Plessis. (A. E.)

capitaine des gardes de Monsieur, fit des efforts inconcevables pour le persuader. Il ne fut pas en son pouvoir : elle s'emporta, et lui parla même avec aigreur : ce qu'elle n'avoit jamais fait, à ce qu'elle nous dit; et comme il éleva sa voix, en disant que s'il alloit au Palais se déclarer contre la cour le cardinal emmeneroit le Roi, elle se mit à crier de son côté : « Qui êtes-vous, monsieur? n'êtes-vous pas lieute-
« nant général de l'Etat? ne commandez-vous pas les
« armées? n'êtes-vous pas maître du peuple? Je ré-
« ponds que moi seule je l'en empêcherai. » Monsieur demeura ferme; et ce que nous en pûmes tirer fut que je dirois le lendemain, en son nom et de sa part, dans le parlement ce que nous désirions qu'il y allât dire lui-même. En un mot, il voulut que j'éprouvasse l'aventure, qu'il tenoit fort incertaine, parce qu'il croyoit que le parlement n'auroit rien à dire contre la réponse de la Reine; et son raisonnement étoit qu'il auroit l'honneur et le fruit de ma proposition si elle réussissoit; et que si le parlement se contentoit de la réponse de la Reine, il en seroit quitte pour expliquer ce que j'avois dit, c'est-à-dire pour me désavouer un peu honnêtement. Je connus très-bien son intention; mais elle ne me fit pas balancer, car il y alloit du tout; et si je n'eusse porté, comme je fis le lendemain, sa déclaration, je suis encore persuadé que le cardinal auroit éludé pour très long-temps la liberté de messieurs les princes, et que la fin en seroit devenue une négociation avec eux contre Monsieur. Madame, qui vit que je m'exposois pour le bien public, eut pitié de moi. Elle fit tout ce qu'elle put pour faire que Monsieur me commandât de dire au parle-

ment ce que le cardinal avoit dit au Roi touchant la chambre basse de Londres, Fairfax et Cromwell. Elle crut que ce discours, rapporté au nom de Monsieur, l'engageroit encore davantage. Elle avoit raison. Il me le défendit expressément, et, à mon avis, par la même considération : ce qui me fit encore plus juger qu'il attendoit l'événement.

Je courus tout le reste de la nuit pour avertir que l'on grondât dans le parlement au commencement de la séance contre la réponse de la Reine, qui étoit véritablement spécieuse, et qui portoit que bien qu'il n'appartînt pas au parlement de prendre connoissance de cette affaire, la Reine vouloit bien, par un excès de bonté, avoir égard à ses supplications, et donner la liberté à messieurs les princes. Elle contenoit de plus une promesse positive d'abolition contre tous ceux qui avoient pris les armes. Il n'y avoit pour tout cela que quelques petites conditions préliminaires. C'étoit que M. de Turenne posât les armes ; que madame de Longueville renonçât à son traité avec l'Espagne, et que Stenay et Mouzon fussent évacués. J'ai su depuis que cette réponse avoit été insinuée au Mazarin par le garde des sceaux. Il est constant qu'elle éblouit le premier président, qui la vouloit faire passer pour bonne au parlement le dernier de janvier, qui est le jour auquel il fit la relation de ce qui s'étoit passé la veille au Palais-Royal ; que le maréchal de Gramont, qui la croyoit telle, l'avoit si bien déguisée à Monsieur, qu'il ne pouvoit se persuader qu'elle se pût seulement contrarier ; que le parlement y donna, le même jour que je viens de marquer, presque aussi à l'aveugle que le premier président.

Il n'est pas moins constant que le mercredi premier de février, tout le monde revint de cette illusion, et s'étonna de soi-même. Les enquêtes commencèrent par un murmure sourd. On demanda après cela au premier président si la déclaration étoit expédiée; et comme il eut répondu que le garde des sceaux avoit demandé un jour ou deux pour la dresser, Viole dit que la réponse que l'on avoit faite au parlement n'étoit qu'un panneau qu'on avoit tendu à la compagnie pour l'amuser; qu'avant qu'on pût avoir celle de madame de Longueville et de M. de Turenne, le terme que l'on disoit être pris pour le sacre du Roi, et fixé au 12 de mars, seroit échu; que la cour étant hors de Paris, on se moqueroit du parlement. Les deux Frondes s'élevèrent à ce discours; et quand je les vis bien échauffées, je fis signe de mon bonnet, et je dis que Monsieur m'avoit commandé d'assurer la compagnie que la considération qu'il avoit pour ses sentimens l'ayant confirmé dans ceux qu'il avoit toujours eus naturellement pour messieurs ses cousins, il étoit résolu de concourir avec elle pour leur liberté, et d'y contribuer en tout ce qui seroit en son pouvoir. Vous ne sauriez concevoir l'effet de ces trente ou quarante paroles : il me surprit moi-même. Les plus sages me parurent aussi fous que le peuple, et le peuple me parut plus fou que jamais. Les acclamations passèrent tout ce que vous vous en pouvez figurer. Il n'en falloit pas moins pour rassurer Monsieur, qui « avoit accouché de projets toute la nuit bien plus « douloureusement, me dit Madame le matin, que « je n'ai jamais accouché de tous mes enfans. » Je le trouvai dans la galerie, accompagné de trente ou quarante conseillers qui l'accabloient de louanges. Il les prenoit tous à part les uns après les autres, pour s'informer et se bien assurer du succès ; et à chaque éclaircissement qu'il en tiroit il diminuoit le bon traitement qu'il avoit fait à M. d'Elbœuf, qui depuis la paix de Paris s'étoit livré corps et ame à M. le cardinal, et qui étoit un de ses négociateurs auprès de Monsieur.

Quand il se fut tout-à-fait éclairci de l'applaudissement que sa déclaration avoit eu, il m'embrassa cinq ou six fois devant tout le monde ; et Le Tellier lui étant venu demander, de la part de la Reine, s'il avouoit ce que j'avois dit de sa part au parlement : « Oui, lui répondit-il, je l'avoue, et je l'avouerai tou- « jours, de tout ce qu'il fera ou qu'il dira pour moi. » Nous crûmes qu'après une aussi grande déclaration que celle-là, Monsieur ne feroit aucune difficulté de prendre ses précautions pour empêcher que le cardinal n'enlevât le Roi ; et Madame lui proposa de faire garder les portes de la ville, sous prétexte de quelque tumulte populaire. Il ne fut pas en son pouvoir de le lui persuader ; et il faisoit scrupule, disoit-il, de tenir son roi prisonnier.

Comme ceux du parti de messieurs les princes l'en pressoient extrêmement, en lui disant que de là dépendoit leur liberté, il leur dit qu'il alloit faire une action qui leveroit la défiance qu'ils témoignoient avoir de lui. Il envoya quérir sur-le-champ le garde des sceaux, le maréchal de Villeroy et Le Tellier. Il leur commanda de dire à la Reine qu'il n'iroit jamais au Palais-Royal tant que le cardinal y seroit, et qu'il ne pouvoit plus traiter avec un homme qui perdoit l'Etat. Il se tourna ensuite vers le maréchal de Villeroy. « Je vous charge, dit-il, de la personne du Roi; « vous m'en répondrez. » J'appris cette belle expédition un quart-d'heure après, et j'en fus très-fâché, parce que je la considérai comme le moyen le plus propre pour faire sortir le Roi de Paris : et c'étoit uniquement ce que nous craignions. Je n'ai jamais pu savoir ce qui obligea le cardinal à s'y tenir après cet éclat. Il faut que la tête lui ait alors tout-à-fait tourné; et Servien, à qui je l'ai demandé depuis, en convenoit. Il me disoit que le cardinal, ces douze ou quinze jours, n'étoit plus un homme. Cette scène se passa au palais d'Orléans le 2 février.

Le 3, il y en eut une autre au parlement. Monsieur, qui ne gardoit plus de mesures avec Mazarin, et qui se résolut de le pousser personnellement, et même de le chasser, me commanda de donner part à la compagnie, en son nom, de la comparaison du parlement à la chambre basse de Londres, et de quelques particuliers à Fairfax et à Cromwell. Je l'alléguai comme la cause de l'éclat que Monsieur avoit fait la veille, et je l'embellis de toutes ses couleurs. Je puis dire, sans exagération, qu'il n'y a jamais eu plus de feu en lieu du monde qu'il y en eut dans les esprits en cet instant. Il y eut des avis à décréter contre le cardinal un ajournement personnel : il y en eut à le mander à l'heure même pour rendre compte de son administration. Les plus doux proposèrent de faire de très-humbles remontrances à la Reine pour demander son éloignement. Vous ne doutez pas de l'abattement du Palais-Royal à ce coup de foudre. La Reine envoya prier Monsieur d'agréer qu'elle lui menât M. le cardinal. Il répondit qu'il appréhendoit qu'il n'y eût point de sûreté pour lui. Elle offrit de venir seule au palais d'Orléans : il s'en excusa avec respect, mais il s'en excusa. Il envoya, une heure après, faire défense aux maréchaux de France de reconnoître d'autres ordres que les siens, comme lieutenant général de l'Etat; et au prévôt des marchands de ne faire prendre les armes que sous son autorité. Vous vous étonnerez sans doute de ce qu'après ces pas l'on ne fit pas celui de s'assurer des portes de Paris, pour empêcher la sortie du Roi. Madame, qui trembloit de peur de cette sortie, redoubla tous les jours ses efforts; mais ils ne servirent qu'à faire voir qu'un homme, foible de son naturel, n'est jamais fort en tout.

Le 4, Monsieur vint au Palais, et il assura la compagnie d'une correspondance parfaite pour travailler ensemble au bien de l'Etat, à la liberté des princes, et à l'éloignement du cardinal. Comme Monsieur acheva de parler, les gens du Roi qui entrèrent dirent que M. de Rhodes, grand maître des cérémonies, demandoit à présenter une lettre de cachet du Roi. On balança un peu à lui donner audience, sur ce que Monsieur dit qu'étant lieutenant général de l'Etat, il ne croyoit pas que, dans une minorité, l'on pût faire écrire le Roi au parlement sans sa participation. Cependant, comme il ajouta qu'il étoit du sentiment de la recevoir, l'on fit entrer M. de Rhodes. On lut la lettre : elle portoit ordre de séparer l'assemblée, d'aller par députés, au plus grand nombre qu'il se pourroit, au Palais-Royal, pour y entendre les volontés du Roi. On résolut d'obéir, et d'y envoyer sur l'heure même des députés, mais de ne point désemparer, et d'attendre dans la grand'chambre les députés. Je reçus, comme on se levoit pour aller auprès du feu, un billet de madame de Lesdiguières, qui me mandoit que la veille Servien avoit concerté avec le garde des sceaux et avec le premier président la pièce qui s'alloit jouer; qu'elle n'en avoit pu découvrir le détail, mais que la pièce étoit contre moi. Je dis à Monsieur ce que je venois d'apprendre. Il me répondit qu'il n'en doutoit point à l'égard du premier président, qui ne vouloit la liberté de messieurs les princes que par la cour; mais que si le vieux Pantalon (il appeloit ainsi le garde des sceaux de Châteauneuf, parce qu'il avoit toujours une jaquette fort courte et un petit chapeau) étoit capable de cette folie et de cette perfidie tout ensemble, il méritoit d'être pendu de l'autre côté du Mazarin. Il le méritoit donc, car il avoit été l'auteur de la comédie que vous allez voir.

Aussitôt que les députés furent arrivés au Palais-Royal, M. le premier président dit à la Reine que le parlement étoit sensiblement affligé de voir que, nonobstant les paroles qu'il avoit plu à Sa Majesté de donner pour la liberté de messieurs les princes, l'on n'avoit point reçu la déclaration que tout le public attendoit de sa bonté et de sa promesse. La Reine répondit que le maréchal de Gramont étoit parti pour faire sortir de prison messieurs les princes, en prenant d'eux les sûretés nécessaires pour l'Etat (je vous parlerai tantôt de ce voyage); que ce n'étoit pas sur ce sujet qu'elle les avoit mandés, mais sur un autre qui leur seroit expliqué par le garde des sceaux. Il fit semblant de l'expliquer: mais il parla si bas, sous

prétexte d'un rhume, que personne ne l'entendit, pour avoir lieu, à mon avis, de donner par écrit un sanglant manifeste contre moi, que M. Du Plessis eut bien de la peine à lire; mais la Reine le soulageoit en disant de temps en temps ce qui étoit sur le papier. En voici le contenu : « Tous les rapports que le coad-
« juteur a faits au parlement sont faux, et controuvés
« par lui (*Il en a menti!* voilà la seule parole que la
« Reine ajouta à l'écrit) : c'est un méchant et dange-
« reux esprit, qui donne de pernicieux conseils à
« Monsieur. Il veut perdre l'Etat parce qu'on lui a
« refusé le chapeau; et il s'est vanté publiquement
« qu'il mettra le feu aux quatre coins du royaume,
« et qu'il se tiendra auprès avec cent mille hommes
« qui lui sont engagés, pour casser la tête à ceux qui
« se présenteront pour l'éteindre. » L'expression étoit un peu forte, et je vous assure que je n'avois rien dit qui en approchât; mais elle étoit assez propre pour grossir la nuée qu'on vouloit faire fondre sur moi, en la détournant de dessus la tête du Mazarin. On voit le parlement assemblé pour donner arrêt en faveur de messieurs les princes; on voit Monsieur dans la grand'-chambre déclaré personnellement contre le Mazarin; et l'on s'imagine que la diversion, qui étoit néces-saire, se rendroit possible par une nouveauté aussi surprenante que seroit celle qui mettroit en quelque façon le coadjuteur sur la sellette, en l'exposant, sans que le parlement eût aucun lieu de se plaindre de la forme, à tous les brocards qu'il plairoit au moindre de la compagnie de lui donner. On n'oublia rien de tout ce qui pouvoit inspirer du respect pour l'attaque, et de tout ce qui pouvoit affoiblir la défense.

L'écrit fut signé des quatre secrétaires d'Etat; et afin d'avoir plus de lieu de pouvoir rendre inutile tout d'un coup ce que je dirois apparemment pour ma justification, l'on fit suivre de fort près les députés par M. le comte de Brienne, avec ordre de prier Monsieur de vouloir bien aller conférer avec la Reine, touchant le peu qui restoit pour consommer l'affaire de messieurs les princes. Vous verrez, par les suites, que le garde des sceaux de Châteauneuf avoit inventé cet expédient, dans lequel il avoit deux fins : l'une étoit d'éloigner par de nouveaux incidens la délibération qui alloit directement à la liberté des princes; l'autre, de tirer de la cour une déclaration si publique contre mon cardinalat, que la dignité même de la parole royale se trouvât engagée à mon exclusion. Voilà l'intérêt du garde des sceaux. Servien, qui porta cette proposition au premier président, fut reçu à bras ouverts, parce que le premier président, qui ne vouloit point que M. le prince se trouvât uni avec Monsieur et avec les frondeurs en sortant de prison, ne cherchoit qu'une occasion pour remettre sa liberté, qu'il tenoit infaillible de toutes les façons, à une conjoncture où il ne leur en eût pas l'obligation aussi pure et aussi entière qu'il la leur auroit en celle-ci. Menardeau, à qui le dessein fut communiqué, poussa plus loin ses espérances et celles de la cour: car M. de Lyonne m'a dit depuis qu'il promit qu'il ouvriroit l'avis de donner, sur une plainte aussi authentique, commission au procureur général d'informer contre moi : ce qui, ajouta-t-il, sera d'une grande utilité, soit en décréditant le coadjuteur par une procédure qui le mettra *in reatu*, ou en changeant la carte à l'égard du cardinal.

Les députés revinrent entre onze heures et midi au Palais, où Monsieur avoit mangé un morceau à la buvette, afin de pouvoir achever la délibération ce jour-là. Le premier président affecta de commencer sa relation par la lecture de l'écrit qui lui avoit été donné contre moi. Il crut qu'il surprendroit ainsi les esprits. Effectivement il réussit au moins en ce point, et la surprise parut dans tous les visages. Quoique je fusse averti, je ne l'étois pas du détail, et j'avoue que la forme de la machine ne m'étoit pas venue dans l'esprit. Dès que je la vis, j'en connus et j'en conçus la conséquence, et je la sentis encore plus vivement quand j'entendis M. le premier président qui, se tournant froidement à gauche, dit : « Votre avis, « M. le doyen ? » Je ne doutai point que la partie ne fût faite, et je ne me trompois pas; mais Menardeau, qui devoit ouvrir la tranchée, eut peur d'une salve du côté de la salle. Il y trouva une si grande foule de peuple en entrant, tant d'acclamations à la Fronde, tant d'imprécations contre Mazarin, qu'il n'osa s'ouvrir, et qu'il se contenta de déplorer pathétiquement la division de l'Etat, et celle particulièrement qui paroissoit dans la maison royale. Je ne puis vous dire de quel avis furent tous les conseillers de la grand'-chambre, et je crois qu'eux-mêmes ne l'eussent pu dire si on ne les en eût pressés à la fin de leurs discours. L'un fut du sentiment de faire des prières de quarante heures; l'autre, de prier Monsieur de prendre soin du public. Le bon homme Broussel oublia que l'assemblée avoit été résolue et indiquée pour y traiter de l'affaire des princes, et il ne parla en général que contre les désordres de l'Etat. Ce n'étoit pas mon compte : car je n'ignorois pas que, tant que la délibération ne se feroit point, elle pourroit toujours retomber sur ce qui ne me convenoit pas. La place dans laquelle j'opinois, qui étoit justement entre la grand'-chambre et les enquêtes, me donna le temps de faire mes réflexions et de prendre mon parti, qui fut de traiter de satire et de libelle l'écrit qui avoit été dressé contre moi par le cardinal ; de réveiller par quelque passage court, mais curieux, l'imagination des auditeurs, et de remettre ensuite la délibération dans son véritable sujet. Comme la mémoire ne me fournissoit rien dans l'antiquité qui eût rapport à mon dessein, je fis un passage d'un latin le plus pur et le plus approchant des anciens qui fût en mon pouvoir, et je formai mon avis en ces termes :

« Si le respect que j'ai pour messieurs les préopi-
« nans ne me fermoit la bouche, je ne pourrois m'em-
« pêcher de me plaindre de ce qu'ils n'ont pas relevé
« l'indignité de cette paperasse qu'on vient de lire
« dans cette compagnie, contre toutes les formes, et
« que l'on voit conçue dans les mêmes caractères qui
« ont profané le sacré nom du Roi pour animer les
« témoins à brevet. Je pense qu'ils ont cru que ce
« libelle, qui n'est qu'une saillie de la fureur de M. le
« cardinal Mazarin, étoit trop au dessous d'eux et de
« moi. Je n'y répondrai, messieurs, pour m'accom-
« moder à leurs sentimens, que par le passage d'un
« ancien (1) qui me vient dans l'esprit : *Dans les*

---

(1) *Le passage d'un ancien :* Voici la phrase latine que prononça le coadjuteur : *In difficillimis reipublicæ temporibus, urbem non deserui ; in prosperis, nihil de publico delibavi ; in desperatis, nihil timui.*

« *mauvais temps, je n'ai point abandonné la ville;*
« *dans les bons, je n'ai point eu d'intérêt en vue;*
« *et dans les désespérés, je n'ai rien craint.* Je
« demande pardon à la compagnie de la liberté que
« j'ai prise de sortir, par ce peu de paroles, du sujet
« de la délibération. Mon avis est de faire de très-
« humbles remontrances au Roi, et de le supplier
« d'envoyer incessamment une lettre de cachet pour
« obtenir la liberté de messieurs les princes, et une
« déclaration en leur faveur pour éloigner de sa per-
« sonne et de ses conseils le cardinal Mazarin. Mon
« sentiment est aussi, messieurs, que la compagnie
« prenne la résolution, dès aujourd'hui, de s'assem-
« bler lundi pour recevoir la réponse qu'il aura plu à
« Sa Majesté de faire à messieurs les députés. »

Les frondeurs applaudirent à mon opinion ; le parti des princes la reçut comme l'unique voie pour leur liberté : l'on opina avec chaleur, et mon avis passa tout d'une voix. J'assurerois au moins qu'il n'y en eut pas trois de contraires.

On chercha long-temps mon passage, qui en latin a toute autre grâce qu'en français, et même beaucoup plus de force. Le premier président, qui ne s'étonnoit de rien, parla de la nécessité de l'éloignement du cardinal selon toute la force de l'arrêt, et avec autant de vigueur que s'il avoit été proposé par lui-même : mais habilement, finement, et d'une manière qui lui donna même lieu de l'alléguer à Monsieur, comme un motif d'accorder à la Reine l'entrevue qu'elle demandoit par M. de Brienne. Monsieur s'en excusant sur le peu de sûreté qu'il y avoit pour lui, le premier président insista, et même avec larmes; et quand il vit

Monsieur un peu ébranlé, il manda les gens du Roi. Talon, avocat général, fit une des plus belles actions qui se soient jamais faites en ce genre. Je n'ai jamais rien ouï ni lu de plus éloquent(1): il accompagna ces paroles de tout ce qui leur put donner de la force; il invoqua les mânes de Henri-le-Grand ; il recommanda la France en général à saint Louis, un genou en terre. Vous vous imaginez peut-être que vous auriez ri à ce spectacle; mais vous en eussiez été émue comme toute la compagnie, qui s'émut si fortement, que j'en vis la clameur des enquêtes commencer à s'affoiblir. Le premier président, qui s'en aperçut comme moi, se voulut servir de l'occasion ; et il proposa à Monsieur de prendre l'avis de la compagnie. Je me souviens que Barillon vous racontoit un jour cet endroit. Comme je vis que Monsieur s'ébranloit, et commençoit même à dire qu'il feroit tout ce que le parlement lui conseilleroit, je pris la parole, et dis que le conseil que Monsieur demandoit n'étoit pas s'il iroit ou s'il n'iroit pas au Palais-Royal, puisqu'il s'étoit déjà déclaré plus de vingt fois sur cela : mais qu'il vouloit seulement demander à la compagnie la manière dont elle jugeroit à propos qu'il s'excusât envers la Reine. Monsieur m'entendit bien; il comprit qu'il s'étoit trop avancé; il avoua mon explication, et Brienne fut renvoyé avec cette réponse, que Monsieur rendroit à la Reine ses très-humbles devoirs aussitôt que les princes seroient en liberté, et que le cardinal Mazarin seroit

(1) *Je n'ai jamais rien ouï ni lu de plus éloquent* : C'est cependant sur cette harangue que Joly s'exprime ainsi dans ses Mémoires : « Talon « voulut faire la grimace de pleurer comme le premier président ; mais « ce jeu fut traité, comme il le méritoit, de badin et de ridicule. »

éloigné de la personne du Roi et de ses conseils.

Nous appréhendions dans la vérité un coup de désespoir et de la Reine et du Mazarin, si Monsieur fût allé au Palais-Royal; mais on eût pu trouver des tempéramens et des sûretés, si nous n'eussions eu que cette considération. Nous craignions beaucoup davantage sa foiblesse, et avec d'autant plus de sujet que nous avions remarqué que les délais du cardinal pour ce qui regardoit la liberté de messieurs les princes n'avoient d'autre fondement que l'espérance, qu'il ne pouvoit perdre, que la Reine regagneroit Monsieur : et c'étoit dans cette vue qu'il avoit fait partir le maréchal de Gramont et Lionne pour le Havre-de-Grâce, comme pour aller prendre avec les princes les sûretés nécessaires pour leur liberté. Monsieur crut par cette considération l'affaire si avancée, qu'il se laissa aller à envoyer avec eux Goulas, secrétaire de ses commandemens. Il s'y engagea dès le premier du mois avec le maréchal de Gramont; et il en fut bien fâché le 2 au matin, parce que je lui en fis connoître la conséquence, qui étoit de donner à croire au parlement que l'intention du cardinal fût sincère pour la liberté des princes. Il se trouva par l'événement que j'avois bien jugé : car le maréchal de Gramont, qui partit le même jour pour aller au Havre, et qui dit publiquement au Luxembourg que messieurs les princes avoient leur liberté, et sans les frondeurs, n'eut que le plaisir de leur rendre une visite. Il partit sans instruction; on promit de lui en envoyer. Quand on vit que Monsieur s'étoit retiré du panneau, on prit d'autres vues; et le pauvre maréchal de Gramont, avec les meilleures intentions du monde, joua un des plus ridicules personnages qu'homme de sa qualité pouvoit jouer.

Vous allez voir dans peu une preuve convaincante que toutes les démarches ou plutôt toutes les démonstrations que le cardinal donnoit depuis quelque temps de vouloir la liberté des princes, n'étoient que dans la vue de détacher Monsieur de leurs intérêts, sous prétexte de les réunir à la Reine. Je vous ai déjà dit que cette grande scène des remontrances pour l'éloignement du cardinal, et du refus fait à M. de Brienne, se passa le 4 février : elle ne fut pas la seule. Le vieux bon homme de La Vieuville (1), le marquis de Sourdis, le comte de Fiesque, Béthune et Montrésor, se mirent dans la tête de faire une assemblée de noblesse pour le rétablissement de leurs priviléges. Je m'y opposai fortement auprès de Monsieur, parce que j'étois persuadé qu'il n'y avoit rien de plus dangereux dans une faction que de mêler sans nécessité ce qui en a la figure. Je l'avois éprouvé plus d'une fois, et toutes les circonstances en devoient dissuader dans cette occasion. Nous avions Monsieur, nous avions le parlement, nous avions l'hôtel-de-ville. Ce composé paroissoit faire le gros de l'Etat : tout ce qui n'étoit pas assemblée légitime le *déparoit*. Il fallut céder à leurs désirs, auxquels je me rendis toutefois beaucoup moins qu'à la fantaisie d'Annery, à qui j'avois l'obligation que vous avez vue ci-dessus. Il étoit secrétaire de cette assemblée, mais il en étoit aussi beaucoup plus le fanatique. Cette assemblée, qui se tint ce jour-là à l'hôtel

(1) *La Vieuville* : Charles, duc de La Vieuville, gouverneur du Poitou, lieutenant général en Champagne, mort en 1689, à soixante-treize ans. Son fils étoit l'un des amans de la princesse palatine.

de La Vieuville, donna une grande terreur au Palais-Royal, où l'on fit monter six compagnies des gardes. Monsieur s'en fâcha : il envoya, en qualité de lieutenant général de l'Etat, commander à M. d'Epernon, colonel de l'infanterie, et à M. de Schomberg, colonel des Suisses, de ne recevoir ordre que de lui. Ils répondirent respectueusement, mais en gens qui étoient à la Reine.

Le 5, l'assemblée de la noblesse se tint chez M. de Nemours.

Le 6, les chambres étant assemblées et Monsieur ayant pris sa place au parlement, les gens du Roi entrèrent; et ils dirent à la compagnie qu'ayant été demander audience à la Reine pour les remontrances, elle leur avoit répondu qu'elle souhaitoit plus que personne la délivrance de messieurs les princes; mais qu'il étoit juste de chercher les sûretés pour l'Etat; que pour ce qui étoit de M. le cardinal, elle le retiendroit dans ses conseils tant qu'elle le jugeroit utile au service du Roi ; et qu'il n'appartenoit pas au parlement de prendre connoissance de quel ministre elle se servoit.

Le premier président essuya toutes les *bourrades* qu'on peut se figurer, pour n'avoir pas fait plus d'instances. On voulut l'obliger d'envoyer demander l'audience pour l'après-dînée. Tout le délai qu'il put obtenir ne fut que jusqu'au lendemain. Monsieur ayant dit que les maréchaux de France étoient dépendans du cardinal, l'on donna arrêt sur l'heure, par lequel il fut ordonné de n'obéir qu'à Monsieur.

Comme j'étois le soir chez moi, messieurs de Guémené et de Béthune y entrèrent, et me dirent que le

cardinal s'étoit sauvé lui troisième; qu'il étoit sorti en habit déguisé, et que le Palais étoit dans une consternation effroyable. Je voulois monter en carrosse sur cette nouvelle, pour aller trouver Monsieur; mais ils me prièrent d'entrer dans un petit cabinet, où ils me pussent parler en particulier. Voici le secret: Chandenier, capitaine des gardes en quartier, étoit dans le carrosse du prince de Guémené, et vouloit me dire un mot; mais il ne vouloit être vu d'aucun de mes domestiques. Je connoissois pour peu sages les deux hommes qui me parloient: mais je les crus fous à lier et à mener aux Petites-Maisons, quand ils me nommèrent Chandenier. Je ne l'avois point vu depuis le collége, et encore depuis les premières années du collége, où nous n'avions que neuf ou dix ans l'un et l'autre. Nous ne nous étions jamais rendu visite; il avoit été fort attaché au cardinal de Richelieu, dans la maison duquel j'avois été bien éloigné d'avoir aucune habitude. Il étoit capitaine des gardes en quartier; je servois le mien dans la Fronde. Je le vois à ma porte le propre jour que la Fronde ôte de force au Roi son premier ministre; je le vois dans ma chambre; il me demande d'abord si je ne suis pas serviteur du Roi. Je vous confesse que j'eusse eu bien peur, si je n'eusse été assuré que j'avois un bon corps-de-garde dans ma cour, et bon nombre de gens fort braves et fort fidèles dans mon antichambre. Comme j'eus répondu à Chandenier que j'étois au Roi comme lui, il me saute au collet, et me dit: « Et moi je suis au Roi comme vous;
« mais comme vous êtes aussi contre Mazarin pour la
« cabale, cela s'entend, ajouta-t-il: car au poste où
« je suis je ne voudrois pas lui faire du mal autre-

« ment. » Ensuite il me demanda mon amitié; il me dit qu'il n'étoit pas aussi mal auprès de la Reine qu'on le croyoit: qu'il trouveroit bien dans sa place des momens à donner de bonnes bottes au Sicilien (1). Il revint une autre fois chez moi avec les mêmes gens, entre minuit et une heure; il y vint pour la troisième fois avec le grand prévôt, qui, à mon avis, ne faisoit ce pas que de concert avec la cour, quoiqu'il fît profession d'amitié avec moi depuis assez long-temps. La Reine eut avis de tout ceci; et de quelque manière que cet avis lui en soit venu, il est constant qu'elle l'eut, et il ne l'est pas moins qu'il ne se pouvoit pas qu'elle ne l'eût. Le prince de Guémené et Béthune étant les deux hommes du royaume les moins secrets, j'en avertis Chandenier en leur présence dès la première visite. Il eut commandement de se retirer chez lui en Poitou. Voilà toute l'intrigue que j'eus avec lui; vous en verrez la suite en son temps.

Aussitôt que Chandenier fut sorti de chez moi, j'allai chez Monsieur, que je trouvai environné d'une troupe de courtisans qui applaudissoient au triomphe. Monsieur, qui ne me vit pas assez content à son gré, me dit qu'il gageroit que j'appréhendois que le Roi ne s'en allât. Je le lui avouai: il se moqua de moi; il m'assura que si le cardinal avoit eu cette pensée, il l'auroit exécutée en l'emmenant avec lui. Je lui répondis qu'il sembloit que depuis quelque temps la tête tournât au cardinal; et qu'à tout hasard il seroit bon d'y prendre garde, parce qu'avec ces sortes de gens les contre-temps sont toujours à craindre. Tout ce que je pus obtenir de Monsieur fut que je disse comme

(1) Le cardinal Mazarin. (A. E.)

de moi-même à Chamboi, qui étoit mon ami et qui commandoit la compagnie des gendarmes de M. de Longueville, de faire quelque patrouille sans éclat dans le quartier du Palais-Royal. Chamboi avoit fait couler dans Paris cinquante ou soixante hommes de ses gendarmes, de concert avec moi, depuis que j'avois traité avec les princes. Comme je faisois chercher Chamboi, Monsieur me rappela, et me défendit expressément de faire faire cette patrouille. L'entêtement qu'il avoit sur ce point étoit inconcevable; et ce n'est pas la seule occasion où j'ai observé que la plupart des hommes ne font les grands maux que par les scrupules qu'ils ont des moindres. Monsieur craignoit au dernier point la guerre civile, qu'il eût faite par nécessité si le Roi fût sorti. Il se faisoit un crime de la seule pensée de l'empêcher.

On raisonna beaucoup sur l'évasion du cardinal, chacun y voulant chercher des motifs à sa mode. Je suis persuadé que la frayeur en fut l'unique cause, et qu'il ne se put donner à lui-même le temps qu'il eût fallu pour emmener le Roi et la Reine. Vous verrez dans la suite qu'il ne tint pas à lui de les tirer de Paris bientôt après; et apparemment le dessein en étoit formé avant qu'il s'en allât. Je n'ai jamais pu comprendre ce qui le put obliger à ne l'exécuter pas dans une occasion où il avoit, à toutes les heures du monde, sujet de craindre que l'on ne s'y opposât.

Le 17, le parlement s'assembla, et ordonna, Monsieur y assistant, que très-humbles remercîmens seroient faits à la Reine pour l'éloignement du cardinal; et qu'elle seroit aussi suppliée de faire expédier une lettre de cachet pour faire sortir les princes, et d'envoyer une déclaration par laquelle les étrangers fussent à jamais exclus du conseil du Roi. Le premier président s'étant acquitté de cette commission sur les quatre heures du soir, la Reine lui dit qu'elle ne pouvoit faire de réponse qu'elle n'eût conféré avec M. le duc d'Orléans, auquel on envoya pour cet effet le garde des sceaux, le maréchal de Villeroy et Le Tellier. Il leur répondit qu'il ne pouvoit aller au Palais-Royal que messieurs les princes ne fussent en liberté, et que le cardinal ne fût encore plus éloigné de la cour.

Le 18, le premier président ayant fait son rapport au parlement de ce que la Reine avoit dit, Monsieur expliqua à la compagnie les raisons de sa conduite à l'égard de l'entrevue que l'on demandoit. Il fit remarquer que le cardinal n'étoit qu'à Saint-Germain, d'où il gouvernoit encore le royaume; que son neveu et ses nièces étoient au Palais-Royal; et il proposa que l'on suppliât très-humblement la Reine de s'expliquer si cet éloignement étoit pour toujours et sans retour. On ne peut s'imaginer jusqu'où alla l'emportement de la compagnie ce jour-là. Il y eut des voix à ordonner qu'il n'y auroit plus de favoris en France. Je ne croirois pas, si je ne l'avois ouï, que l'extravagance des hommes eût pu se porter jusqu'à cette extrémité. On passa enfin à l'avis de Monsieur, qui fut de faire expliquer la Reine sur la qualité de l'éloignement du Mazarin, et de presser la lettre de cachet pour la liberté des princes.

Ce même jour, la Reine assembla dans le Palais-Royal messieurs de Vendôme, de Nemours, d'Elbœuf, d'Harcourt, de Rieux, de L'Ile-Bonne, d'Epernon, de

Candale, d'Estrées, de L'Hôpital, de Villeroy, Du Plessis-Praslin, d'Hocquincourt, de Grancey; et elle envoya, par leurs avis, messieurs de Vendôme, d'Elbœuf et d'Epernon prier Monsieur de revenir prendre sa place au conseil, et lui dire que si pourtant il ne le jugeoit pas à propos, elle lui enverroit le garde des sceaux, pour concerter avec lui ce qui seroit nécessaire pour l'affaire des princes. Monsieur accepta la seconde proposition, et s'excusa de la première en termes fort respectueux; mais il traita fort mal M. d'Elbœuf, qui le vouloit un peu trop presser d'aller au Palais-Royal. Ces messieurs dirent à Monsieur que la Reine leur avoit aussi commandé de l'assurer que l'éloignement du cardinal étoit pour toujours. Vous verrez bientôt que si Monsieur se fût mis ce jour-là entre les mains de la Reine, il y a grand lieu de croire qu'elle fût sortie de Paris, et qu'elle l'eût emmené.

Le 19, Monsieur ayant dit au parlement ce que la Reine lui avoit mandé touchant l'éloignement du cardinal, et les gens du Roi ayant ajouté que la Reine leur avoit donné ordre de porter la même parole à la compagnie, l'on donna arrêt par lequel il fut dit que, vu la déclaration de la Reine, le cardinal Mazarin sortiroit dans quinze jours du royaume et de toutes les terres de l'obéissance du Roi, avec tous ses parens et ses domestiques étrangers : à faute de quoi il seroit procédé extraordinairement contre eux, et permis aux communes et à tous autres de leur courir sus. J'eus un violent soupçon, au sortir du Palais, qu'on n'emmenât le Roi ce jour-là, parce que l'abbé Charrier, à qui le grand prévôt faisoit croire plus de la moitié de ce qu'il vouloit, me vint trouver tout échauffé, pour m'assurer que madame de Chevreuse et le garde des sceaux me jouoient, et ne me disoient pas tous les secrets, s'ils ne m'avoient fait confidence du tour qu'ils avoient fait au cardinal; qu'il savoit de science certaine et de bon lieu que c'étoient eux qui lui avoient persuadé de sortir de Paris, sur la parole qu'ils lui avoient donnée de le servir ensuite pour son rétablissement, et d'appuyer dans l'esprit de Monsieur les instances de la Reine, à laquelle il ne pouvoit jamais résister en présence. L'abbé Charrier accompagna cet avis de toutes les circonstances que j'ai trouvées depuis répandues dans le monde, et qui eussent fait croire (au moins à tous ceux qui croient que tout ce qui leur paroît le plus fin est le plus vrai) que l'évasion du Mazarin étoit un grand coup de politique ménagé par madame de Chevreuse et par le garde des sceaux, et pour perdre le cardinal par lui-même. Les misérables gazetiers de ce temps-là ont forgé là dessus des contes de *Peau-d'Ane*, plus ridicules que ceux que l'on fait aux enfans. Je m'en moquai dès l'heure même, parce que j'avois vu et l'un et l'autre fort embarrassés quand ils apprirent que le cardinal étoit parti, dans la crainte que le Roi ne le suivît bientôt. Mais comme je croyois avoir remarqué plus d'une fois que la cour se servoit du grand prévôt pour me faire insinuer de certaines choses, j'observois soigneusement les circonstances, et il me parut que beaucoup de celles que l'abbé Charrier me marquoit, et qu'il m'avoua tenir du grand prévôt, tendoient à me laisser voir que le Mazarin s'en alloit paisiblement hors du royaume, attendre avec sûreté l'effet des grandes promesses du garde des sceaux et de madame

de Chevreuse. Le bruit de ce grand coup d'Etat a été si universel, qu'il faut, à mon avis, qu'il ait été semé pour plus d'une fin ; et je suis persuadé que l'on fut bien aise de s'en servir pour m'ôter de la pensée qu'on eût eu dessein de sortir de Paris le jour que l'on faisoit effectivement état d'en sortir. Ce qui augmenta fort mon soupçon est que la Reine, qui avoit toujours donné des délais, s'étoit relâchée tout à coup, et avoit offert d'envoyer le garde des sceaux à Monsieur, et de terminer l'affaire des princes. Je dis à Monsieur toutes mes conjectures, et je le suppliai d'y faire réflexion. Je le pressai, je l'importunai. Le garde des sceaux, qui vint sur le soir régler avec lui les ordres qu'on promettoit d'envoyer dès le lendemain pour la liberté des princes, l'assura pleinement. Je ne pus rien gagner sur lui, et je m'en revins chez moi, très-persuadé que nous aurions bientôt quelque scène nouvelle. Je m'étois presque endormi, quand un gentilhomme ordinaire de Monsieur tira le rideau de mon lit, et me dit que Son Altesse Royale me demandoit. J'eus la curiosité d'en savoir la cause; et tout ce qu'il m'en put apprendre fut que mademoiselle de Chevreuse étoit venue éveiller Monsieur. Comme je m'habillois, un page m'apporta un billet d'elle : il n'y avoit que ces mots : « Venez en diligence au Luxem-
« bourg, et prenez garde à vous par les chemins. »
Je trouvai mademoiselle de Chevreuse assise sur un coffre dans sa chambre. Elle me dit que madame sa mère, qui s'étoit trouvée mal, l'avoit envoyée à Monsieur, pour lui faire savoir que le Roi étoit sur le point de sortir de Paris; qu'il s'étoit couché à l'ordinaire, et qu'il venoit de se relever, et qu'il étoit même déjà

tout botté. Véritablement l'avis venoit d'assez bon lieu. Le maréchal d'Aumont, capitaine des gardes en quartier, le faisoit donner sous main et de concert avec le maréchal d'Albret, par la seule vue de ne pas rejeter le royaume dans une confusion aussi effroyable que celle qu'il prévoyoit. Le maréchal de Villeroy avoit fait donner au même instant le même avis par le garde des sceaux. Mademoiselle de Chevreuse ajouta qu'elle croyoit que nous aurions bien de la peine à faire prendre une bonne résolution à Monsieur, parce que la première parole qu'il lui avoit dite, lorsqu'elle l'avoit éveillé, étoit : « Envoyez querir le « coadjuteur. Toutefois qu'y a-t-il à faire? »

Nous entrâmes dans la chambre de Madame, où Monsieur étoit couché avec elle. Il me dit d'abord : « Vous l'aviez bien dit : que ferons-nous? — Il n'y a « qu'un parti, lui répondis-je : c'est de se saisir des « portes de Paris. — Le moyen, à l'heure qu'il est? « reprit-il. » Les hommes en cet état ne parlent que par monosyllabes. Je me souviens que je le fis remarquer à mademoiselle de Chevreuse. Elle fit des merveilles : Madame se surpassa. On ne put jamais rien gagner de positif sur l'esprit de Monsieur; et tout ce que l'on en put tirer fut qu'il enverroit de Souches, capitaine de ses Suisses, chez la Reine, pour la supplier de faire réflexion sur les suites d'une action de cette nature. Cela suffira, disoit Monsieur; car quand la Reine verra que sa résolution est pénétrée, elle n'aura garde de s'exposer à l'entreprendre. Madame voyant que cet expédient n'étant pas accompagné seroit capable de tout perdre, et que pourtant Monsieur ne pouvoit se résoudre à donner aucun ordre, me commanda de lui apporter un écritoire qui étoit sur la table de son cabinet; et elle écrivit ces paroles dans une grande feuille de papier :

« Il est ordonné à M. le coadjuteur de faire prendre les armes, et d'empêcher que les créatures du cardinal Mazarin, condamné par le parlement, ne fassent sortir le Roi de Paris.

« Marguerite de Lorraine. »

Monsieur ayant voulu voir cette dépêche, l'arracha des mains de Madame ; mais il ne put l'empêcher de dire à mademoiselle de Chevreuse : « Je te prie, « ma chère nièce, de dire au coadjuteur qu'il fasse « ce qu'il faut; et je lui réponds demain de Monsieur, « quoi qu'il dise aujourd'hui. » Monsieur me cria, comme je sortois de la chambre : « Au moins, M. le « coadjuteur, vous connoissez le parlement; je ne « veux point absolument me brouiller avec lui. » Mademoiselle de Chevreuse tira la porte, en disant : « Je vous défie de vous brouiller autant avec lui que « vous l'êtes avec moi. »

Vous jugez aisément de l'état où je me trouvai; mais je crois que vous ne doutez pas du parti que je pris. Le choix au moins n'en étoit pas embarrassant, quoique l'événement fût bien délicat. J'écrivis à M. de Beaufort ce qui se passoit, et je le priai de se rendre en toute diligence à l'hôtel de Montbazon. Mademoiselle de Chevreuse alla éveiller le maréchal de La Mothe, qui monta à cheval en même temps, avec tout ce qu'il put amasser de gens attachés à messieurs les princes. Je sais bien que Langues et Coligny furent de cette troupe. M. de Montmorency porta ordre de ma part à L'Epinai de faire prendre les armes à la compagnie dont il étoit lieutenant : ce qu'ils firent. Il se saisit de la porte de Richelieu. Martineau ne s'étant pas trouvé à son logis, sa femme, qui étoit sœur de madame de Pomereux, se jeta en jupe dans la rue, fit battre le tambour ; et cette compagnie se posta à la rue Saint-Honoré.

De Souches exécuta, dans ces entrefaites, sa commission : il trouva le Roi dans le lit (car il s'y étoit remis), et la Reine en pleurs. Elle le chargea de dire à Monsieur qu'elle n'avoit jamais pensé à enlever le Roi, et que c'étoit une pièce de ma façon. Le reste de la nuit l'on régla les gardes. Messieurs de Beaufort et de La Mothe se chargèrent des patrouilles de cavalerie. Enfin on s'assura comme il étoit nécessaire dans cette occasion.

Je retournai chez Monsieur pour lui rendre compte du succès. Il en fut très-aise dans le fond ; mais il n'osa toutefois s'en expliquer, parce qu'il vouloit apprendre ce que le parlement en penseroit. Selon ce qu'il en disoit lui-même, je connus clairement que je courois risque d'être désavoué si le parlement grondoit ; et vous observerez, s'il vous plaît, qu'il n'y avoit guère de matière plus propre à le faire gronder, puisqu'il n'y en a point qui soit plus contraire aux formes du Palais, que celles où il se traite d'investir le Palais-Royal. J'étois très-persuadé, comme je le suis encore, qu'elle étoit bien rectifiée et même sanctifiée par la circonstance : car il est constant que la sortie du Roi pouvoit être la perte de l'Etat. Mais je connoissois le parlement, et je savois que le bien qui n'est pas dans les formes y est toujours criminel à l'égard des particuliers. Je vous confesse que c'est une des rencontres de ma vie où je me suis trouvé le plus embarrassé. Je ne pouvois pas douter que les gens du Roi n'éclatassent le lendemain avec fureur contre cette action ; je ne pouvois pas ignorer que le premier président ne tonnât; j'étois très-assuré que Longueil, qui depuis que son frère étoit devenu surintendant des finances avoit renoncé à la Fronde, ne m'épargneroit pas par ses sous-mains, que je connoissois pour être encore plus dangereuses que les déclamations des autres.

Ma première pensée fut d'aller dès les sept heures du matin chez Monsieur le presser de se lever : ce qui étoit une affaire; et d'aller au Palais : ce qui en étoit une autre. Caumartin ne fut pas de cet avis; et il me dit pour raison que l'affaire dont il s'agissoit n'étoit pas de la nature de celles où il suffit d'être avoué. Je l'entendis d'abord, et j'entrai dans sa pensée. Je compris qu'il y auroit trop d'inconvéniens à faire seulement soupçonner que la chose n'avoit pas été exécutée par les ordres positifs de Monsieur; et que la moindre résistance qu'il feroit à se trouver à l'assemblée feroit naturellement ce mauvais effet. Je pris la résolution de ne point proposer à Monsieur d'y aller, mais de me conduire toutefois d'une manière qui l'obligeât d'y venir; et le moyen que je pris pour cela fut que nous nous y trouvassions, messieurs de Beaufort, de La Mothe et moi, fort accompagnés; que nous nous y fissions faire de grandes acclamations par le peuple; qu'une partie des officiers et des colonels dépendans de nous se partageât; que les uns vinssent au Palais pour y rendre le concours plus grand; que les autres fussent chez Monsieur, comme pour lui offrir leurs services dans une conjoncture aussi périlleuse pour la ville qu'auroit été la sortie du Roi; et que M. de Nemours s'y trouvât en même temps avec messieurs de Coligny, de Langues, de Tavannes, et les autres du parti des princes, qui lui dissent que c'étoit à ce coup que messieurs ses cousins lui devoient leur liberté; et qu'ils le supplioient d'aller consommer son ouvrage au Palais. M. de Nemours ne put faire ce compliment à Monsieur qu'à huit heures, parce qu'il avoit commandé à ses gens de ne point l'éveiller plus tôt, sans doute pour se donner le temps de voir ce que la matinée produiroit. Nous étions cependant au Palais dès les sept heures, et nous observâmes que le premier président gardoit la même conduite : car il n'assembloit point les chambres, apparemment pour voir les démarches de Monsieur. Il étoit à sa place dans la grand'-chambre, jugeant les affaires ordinaires; mais il montroit, par son visage et par ses manières, qu'il avoit de plus grandes pensées dans l'esprit. La tristesse paroissoit dans ses yeux, mais cette sorte de tristesse qui touche et qui émeut, parce qu'elle n'a rien de l'abattement. Monsieur arriva enfin, mais bien tard, et après neuf heures sonnées, M. de Nemours ayant eu toutes les peines du monde à l'ébranler. Il dit en arrivant, à la compagnie, qu'il avoit conféré la veille avec le garde des sceaux; et que les lettres de cachet pour la liberté des princes seroient expédiées dans deux heures, et partiroient incessamment. Le premier président prit ensuite la parole, et dit, avec un pro-

fond soupir : « M. le prince est en liberté, et le Roi,
« le Roi notre maître est prisonnier. » Monsieur, qui
n'avoit point de peur, parce qu'il avoit reçu plus d'acclamations dans les rues et dans la salle du Palais
qu'il n'en avoit jamais eu, et à qui Coulon avoit dit
à l'oreille que l'escopeterie des enquêtes ne seroit
pas moins forte; Monsieur, dis-je, lui repartit: « Le
« Roi étoit prisonnier entre les mains du Mazarin;
« mais, Dieu merci, il ne l'est plus. » Les enquêtes
répondirent comme par un écho : « Il ne l'est plus, il
« ne l'est plus ! » Monsieur, qui parloit toujours bien
en public, fit un petit narré de ce qui s'étoit passé la
nuit, délicat, mais suffisant pour autoriser ce qui
s'étoit fait ; et le premier président ne répondit que
par une invective assez aigre qu'il fit contre ceux qui
avoient supposé que la Reine eût une aussi mauvaise
intention; qu'il n'y avoit rien de si faux; et tout le
reste. Je ne répondis que par un souris. Vous pouvez
croire que Monsieur ne nomma pas ses auteurs ; mais
il marqua en général au premier président qu'il en
savoit plus que lui.

La Reine envoya querir dès l'après-dînée les gens
du Roi et ceux de l'hôtel-de-ville, pour leur dire
qu'elle n'avoit jamais eu cette pensée, et pour leur
commander de faire même garder les portes de la ville,
afin d'en effacer l'opinion de l'esprit des peuples. Elle
fut exactement obéie. Cela se passa le 10 février.

Le 11, M. de La Vrillière, secrétaire d'Etat, partit
avec toutes les expéditions nécessaires pour faire sortir messieurs les princes.

Le 13, le cardinal, qui ne s'éloigna des environs
de Paris que depuis qu'il eut appris qu'on y avoit pris

les armes, se rendit au Havre-de-Grâce, où il fit toutes les bassesses imaginables à M. le prince, qui le traita avec beaucoup de hauteur, et qui ne lui fit pas le moindre remercîment de la liberté qu'il lui donna après avoir dîné avec lui. Je n'ai jamais pu comprendre cette démarche du cardinal, qui m'a paru des plus ridicules de notre temps dans toutes ses circonstances.

Le 15, on eut la nouvelle à Paris de la sortie de messieurs les princes. Monsieur alla voir la Reine. On ne parla de rien, et la conversation fut courte.

Le 16, messieurs les princes arrivèrent. Monsieur alla au devant d'eux jusqu'à mi chemin de Saint-Denis. Il les prit dans son carrosse, où nous étions aussi, M. de Beaufort et moi. Ils allèrent descendre au Palais-Royal, où la conférence ne fut pas plus échauffée ni plus longue que celle de la veille. M. de Beaufort demeura, tant qu'ils furent chez la Reine, du côté de la porte Saint-Honoré; et j'allai entendre complies aux pères de l'Oratoire. Le maréchal de La Mothe ne quitta pas le derrière du Palais-Royal. Messieurs les princes nous reprirent à la Croix-du-Tiroir, et nous soupâmes chez Monsieur, où la santé du Roi fut bue avec le refrain : *Point de Mazarin!* Le pauvre maréchal de Gramont et M. d'Amville furent forcés à faire comme les autres.

Le 17, Monsieur mena messieurs les princes au parlement; et (ce qui est remarquable) le même peuple, qui avoit fait treize mois auparavant des feux de joie pour leur emprisonnement, en fit tous ces derniers jours pour leur liberté.

Le 20, la déclaration que l'on avoit demandée au

Roi contre le cardinal fut apportée au parlement, pour y être enregistrée; et elle fut renvoyée avec fureur, parce que la cause de son éloignement étoit couverte et ornée de tant d'éloges, qu'elle étoit proprement un panégyrique. Comme cette déclaration portoit que tous étrangers seroient exclus des conseils, le bon homme Broussel, qui alloit toujours plus loin que les autres, ajouta dans son opinion : « Et tous les cardinaux, parce qu'ils font serment « au Pape. » Le premier président, s'imaginant qu'il me feroit un grand déplaisir, admira le bon sens de Broussel, et approuva son sentiment. Il étoit fort tard, l'on vouloit dîner : la plupart n'y firent point de réflexion; et comme tout ce qui se disoit et se faisoit en ce temps-là contre le Mazarin, directement ou indirectement, étoit si naturel qu'il n'eût pas été judicieux de s'y imaginer du mystère, je crois que je n'y eusse pas pris garde, non plus que les autres, si M. de Châlons, qui avoit pris ce jour-là sa place au parlement, ne m'eût dit que lorsque Broussel eut proposé l'exclusion des cardinaux français, et que le parlement eut témoigné par des voix confuses de l'approuver, M. le prince avoit fait paroître beaucoup de joie, et s'étoit écrié : « Voilà un bel écho! » Il faut que je vous fasse ici mon panégyrique. Je pouvois être un peu piqué de ce que le lendemain d'un traité par lequel Monsieur déclaroit qu'il pensoit à me faire cardinal, M. le prince appuyoit une proposition qui alloit directement à la diminution de cette dignité. La vérité est que M. le prince n'y avoit aucune part; qu'elle se fit naturellement, et ne fut appuyée que parce que rien de tout ce qui s'avançoit contre le Ma-

zarin ne pouvoit être désapprouvé. Mais j'eus lieu
de croire en ce temps-là qu'il y avoit eu du concert ;
que Longueil avoit fait donner dans le panneau le
bon homme Broussel ; que tous les gens marqués pour
être serviteurs de messieurs les princes y avoient
donné avec chaleur ; et j'eus encore autant de lieu
d'espérer que j'en ferois évanouir la tentative, quand
les frondeurs, qui s'aperçurent que le premier président se vouloit servir contre moi en particulier de
la chaleur que le corps avoit contre le général, m'of-
frirent de tourner tout court, de faire expliquer l'arrêt, et d'éclater d'une manière qui eût assurément
obligé M. le prince à faire changer de ton à ceux de
son parti. Il y eut dans le même temps une autre
occasion qui, s'il m'eût plu, m'auroit encore donné
un moyen bien plus sûr et plus fort de brouiller les
cartes, et d'embarrasser le théâtre d'une façon qui
n'eût pas permis au premier président de s'égayer à
mes dépens. Je vous ai déjà parlé de l'assemblée de
la noblesse : la cour, qui est toujours disposée à croire
le pire, étoit persuadée, quoiqu'à faux, comme je
vous l'ai déjà dit, que cette assemblée étoit de mon
invention, et que j'y faisois un grand fond. Elle crut,
par cette raison, qu'elle frapperoit un grand coup
contre moi en la dissipant ; et sur ce principe, qui
étoit faux, elle faillit à se faire deux préjudices les
plus réels et les plus effectifs que ses ennemis les
plus mortels lui eussent pu procurer. Pour obliger le
parlement, qui craint naturellement les Etats, à donner des arrêts contre cette assemblée de la noblesse,
elle envoya le maréchal de L'Hôpital à cette assemblée
lui dire qu'elle n'avoit qu'à se séparer, parce que le

Roi lui donnoit sa foi et sa parole de faire tenir les Etats-généraux le premier d'octobre. Je sais bien qu'on n'avoit pas le dessein de l'exécuter: mais je n'ignore pas aussi que si Monsieur et M. le prince se fussent unis ensemble pour le faire exécuter, comme il étoit dans le fond de leur intérêt, il se fût trouvé, par l'événement, que les ministres se fussent attiré sans nécessité, pour une bagatelle, celui de tous les inconvéniens qu'ils ont toujours appréhendé le plus. L'autre, qu'ils hasardèrent par cette conduite, fut qu'il ne tint presque à rien que Monsieur ne prît la protection de cette assemblée malgré moi; et s'il l'eût fait dès le commencement, comme je le vis sur le point de le faire, la Reine, contre son intérêt et son intention, qui conspiroient ensemble à diviser Monsieur d'avec le prince, les eût unis davantage par un éclat qui, étant fait dès les premiers jours de la liberté, eût entraîné, de nécessité, le délivré dans le parti du libérateur. Le temps donne des prétextes, il donne même quelquefois des raisons qui sont des manières de dispenses pour les bienfaits; et il n'est jamais sage, dans la nouveauté, d'en presser la méconnoissance.

La Vieuville et de Sourdis [1], secondés par Montrésor, qui depuis la disgrâce de La Rivière avoit repris assez de créance auprès de Monsieur, le piquèrent un jour si vivement sur l'ingratitude que le parlement lui témoignoit, en s'opiniâtrant à vouloir dissiper une assemblée qui s'étoit formée sous son autorité, qu'il leur promit que s'ils continuoient le lendemain, il déclareroit à la compagnie qu'il s'en al-

[1] Charles d'Escoubleau, marquis de Sourdis, mort en 1666. (A. E.)

loit aux Cordeliers, où l'assemblée se tenoit, et se mettroit à sa tête pour recevoir les huissiers du parlement qui seroient assez hardis pour lui venir signifier son arrêt. Vous remarquerez, s'il vous plaît, que depuis le jour que le Palais-Royal fut investi, Monsieur étoit si persuadé de son pouvoir sur le peuple, qu'il n'avoit plus aucune frayeur du parlement. M. de Beaufort, qui entra dans le temps de cette conversation, l'anima encore si fort, qu'il se fâcha contre moi-même avec aigreur, et me reprocha que j'avois contribué à souffrir que l'on insistât à la déclaration contre les cardinaux français; qu'il savoit bien que je ne m'en souciois pas, parce que ce ne seroit qu'une chanson, et même très-impertinente et très-ridicule, toutes les fois qu'il plairoit à la cour : mais que je devois songer à sa gloire, qui étoit trop intéressée à souffrir que les mazarins, c'est-à-dire ceux qui avoient fait leurs efforts pour soutenir ce ministre dans le parlement, se vengeassent de ceux qui l'avoient servi pour le détruire, en quittant sa personne pour attaquer sa dignité, en vue d'un homme en qui lui, Monsieur, la vouloit faire tomber. M. de Beaufort, outré de ce que le président Perrault (1), intendant de M. le prince, avoit dit la veille, dans la buvette de la chambre des comptes, qu'il s'opposeroit, au nom de son maître, à l'enregistrement de ses provisions de l'amirauté; M. de Beaufort, dis-je, n'oublia rien pour l'enflammer, et pour lui mettre dans l'esprit qu'il ne falloit pas laisser passer ces deux occasions sans éprouver ce que l'on devoit attendre de M. le prince, dont

(1) *Président en la chambre des comptes, intendant de la maison de M. le prince. (A. E.)

tous les partisans paroissoient en l'un et en l'autre s'unir beaucoup avec ceux de la cour.

Vous voyez que j'avois beau jeu ; et d'autant plus que je pouvois presque être d'un sentiment contraire, sans me brouiller en quelque façon avec tous les autres amis que j'avois dans le corps de la noblesse. Je ne balançai pas un moment, parce que je résolus de me sacrifier à mon devoir, et de ne pas corrompre la satisfaction que je trouvois en moi-même à avoir contribué, autant que j'avois fait, et à l'éloignement du cardinal et à la liberté de messieurs les princes : deux ouvrages extrêmement agréables au public ; de ne la pas corrompre, dis-je, par des intrigues nouvelles, et par des subdivisions de parti, qui d'un côté m'éloignoient toujours du gros de l'arbre, et qui de l'autre eussent toujours passé dans le monde pour des effets de la colère que je pouvois avoir contre le parlement. Je dis que je pouvois avoir : car dans la vérité je ne l'avois pas ; et parce que le gros du corps, qui étoit toujours très-bien intentionné pour moi, songeoit beaucoup plus à donner des atteintes au Mazarin qu'à me faire du mal ; et parce que je n'ai jamais compris que l'on se puisse émouvoir de ce que fait un corps. Je n'eus pas de mérite à ne me pas échauffer ; mais je crois en avoir eu un peu à ne me pas laisser ébranler aux avantages que ceux qui ne m'aimoient point prirent de ma froideur. Leurs vanteries me tentèrent ; je n'y succombai pas, et je demeurai ferme à soutenir à Monsieur qu'il devoit dissiper l'assemblée de la noblesse ; qu'il ne devoit point s'opposer à la déclaration qui portoit l'exclusion des conseils des cardinaux français ; et que son unique vue devoit être dorénavant d'assoupir toutes les partialités. Je n'ai jamais rien fait qui m'ait donné tant de satisfaction intérieure que cette action. Ce que je fis à la paix de Paris étoit mêlé de l'intérêt que je trouvois à ne pas devenir le subalterne de Fuensaldagne : mais je ne fus porté à cette action-ci que par le pur principe de mon devoir. Je me résolus de m'y attacher uniquement. J'étois satisfait de mon ouvrage ; et s'il eût plu à la cour et à M. le prince d'ajouter quelque foi à ce que je leur disois, je rentrois moi-même, dans la meilleure foi du monde, dans les exercices purs et simples de ma profession. Je passois dans le monde pour avoir chassé le Mazarin, qui étoit l'horreur du public ; et pour avoir délivré les princes, qui en étoient devenus les délices. C'étoit un grand contentement, et je le sentois au point d'être très-fâché que l'on m'eût engagé à avoir prétendu au cardinalat. Je voulois marquer le détachement que j'en avois par l'indifférence que je témoignois pour l'exclusion des conseils qu'on lui donnoit. Je m'opposai à la résolution que Monsieur avoit prise de se déclarer ouvertement dans le parlement pour l'empêcher ; je fis qu'il se contenta d'avertir la compagnie qu'elle alloit trop loin, et que la première chose que le Roi feroit à sa majorité (comme il arriva) seroit de révoquer cette déclaration. Je n'entrai en rien à l'opposition que le clergé de France y fit par la bouche de M. l'archevêque d'Embrun (1) ; et non-seulement je n'opinai pas sur ce sujet dans le parlement comme

(1) Georges d'Aubusson de La Feuillade, archevêque d'Embrun, et ensuite évêque et prince de Metz, etc.; mort en 1679, âgé de quatre-vingt-huit ans. (A. E.)

les autres, mais j'obligeai même tous mes amis d'opiner comme moi. Et comme le président de Bellièvre, qui vouloit à toutes forces rompre en visière au premier président sur cette matière, qui, dans la vérité, pouvoit se tourner très-facilement en ridicule contre un homme qui avoit fait tous ses efforts pour soutenir cette même dignité en la personne du Mazarin; comme, dis-je, le président de Bellièvre m'eut reproché, devant le feu de la grand'chambre, que je manquois aux intérêts de l'Eglise en la traitant ainsi, je lui répondis tout haut : « On n'a fait qu'un mal ima-
« ginaire à l'Eglise; et j'en ferois un solide à l'Etat,
« si je ne faisois tous mes efforts pour y assoupir les
« divisions. » Cette parole plut à beaucoup de gens.

Le peu d'action que j'eus dans le même temps, touchant les Etats-généraux, ne fut pas si approuvé. L'on voulut s'imaginer qu'ils rétabliroient l'Etat, et je n'en fus pas persuadé. Je savois que la cour ne les avoit proposés que pour obliger le parlement, qui les appréhende toujours, à se brouiller avec la noblesse. M. le prince m'avoit dit vingt fois, avant sa prison, qu'un roi ni des princes du sang n'en devoient jamais souffrir. Je connoissois la foiblesse de Monsieur, incapable de régir une machine de cette étendue. Voilà les raisons que j'eus pour ne me pas donner sur cet article le mouvement que beaucoup de gens eussent souhaité de moi. Je crois encore que j'avois raison. Toutes ces considérations firent qu'au lieu de m'éveiller sur les Etats-généraux, sur l'assemblée de la noblesse, et sur la déclaration contre les cardinaux, je me confirmai dans la pensée de me reposer, pour ainsi dire, dans mes dernières actions; et je cherchai même les voies de le pouvoir faire avec honneur. Ce que M. de Châlons m'avoit dit de M. le prince, joint à ce qui me paroissoit des démarches de beaucoup de ses serviteurs, commença à me donner ombrage : et cet ombrage me fit beaucoup de peine, parce que je prévoyois que si la Fronde se brouilloit avec M. le prince, nous retomberions dans des confusions étranges. Je pris le parti, dans cette vue, d'aller au devant de tout ce qui pourroit y donner lieu. J'allai trouver mademoiselle de Chevreuse, je lui dis mes doutes; et après que je l'eus assurée que je ferois pour ses intérêts, sans exception, tout ce qu'elle voudroit, je la priai de me permettre de lui représenter qu'elle devoit toujours parler du mariage de M. le prince de Conti comme d'un honneur qu'elle recevroit, mais comme d'un honneur qui n'étoit pourtant pas au dessus d'elle; que par cette raison elle ne devoit pas le courir, mais l'attendre; que toute la dignité y étoit conservée jusque là, parce qu'elle avoit été recherchée et poursuivie même avec de grandes instances; qu'il s'agissoit de ne rien perdre; que je ne croyois pas qu'on voulût manquer à ce qui avoit été non-seulement promis dans la prison, mais à ce qui avoit été confirmé depuis par tous les engagemens les plus solennels (vous remarquerez, s'il vous plaît, que M. le prince de Conti soupoit presque tous les soirs à l'hôtel de Chevreuse) : mais qu'ayant des lueurs que les dispositions de M. le prince pour la Fronde n'étoient pas si favorables que nous avions eu sujet de l'espérer; j'étois persuadé qu'il étoit de la bonne conduite de ne pas s'exposer à une aventure aussi fâcheuse que seroit celle d'un refus d'une personne de sa qualité;

qu'il m'étoit venu dans l'esprit un moyen qui me paroissoit haut et digne de sa naissance, pour nous éclaircir de l'intention de M. le prince, et propre à en accélérer l'effet si elle étoit bonne, ou à en rectifier ou colorer la suite si elle étoit mauvaise ; que ce moyen étoit que je disse à M. le prince que madame sa mère et elle m'avoient ordonné de l'assurer qu'elles ne prétendoient en façon du monde se servir des engagemens qui avoient été pris par les traités ; qu'elles n'y avoient consenti que pour avoir la satisfaction de lui remettre sa parole ; et que je le suppliois, en leur nom, de croire que s'ils lui faisoient la moindre peine ou le moindre préjudice aux mesures qu'il pouvoit avoir en vue de prendre à la cour, elles s'en désistoient de tout leur cœur ; et qu'elles ne laisseroient pas de demeurer, elles et tous leurs amis, très-attachés à son service.

Mademoiselle de Chevreuse donna dans mon sens, parce qu'elle n'en avoit jamais d'autre que celui de l'homme qu'elle aimoit. Madame sa mère y tomba, parce que ses lumières naturelles lui faisoient toujours prendre avec avidité ce qui étoit bon. Laigues s'y opposa, parce qu'il étoit lourd, et que les gens de ce caractère ont toutes les peines du monde à comprendre ce qui est double. Bellièvre, Caumartin, Montrésor l'emportèrent à la fin en lui expliquant ce double, et en lui faisant voir que si M. le prince avoit bonne intention, ce procédé l'obligeroit ; que s'il l'avoit mauvaise, il le retiendroit, et l'empêcheroit au moins de nous accabler dans un moment où nous en usions si respectueusement, si franchement et si honnêtement avec lui. Ce moment étoit ce que nous avions justement et uniquement à craindre, parce que la constitution des choses nous faisoit déjà voir plus que suffisamment que si nous l'échappions d'abord, nous ne serions pas long-temps sans en rencontrer de plus défavorables. Jugez, je vous prie, de la délicatesse de celui qui pouvoit unir contre nous l'autorité royale purgée du mazarinisme, et le parti de M. le prince purgé de la faction. Sur le tout, quelle sûreté en M. le duc d'Orléans? Vous voyez que j'avois raison de songer à prévenir l'orage, et à nous faire un mérite de ce qui pouvoit nous l'attirer. Je fis mon ambassade à M. le prince. Je mis entre ses mains la prétention de mon chapeau; je lui remis le mariage de mademoiselle de Chevreuse. Il s'emporta contre moi, il jura; il me demanda pour qui je le prenois. Je sortis persuadé (et je le suis encore) qu'il avoit toute l'intention de l'exécuter.

Tout ce que je viens de vous dire de l'assemblée de la noblesse, des Etats-généraux, et de la déclaration contre les cardinaux tant français qu'étrangers, fut ce qui remplit la scène depuis le 17 février 1651 jusqu'au 3 avril. Je n'en ai pas daté les jours, parce que je vous aurois trop ennuyée par la répétition. Elle fut continuée sans interruption dans le parlement sur ces matières. La cour chicana toutes choses, à son ordinaire: elle se relâcha aussi de toutes choses, à son ordinaire. Elle fit tant par ses journées, que le parlement de Paris écrivit à tous les parlemens du royaume pour les exciter à donner arrêt contre le cardinal Mazarin, et ils le donnèrent; qu'elle fut aussi obligée de donner une déclaration d'innocence à messieurs les princes, qui fut un panégyrique;

qu'elle fut forcée de donner une déclaration par laquelle tous les cardinaux, tant français qu'étrangers, seroient exclus des conseils du Roi; et le parlement n'eut pas de repos que le cardinal n'eût quitté Sedan et ne fût allé à Brulh, maison de l'électeur de Cologne. Le parlement faisoit tous ces mouvemens le plus naturellement du monde, s'imaginoit-il; les ressorts étoient sous le théâtre: vous les allez voir.

M. le prince, qui étoit incessamment sollicité par la cour de s'accommoder, égayoit de jour en jour le parlement pour se rendre plus nécessaire à la Reine et à Monsieur. Et comme j'avois intérêt à tenir en haleine et en honneur la vieille Fronde, je ne m'endormois pas de mon côté. La Reine, dont l'animosité la plus fraîche étoit contre le prince, me faisoit parler dans le même temps qu'elle n'oublioit rien pour l'obliger à négocier. Le vicomte d'Autel, capitaine des gardes de Monsieur, et mon ami particulier, étoit frère du maréchal Du Plessis-Praslin; et il me pressa sept ou huit jours durant d'avoir une conférence secrète avec lui, pour affaire, me disoit-il, où il y alloit de ma vie et de mon honneur. J'en fis beaucoup de difficulté, parce que je connoissois le maréchal Du Plessis pour un grand mazarin, et le vicomte d'Autel pour un bon homme très-capable d'être trompé. Monsieur, à qui je rendis compte de l'instance que l'on me faisoit, me commanda d'écouter le maréchal, en prenant de toutes manières mes précautions: et ce qui l'obligea à me donner cet ordre fut que le maréchal lui fit dire par son frère qu'il se soumettoit à tout ce qu'il lui plairoit, si ce qu'il me devoit dire n'étoit pas de la dernière importance à Son Altesse.

Royale. Je le vis donc la nuit chez le vicomte d'Autel, qui avoit sa chambre au Luxembourg, mais qui avoit aussi son logis dans la rue d'Enfer. Il me parla sans façonner de la part de la Reine; il me dit qu'elle avoit toujours de la bonté pour moi; qu'elle ne me vouloit point perdre; qu'elle m'en donnoit une marque, en m'avertissant que j'étois sur le bord du précipice; que M. le prince traitoit avec elle; qu'elle ne pouvoit s'ouvrir davantage, n'étant pas assurée de moi; mais que si je voulois m'engager à son service, elle me feroit toucher le détail au doigt et à l'œil. Cela étoit, comme vous voyez, un peu trop général. Je répondis qu'en mon particulier je ne douterois jamais de quoi que ce soit qu'il plût à la Reine de me faire dire; qu'elle jugeoit bien que Monsieur étant aussi engagé qu'il l'étoit à M. le prince, il ne romproit pas avec lui, à moins non-seulement qu'on lui fît voir des faits, mais qu'il pût lui-même les faire voir au public. Cette parole, qui étoit pourtant très-raisonnable, aigrit beaucoup la Reine contre moi. Elle dit au maréchal : « Il veut périr : il périra. » Je l'ai su de lui-même plus de dix ans après. Voici ce qu'elle vouloit dire : Servien et Lyonne traitoient avec M. le prince, et ils lui promettoient pour lui le gouvernement de Guienne, celui de Provence pour son frère, la lieutenance de roi de Guienne, et le gouvernement de Blaye pour La Rochefoucauld, qui étoit du secret de la négociation, et qui y étoit même présent. M. le prince devoit avoir par ce traité ses troupes entretenues dans ses provinces, à la réserve de celles qui seroient en garnison dans les places qu'on lui avoit déjà rendues. Il avoit mis Meillant dans

Clermont, Marsin dans Stenay, Boutteville dans Bellegarde, Arnauld dans le château de Dijon, Persan dans Montrond. Jugez quel établissement! Lyonne m'a assuré plusieurs fois depuis que lui et Servien avoient fait de très-bonne foi à M. le prince la proposition touchant la Guienne et la Provence, parce qu'ils étoient persuadés qu'il n'y avoit rien que la cour ne dût faire pour le gagner. Les gens qui veulent croire du mystère à toutes ces choses ont dit qu'ils ne pensèrent qu'à l'amuser. Ce qui a donné de la couleur à cette opinion est que la chose leur réussit justement comme s'ils en eussent eu ce dessein : car M. le prince, qui ne douta pas que deux hommes aussi dépendans du cardinal n'auroient pas eu la hardiesse de lui faire des propositions de cette importance sans son ordre, et qui d'ailleurs trouva d'abord toute la facilité imaginable pour le gouvernement de Guienne, dont il fut effectivement pourvu, en laissant celui de Bourgogne à M. d'Epernon; M. le prince, dis-je, ne douta point de l'aveu du cardinal pour le gouvernement de Provence; et avant que de l'avoir reçu, ou il consentit, ou il fit entendre qu'il consentiroit (on en parle diversement), au changement du conseil qui arriva le 3 avril, en la manière que je vais vous le raconter, après que je vous aurai priée de remarquer que cette faute de M. le prince est, à mon opinion, la plus grande qu'il ait jamais faite contre la politique.

Le 3 avril, Monsieur et M. le prince étant allés au Palais-Royal, Monsieur y apprit que Chavigny, l'intime de M. le prince, y avoit été mandé par la Reine, de Touraine où il étoit. Monsieur, qui le haïssoit mortellement, se plaignit à la Reine de ce qu'elle l'avoit fait revenir sans lui en parler; et d'autant plus qu'elle lui alloit (au moins selon le bruit commun) faire prendre la place de ministre au conseil. La Reine lui répondit fièrement qu'il avoit bien fait d'autres choses sans elle. Monsieur sortit du Palais-Royal, M. le prince le suivit. Après le conseil, la Reine envoya M. de La Vrillière demander les sceaux à M. de Châteauneuf. Elle les donna sur les dix heures du soir à M. le premier président, et elle envoya M. de Sully chercher son beau-père (1) pour venir au conseil tenir la place de chancelier. La Tivollière, lieutenant de ses gardes, vint donner part à Monsieur entre dix et onze heures de ce changement. Madame et mademoiselle de Chevreuse n'oublièrent rien pour lui en faire connoître la conséquence, qui ne devoit pas être bien difficile à prouver à un lieutenant général de l'Etat, aussi vivement et aussi hautement offensé qu'il l'étoit. Vous n'aurez pas de peine à croire que je ne conservai pas en cette occasion la modération sur laquelle je vous ai tantôt fait mon éloge. Monsieur nous parut très-animé, et il nous assembla tous; c'est-à-dire M. le prince, M. le prince de Conti, M. de Beaufort, M. de Nemours, messieurs de Brissac, de La Rochefoucauld, de Chaulnes, frère aîné de celui que vous connoissez; de Vitry, de La Mothe, d'Etampes, de Fiesque, et Montrésor. Il exposa le fait, et il en demanda avis. Montrésor ouvrit celui d'aller demander les sceaux au premier président, de la part de Son Altesse Royale. Messieurs de Chaulnes, de Brissac, de Vitry, de Fiesque furent du même sentiment. Le mien fut que celui qui venoit d'être proposé étoit

(1) *Son beau-père :* Pierre Seguier.

juste, et fondé sur le pouvoir légitime de Monsieur; qu'il étoit même nécessaire : mais que comme il étoit de sa bonté d'obvier à tout ce qui pouvoit arriver de plus violent dans une action de cette nature, ma pensée n'étoit pas qu'il se fallût servir du peuple, comme M. de Chaulnes venoit de dire; mais qu'il seroit, à ce qu'il me sembloit, plus à propos que Monsieur fît exécuter la chose par son capitaine des gardes ; que M. de Beaufort et moi nous nous pourrions tenir sur les quais qui sont des deux côtés du Palais, pour retenir le peuple, qui n'avoit besoin que de bride partout où le nom de Monsieur paroissoit. M. de Beaufort m'interrompit à ce mot, et il me dit : « Je par-
« lerai pour moi, monsieur, quand j'opinerai; pour-
« quoi m'alléguer ? » Je faillis à tomber de mon haut. Il n'y avoit pas eu entre nous la moindre ombre, je ne dis pas de division, mais de mécontentement. M. de Beaufort continua, en disant qu'il ne répondroit pas que nous pussions contenir le peuple, et l'empêcher de jeter peut-être le premier président dans la rivière. Quelqu'un du parti des princes (je ne me souviens pas précisément si ce fut M. de Nemours ou M. de La Rochefoucauld) releva et orna ce discours de tout ce qui pouvoit donner au mien figure ou couleur d'une exhortation au carnage. M. le prince ajouta qu'il confessoit qu'il n'entendoit rien à la guerre des *pots de chambre;* qu'il se sentoit même poltron pour toutes les occasions de tumulte populaire et de sédition ; mais que si Monsieur croyoit être assez outragé pour commencer la guerre civile, il étoit tout prêt à monter à cheval, à se retirer en Bourgogne, et à faire des levées pour son service. M. de Beaufort se

remit encore sur le même ton : et ce fut précisément
ce qui abattit Monsieur, parce que voyant M. de
Beaufort dans les sentimens de M. le prince, il crut
que le peuple se partageroit entre lui et moi.

Vous avez sans doute la curiosité de savoir le
sujet qui obligea M. de Beaufort à cette conduite :
vous serez bien étonnée quand vous le saurez. Gonzeville, lieutenant de ses gardes, m'a dit depuis que
madame de Nemours sa sœur, qu'il aimoit fort, l'a-
voit obligé par ses larmes plutôt que par ses raisons,
dans une conversation qu'il eut l'après-dînée, à ne se
point séparer de M. de Nemours, qui étoit insépa-
rable de M. le prince ; et que ses efforts se firent de
concert avec madame de Montbazon, qu'il prétendoit
avoir été persuadée d'un côté par Vigneuil, et de
l'autre par le maréchal d'Albret, qui tous deux s'ac-
cordoient en ce temps-là pour le désunir de la Fronde.
Madame de Montbazon a toujours soutenu au président de Bellièvre qu'elle n'avoit jamais été de ce com-
plot, et qu'elle fut plus surprise que personne quand
M. de Beaufort lui dit le lendemain au matin ce qui
s'étoit passé. Le président de Bellièvre ne faisoit aucun fonds sur tout ce qu'elle disoit, et particulièrement sur cette matière, où M. de Beaufort prit si mal
son parti qu'il tomba tout d'un coup à rien. Vous le
verrez par la suite, et que par conséquent madame
de Montbazon avoit raison de ne pas prendre sur elle
sa conduite. Gonzeville m'a souvent dit depuis que
M. de Beaufort en fut au désespoir dès le lendemain.
Je sais que Brillet, qui étoit son écuyer, a dit le contraire. Tout cela est incertain ; mais ce qui m'a paru
de plus sûr est qu'il me crut perdu, voyant la cour

et M. le prince réunis, et croyant que Monsieur n'auroit pas la force de se soutenir contre eux. Il ne jugea pas bien : car je suis persuadé que si lui-même ne se fût pas détaché, Monsieur eût fait tout ce que nous eussions désiré, et qu'il l'eût fait à jeu sûr. Il ne tint pas à moi de lui faire connoître qu'il le pouvoit même sans lui, comme il étoit vrai : car comme il fut entré après cette conférence dans la chambre de Madame, où madame et mademoiselle de Chevreuse l'attendoient, je lui proposai en leur présence d'amuser messieurs les princes, sous prétexte de les consulter encore sur le même sujet; et je ne lui demandai que deux heures de temps pour faire prendre les armes aux colonels, et pour leur faire voir qu'il étoit absolument maître du peuple. Madame, qui pleuroit de colère, et qui vouloit à toutes forces qu'on prît ce parti, l'ébranla, et il dit : « Mais si nous prenions « cette résolution, il faut les arrêter tout-à-l'heure, « et eux et mon neveu de Beaufort. — Ils sont allés « dans le cabinet des livres, répondit mademoiselle « de Chevreuse, attendre Votre Altesse Royale. Il « n'y a qu'à donner un tour de clef pour les y enfer-« mer. J'envie cet honneur au vicomte d'Autel : ce « sera une belle chose qu'une fille arrête un gagneur « de batailles ! » Elle fit un saut, en disant cela, pour y aller. La grandeur de la proposition étonna Monsieur; et comme je connoissois parfaitement son naturel, je ne la lui avois pas faite d'abord, et je ne lui avois parlé que de les amuser. Comme il avoit de l'esprit, il jugea bien que dès qu'il y auroit du bruit dans la ville, il seroit absolument nécessaire de les arrêter, et son imagination lui en arracha la proposition. Si mademoiselle de Chevreuse n'eût rien dit, je ne l'eusse pas relevée, et Monsieur m'eût peut-être laissé faire : ce qui lui eût imposé la nécessité d'exécuter ce qu'il avoit imaginé. L'impétuosité de mademoiselle de Chevreuse lui approcha d'abord toute l'action : il n'y a rien qui effraie tant une ame foible. Il se mit à siffler : ce qui n'étoit jamais un bon signe, quoique ce signe ne fût pas rare ; il s'en alla rêver dans une croisée ; il nous remit au lendemain ; il passa dans le cabinet des livres, où il donna congé à la compagnie ; et messieurs les princes sortirent du Palais-Royal, en se moquant publiquement, sur les degrés, de la guerre des pots de chambre.

Comme j'étois le lendemain au matin dans la chambre de madame de Chèvreuse, le président Viole y entra fort embarrassé, à ce qui nous parut. Il se démêla de l'ambassade qu'il avoit à porter, comme un homme qui en étoit fort honteux. Il mangea la moitié de ce qu'il avoit à dire, et nous comprîmes par l'autre qu'il venoit de déclarer la rupture du mariage. Madame de Chevreuse lui répondit galamment. Mademoiselle de Chevreuse, qui s'habilloit auprès du feu, se prit à rire. Vous jugez bien que nous ne fûmes pas surpris de la chose ; mais je vous avoue que je le suis encore de la manière. Je n'ai jamais pu la concevoir ; mais, qui plus est, je n'ai jamais pu me la faire expliquer. J'en ai parlé mille fois à M. le prince ; j'en ai parlé à madame de Longueville ; j'en ai parlé à M. de La Rochefoucauld : aucun d'eux ne m'a pu alléguer aucune raison de ce procédé si peu ordinaire en de pareilles occasions, où l'on cherche au moins toujours des prétextes. On dit après que la Reine avoit défendu cette alliance, et je n'en doute point; mais je sais bien que Viole n'en dit pas un mot dans son compliment. Ce qui est encore de plus étonnant est que madame de Longueville m'a dit vingt fois, depuis sa dévotion, qu'elle n'avoit point rompu ce mariage; que M: de La Rochefoucauld me l'a confirmé; et que M. le prince, qui est l'homme du monde le moins menteur, m'a juré d'autre part qu'il n'y avoit contribué ni directement ni indirectement. Comme je disois un jour à Guitaut que cette variété m'étonnoit, il me répondit qu'il n'en étoit point surpris, parce qu'il avoit remarqué sur beaucoup d'articles que M. le prince et madame sa sœur avoient oublié la plupart des circonstances de ce qui s'étoit passé dans ce temps-là. Faites réflexion, je vous prie, sur l'inutilité des recherches qui se font tous les jours par les gens d'études, à l'égard des siècles qui sont plus éloignés.

Aussitôt que Viole fut sorti de l'hôtel de Chevreuse, je reçus un billet de Jouy, qui étoit à Monsieur. Ce billet portoit que Son Altesse Royale s'étoit levée de fort bon matin; qu'elle paroissoit consternée; que le maréchal de Gramont l'avoit entretenue fort long-temps, et que Goulas avoit eu une conférence particulière avec lui; que le maréchal de La Ferté-Imbault (1), qui étoit une manière de girasol, commençoit à fuir ceux qui étoient remarqués dans la maison pour être de mes amis. Le marquis de Sablonière, qui commandoit le régiment de Valois, et qui étoit mon ami, entra aussi un moment après, pour m'avertir

(1) Jacques d'Etampes, marquis de La Ferté-Imbault. Il fut élevé à la dignité de maréchal de France en 1651, et mourut en 1668, âgé de soixante-dix-huit ans. (A. E.)

que Goulas étoit allé chez Chavigny avec un visage fort gai, au sortir de la conversation qu'il avoit eue avec Monsieur. Mademoiselle de Chevreuse reçut en même temps un billet de Madame, qui la chargeoit de me dire que je me tinsse sur mes gardes, et qu'elle mouroit de peur que les menaces qu'on faisoit à Monsieur ne l'obligeassent à m'abandonner. Ces avis me portèrent à me faire un mérite auprès de Monsieur du sujet que j'avois de craindre sa foiblesse, et de ce que je croyois nécessaire pour ma sûreté. Je déclarai ma pensée à l'hôtel de Chevreuse, en présence des gens les plus affidés du parti. Ils l'approuvèrent, et je l'exécutai. La voici : J'allai trouver Monsieur : je lui dis qu'ayant eu l'honneur et la satisfaction de le servir dans les deux choses qu'il avoit eues le plus à cœur, qui étoit l'éloignement du Mazarin et la liberté de messieurs ses cousins, je me sentirois obligé de rentrer purement dans les exercices de ma profession, quand je n'aurois point d'autres raisons que celle de prendre un temps aussi propre que celui-là pour m'y remettre; que je serois le plus imprudent de tous les hommes si je le manquois dans une occasion où non-seulement mon service ne lui étoit plus utile, mais où ma présence même lui seroit d'un grand embarras; que je n'ignorois pas qu'il étoit accablé d'instances et d'importunités sur mon sujet, et que je le conjurois de les faire finir, en me permettant de me retirer dans mon cloître.

Il seroit inutile que je vous achevasse ce discours: vous en jugez assez la suite. Je ne puis vous exprimer le transport de joie qui parut dans les yeux et sur le visage de Monsieur, quoiqu'il soit l'homme du monde

le plus dissimulé, et qu'il fît en paroles tous ses efforts pour me retenir. Il me promit qu'il ne m'abandonneroit jamais; il m'avoua que la Reine l'en pressoit; et il m'assura que bien que la réunion de la Reine et des princes l'obligeât à faire bonne mine, il n'oublieroit jamais le cruel outrage qu'il venoit de recevoir; qu'il auroit fait des merveilles, si M. de Beaufort ne lui avoit pas manqué; que sa désertion étoit cause qu'il avoit molli, parce qu'il avoit cru qu'il pouvoit partager le peuple; que je me donnasse un peu de patience, et que je verrois qu'il sauroit bien prendre son temps pour remettre les gens à leur devoir. Je ne me rendis pas; il se rendit, mais avec de grandes promesses de me conserver toute sa vie dans son cœur, et d'entretenir par Jouy un commerce secret. Il voulut savoir mon sentiment sur la conduite qu'il avoit à tenir: il me mena chez Madame qui étoit au lit, pour me le faire dire devant elle. Je lui conseillai de s'accommoder avec la cour, et de mettre pour unique condition que l'on ôtât les sceaux à M. le premier président : ce que je fis sans aucune animosité contre sa personne ; car il est vrai que, bien que nous fussions toujours de parti contraire, je l'aimois naturellement. Mais j'agissois ainsi, parce que j'eusse cru trahir ce que je devois à Monsieur, si je ne lui eusse représenté la honte qu'il y auroit pour lui de souffrir que les sceaux demeurassent à un homme qui les avoit eus sans la participation du lieutenant général de l'Etat. Madame reprit tout d'un coup : « Et de Chavigny, vous
« n'en dites rien ? — Non, madame, lui répondis-je,
« parce qu'il est bon qu'il demeure. La Reine le hait
« mortellement, il hait mortellement le Mazarin : on

« ne l'a remis au conseil que parce qu'il plaît à M. le
« prince. Voilà deux ou trois grains qui altéreroient
« la composition du monde la plus naturelle. Laissez-
« le, madame ; il y est admirable pour Monsieur, dont
« l'intérêt n'est pas qu'une confédération dans laquelle
« il n'entre que par force dure long-temps. » Vous remarquerez, s'il vous plaît, que ce M. de Chavigny dont
il est question avoit été favori et même fils, à ce qu'on
a cru, du cardinal de Richelieu ; qu'il avoit été fait
par lui chancelier de Monsieur ; et que ce chancelier
traitoit si familièrement Monsieur, son maître, qu'un
jour il lui fit tomber un bouton de son pourpoint, en
lui disant : « Je veux bien que vous sachiez que M. le
« cardinal vous fera sauter quand il voudra, comme
« je fais sauter ce bouton. » Je tiens ce que je vous
dis de la bouche même de Monsieur. Vous voyez que
Madame n'avoit pas tout-à-fait tort de se ressouvenir
de Chavigny. Monsieur eut de la peine à le souffrir
dans le conseil ; il se rendit pourtant à ma raison. Il
ne s'opiniâtra que sur le garde des sceaux : on le destitua (1). On crut à la cour que l'on en étoit quitte à
bon marché, et on avoit raison.

Au sortir de chez Monsieur, j'allai prendre congé
de messieurs les princes. Ils étoient avec madame de
Longueville et madame la palatine à l'hôtel de Condé.
Le prince de Conti reçut mon compliment en riant, et
en me traitant de bon père ermite. Madame de Longueville ne me parut pas y faire beaucoup de réflexion;

---

(1) *On le destitua :* La Reine, en redemandant les sceaux à Molé,
lui offrit successivement le chapeau de cardinal, une place de secrétaire
d'Etat pour son fils, une somme de cent mille écus. Il refusa respectueusement, et reprit les fonctions de premier président.

mais M. le prince en conçut la conséquence, et je vis clairement que ce pas de ballet l'avoit surpris. Madame la palatine l'observa mieux que personne, et vous le verrez dans la suite. Je me retirai dans mon cloître de Notre-Dame, où je ne m'abandonnai pas si fort à la Providence, que je ne me servisse aussi des moyens humains pour me défendre de l'insulte de mes ennemis.

Annery avec la noblesse du Vexin me rejoignit; Châteaubriand, Château-Renaud, le vicomte de Lamet, Argenteuil, le chevalier d'Humières, se logèrent dans le cloître; Balantin et le comte de Craffort, avec cinquante officiers écossais qui avoient été des troupes de Montross, furent distribués dans les maisons de la rue Neuve qui m'étoient les plus affectionnées. Les colonels et les capitaines du quartier qui étoient dans mes intérêts eurent chacun leur signal et leur mot de ralliement. Enfin je me résolus d'attendre ce que le chapitre des accidens produiroit, en remplissant exactement les devoirs de ma profession, et en ne donnant plus aucune apparence d'intrigues du monde. Jouy ne me voyoit qu'en cachette; je n'allois plus que la nuit à l'hôtel de Chevreuse avec Malclerc; je ne voyois plus que des chanoines et des curés. La raillerie en étoit forte au Palais-Royal et à l'hôtel de Condé. Je fis faire en ce temps-là une volière dans une croisée, et Nogent en fit le proverbe : *Le coadjuteur siffle les linotes.* La disposition de Paris me consoloit fort du ridicule du Palais-Royal; j'y étois très-bien, et d'autant mieux que tout le monde y étoit fort mal. Les curés, les habitués, les mendians avoient été informés avec soin des négociations de M. le prince.

Je donnois des bottes à M. de Beaufort, qu'il ne paroit pas avec toute l'adresse nécessaire. M. de Châteauneuf, qui s'étoit retiré à Montrouge après qu'on lui eut ôté les sceaux, me donnoit tous les avis, qui lui venoient d'ordinaire très-bons, du maréchal de Villeroy et du commandeur de Jarzé. Monsieur, qui dans le fond du cœur étoit enragé contre la cour, entretenoit très-soigneusement le commerce que j'avois avec lui. Voici qui donna la forme à ces préalables :

Le vicomte d'Autel vint chez moi entre minuit et une heure, et il me dit que le maréchal Du Plessis son frère étoit dans le fond de son carrosse à la porte. Comme il fut entré, il m'embrassa, en me disant : « Je « vous salue comme notre ministre. » Comme il vit que je souriois à ce mot, il y ajouta : « Non, je ne « raille pas, il ne tiendra qu'à vous que vous ne le « soyez. La Reine vient de me commander de vous « dire qu'elle remet entre vos mains la personne du « Roi et sa couronne. Ecoutez-moi. » Il me conta ensuite tout le prétendu traité de M. le prince avec Servien et Lyonne, dont je vous ai déjà parlé. Il me dit que le cardinal avoit mandé à la Reine que si elle ajoutoit le gouvernement de Provence à celui de Guienne, sur lequel elle venoit de se relâcher, elle étoit déshonorée à jamais; et que le Roi son fils, quand il seroit en âge, la considéreroit comme celle qui auroit perdu son Etat; qu'elle voyoit son zèle pour son service dans un avis aussi contraire à ses propres intérêts; que ce traité portant son établissement comme il le portoit, il y pouvoit trouver son compte, parce que le ministre du roi affoibli trouvoit quelquefois plus d'avantage pour son particulier dans la diminution de

l'autorité que dans son agrandissement (il eût eu peine à prouver cette thèse); mais qu'il aimoit mieux être toute sa vie mendiant de porte en porte, que de consentir que la Reine contribuât elle-même à cette diminution, et particulièrement pour la considération de lui Mazarin. Le maréchal Du Plessis, à ce dernier mot, tira la lettre de sa poche écrite de la main du cardinal, que je connoissois très-bien. Je ne me souviens pas d'avoir vu en ma vie une si belle lettre. Voici ce qui me la fit croire offensive : ce n'est pas de ce qu'elle n'étoit point en chiffres, car elle étoit venue par une voie très-sûre; elle finissoit ainsi : « Vous sa-
« vez, madame, que le plus capital ennemi que j'aie
« au monde est le coadjuteur : servez-vous-en, ma-
« dame, plutôt que de traiter avec M. le prince aux
« conditions qu'il demande ; faites-le cardinal, don-
« nez-lui ma place, mettez-le dans mon appartement;
« il sera peut-être plus à Monsieur qu'à Votre Majesté;
« mais Monsieur ne veut point la perte de l'Etat. Ses
« intentions dans le fond ne sont point mauvaises.
« Enfin tout, madame, plutôt que d'accorder à M. le
« prince ce qu'il demande. S'il l'obtenoit, il n'y au-
« roit plus qu'à le mener à Reims. » Voilà la lettre du cardinal. Il ne me souvient peut-être pas des propres paroles, mais je suis assuré que c'en étoit la substance. Je crois que vous ne condamnerez pas le jugement que je fis de cette lettre dans mon ame. Je témoignai au maréchal que je la croyois très-sincère, et qu'il ne se pouvoit pas par conséquent que je ne me sentisse très-obligé. Mais comme dans la vérité je n'en pris que la moitié pour bonne du côté de la cour, je résolus aussi sans balancer d'en user de même du mien, de

ne point accepter le ministère, et d'en tirer, si je pouvois, le cardinalat. Je répondis au maréchal Du Plessis que j'étois sensiblement obligé à la Reine, et que, pour lui témoigner ma reconnoissance, je la suppliois de me permettre de la servir sans intérêts; que j'étois très-incapable du ministère, par toutes sortes de raisons; qu'il n'étoit pas même de la dignité de la Reine d'y élever un homme encore tout chaud et tout fumant, pour ainsi parler, de la faction; que le titre même me rendroit inutile à son service du côté de Monsieur, et encore beaucoup davantage du côté du peuple. C'étoient les deux endroits qui, dans la conjoncture présente, lui étoient les plus considérables. « Mais, reprit tout d'un coup le maréchal Du Plessis, « il faut quelqu'un pour remplir la niche : tant qu'elle « sera vide, M. le prince dira toujours que l'on y veut « remettre le cardinal, et c'est ce qui lui donnera de « la force. — Vous avez d'autres sujets, lui répondis-« je, bien plus propres à cela que moi. » A quoi le maréchal répondit : « Le premier président ne seroit « pas agréable aux frondeurs; la Reine ni Monsieur « ne se fieront jamais à Chavigny. » Après bien des tours, je lui nommai M. de Châteauneuf. Il se récria à ce mot. « Eh quoi! me dit-il, vous ne savez pas que « ce fut lui qui s'opposa à votre chapeau à Fontaine-« bleau? Vous ne savez pas que ce fut lui qui écrivit « ce beau mémorial de sa main, qui fut envoyé à votre « honneur et louange au parlement? » Voilà précisément où j'ai appris cette dernière circonstance : car je savois déjà la pièce de Fontainebleau. Je répondis au maréchal que je n'étois pas peut-être si ignorant qu'il se l'imaginoit; mais que les temps avoient apporté des raccommodemens qui, à l'égard du public, avoient couvert le passé; que je craignois comme la mort la nécessité des apologies. « Mais, reprit le maréchal, si « nous vous remettons en main le mémoire envoyé au « parlement..... — Si vous me le remettez en main, « repartis-je, j'abandonnerai M. de Châteauneuf; car « en ce cas le mémoire qui a été écrit depuis notre rac- « commodement me servira d'apologie. » Le maréchal s'agita beaucoup sur cet article, sur lequel il prit occasion de me dire, plus délicatement qu'à lui n'appartenoit, que Monsieur m'avoit aussi abandonné : ce qu'il coula pour découvrir comment j'étois avec lui. Je voulus bien lui en donner le contentement, en lui répondant qu'il étoit vrai, mais que je ne le traiterois pas néanmoins comme M. de Châteauneuf. J'ajoutai à la réponse un petit souris, comme s'il m'eût échappé, pour lui faire voir que je n'étois peut-être pas si maltraité de Monsieur qu'on avoit cru. Comme il vit que je m'étois refermé après avoir jeté cette petite lueur, il me dit : « Il faudroit que vous vissiez « vous-même la Reine. » Je ne fis pas semblant de l'avoir entendu, et il le répéta encore une fois; et puis tout d'un coup il jeta un papier sur la table, en disant : « Tenez, lisez; vous fierez-vous à cela? » C'étoit un écrit signé de la Reine, qui me promettoit toute sorte de sûreté si je voulois aller au Palais-Royal. « Non, « dis-je au maréchal, et vous l'allez voir. » Je baisai le papier avec un profond respect, et je le jetai dans le feu, en disant : « Quand me voulez-vous mener chez « la Reine? » Je n'ai jamais vu un homme plus surpris que le maréchal. Nous convînmes que je me trouverois à minuit dans le cloître Saint-Honoré. Je n'y manquai pas ; il me mena au petit oratoire, par un degré dérobé. La Reine y entra un quart d'heure après : le maréchal sortit, et je restai tout seul avec elle. Sa Majesté n'oublia rien, pour m'obliger à prendre le titre de ministre et l'appartement du cardinal au Palais-Royal, que ce qui étoit précisément et uniquement nécessaire pour m'y résoudre : car je connus clairement qu'elle avoit plus que jamais le cardinal dans l'esprit et dans le cœur ; et quoiqu'elle affectât de me dire que bien qu'elle l'estimât beaucoup et qu'elle l'aimât fort, elle ne vouloit pas perdre l'Etat pour lui, j'eus tout lieu de croire qu'elle y étoit plus disposée que jamais. Je fus convaincu, avant même que je sortisse de l'oratoire, que je ne me trompois pas dans mon jugement ; car aussitôt qu'elle eut vu que je ne me rendois pas sur le ministère, elle me montra le cardinalat, mais comme le prix des efforts que je ferois pour l'amour d'elle, me disoit-elle, pour le rétablissement du Mazarin. Je crus alors qu'il étoit nécessaire que je m'ouvrisse, quoique le pas fût fort délicat ; mais j'ai toute ma vie estimé que *quand on se trouve obligé à faire un discours que l'on prévoit ne devoir pas agréer, l'on ne peut lui donner trop d'apparence de sincérité, parce que c'est l'unique voie pour l'adoucir.* Voici ce que, sur ce principe, je dis à la Reine :

« Je suis au désespoir, madame, qu'il ait plu à Dieu
« de réduire les affaires dans un état qui ne permet
« pas seulement, mais qui ordonne même, à un sujet
« de parler à sa souveraine comme je vais parler à
« Votre Majesté. Elle sait mieux que personne que
« l'un de mes crimes auprès du cardinal est d'avoir

« prédit cela ; et j'ai passé pour l'auteur de ce dont je
« n'ai jamais été que le prophète. L'on y est, madame;
« Dieu sait mon cœur, et que personne en France,
« sans exception, n'en est plus affligé que moi. Votre
« Majesté souhaite, et avec beaucoup de justice, de
« s'en tirer; et je la supplie très-humblement de me
« permettre de lui dire qu'elle ne le peut faire, à mon
« sens, tant qu'elle pensera au rétablissement du car-
« dinal. Je ne dis pas cela, madame, dans la pensée
« que je le puisse persuader à Votre Majesté : ce n'est
« que pour m'acquitter de ce que je lui dois. Je coule
« le plus légèrement qu'il m'est possible sur ce point,
« que je sais n'être pas agréable à Votre Majesté, et
« je passe à ce qui me regarde. J'ai, madame, une
« passion si violente de pouvoir récompenser par mes
« services ce que mon malheur m'a forcé de faire
« dans les dernières occasions, que je ne reconnois
« plus de règles à mes actions, que celles que je me
« forme sur le plus ou sur le moins d'utilité dont elles
« vous peuvent être. Je ne puis proférer ce mot, sans
« revenir encore à supplier humblement Votre Ma-
« jesté de me le pardonner. Dans les temps ordinaires
« cela seroit criminel, parce que l'on ne doit consi-
« dérer que la volonté du maître. Dans les malheurs
« où l'Etat est tombé, l'on peut et l'on est même
« obligé, lorsque l'on se trouve dans de certains pos-
« tes, à n'avoir égard qu'à le servir ; et c'est là une
« chose dont un homme de bien ne se doit jamais
« tenir dispensé. Je manquerois au respect que je dois
« à Votre Majesté, si je prétendois contrarier, par toute
« autre voie que par une très-humble et très-simple
« remontrance, les pensées qu'elle a pour M. le car-

« dinal; mais je crois que je n'en sors pas, vu les cir-
« constances, en lui représentant avec une profonde
« soumission ce qui me peut rendre utile ou inutile
« à son service dans la conjoncture présente. Vous
« avez, madame, à vous défendre contre M. le prince,
« qui veut le rétablissement de M. le cardinal, à con-
« dition que vous lui donnerez par avance de quoi le
« perdre quand il lui plaira. Vous avez besoin pour
« lui résister de Monsieur, qui ne veut point le réta-
« blissement du cardinal, et qui, supposé son exclu-
« sion, veut tout ce qu'il vous plaira. Vous ne voulez
« point, madame, donner à M. le prince ce qu'il de-
« mande, ni à Monsieur ce qu'il souhaite. J'ai toute
« la passion du monde pour vous servir contre l'un, et
« pour vous servir auprès de l'autre; et il est constant
« que je n'y puis réussir qu'en prenant les moyens
« qui sont propres à ces deux fins. M. le prince n'a
« de force contre Votre Majesté que celle qu'il tire de
« la haine qu'on a contre M. le cardinal; et Monsieur
« n'a de considération (hors celle de sa naissance)
« capable de vous servir utilement contre M. le prince,
« que celle qu'il emprunte de ce qu'il a fait contre
« M. le cardinal. Vous voyez, madame, qu'il faudroit
« beaucoup d'art pour concilier ces contradictions,
« quand même l'esprit de Monsieur seroit gagné en
« sa faveur. Il ne l'est pas, et je vous proteste que je
« ne crois pas qu'il puisse l'être; et que s'il entrevoyoit
« que je l'y voulusse porter, il se mettroit aujourd'hui
« plutôt que demain entre les mains de M. le prince. »
La Reine sourit à ces dernières paroles, et elle me dit:
« Si vous le vouliez, si vous le vouliez... — Non, ma-
« dame, repris-je, je vous le jure sur ce qu'il y a en

« ce monde de plus sacré. — Revenez à moi, me dit-
« elle, et je me moquerai de votre Monsieur, qui est
« le dernier des hommes. » Je lui répondis : « Je vous
« jure, madame, que si j'avois fait ce pas, et qu'il
« parût le moins du monde que je me fusse radouci
« pour le cardinal, je serois plus inutile à votre ser-
« vice auprès de Monsieur et du peuple, que le prélat
« de Dôle, parce que je serois sans comparaison plus
« haï de l'un et de l'autre. » La Reine se mit alors en
colère, et me dit que Dieu protégeroit le Roi son fils,
puisque tout le monde l'abandonnoit. Elle fut plus
d'un demi quart-d'heure dans de grands mouvemens,
dont elle revint après assez bonnement. Je voulois
prendre ce moment pour suivre le fil du discours que
je lui avois commencé. Elle m'interrompit, en me disant : « Je ne vous blâme pas tant à l'égard de Mon-
« sieur que vous pensez. C'est un étrange seigneur,
« reprit-elle tout d'un coup. Je fais tout pour vous :
« je vous ai offert place dans le conseil, je vous offre
« la nomination du cardinalat : que ferez-vous pour
« moi? — Si Votre Majesté, lui répondis-je, m'avoit
« permis d'achever ce que j'avois commencé, elle au-
« roit déjà vu que je n'étois pas venu ici pour rece-
« voir des grâces, mais pour essayer de les mériter. »
Le visage de la Reine s'épanouit à ce mot. « Hé! que
« ferez-vous? me dit-elle fort doucement. — Votre
« Majesté me permet-elle, ou plutôt me commande-
« t-elle, de lui dire une sottise? parce que ce sera man-
« quer au respect qu'on doit au sang royal. — Dites,
« dites, reprit la Reine avec impatience. — Madame,
« lui repartis-je, j'obligerai M. le prince à sortir de
« Paris avant qu'il soit huit jours, et je lui enleverai

« Monsieur dès demain. » La Reine transportée de joie me tendit la main, en me disant : « Touchez là, et
« vous êtes après demain cardinal, et de plus le se-
« cond de mes amis. » Elle entra ensuite dans les moyens ; je les lui expliquai : ils lui plurent jusqu'à l'emportement ; elle eut la bonté de souffrir que je lui fisse un détail et une manière d'apologie du passé ; elle conçut ou fit semblant de concevoir une partie de mes raisons ; elle combattit les autres avec bonté et douceur. Elle revint ensuite à me parler du Mazarin, et à me dire qu'elle vouloit que nous fussions amis ; et je lui fis voir que je me rendrois absolument inutile à son service, pour peu que l'on touchât cette corde ; que je la conjurois donc de me laisser le caractère d'ennemi de Mazarin. « Mais vraiment, dit la Reine,
« je ne crois pas qu'il y ait jamais eu une chose si
« étrange que celle-là. Il faut que, pour me servir,
« vous deveniez l'ennemi de celui qui a ma confiance!
« —Oui, madame, il le faut ; et n'ai-je pas dit à Votre
« Majesté, en entrant ici, que l'on est tombé dans un
« temps où un homme de bien a quelquefois honte
« de parler comme il y est obligé ? » J'ajoutai : « Mais,
« madame, pour faire voir à Votre Majesté que je
« vais, même à l'égard de M. le cardinal, jusqu'où
« mon devoir et mon honneur me le permettent, je
« lui fais une proposition. Qu'il se serve de l'état où je
« suis avec M. le prince, comme je me sers de l'état
« où M. le prince est avec lui ; il y pourra peut-être
« trouver son compte comme j'y trouve le mien. » La Reine se prit à rire, et de bon cœur ; puis elle me demanda si je dirois à Monsieur ce qui venoit de se passer. Je lui répondis que je savois certainement qu'il

l'approuveroit; et que pour le lui témoigner, le lendemain au cercle il lui parleroit d'un appartement qu'elle vouloit faire accommoder ou faire à Fontainebleau. Comme je la suppliai de garder le secret, elle me répondit qu'elle en avoit bien plus de sujet que je ne pensois. Elle me dit sur cela tout ce que la rage fait dire contre Servien et Lyonne, qu'elle appela vingt fois des perfides. Elle traita Chavigny de petit coquin, et finit par Le Tellier, en disant : « Il n'est pas traître « comme les autres, mais il est foible, et n'est pas as- « sez reconnoissant. — Madame, repris-je, je supplie « Votre Majesté de me permettre de lui dire que tant « que la niche du premier ministre sera vide, M. le « prince en prendra une grande force, parce qu'il la « fera toujours paroître comme prête à recevoir le car- « dinal. — Il est vrai, me répondit la Reine; et j'ai fait « réflexion sur ce que vous en avez dit la nuit passée « au maréchal Du Plessis. Le vieux Châteauneuf est « bon pour cela; mais le cardinal y aura bien de la « peine, parce qu'il le hait mortellement; et il en a « sujet. Le Tellier croit qu'il n'y a que lui à mettre en « cette place. Mais à propos de cela, ajouta-t-elle, « j'admire votre folie. Vous vous faites un point d'hon- « neur de rétablir cet homme, qui est le plus grand « ennemi que vous ayez sur la terre. Attendez..... » En disant cette parole, elle sortit du petit oratoire, et y rentra aussitôt, en jetant sur un petit autel le mémoire qui avoit été envoyé contre moi au parlement. Ce mémoire étoit brouillé et raturé, mais écrit de la main de M. de Châteauneuf. Je lui dis, après l'avoir lu : « S'il vous plaît, madame, de me permettre de le « faire voir, je me séparerai dès demain de M. de Châ-

« teauneuf; mais Votre Majesté juge bien qu'à moins
« d'une justification de cette nature je me déshono-
« rerois.—Non, répondit la Reine, je ne veux pas que
« vous le montriez. Châteauneuf nous est bon ; et au
« contraire il faut que vous lui fassiez meilleur visage
« que jamais. » Elle me reprit des mains son papier.
« Je le garde, dit-elle, pour le faire voir en temps
« et lieu à sa bonne amie madame de Chevreuse.
« Mais, à propos de bonne amie, ajouta la Reine, vous
« en avez une meilleure peut-être que vous ne pen-
« sez. Devinez-la. C'est la palatine, reprit-elle. » Je
demeurai tout étonné, parce que je croyois la palatine
encore dans les intérêts de M. le prince. « Vous êtes
« surpris, me dit la Reine; elle est moins contente
« de M. le prince que vous ne l'êtes. Voyez-la : je
« suis convenue avec elle que vous régleriez ensem-
« ble ce qu'il faut mander sur tout ceci à M. le car-
« dinal ; car vous croyez facilement que je n'exécu-
« terai rien sans avoir de ses nouvelles. Ce n'est pas,
« ajouta-t-elle, que cela soit nécessaire à l'égard de
« votre cardinalat : car il y est très-bien résolu, et il
« reconnoît de bonne foi que vous ne pouvez plus
« vous-même vous en défendre; mais enfin il le faut
« persuader pour Châteauneuf : ce qui sera très-dif-
« ficile. La palatine vous dira encore autre chose. Il
« faut que Bertet parte ; le temps presse. Vous voyez
« comme M. le prince me traite ! il me brave tous les
« jours depuis que j'ai désavoué mes deux traîtres. »
C'est ainsi qu'elle appeloit Servien et Lyonne. Vous
verrez qu'elle changera bientôt de sentiment à l'égard
du dernier. Je pris ce moment où elle rougissoit de
colère pour lui bien faire ma cour, en lui répondant :

« Avant qu'il soit deux jours, madame, M. le prince
« ne vous bravera plus. Votre Majesté veut attendre
« des nouvelles de M. le cardinal, pour effectuer ce
« qu'elle me fait l'honneur de me promettre : je la
« supplie très-humblement de me permettre de n'at-
« tendre rien pour la servir. » La Reine fut touchée
de cette parole, qui lui parut honnête. Le vrai est
qu'elle m'étoit de plus nécessaire : car je voyois que
M. le prince depuis cinq ou six jours gagnoit du terrain par les éclats qu'il faisoit contre Mazarin, et qu'il
étoit temps que je parusse pour en prendre ma part.
Je fis valoir sans affectation à la Reine la démarche
que je méditois ; j'achevai de lui en expliquer la manière, que j'avois déjà touchée dans le discours. Elle
en fut transportée de joie. La tendresse qu'elle avoit
pour son cher cardinal fit qu'elle eut un peu de peine
à agréer que je continuasse à ne le pas épargner dans
le parlement, où l'on étoit obligé à tous les quarts-
d'heure de le déchirer. Elle se rendit toutefois à la
considération de la nécessité.

Comme j'étois déjà sorti de l'oratoire, elle me
rappela pour me dire qu'au moins je me ressouvinsse
bien que c'étoit M. le cardinal qui lui avoit fait cette
instance de me donner la nomination. A quoi je lui
répondis que je m'en sentois très-obligé, et que je
lui en témoignerois toujours ma reconnoissance en
tout ce qui ne seroit pas contre mon honneur ; qu'elle
savoit ce que je lui avois dit d'abord, et que je la
pouvois assurer que je la tromperois doublement si
je lui disois que je la pusse servir pour le rétablissement de M. le cardinal dans le ministère. Je remarquai qu'elle rêva un peu ; et puis elle me dit, d'un

air assez gai : « Allez, vous êtes un vrai démon.
« Voyez la palatine; bon soir. Que je sache la veille
« le jour que vous irez au Palais. » Elle me mit entre
les mains de Gabouri (car elle avoit renvoyé le maréchal Du Plessis), qui me conduisit, par je ne sais
combien de détours, presque à la porte de la cour
des cuisines.

J'allai le lendemain, la nuit, chez Monsieur, qui
eut une joie que je ne puis vous exprimer. Il me
gronda toutefois beaucoup de ce que je n'avois pas
accepté le ministère et l'appartement du Palais-Royal,
en me disant que la Reine étoit une femme d'habitude, dans l'esprit de laquelle je me serois peut-être
insinué. Je ne suis pas encore persuadé que j'aie eu
tort en cette rencontre. *On ne se doit jamais jouer
avec la faveur; on ne la peut trop embrasser quand
elle est véritable : on ne la peut trop éloigner quand
elle est fausse.*

J'allai, au sortir de chez Monsieur, chez la palatine, d'où je ne sortis qu'un moment avant le jour.
J'ai fait tous les efforts que j'ai pu sur ma mémoire,
pour y rappeler les raisons qu'elle me dit de son mécontentement contre M. le prince. Je sais bien qu'il
y en avoit trois ou quatre; je ne me ressouviens que
de deux, dont l'une, à mon sens, fut plus alléguée
pour moi que pour la personne intéressée; et l'autre
étoit, en tous sens, très-solide et très-véritable. Elle
prenoit part à l'outrage que mademoiselle de Chevreuse avoit reçu, parce que c'étoit elle qui avoit
porté la première parole du mariage. M. le prince
n'avoit pas fait ce qu'il avoit pu pour faire donner la
surintendance des finances au bon homme La Vieu-

ville, père du chevalier du même nom, qu'elle aimoit éperdument. Elle me dit que la Reine lui en avoit donné parole positive : elle y engagea la mienne; j'engageai la sienne pour mon cardinalat. Nous nous tînmes fidèlement parole de part et d'autre, et je crois, dans la vérité, lui devoir le chapeau; parce qu'elle ménagea si adroitement le cardinal, qu'il ne put enfin s'empêcher, avec les plus mauvaises intentions du monde, de le laisser tomber sur ma tête. Nous concertâmes, cette nuit-là et la suivante, tout ce qu'il y avoit à régler touchant le voyage de Bertet. La palatine écrivit pour lui une grande dépêche en chiffre au cardinal, qui est une des plus belles pièces qui se soit peut-être jamais faite. Elle lui parloit, entre autres, du refus que j'avois fait à la Reine de la servir, à l'égard de son retour en France, si délicatement et si habilement, qu'il me sembloit à moi-même que ce fût la chose du monde qui lui fût la plus avantageuse. Vous pouvez juger que je ne m'endormis pas du côté de Rome. Je préparai les esprits de celui de Paris à l'ouverture de la nouvelle scène que je méditois. L'importance des gouvernemens de Guienne et de Provence fut exagérée; le voisinage d'Espagne et d'Italie fut figuré; les Espagnols, qui n'étoient pas encore sortis de la ville de Stenay, quoique M. le prince en tînt la citadelle, ne furent pas oubliés. Après que j'eus un peu arrosé le public, je m'ouvris avec les particuliers : je leur dis que j'étois au désespoir que l'état où je voyois les affaires m'obligeât à sortir de la retraite où je m'étois résolu; que j'avois espéré qu'après tant d'agitations et de troubles on pourroit jouir de quelque calme et d'une honnête tranquillité; qu'il me paroissoit que nous tomberions dans une condition beaucoup plus mauvaise que celle dont nous venions de sortir, parce que les négociations que l'on faisoit continuellement avec le Mazarin faisoient bien plus de mal à l'Etat que son ministère ; qu'elles entretenoient la Reine dans l'espérance de son rétablissement, et qu'ainsi rien ne se faisoit que par lui ; et que comme les prétentions de M. le prince étoient immenses, nous courions fortune d'avoir une guerre civile pour préalable de son rétablissement, qui seroit le prix de l'accommodement ; que Monsieur en seroit la victime, mais que sa qualité le sauveroit du sacrifice, et que les pauvres frondeurs y demeureroient égorgés. Ce canevas beau et fort, comme vous voyez, qui fut mis et étendu sur le métier par Caumartin, fut brodé par moi de toutes les couleurs que je crus les plus revenantes à ceux à qui je les faisois voir. Je réussis. Je m'aperçus qu'en trois ou quatre jours j'avois fait mon effet ; et je mandai à la Reine, par madame la palatine, que le lendemain j'irois au Palais. Jugez, s'il vous plaît, de la joie qu'elle en eut, par un emportement qui ne mérite d'être remarqué que pour vous la faire voir ! Il me semble que je vous ai déjà dit que madame de Chevreuse avoit toujours assez gardé de mesures avec la Reine, et qu'elle avoit pris soin de lui faire croire qu'elle étoit beaucoup plus emportée par sa fille que par elle-même à tout ce qui se passoit. Je ne puis bien vous dire ce que la Reine en crut effectivement, parce que j'ai observé sur ce point beaucoup de pour et de contre. Ce qui s'ensuivit fut que madame de Chevreuse ne cessa point d'aller au Palais-Royal, dans le temps même que M. le prince s'y croyoit le maître; ni de parler à la Reine avec beaucoup de familiarité dès que le traité qu'il croyoit avoir conclu avec Servien et Lyonne fut désavoué. Elle étoit dans le cabinet avec mademoiselle sa fille, le jour que la palatine venoit d'écrire à la Reine le jour que j'irois au Palais. La Reine appela mademoiselle de Chevreuse, et lui demanda si je continuois dans cette résolution. Mademoiselle de Chevreuse lui ayant répondu que j'irois, la Reine la baisa deux ou trois fois, en lui disant : « Friponne, tu me fais autant de bien que « tu m'as fait de mal. »

Vous avez vu ci-devant que M. le prince égayoit de temps en temps le parlement, pour se rendre plus considérable à la cour. Quand il sut que le cardinal avoit rompu le traité de Servien et de Lyonne, il n'oublia rien pour l'enflammer, afin de se rendre plus redoutable à la Reine. Il y avoit tous les jours quelque nouvelle scène. Tantôt l'on envoyoit dans les provinces informer contre le cardinal; tantôt l'on faisoit des recherches de ses effets dans Paris; tantôt l'on déclamoit dans les chambres assemblées contre les Bertet, les Brachet et les Fouquet, qui alloient et venoient incessamment de Paris à Brulh. Et comme depuis ma retraite j'avois cessé d'aller au parlement, j'aperçus que l'on se servoit de mon absence pour faire croire que je mollissois à l'égard du Mazarin, et que j'appréhendois de me trouver dans les occasions où je pourrois être obligé de me déclarer sur son sujet. Un certain Montardé, méchant écrivain à qui de Vardes avoit fait couper le nez pour je ne sais quel libelle qu'il avoit fait contre madame la maréchale de Guébriant sa sœur, s'attacha, pour avoir du pain, à la misérable fortune du commandeur de Saint-Simon, chef des criailleurs du parti des princes; et m'attaqua par douze ou quinze libelles, tous plus mauvais l'un que l'autre, en douze ou quinze jours de temps. Je me les faisois apporter régulièrement sur l'heure de mon dîner, pour les lire publiquement au sortir de table, en présence de tous ceux qui se trouvoient chez moi; et quand je crus avoir fait connoître suffisamment aux particuliers que je méprisois ces sortes d'invectives, je me résolus de faire voir au public que je les savois relever. Je travaillai pour cela avec soin à une réponse courte, mais générale, que j'intitulai *l'Apologie de l'ancienne et légitime Fronde*, dont la lettre paroissoit être contre le Mazarin, et dont le sens étoit proprement contre ceux qui se servoient de son nom pour abattre l'autorité royale. Je la fis crier et débiter dans Paris par cinquante colporteurs, qui parurent en même temps dans différentes rues, et qui étoient soutenus dans toutes par des gens apostés pour cela. J'allai le même matin au Palais avec quatre cents hommes. Je pris ma place, après avoir fait une profonde révérence à M. le prince, que je trouvai devant le feu de la grand'chambre. Il me salua fort civilement. Il parla dans la séance avec beaucoup d'aigreur contre le transport d'argent hors du royaume par Cantarini, banquier du cardinal. Vous jugez bien que je ne l'épargnai pas non plus, et que tout ce qui étoit de la vieille Fronde se piqua de renchérir sur la nouvelle. Celle-ci en parut embarrassée; et Croissy qui en étoit, et qui venoit de lire l'apologie de l'ancienne, dit à Caumartin : « La

« botte est belle, vous l'entendez mieux que nous. »
J'avois bien dit à M. le prince qu'il falloit faire taire
ce coquin de Montardé. Comme il ne se tut pourtant
point, je continuai aussi de mon côté à écrire et faire
écrire. Portail, avocat au parlement et habile homme,
fit en ce temps-là la *Défense du Coadjuteur*, qui
est d'une très-grande éloquence. Sarrazin (1), secrétaire de M. le prince de Conti, fit contre moi la *Lettre
du Marguillier au Curé*, qui est une fort belle pièce.
Patru (2), bel esprit et fort poli, y répondit par une
Lettre du Curé au Marguillier, qui est très-ingé-
nieuse. Je composai ensuite *le Vrai et le Faux du
prince de Condé et du cardinal de Retz; le Vrai-
semblable, le Solitaire, les Intérêts du temps, les
Contre-temps du sieur de Chavigny, le Manifeste* (3)
de M. de Beaufort en son jargon. Joly (4), qui étoit
à moi, fit *les Intrigues de la Paix*. Le pauvre Montardé s'étoit épuisé en injures, et il est constant que
la partie n'étoit pas égale pour l'écriture. Croissy s'en-
tremit pour faire cesser cette escarmouche de plumes.
M. le prince la défendit aux siens, même en des
termes fort obligeans pour moi. Je fis la même chose,

---

(1) *Sarrazin* : Jean-François, auteur de plusieurs poésies qui eurent
dans le temps beaucoup de succès, et d'une Histoire de la conjuration
de Walstein; mort en 1654. — (2) *Patru* : Olivier. Il suivit long-temps
le barreau, et se borna ensuite à cultiver les lettres, où il obtint des
succès par la pureté de son style. Protégé par Richelieu, il fut l'un des
premiers académiciens français. A sa réception, en 1640, il introduisit
l'usage de prononcer un discours. Boileau et La Fontaine le consultoient
sur leurs ouvrages. Mort très-âgé en 1681. — (3) Cette pièce, que l'on
trouve parmi les OEuvres de Saint-Evremont, a pour titre : *Apologie
de M. de Beaufort*. Girard, auteur de la Vie de M. le duc d'Epernon,
l'est aussi de cette Apologie. (A. E.) — (4) Guy Joly, conseiller au
châtelet, auteur des Mémoires. (A. E.)

en la manière la plus respectueuse qu'il me fut possible. L'on n'écrivit plus ni de part ni d'autre, et les deux Frondes ne s'égayèrent plus qu'aux dépens de Mazarin. Cette suspension de plumes ne se fit qu'après trois ou quatre mois de guerre bien échauffée; mais j'ai cru qu'il seroit bon de réduire en ce petit endroit tout ce qu'il y a de ces combats et de cette trève, pour n'être pas obligé de rebattre une matière qui ne se peut tout-à-fait omettre, et qui, à mon sens, ne mérite pas d'être beaucoup traitée. Il y a plus de soixante volumes de pièces composées dans le cours de la guerre civile : je crois pouvoir dire avec vérité qu'il n'y a pas cent feuillets qui méritent que l'on les lise.

Mon apparition au Palais plut si fort à la Reine, qu'elle écrivit dès l'après-dînée à madame la palatine de me témoigner la satisfaction qu'elle en avoit, et de me commander de sa part de me trouver dès le lendemain, entre onze heures et minuit, à la porte du cloître Saint-Honoré. Gabouri m'y vint prendre, et me mena dans le petit oratoire dont je vous ai déjà parlé, où je trouvai la Reine, qui ne se sentoit pas de la joie qu'elle avoit de voir sur le pavé un parti déclaré contre M. le prince. Elle m'avoua qu'elle ne l'avoit pas cru possible : du moins qu'il pût être en état de paroître sitôt. Elle me dit que M. Le Tellier ne se le pouvoit encore persuader; elle ajouta que Servien soutenoit qu'il falloit que j'eusse un concert secret avec M. le prince. « Mais je ne m'étonne pas
« de Servien, ajouta-t-elle : c'est un traître qui s'en-
« tend avec lui, et qui est au désespoir de ce que vous
« lui faites tête. Mais à propos de cela, continua-t-elle,

« il faut que je fasse réparation à Lyonne : il a été
« trompé par Servien ; il n'y a point de sa faute en
« tout ce qui s'est passé ; et le pauvre homme est si
« fort affligé d'avoir été soupçonné, que je n'ai pu
« lui refuser la consolation qu'il m'a demandée, que
« ce soir il traite avec vous de tout ce qu'il y aura à
« faire contre M. le prince. »

Je vous ennuierois si je vous racontois le détail qui avoit justifié M. de Lyonne dans l'esprit de la Reine ; mais je me contenterai de vous dire, en général, que son absolution même ne me parut guère mieux fondée que les soupçons que l'on avoit pris de sa conduite, au moins jusque là. Je dis jusque là, parce que vous allez voir que celle qu'il eut dans la suite marque un ménagement bien extraordinaire pour M. le prince. Mais de tout ce que je vis en ce temps-là dans la plainte de la Reine contre Lyonne et Servien, sur le traité qu'ils avoient projeté pour le gouvernement de Provence, je ne puis encore, à l'heure qu'il est, m'en former aucune idée qui aille à les condamner ou à les absoudre, parce que les faits mêmes qui ont été les plus éclaircis sur cette matière se trouvent dans une telle circonvolution de circonstances obscures et bizarres, que je me souviens qu'on s'y perdoit dans les momens qui en étoient les plus proches. Ce qui est constant, c'est que la Reine, qui m'avoit parlé, comme vous avez vu le dernier mai, de Servien et de Lyonne comme de deux traîtres, me parla du dernier, le 25 juin, comme d'un fort homme de bien ; et que le 28 elle me fit dire par la palatine que le premier n'avoit pas failli par malice ; que M. le cardinal étoit très-persuadé de son innocence. J'ai toujours oublié de parler de ce détail à M. le prince, qui seul le pouvoit éclaircir.

Je reviens à ma conférence avec la Reine : elle dura jusqu'à deux heures après minuit, et je crus voir clairement, dans son cœur et dans son esprit, qu'elle craignoit le raccommodement avec M. le prince; qu'elle souhaitoit, avec une extrême passion, que M. le cardinal en quittât la pensée, à laquelle il donnoit, disoit-elle, par excès de bonté, comme un innocent; et qu'elle ne comptoit pas pour un grand malheur la guerre civile. Comme elle convenoit pourtant que le plus court seroit d'arrêter, s'il étoit possible, M. le prince, elle me commanda de lui en expliquer les moyens. Je n'ai jamais pu savoir la raison pour laquelle elle n'approuva pas celui que je lui proposai, qui étoit d'obliger Monsieur d'exécuter la chose chez lui. J'y avois trouvé du jour, et je savois bien que je ne serois pas désavoué; mais elle n'y voulut jamais entendre, sous prétexte que Monsieur ne seroit jamais capable de cette résolution, et qu'il y auroit même trop de péril à la lui communiquer. Je ne sais si elle ne craignit point que Monsieur, ayant fait un coup de cet éclat, ne s'en servît ensuite contre elle-même. Je ne sais non plus si ce que d'Hocquincourt me dit de l'offre qu'il lui avoit faite de tuer M. le prince en l'attaquant dans une rue, ne lui avoit pas fait croire que cette voie étoit encore plus décisive. Enfin elle rejeta absolument celle de Monsieur, qui étoit infaillible, et elle me commanda de conférer avec d'Hocquincourt, « qui vous dira, ajouta-t-elle, « qu'il y a des moyens plus sûrs que celui que vous « proposez. »

Je vis d'Hocquincourt le lendemain à l'hôtel de Chevreuse, qui me conta familièrement tout le particulier de l'offre qu'il avoit faite à la Reine. J'en eus horreur; et je suis obligé de dire, pour la vérité, que madame de Chevreuse n'en eut pas moins que moi. Ce qui est d'admirable, c'est que la Reine, qui m'avoit renvoyé à lui la veille comme à un homme qui lui avoit fait une proposition raisonnable, nous témoigna, à madame de Chevreuse et à moi, qu'elle approuvoit fort nos sentimens, qui étoient assurément bien éloignés d'une action de cette nature. Elle nous nia même absolument qu'Hocquincourt la lui eût expliquée ainsi. Voilà le fait sur lequel vous pouvez fonder vos conjectures. M. de Lyonne m'a dit depuis qu'un quart-d'heure après que madame de Chevreuse eut dit à la Reine que j'avois rejeté avec horreur la proposition d'Hocquincourt, la Reine dit à Senneterre, à propos de rien : « Le coadjuteur n'est pas si « hardi que je le croyois. » Et le maréchal Du Plessis me dit dans le même moment, à propos de rien aussi, que le scrupule étoit indigne d'un grand homme. Je n'appliquai pas cette parole en ce temps-là; mais ce qui me l'a fait observer depuis, et ce qui m'a toujours fait croire que le maréchal savoit et approuvoit même l'entreprise d'Hocquincourt, est que M. le duc de Vitry m'a dit plus d'une fois que madame d'Ormail, parente et intime amie du maréchal, l'avoit envoyé querir en ce temps-là, lui M. de Vitry, à Aigreville; et qu'elle lui avoit proposé à Picpus, où il étoit venu à sa prière, d'entrer avec le maréchal dans une entreprise contre la personne de M. le prince. Elle s'adressoit bien mal : car je n'ai jamais connu personne plus incapable d'une action noire que M. le duc de Vitry.

Le lendemain du jour dans lequel ce que je viens de vous dire se passa, je reçus ce billet de Montrésor à quatre heures du matin, qui me prioit d'aller chez lui sans perdre un moment. J'y trouvai M. de Lyonne, qui me dit que la Reine ne pouvoit plus souffrir M. le prince, et qu'elle avoit des avis certains qu'il formoit une entreprise pour se rendre maître de la personne du Roi; qu'il avoit envoyé en Flandre pour faire un traité avec les Espagnols; qu'il falloit que lui ou elle pérît; qu'elle ne vouloit pas se servir des voies du sang; mais que ce qui avoit été proposé par d'Hocquincourt ne pouvoit avoir ce nom, puisqu'il l'avoit assuré la veille qu'il prendroit M. le prince sans coup férir, pourvu que je l'assurasse du peuple. Enfin je connus clairement, par tout ce que Lyonne me dit, qu'il falloit que la Reine eût été encore nouvellement échauffée; et je trouvai, un moment après, que ma conjecture avoit été bien fondée : car Lyonne m'apprit qu'Ondedei étoit arrivé avec un mémoire sanglant contre M. le prince, et qui devoit convaincre la Reine qu'elle n'avoit pas lieu d'appréhender la trop grande douceur de M. le cardinal. Lyonne me parut en son particulier très-animé, et au delà même de ce que la bienséance le pouvoit permettre. Vous verrez, par la suite, que l'animosité de celui-ci étoit aussi affectée que celle de la Reine étoit naturelle.

Tout contribua ces jours-là à aigrir son esprit. Le parlement continua avec aigreur sa procédure criminelle contre le Mazarin, qui se trouvoit convaincu, par les registres de Cantarini, d'avoir volé neuf millions. M. le prince avoit obligé les chambres de s'assembler malgré toute la résistance du premier président, et de donner un nouvel arrêt contre le commerce que les gens de la cour entretenoient avec lui. Les ordres de Brulh arrivèrent dans ces conjonctures, et enflammèrent aisément la bile de la Reine, qui étoit naturellement susceptible d'un grand feu; et Lyonne, qui croyoit, à mon sens, que M. le prince demeureroit maître du champ de bataille, soit par la faction, soit par la négociation, et qui par cette raison le vouloit ménager, n'oublia rien pour m'obliger à porter les choses à l'extrémité, apparemment pour découvrir tout mon jeu, et pour tirer mérite de la connoissance qu'il lui en pourroit donner lui-même. Il me pressa, à un point dont je suis encore surpris à l'heure qu'il est, de concourir à l'entreprise d'Hocquincourt, qui aboutissoit, toujours en termes un peu déguisés, à assassiner M. le prince. Il me somma vingt fois, au nom de la Reine, de ce que je l'avois assurée que je lui ferois quitter la partie : les instances allèrent jusqu'à l'emportement, et il ne me parut que médiocrement satisfait de sa négociation avec moi, quoique je lui offrisse de faire arrêter M. le prince au palais d'Orléans; ou, en cas que la Reine continuât à ne pas vouloir prendre ce parti, à continuer moi-même d'aller au Palais fort accompagné, et en état de m'opposer à ce que M. le prince voudroit entreprendre contre son service. Montrésor, qui étoit présent à cette conférence, a toujours cru que Lyonne me parloit sincèrement; que son intention véritable étoit de perdre M. le prince; et qu'il ne prit le parti de le ménager qu'après qu'il eut vu que je ne voulois pas le sang, et qu'il crut par cette raison qu'il demeureroit à la fin maître; et il est vrai qu'il me répéta deux ou trois fois, dans le discours, la parole de Machiavel, qui dit que *la plupart des hommes périssent, parce qu'ils ne sont qu'à demi méchans.* Je suis encore convaincu que Montrésor se trompoit; que Lyonne n'avoit d'autre intention, dès qu'il commença à me parler, que de tirer de moi tout ce qui pouvoit être de la mienne, pour en faire l'usage qu'il en fit : et ce qui me l'a toujours persuadé, c'est un certain air que je remarquai dans son visage et dans ses paroles qui ne se peut exprimer, mais qui prouve souvent beaucoup mieux que tout ce qui se peut exprimer. C'est une remarque que j'ai faite peut-être plus de mille fois dans ma vie. J'observai aussi dans cette rencontre qu'il y a des points inexplicables dans les affaires, et inexplicables même dans leur instant. La conversation que j'eus avec Lyonne chez Montrésor commença à cinq heures du matin, et finit à sept. Lyonne en avertit à huit M. le maréchal de Gramont, qui la fit savoir à dix par Chavigny à M. le prince. Il y a apparence que Lyonne étoit bien intentionné pour lui. Il est constant toutefois qu'il ne lui découvrit rien du détail; qu'il ne nomma pas Hocquincourt, qui étoit cependant le plus dangereux; et qu'il se contenta de lui faire dire que la Reine traitoit avec le coadjuteur pour le faire arrêter. Je n'ai jamais osé entamer avec M. de Lyonne cette affaire, qui, comme vous voyez, n'est pas le plus bel endroit de sa vie. M. le prince, à qui j'en ai parlé, n'est pas plus informé que moi, à ce qu'il m'a paru, de l'inégalité de cette conduite. La Reine, avec laquelle j'ai eu une fort longue conversation deux jours après sur le même sujet, en étoit aussi étonnée de même que vous le pouvez être. Ne doit-on pas admirer après cela l'insolence des historiens vulgaires, qui croiroient se faire tort s'ils laissoient un seul événement dans leurs ouvrages dont ils ne démêlassent pas tous les ressorts, qu'ils montent et qu'ils relâchent presque toujours sur des cadrans de colléges?

L'avis que Lyonne fit donner à M. le prince ne demeura pas secret : je l'appris le même jour à huit heures du soir par madame de Pommereux, à qui Flamarin l'avoit dit, et qui l'avoit aussi informée par quel canal il avoit été porté. J'allai en même temps chez madame la palatine, qui en avoit déjà été instruite d'ailleurs, et qui me dit une circonstance que j'ai oubliée, mais qui étoit toutefois très-considérable, autant que je m'en puis ressouvenir, à propos de la faute que la Reine avoit faite de se confier à Lyonne. Je sais bien que madame la palatine ajouta que la première pensée de la Reine, après avoir reçu la dépêche de Brulh, dont je vous ai déjà parlé, fut de m'envoyer querir dans le petit oratoire à l'heure ordinaire; mais qu'elle n'avoit osé, de peur de déplaire à Ondedei, qui lui avoit témoigné quelque ombrage de ces conférences particulières. La trahison de Lyonne étourdit tellement ce même Ondedei, qu'il ne fut plus si délicat, et qu'il pressa lui-même la Reine de me commander de l'aller trouver la nuit suivante.

J'attendis Gabouri devant les Jacobins, le rendez-vous du cloître, qui étoit connu de Lyonne, n'ayant pas été jugé sûr. Il me mena donc dans la petite galeric, qui, par la même raison, fut choisie au lieu de l'oratoire. Je trouvai la Reine dans un emportement extraordinaire contre Lyonne, mais qui ne diminuoit néanmoins rien de celui qu'elle avoit contre M. le prince. Elle revint encore à la proposition d'Hocquincourt, à laquelle elle donnoit toujours un air innocent. Je la combattis avec fermeté, en lui soutenant que le succès ne pouvoit l'être. Sa colère alla jusqu'aux reproches, et jusqu'à me témoigner de la défiance de ma sincérité. Je souffris ces défiances et ces reproches avec le respect et la soumission que je lui devois, et je lui répondis simplement ces propres paroles : « Votre Majesté, madame, ne veut pas le sang de « M. le prince; et je prends la liberté de lui dire « qu'elle me remerciera de ce que je m'oppose à ce « qu'il soit répandu contre son intention. Il le seroit, « madame, avant qu'il soit deux jours, si l'on pre- « noit les moyens que M. d'Hocquincourt propose. » Imaginez-vous, je vous prie, que le plus doux auquel il s'étoit réduit, c'étoit de se rendre maître, à la petite pointe du jour, du pavillon de l'hôtel de Condé, et de surprendre M. le prince au lit. Considérez, je vous prie, si ce dessein étoit praticable, sans massacre, dans une maison toute en défiance, et contre l'homme du plus grand courage qui soit au monde. Après une contestation fort vive et fort longue, la Reine fut obligée de se contenter que je continuasse de jouer le personnage que je jouois dans Paris : « avec lequel j'ose, lui dis-je, vous promettre, « madame, que M. le prince quittera le pavé à Votre « Majesté, ou que je mourrai pour son service; et « ainsi mon sang effacera le soupçon qu'Ondedei vous

« donne de ma fidélité. » La Reine, qui vit que j'étois touché de ce qu'elle m'avoit dit, me fit mille honnêtetés : elle ajouta que je faisois injustice à Ondedei, et qu'elle vouloit que je le visse. Elle l'envoya querir sur l'heure par Gabouri. Il vint habillé en vrai capitan de comédie, et chargé de plumes comme un mulet. Ses discours me parurent encore plus fous que sa mine : il ne parloit que de la facilité qu'il y avoit à terrasser M. le prince et à rétablir M. le cardinal. Il traita les instances que je faisois à la Reine, de permettre que Monsieur arrêtât M. le prince chez lui, de propositions ridicules et faites à dessein, pour éluder les entreprises les plus faciles et les plus raisonnables que l'on pouvoit faire contre lui. Enfin tout ce que je vis ce soir-là de cet homme ne fut qu'un tissu d'impertinences et de fureur. Il se radoucit un peu sur la fin, à la très-humble supplication de la Reine, qui me paroissoit avoir une grande considération pour lui; et madame la palatine me dit deux jours après que tout ce que j'avois vu de ce seigneur capitan n'étoit rien au prix de ce qui s'étoit passé le lendemain, et qu'il l'avoit traitée avec une insolence que l'on n'auroit pu s'imaginer. Elle fut un peu rabattue par le retour de Bertet, qui apportoit une grande dépêche du cardinal, qui blâmoit, même avec beaucoup d'aigreur, ceux qui avoient empêché la Reine de donner les mains à la proposition que je lui avois faite de faire arrêter M. le prince chez Monsieur, qui faisoit mes éloges sur cette proposition, qui traitoit Ondedei de fou, Le Tellier de poltron, Servien et Lyonne de dupes, et qui contenoit même une instance très-pressante à la Reine de me faire expédier la nomina-

tion; de faire M. de Châteauneuf chef du conseil, et de donner la surintendance des finances à M. de La Vieuville. La Reine me fit commander, une heure après que la dépêche de Brulh fut déchiffrée, de l'aller trouver entre minuit et une heure. Elle me fit voir le déchiffrement, qui me parut être véritable; elle me témoigna une joie sensible des sentimens où elle voyoit M. le cardinal; elle me fit promettre de les mettre dans leur plus beau jour, en en rendant compte à Monsieur, et d'adoucir son esprit sur son sujet le plus qu'il me seroit possible. « Car je vois bien, ajouta-t-
« elle, qu'il n'y a que lui qui vous retienne; et que
« si vous n'aviez pas cet engagement, vous seriez ma-
« zarin. » Je fus très-aise d'en être quitte à si bon marché. Je lui répondis que j'étois au désespoir d'être engagé, et que je n'y trouvois de consolation que la croyance où j'étois que je serois par cet engagement moins inutile à son service que par ma liberté. La Reine me dit ensuite que l'avis du maréchal de Villeroy étoit qu'elle attendît la majorité du Roi, qui étoit fort proche, pour faire éclater le changement qu'elle avoit résolu pour les places du conseil, parce que ce nouvel établissement, qui seroit très-désagréable à M. le prince, tireroit encore de la dignité et de la force d'une action qui donne un nouvel éclat à l'autorité royale. « Mais, repartit-elle tout à coup, il fau-
« droit par la même raison remettre votre nomina-
« tion; M. de Châteauneuf est de ce sentiment. » Elle sourit à ce mot, et elle me dit : « Non, la voici en
« bonne forme; il ne faut pas donner le temps à M. le
« prince de cabaler contre vous à Rome. » Je répondis ce que vous vous pouvez imaginer à la Reine, qui

fit cette action avec la meilleure grâce du monde, parce que le cardinal l'avoit trompée la première, en lui mandant qu'il falloit agir de bonne foi avec moi. Bluet, avocat du conseil, et intime d'Ondedei, m'a dit plusieurs fois depuis que celui-ci lui avoit avoué, le soir qu'il arriva de Brulh à Paris, que le cardinal ne lui avoit rien recommandé avec plus d'empressement que de faire croire à la Reine même que son intention pour ma promotion étoit très-sincère, parce, dit-il à Ondedei, que madame de Chevreuse la pénétreroit infailliblement, si elle savoit elle-même ce que nous avons dans l'ame. Vous ne serez pas assurément surprise de ce qu'il y avoit dans cette ame, et que c'étoit une résolution bien formée de me jouer, de se servir de moi contre M. le prince, de me traverser sous main à Rome, de traîner ma promotion, et de trouver dans le chapitre des accidens de quoi la révoquer.

La fortune sembla dans les commencemens favoriser ces projets : car comme je m'étois enfermé le lendemain au soir chez M. l'abbé de Bernay, pour écrire à Rome avec plus de loisir, et pour dépêcher l'abbé Charier que j'y envoyois pour solliciter ma promotion, j'en reçus une lettre qui m'apprit la mort de Pancirole. Ce contre-temps, qui rompit en un instant les seules mesures qui m'y paroissoient certaines, m'embarrassa beaucoup, avec d'autant plus de raison que je ne pouvois pas ignorer que le commandeur de Valençay [1], qui étoit ambassadeur pour le Roi, et qui avoit pour lui-même de grandes prétentions au cha-

---

[1] Henri d'Etampes, grand'croix et bailli de Malte, grand prieur de France, alors ambassadeur à Rome; mort à Malte en 1678, âgé de soixante-quinze ans. (A. E.)

peau, ne fît contre moi tout ce qui seroit en son pouvoir. Je ne laissai pas de faire partir l'abbé Charier, qui, comme vous verrez dans la suite, trouva fort peu d'obstacles à sa négociation, quoique le cardinal n'oubliât rien de tout ce qui pouvoit y en mettre.

Il est à remarquer que la Reine, dans toute la conversation que j'eus avec elle touchant cette dépêche de M. le cardinal, ne s'ouvrit en façon du monde de ce qu'il lui avoit écrit par un billet séparé, à ce que M. de Châteauneuf me dit le lendemain, touchant la proposition du mariage de mademoiselle d'Orléans, qui est présentement madame de Toscane, avec le Roi. La grande Mademoiselle(1) y avoit beaucoup prétendu, le cardinal le lui avoit fait espérer; et comme elle vit qu'il n'en avoit aucune intention dans le fond, elle affecta de faire la frondeuse, même avec emportement. Elle témoigna une chaleur inconcevable pour la liberté de M. le prince. Monsieur la connoissoit si bien, et il avoit si peu de considération pour elle, que l'on ne faisoit presque aucune réflexion sur ses démarches, dans le temps même où elle eût dû, au moins par sa qualité, être de quelque considération. Vous me pardonnerez par cette raison le peu de soin que j'ai eu jusqu'ici de vous en rendre compte. Le cardinal, qui crut que Monsieur pouvoit se flatter plus facilement de faire épouser au Roi la cadette, dont l'âge étoit en effet plus sortable, manda à la Reine de lui donner toutes les ouvertures possibles pour cette alliance, mais de se garder sur toutes choses de les faire donner

(1) *La grande Mademoiselle* : Anne-Marie-Louise, connue sous le nom de mademoiselle de Montpensier. Gaston l'avoit eue de sa première femme.

par moi, parce que, ajouta-t-il, le coadjuteur en serreroit les mesures plus brusquement et plus étroitement qu'il ne convient encore à Votre Majesté. M. de Châteauneuf me fit voir ces propres paroles dans un billet qu'il me jura avoir été copié sur l'original même de celui du cardinal. Il prioit la Reine de faire porter cette parole ou plutôt cette vue à Monsieur par Beloy : « Si toutefois, portoit le billet, l'on continue à être « assuré de lui. » Monsieur m'a juré plus de dix fois depuis que l'on ne lui avoit jamais fait cette proposition, ni directement ni indirectement. Ces deux faits paroissent donc bien contraires : mais voici qui n'est pas moins inexplicable.

Je vous ai déjà dit que le cardinal blâmoit extrêmement par sa dépêche ceux qui avoient dissuadé la Reine d'accepter la proposition que je lui avois faite de faire arrêter M. le prince chez M. le duc d'Orléans : je m'attendois par cette raison qu'elle en prendroit la pensée, et qu'elle me presseroit même de lui tenir ma promesse en le lui proposant. Je fus surpris au dernier point, quand je trouvai qu'elle ne me parût pas seulement y avoir fait réflexion ; et je le suis encore quand je la fais moi-même. Le Tellier, Servien et madame la palatine, que j'ai mis depuis sur cette matière cent et cent fois, ne m'en ont pas paru plus savans que moi ; et ce qui m'étonne encore davantage est qu'ils ont tous convenu que la lettre du cardinal étoit véritable et sincère en ce point. Je me confirme donc en ce que j'ai dit ci-devant qu'il y a des points et des affaires qui échappent par des rencontres, même naturelles, aux plus clairvoyans, et que nous en rencontrerions bien plus fréquemment dans les histoires, si elles étoient toutes écrites par des gens qui eussent été eux-mêmes dans le secret des choses, et qui par conséquent eussent été supérieurs à la vanité ridicule de ces auteurs impertinens qui étant, pour ainsi dire, nés dans la basse-cour, et n'ayant jamais passé l'antichambre, se piquent de ne rien ignorer de ce qui s'est passé dans le cabinet. J'admire à ce propos l'insolence de ces gens de néant en tout sens, qui s'imaginent avoir pénétré dans tous les replis des cœurs de ceux qui ont eu le plus de part dans les affaires, et qui n'ont laissé aucuns événemens dont ils n'aient prétendu avoir développé et la suite et l'origine. Je trouvai un jour, sur la table du cabinet de M. le prince, deux ou trois ouvrages de ces ames serviles et vénales. M. le prince me dit, en voyant que j'y avois jeté les yeux : « Ces misérables nous ont fait vous et moi tels qu'ils « auroient été, s'ils s'étoient trouvés dans nos places. » Cette parole est d'un grand sens.

Je reprends ce qui se passa sur la fin de cette conversation que j'eus cette nuit-là avec la Reine. Elle affecta de me faire promettre que je ne manquerois pas d'aller au Palais toutes les fois que M. le prince s'y trouveroit ; et madame la palatine, à qui je dis le lendemain que j'avois observé une application particulière de la Reine sur ce point, me répondit ces propres paroles : « J'en sais la raison ; Servien lui dit à « toutes les heures du jour que vous êtes de concert « avec M. le prince, et qu'il y aura des occasions où, « par le même concert, vous ne vous trouverez pas « aux assemblées du parlement. » Je n'en manquai aucune, et je tins une conduite qui dut, au moins par l'événement, faire honte au jugement de M. Servien.

Je n'y eus de complaisance pour M. le prince que celle qui ne lui pouvoit plaire. J'applaudissois à tout ce qu'il disoit contre le cardinal, mais je n'oubliois rien de tout ce qui pouvoit éclairer et les négociations et les prétextes : conduite qui étoit d'un grand embarras à un parti dont l'intention n'étoit dans le fond que de s'accommoder avec la cour, par les frayeurs qu'il prétendoit donner au ministre. L'intention de M. le prince étoit très-éloignée de la guerre civile ; celle de La Rochefoucauld, qui gouvernoit madame de Longueville et M. le prince de Conti, étoit toujours portée à la négociation. Les conjonctures obligeoient les uns et les autres à des déclarations et à des déclamations qui eussent pu aller à leurs fins, si ces déclarations et ces déclamations n'eussent été soigneusement expliquées et commentées par les frondeurs, et du côté de la cour et du côté de la ville. La Reine, qui étoit très-fière, ne prit pas confiance à des avances qui étoient toujours précédées par des menaces. Le cardinal ne prit pas la peur, parce qu'il vit que M. le prince n'étoit plus dominant (au moins uniquement) dans Paris. Le peuple, instruit du dessous des cartes, ne prit plus pour bon tout ce qu'on vouloit lui persuader sous le prétexte du Mazarin, qu'il ne voyoit plus. Ces dispositions, jointes à l'avis que M. le prince eut de ma conférence avec Lyonne, et à celui que Le Bouchet lui donna de la marche de deux compagnies des gardes, l'obligèrent de sortir le 6 juillet sur les deux heures du matin de l'hôtel de Condé, et de se retirer à Saint-Maur. Il est constant qu'il n'avoit point d'autre parti à prendre, et que la place n'étoit plus tenable dans Paris pour lui, à moins qu'il ne se fût résolu de faire dès ce temps-là ce qu'il y fit depuis; c'est-à-dire à moins qu'il ne s'y fût mis publiquement sur la défensive. Il ne le fit pas, parce qu'il ne s'étoit pas encore résolu à la guerre civile, pour laquelle il est constant qu'il avoit une aversion mortelle. On a voulu blâmer son irrésolution; mais je crois que l'on en doit plutôt louer le principe : et je méprise au dernier point ces ames de boue, qui ont osé écrire et imprimer qu'un cœur aussi ferme et aussi éprouvé que celui de César eût été capable dans cette occasion d'une alarme mal prise. Ces auteurs impertinens et ridicules mériteroient qu'on les fouettât dans les carrefours.

Vous ne doutez pas du mouvement que la sortie de M. le prince fit dans tous les esprits. Madame de Longueville, quoique malade, l'alla joindre aussitôt; et le prince de Conti, messieurs de Nemours, de Bouillon, de Turenne, de La Rochefoucauld, de Richelieu, de La Mothe, se rendirent en même temps auprès de lui. Il envoya M. de La Rochefoucauld à Monsieur, pour lui faire part des raisons qui l'avoient obligé à se retirer. Monsieur en fut et en parut étonné. Il en fit l'affligé : il alla trouver la Reine, il approuva la résolution qu'elle prit d'envoyer le maréchal de Gramont à Saint-Maur, pour assurer M. le prince qu'elle n'avoit eu aucun dessein sur sa personne. Monsieur, qui crut que M. le prince ne reviendroit plus à Paris après le pas qu'il avoit fait, et qui s'imagina par cette raison qu'il l'obligeroit à bon marché, chargea le maréchal de Gramont de toutes les assurances qu'il lui pouvoit donner en son particulier. Vous verrez dans la suite, par cet exemple, qu'il y a toujours de l'inconvénient à s'engager sur des suppositions de ce que l'on croit impossible. Il est pourtant vrai qu'il n'y a presque personne qui en fasse difficulté.

Aussitôt que M. le prince fut à Saint-Maur, il n'y eut pas un homme dans son parti qui ne pensât à l'accommoder avec la cour; et c'est ce qui arrive toujours dans les affaires où le chef est connu pour ne pas aimer la faction. Un esprit bien sage ne la peut jamais aimer; mais il est de la sagesse de cacher son aversion, quand on a le malheur d'y être engagé. Téligny, beau-fils de M. l'amiral de Coligny, disoit, la veille de la Saint-Barthelemy, que son beau-père avoit plus perdu dans le parti des huguenots, en laissant pénétrer sa lassitude, qu'en perdant les batailles de Moncontour et de Saint-Denis. Voilà donc le premier coup que celui de M. le prince reçut, et d'autant plus dangereux qu'il n'y a peut-être jamais eu de corps auxquels ces sortes de blessures fussent plus mortelles qu'à celui qui composoit son parti. M. de La Rochefoucauld, un des membres les plus considérables par le pouvoir absolu qu'il avoit sur l'esprit de M. le prince de Conti et sur celui de madame de Longueville, étoit dans la faction ce que M. de Bouillon avoit autrefois été dans les finances. M. le cardinal disoit que celui-ci employoit douze heures du jour à la création de nouveaux offices, et les douze autres à leur suppression; et Matha appliquoit cette remarque à M. de La Rochefoucauld, en disant qu'il faisoit tous les matins une brouillerie, et que tous les soirs il travailloit à un rhabillement (c'étoit son mot). M. de Bouillon, qui n'étoit nullement content de M. le prince, et qui ne l'étoit pas davantage de la cour, n'aida pas à fixer les résolutions; parce que la difficulté de s'assurer des uns et des autres brouilloit à midi les vues qu'il avoit prises à dix heures, ou pour la rupture ou pour l'accommodement. M. de Turenne, qui n'étoit pas plus satisfait ni des uns ni des autres que monsieur son frère, n'étoit pas, à beaucoup près, si décisif dans les affaires que dans la guerre. M. de Nemours, amoureux de madame de Châtillon, trouvoit, dans les craintes de s'en éloigner, des obstacles au mouvement que la vivacité de son âge, plutôt que celle de son honneur, lui pouvoit donner pour l'action. Chavigny, qui étoit rentré dans le cabinet, son unique élément, et qui y étoit rentré par le moyen de M. le prince, ne pouvoit souffrir qu'il l'abandonnât; et il pouvoit encore moins souffrir qu'il le tînt en bonne intelligence avec Mazarin, qui étoit l'objet de son horreur. Viole, qui dépendoit de Chavigny, joignoit aux sentimens toujours incertains de son ami sa propre timidité qui étoit très-grande, et son avidité qui n'étoit pas moindre. Croissy, qui avoit l'esprit naturellement violent, étoit suspendu entre l'extrémité à laquelle son inclination le portoit, et la modération, dont les mesures, qu'il avoit toujours gardées très-soigneusement avec M. de Châteauneuf, l'obligeoient de conserver au moins les apparences. Madame de Longueville vouloit en des momens l'accommodement, parce que La Rochefoucauld le désiroit; en d'autres, elle vouloit la rupture, parce qu'elle l'éloignoit de monsieur son mari, qu'elle n'avoit jamais aimé, mais qu'elle avoit commencé à craindre depuis quelque temps. Cette constitution des esprits auxquels

M. le prince avoit affaire eût embarrassé Sertorius : jugez, s'il vous plaît, quel effet elle pouvoit faire dans celui d'un prince du sang, couvert de lauriers innocens, qui ne regardoit la qualité de chef de parti que comme un malheur, et même un malheur qui étoit au dessous de lui! Une de ses grandes peines, à ce qu'il m'a dit depuis, fut de se défendre des défiances, qui sont naturelles et infinies dans les commencemens des affaires, encore plus que dans leurs progrès et dans leurs suites. Comme rien n'y est encore formé, et que tout y est vague, l'imagination, qui n'y a point de bornes, se prend et s'étend même à tout ce qui est possible. Le chef est par avance responsable de tout ce qu'on soupçonne lui pouvoir tomber dans l'esprit. M. le prince, pour cette raison, ne se crut point obligé de donner une audience particulière à M. le maréchal de Gramont, quoiqu'il l'eût toujours fort aimé. Il se contenta de lui dire, en présence de toutes les personnes de qualité qui étoient avec lui, qu'il ne pouvoit retourner à la cour tant que les créatures de M. le cardinal y tiendroient les premières places. Tous ceux qui étoient dans les intérêts de M. le prince, et qui souhaitoient pour la plupart l'accommodement, trouvoient leur compte à cette proposition, qui, effrayant les subalternes du cabinet, les rendoit plus souples aux différentes prétentions des particuliers. Chavigny, qui alloit et venoit de Saint-Maur à Paris et de Paris à Saint-Maur, se faisoit un mérite auprès de la Reine (à ce qu'elle m'a dit elle-même) de ce que le premier feu que ce nouvel éclat de M. le prince avoit jeté s'étoit plutôt attaché à Le Tellier, à Lyonne et à Servien, qu'au cardinal même. Il ne laissoit pas de faire, en poussant ces trois sujets, l'effet qui lui convenoit; et c'étoit d'éloigner d'auprès de la Reine ceux dont le ministère véritable et solide offusquoit le sien, qui n'étoit qu'apparent et imaginaire. Cette vue, qui étoit assurément plus subtile que judicieuse, le charmoit à un point qu'il en parla à Bagnols, le jour que M. le prince se fut déclaré contre eux, comme de l'action la plus sage et la plus fine qui eût été faite de notre siècle. « Elle amuse le cardinal, lui dit-il, « en lui faisant croire que l'on prend le change, et « qu'au lieu de presser la déclaration contre lui, la- « quelle n'est pas encore expédiée, on se contente « de clabauder contre ses amis. Elle chasse du cabi- « net les seules personnes à qui la Reine se pourroit « ouvrir, et y en laisse d'autres auxquels il faudra né- « cessairement qu'elle s'ouvre, faute d'autres; et elle « oblige les frondeurs ou à passer pour mazarins en « épargnant ses créatures, ou à se brouiller avec la « Reine en parlant contre elle. » Ce raisonnement, que Bagnols me rapporta un quart-d'heure après, me parut aussi solide pour le dernier article qu'il me sembla frivole pour les autres. Je m'appliquai soigneusement à y remédier, et vous verrez par la suite que j'y travaillai avec succès.

Je vous ai déjà dit que M. le prince se retira à Saint-Maur le 6 juillet 1651. Le 7, M. le prince de Conti vint au Palais y porter les raisons que M. le prince avoit eues de se retirer. Il ne parla qu'en général des avis qu'il avoit reçus de tous côtés des desseins de la cour contre sa personne. Il déclara ensuite que monsieur son frère ne pouvoit trouver aucune sûreté à la cour, tant que messieurs Le Tellier, Servien et Lyonne n'en seroient point éloignés. Il fit de grandes plaintes de ce que M. le cardinal s'étoit voulu rendre maître de Brisach et de Sedan; et il conclut en disant à la compagnie que M. le prince lui envoyoit un gentilhomme avec une lettre. M. le premier président répondit à M. le prince de Conti que M. le prince auroit mieux fait de venir lui-même prendre sa place au parlement. On fit entrer le gentilhomme. Il rendit sa lettre, qui n'ajoutoit rien à ce qu'avoit dit M. le prince de Conti. Le premier président prit la parole, en donnant part à la compagnie que la Reine lui avoit envoyé un gentilhomme, à cinq heures du matin, pour lui donner avis de cette lettre de M. le prince, et pour lui commander de faire entendre à la compagnie que Sa Majesté ne désiroit pas qu'on fît aucune délibération qu'elle ne lui eût fait savoir sa volonté. M. le duc d'Orléans ajouta que sa conscience l'obligeoit à témoigner que la Reine n'avoit eu aucune pensée de faire arrêter M. le prince; que les gardes qui avoient passé dans le faubourg Saint-Germain n'y avoient été que pour favoriser l'entrée de quelques vins qu'on vouloit faire passer sans payer les droits; que la Reine n'avoit aucune part à ce qui s'étoit passé à Brisach. Enfin Monsieur parla comme il eût fait s'il eût été le mieux intentionné du monde pour la Reine. Comme je pris la liberté de lui demander, après la séance, s'il n'avoit pas appréhendé que la compagnie lui demandât la garantie de la sûreté de M. le prince, dont il venoit de donner des assurances si positives, il me répondit d'un air très-embarrassé : « Venez chez « moi, je vous dirai mes raisons. » Il est certain qu'il s'étoit exposé, en parlant comme il avoit fait, à cet inconvénient, qui n'étoit pas médiocre ; et M. le premier président, qui servoit alors la cour de très-bonne foi, le lui évita très-habilement en donnant le change à Machaut, qui avoit touché cet expédient ; et en suppliant seulement Monsieur de rassurer M. le prince, et d'essayer de le faire revenir à la cour. Il affecta aussi de laisser couler le temps de la séance : et ainsi on n'eut que celui de remettre l'assemblée au lendemain, et d'arrêter seulement qu'en attendant la lettre de M. le prince seroit portée à la Reine. Je reviens à ce que Monsieur me dit lorsqu'il fut revenu chez lui.

Il me mena dans le cabinet des livres, il en ferma la porte au verrou, il jeta son chapeau avec émotion sur une table, et il s'écria en jurant : « Vous êtes « une grosse dupe, ou je suis une grosse bête : croyez-« vous que la Reine veuille que M. le prince revienne « à la cour ? — Oui, monsieur, lui dis-je sans balan-« cer, pourvu qu'il y vienne en état de se faire pren-« dre ou assommer. — Non, me répondit-il, elle veut « qu'il revienne à Paris en toutes manières ; et de-« mandez à votre ami le vicomte d'Autel ce qu'il « m'a dit aujourd'hui de sa part, comme j'entrois « dans la grand'chambre. » Voici ce qu'il lui avoit dit : que le maréchal Du Plessis-Praslin son frère avoit eu ordre de la Reine, à six heures du matin, de prier Monsieur de sa part d'assurer le parlement que M. le prince ne courroit aucune fortune s'il lui plaisoit de revenir à la cour. « Je n'ai pas été jusque là, ajouta « Monsieur : car j'ai mille raisons pour ne lui pas ser-« vir de caution, et ni l'un ni l'autre ne m'y ont obli-« gé. Mais au moins vous voyez, me continua-t-il, « que je n'ai pu moins dire que ce que j'ai dit ; et vous

« voyez de plus le plaisir qu'il y a d'agir entre tous
« ces gens-là. La Reine dit avant-hier qu'il faut qu'elle
« ou le prince quitté le pavé : elle veut aujourd'hui
« que je l'y ramène, et que je m'engage d'honneur
« au parlement pour sa sûreté. M. le prince sortit
« hier au matin de Paris pour s'empêcher d'être ar-
« rêté ; et je gage qu'il y reviendra avant qu'il soit
« deux jours, de la manière que cela tourne. Je veux
« m'en aller à Blois, et me moquer de tout. »

Comme je connoissois Monsieur, et que je savois de plus que Valois, qui étoit à lui, mais qui étoit serviteur de M. le prince, avoit dit la veille que l'on se tenoit à Saint-Maur très-assuré du palais d'Orléans, je ne doutai point que la colère de Monsieur ne vînt de son embarras, et que son embarras ne fût l'effet des avances qu'il avoit faites lui-même à M. le prince, dans la pensée qu'elles ne l'obligeroient jamais à rien, parce qu'il étoit persuadé qu'il ne reviendroit plus à la cour. Comme il vit que la Reine, au lieu de prendre le parti de le pousser, lui offroit des sûretés au cas qu'il voulût retourner à Paris, et que cette conduite lui fit croire qu'elle seroit capable de mollir sur la proposition de joindre à l'éloignement du cardinal celui de Lyonne, Servien et Le Tellier, il s'effraya ; il crut que M. le prince reviendroit au premier jour à Paris, et qu'il se serviroit de la foiblesse de la Reine, non pas pour pousser effectivement les ministres, mais pour faire sa cour en se raccommodant avec elle, et en tirant ses avantages particuliers pour prix des complaisances qu'il auroit pour elle en les rap-
pelant. Monsieur crut, sur ce fondement, qu'il ne pouvoit trop ménager la Reine, qui lui avoit fait la

veille des reproches des mesures qu'il gardoit avec M. le prince, « après ce qu'il avoit fait, lui dit-elle, « sans ce que je ne vous ai pas encore dit. » Vous remarquerez, s'il vous plaît, qu'elle ne s'en est jamais expliquée plus clairement : ce qui me fait croire que ce n'étoit rien. Monsieur venoit de charger le maréchal de Gramont de toutes les douceurs et de toutes les promesses possibles touchant la sûreté de M. le prince : car ce fut l'après-dînée de ce même jour, 7 juillet, que le maréchal de Gramont fit le voyage de Saint-Maur dont je vous ai parlé ci-dessus : voyage qui avoit été concerté la veille avec la Reine. Monsieur crut donc qu'ayant fait d'une part ce que la Reine avoit désiré, et prenant de l'autre avec M. le prince tous les engagemens qu'il lui pouvoit donner pour sa sûreté, il s'assuroit ainsi lui-même des deux côtés. Voilà justement où échouent toutes les ames timides : la peur, qui grossit toujours les objets, donne du corps à toutes leurs imaginations ; elles prennent pour forme tout ce qu'elles se figurent en pensée de leurs ennemis, et elles tombent presque toujours dans des inconvéniens très-effectifs, par la frayeur qu'elles prennent de ceux qui ne sont qu'imaginaires.

Monsieur vit, le 6 au soir, dans l'esprit de la Reine, des dispositions à s'accommoder avec M. le prince, quoiqu'elle l'assurât du contraire ; et il ne pouvoit ignorer que l'inclination de M. le prince ne fût de s'accommoder avec la Reine. La timidité lui fit croire que ces dispositions produiroient leur effet dès le huitième ; et il fit dès le septième, sur ce fondement, qui étoit faux, des pas qui n'auroient pu être judicieux, que supposé que l'accommodement eût été

fait dès le cinquième. Je le lui fis avouer à lui-même avant que de le quitter, par ce dilemme : « Vous ap-
« préhendez que M. le prince ne revienne à la cour,
« parce qu'il en sera le maître. Prenez-vous un bon
« moyen pour l'en éloigner, en lui ouvrant toutes
« les portes, et en vous engageant vous-même à sa
« sûreté? voulez-vous qu'il y revienne pour avoir
« plus de facilité à le perdre? Je ne vous crois pas
« capable de cette pensée, à l'égard d'un homme à
« qui vous donnez votre parole à la face de tout un
« parlement et de tout un royaume. Le voulez-vous
« faire revenir pour l'accommoder effectivement avec
« la Reine? il n'y a rien de mieux, pourvu que vous
« soyez assuré qu'ils ne s'accommoderont pas en-
« semble contre vous-même, comme ils firent il n'y
« a pas long-temps : mais je m'imagine que Votre
« Altesse Royale a bien su prendre ses sûretés. »
Monsieur, qui n'en avoit pris aucune, eut honte de ce que je lui représentois avec assez de force; et il me dit : « Voilà des inconvéniens; mais que faire en
« l'état où sont les choses? Ils se raccommoderont
« tous ensemble, et je demeurerai seul comme l'autre
« fois. — Si vous me commandez, monsieur, lui ré-
« pondis-je, de parler à la Reine de votre part aux
« termes que je vais proposer à Votre Altesse Royale,
« j'ose vous répondre que vous verrez, au moins
« bientôt, clair dans vos affaires. » Il me donna carte blanche : ce qu'il faisoit toujours avec facilité quand il se trouvoit embarrassé. Je la remplis d'une manière qui lui agréa : je lui expliquai le tour que je donnerois à ce que je dirois à la Reine. Il l'approuva; et je fis supplier la Reine par Gabouri, dès le soir même,

de me permettre d'aller, à l'heure accoutumée, dans la petite galerie. Monsieur, à qui je fis savoir par Jouy que la Reine m'avoit mandé de m'y rendre à minuit, m'envoya chercher sur les huit heures à l'hôtel de Chevreuse, où je soupois, pour me dire qu'il m'avouoit qu'il n'avoit de sa vie été si embarrassé qu'il l'étoit alors; qu'il convenoit qu'il y avoit beaucoup de sa faute; mais qu'il étoit pardonnable de faillir dans une occasion où il sembloit que tout le monde ne cherchoit qu'à rompre ses mesures; que M. le prince lui avoit fait dire par Croissy, à sept heures du matin, des choses qui lui donnoient lieu de croire qu'il ne reviendroit pas à Paris; que M. de Chavigny lui avoit parlé, à sept heures du soir, d'une manière qui lui faisoit juger qu'il y pourroit être au moment qu'il me parloit. Il ajouta que la Reine étoit une étrange femme : qu'elle lui avoit témoigné la veille qu'elle étoit très-aise que M. le prince eût quitté la partie, et que ce qu'elle lui feroit dire par le maréchal de Gramont ne seroit que pour la forme; qu'elle lui avoit fait dire ce jour-là, à six heures du matin, qu'il falloit faire tous ses efforts pour l'obliger à revenir; qu'il m'avoit envoyé quérir pour me recommander de bien prendre garde à la manière dont je parlerois à la Reine; « parce qu'enfin, me dit-il, je « vous déclare que voyant, comme je le vois, qu'elle « se va raccommoder avec M. le prince, je ne veux « plus me brouiller ni avec l'un ni avec l'autre. » J'essayai de faire comprendre à Monsieur que le vrai moyen de se brouiller avec tous les deux seroit de ne pas suivre la voie qu'il avoit prise, ou du moins résolue, et de faire expliquer la Reine. Il vétilla beaucoup sur la manière dont il étoit convenu à midi; et je connus encore en cette rencontre que de toutes les passions la peur est celle qui affoiblit davantage le jugement, et que ceux qui en sont possédés retiennent aisément les impressions qu'elle leur inspire, même dans le temps où ils se défendent, ou plutôt où on les défend des mouvemens qu'elle leur donne. J'ai fait cette observation trois ou quatre fois en ma vie.

Comme la conversation avec Monsieur s'échauffoit plus sur les termes que sur la substance des choses, dont il me paroissoit que je l'avois assez convaincu, le maréchal de Gramont entra. Il venoit de rendre compte à la Reine du voyage de Saint-Maur, dont je vous ai déjà parlé : et comme il étoit fort piqué du refus que M. le prince lui avoit fait de l'écouter en particulier, il donna à son voyage et à sa négociation un air de ridicule qui ne me fut pas inutile. Monsieur, qui étoit l'homme du monde qui aimoit le plus à se jouer, prit un plaisir sensible à la description des Etats de la Ligue assemblés à Saint-Maur (ce fut ainsi que le maréchal appela le conseil devant lequel il avoit parlé). Il peignit fort plaisamment tous ceux qui le composoient; et je m'aperçus que cette idée de plaisanterie diminua beaucoup dans l'esprit de Monsieur la frayeur qu'il avoit conçue du parti de M. le prince.

Je reçus, au moment que le maréchal de Gramont partit d'auprès de Monsieur, un billet de madame la palatine, qui ne me servit pas moins à lui faire connoître que les mesures du Palais-Royal n'étoient pas encore si sûres qu'il fût encore temps d'y bâtir comme sur des fondemens bien assurés. Voici les propres mots de ce billet :

« Je vous prie que je vous puisse voir au sortir de chez la Reine ; il est nécessaire que je vous parle. J'ai été aujourd'hui à Saint-Maur, où l'on ne sait ce que l'on peut ; et je sors du Palais-Royal, où l'on sait encore moins ce que l'on veut. »

J'expliquai ces mots à Monsieur à ma manière. Je lui dis qu'ils signifioient que tout étoit en son entier dans l'esprit de la Reine. Je l'assurai que, pourvu qu'il ne changeât rien à l'ordre qu'il m'avoit donné de négocier de sa part avec elle, je rapporterois de quoi le tirer de la peine où je le voyois. Il me le promit, quoiqu'avec des restrictions que la timidité produit toujours en abondance.

J'allai chez la Reine, et je lui dis que Monsieur m'avoit commandé de l'assurer encore de ce qu'il lui avoit protesté la veille touchant la sortie de M. le prince, qui étoit que non-seulement il ne l'avoit pas sue, mais encore qu'il la désapprouvoit, et qu'il la condamnoit au dernier point ; qu'il n'entreroit en rien de tout ce qui seroit contre le service du Roi et contre le sien ; que M. le cardinal étant éloigné, il ne favoriseroit en façon du monde les prétextes que l'on vouloit prendre de la crainte de son retour, parce qu'il étoit persuadé effectivement que la Reine n'y pensoit plus ; que M. le prince ne songeoit qu'à animer son fantôme pour effaroucher les peuples ; et que lui, Monsieur, n'avoit d'autre dessein que de les radoucir ; que l'unique moyen d'y réussir étoit de supposer le retour du cardinal pour impossible, parce que tant que l'on feroit paroître qu'on le craignît comme proche, on tiendroit les peuples et même les parlemens en défiance et en chaleur. Je commençai ma députation vers la Reine par ce préambule, qui, pour vous dire le vrai, n'étoit pas fort nécessaire ; et je m'arrêtai en cet endroit pour essayer de juger, par la manière dont elle recevroit un discours dont le fond lui étoit très-désagréable, si un avis que l'on me donna en sortant de chez Monsieur étoit bien fondé. Valois, qui étoit à lui, m'assura, comme je montois en carrosse, qu'il avoit ouï Chavigny, qui disoit à l'oreille à Goulas que la Reine étoit, depuis midi, dans une fierté qui lui faisoit craindre qu'elle n'eût quelques négociations cachées et souterraines avec M. le prince. Je n'en trouvai aucune apparence ni dans son air ni dans ses paroles : elle écouta tout ce que je lui dis fort paisiblement et sans s'émouvoir ; et je fus obligé de passer plus tôt que je n'avois cru au véritable sujet de mon ambassade, qui étoit de la supplier de s'expliquer pour une bonne fois, avec Monsieur, de la manière dont il plaisoit à Sa Majesté qu'il se conduisît à l'égard de M. le prince ; que l'ouverture pleine et entière étoit encore plus de son service en cette conjoncture que de l'intérêt de Monsieur, parce que les moindres pas qui ne seroient pas concertés seroient capables de donner des avantages à M. le prince, d'autant plus dangereux qu'ils jeteroient de la défiance dans les esprits, en une occasion où la confiance se pouvoit presque dire uniquement nécessaire. La Reine m'arrêta à ce mot, et me dit, d'un air qui me paroissoit fort naturel et même bon : « A quoi ai-je manqué ?

« Monsieur se plaint-il de moi depuis hier?—Non,
« madame, lui répondis-je; mais Votre Majesté lui
« témoigna hier à midi qu'elle étoit bien aise que
« M. le prince fût sorti de Paris, et elle lui a fait
« dire ce matin, par le vicomte d'Autel, qu'il ne lui
« pouvoit rendre un service plus signalé que d'obli-
« ger M. le prince à revenir. — Ecoutez-moi, reprit
« la Reine sans balancer et tout d'un coup; et si j'ai
« tort, je consens que vous me le disiez librement.
« Je convins hier à midi avec Monsieur que nous
« enverrions, pour la forme seulement, M. de Gra-
« mont à M. le prince, et que nous tromperions
« même l'ambassadeur, qui, comme vous savez, n'a
« point de secret. J'apprends hier à minuit que Mon-
« sieur a envoyé Goulas à neuf heures du soir à
« Chavigny, pour lui ordonner de donner de sa part
« à M. le prince toutes les paroles les plus positives
« et les plus particulières d'union et d'amitié. J'ap-
« prends au même instant qu'il a dit au président de
« Nesmond qu'il feroit des merveilles au parlement
« pour son cousin. Puis-je moins faire, dans l'émo-
« tion où je vois tout le monde sur l'évasion de M. le
« prince, que de prendre quelques dates pour me
« défendre, à l'égard de Monsieur même, des re-
« proches qu'il est capable de me faire dès demain
« peut-être? Je ne me prends pas à vous de sa con-
« duite; je sais bien que vous n'êtes point du con-
« cert qui passe par le canal de Goulas et de Chavi-
« gny : mais aussi, puisque vous ne pouvez pas les
« empêcher, vous ne devez pas au moins trouver
« étrange que je prenne quelques précautions. De
« plus, je vous avoue, reprit la Reine, que je ne

« sais où j'en suis. M. le cardinal est à cent lieues
« d'ici : tout le monde me l'explique à sa mode.
« Lyonne est un traître; Servien veut que je sorte
« demain de Paris, ou que je fasse aujourd'hui tout
« ce qu'il plaira à M. le prince, et cela à votre hon-
« neur et louange; Le Tellier ne veut que ce que j'or-
« donnerai; le maréchal de Villeroy attend les volon-
« tés de Son Eminence. Cependant M. le prince me met
« le couteau à la gorge; et voilà Monsieur qui pour
« rafraîchissement dit que c'est ma faute, et qui veut se
« plaindre de moi parce que lui-même m'abandonne. »

Je confesse que je fus touché de ce discours de la Reine, qui sortoit de source. Elle remarqua que j'en étois ému, et me témoigna qu'elle m'en savoit bon gré; et elle me commanda de lui dire avec liberté mes pensées sur l'état des choses. Voici les propres termes dans lesquels je lui parlai, que j'ai transcrits sur ce que j'en écrivis moi-même le lendemain :

« Si Votre Majesté, madame, peut se résoudre à
« ne plus penser au retour de M. le cardinal, elle
« peut sans exception tout ce qu'il lui plaira, parce
« que toutes les peines qu'on lui fait ne viennent que
« de la persuasion où l'on est qu'elle ne songe qu'à
« ce retour. M. le prince est persuadé qu'il peut tout
« obtenir en vous le faisant espérer. Monsieur, qui
« croit que M. le prince ne se trompe pas dans cette
« vue, le ménage à tout événement. Le parlement,
« à qui l'on présente tous les matins cet objet, ne
« veut rien diminuer de sa chaleur. Le peuple aug-
« mente la sienne; M. le cardinal est à Brulh, et son
« nom fait autant de mal à Votre Majesté et à l'Etat
« que pourroit faire sa personne s'il étoit encore dans

« le Palais-Royal.—Ce n'est qu'un prétexte, reprit
« la Reine comme en colère; ne fais-je pas assurer
« tous les jours le parlement que son éloignement
« est pour toujours, et sans aucune apparence de
« retour?—Oui, madame, lui répondis-je; mais je
« supplie très-humblement Votre Majesté de me per-
« mettre de lui dire qu'il n'y a rien de secret de tout
« ce qui se dit et de tout ce qui se fait au contraire de
« ses déclarations publiques; et qu'un quart-d'heure
« après que le cardinal eut rompu le traité de Ser-
« vien et de Lyonne, touchant le gouvernement de
« Provence, tout le monde fut également informé
« que le premier article étoit son rétablissement à la
« cour. M. le prince n'a pas avoué à Monsieur qu'il
« y eût consenti; mais il est convenu que Votre Ma-
« jesté le lui avoit fait proposer comme une condi-
« tion nécessaire, et il le dit publiquement à qui le
« veut entendre.—Passons, passons, dit la Reine:
« il ne sert de rien d'agiter ici cette question; je
« ne puis faire sur cela que ce que j'ai fait. On le
« veut croire, quoi que je dise; il faut donc agir sur
« ce que l'on veut croire.—En ce cas-là, madame,
« je suis persuadé qu'il y a bien plus de prophéties
« à faire que de conseils à donner.—Dites vos pro-
« phéties, repartit la Reine; mais sur le tout qu'elles
« ne soient pas comme celles des Barricades. Tout
« de bon, ajouta-t-elle, dites-moi, en homme de
« bien, ce que vous croyez de tout ceci. Vous voilà
« cardinal, autant vaut : vous seriez un méchant
« homme si vous vouliez le bouleversement de l'Etat.
« Je confesse que je ne sais où j'en suis; je n'ai que
« des traîtres et des poltrons à l'entour de moi. Dites-

« moi vos pensées en toute liberté. — Je le vais faire,
« madame, repris-je, quoiqu'avec peine, parce que
« je sais que ce qui regarde M. le cardinal est sen-
« sible à Votre Majesté ; mais je ne puis m'empêcher
« de lui dire encore que si elle se peut résoudre
« aujourd'hui à ne plus penser au retour du cardinal,
« elle sera demain plus absolue qu'elle n'étoit le
« premier jour de sa régence ; et que si elle continue
« à vouloir le rétablir, elle hasarde l'Etat. — Pour-
« quoi, reprit-elle, si Monsieur et M. le prince y
« consentoient ? — Parce que, madame, lui répondis-
« je, Monsieur n'y consentira que quand l'Etat sera
« hasardé ; et que M. le prince n'y consentira que pour
« le hasarder. » Je lui expliquai, en cet endroit, le
détail de tout ce qui étoit à craindre ; je lui exagérai
l'impossibilité de séparer M. le prince du parlement,
et l'impossibilité de gagner sur ce point le parlement
par une autre voie que celle de la force, qui mettroit
la couronne en péril. Je lui remis devant les yeux
les prétentions immenses de M. le prince, de messieurs de Bouillon et de La Rochefoucauld. Je lui fis
voir au doigt et à l'œil qu'elle dissiperoit quand il lui
plairoit, par un seul mot, pourvu qu'il partît du cœur,
toutes ces fumées si noires et si épaisses. Et comme
j'aperçus qu'elle étoit touchée de ce que je lui disois,
et qu'elle prenoit particulièrement goût à ce que je
lui représentois du rétablissement de son autorité, je
crus qu'il étoit assez à propos de prendre ce moment
pour lui expliquer la sincérité de mes intentions. « Et
« plût à Dieu, madame, ajoutai-je, que Votre Ma-
« jesté voulût rétablir son autorité par ma propre
« perte ! On lui dit à toutes les heures du jour que

« je pense au ministère ; et M. le cardinal s'est ac-
« coutumé à ces paroles : *Il veut ma place.* Est-il
« possible, madame, que l'on me croie assez imper-
« tinent pour m'imaginer qu'on puisse devenir mi-
« nistre par la faction, et que je connoisse si peu la
« fermeté de Votre Majesté pour croire que je con-
« querrai sa faveur par les armes? Mais ce qui n'est
« que trop vrai est que ce qui se dit ridiculement
« du ministère se fait réellement à l'égard des autres
« prétentions que chacun a. M. le prince vient d'ob-
« tenir la Guienne : il veut Blaye pour M. de La
« Rochefoucauld ; il veut la Provence pour monsieur
« son frère. M. de Bouillon veut Sedan ; M. de Tu-
« renne veut commander en Allemagne ; M. de Ne-
« mours veut l'Auvergne ; Viole veut être secrétaire
« d'Etat ; Chavigny veut demeurer en son poste ; et
« moi, madame, je demande le cardinalat. S'il plaît
« à Votre Majesté de se moquer de toutes nos pré-
« tentions, et de les régler absolument selon ses
« intérêts et selon ses volontés, elle n'a qu'à ren-
« voyer pour une bonne fois M. le cardinal en Italie,
« rompre tous les commerces que les particuliers
« conservent avec lui, effacer de bonne foi les idées
« qui restent de son retour, et qui se renforcent même
« tous les jours ; et déclarer ensuite qu'ayant bien voulu
« donner au public la satisfaction qu'il a souhaitée de
« l'éloignement du cardinal, elle croit qu'il est de sa
« dignité de refuser aux particuliers les grâces qu'ils
« ont demandées ou prétendues sous ce prétexte.
« Nul ne perdra plus que moi, madame, à cette con-
« duite, qui révoque ma nomination d'une manière
« qui sera agréée généralement de tout le monde ;

« mais qui ne le sera assurément de nul autre, sans
« exception, plus que de moi-même, parce que je
« ne me la crois nécessaire que pour des raisons qui
« cesseront dès que Votre Majesté aura rétabli les
« choses dans l'ordre où elles doivent être. — N'ai-je
« pas fait tout ce que vous me proposez, reprit la
« Reine? N'ai-je pas assuré dix fois Monsieur, M. le
« prince et le parlement que le cardinal ne reviendroit
« jamais? Avez-vous pour cela cessé de prétendre?
« et vous qui parlez, tout le premier! — Non, ma-
« dame, lui dis-je, personne n'a cessé de prétendre,
« parce qu'il n'y a personne qui ne sache que M. le
« cardinal gouverne plus que jamais. Votre Majesté
« m'a fait l'honneur de ne se point cacher de moi sur
« ce sujet : mais ceux à qui elle ne le dit pas en
« savent peut-être encore plus que moi; et c'est ce
« qui perd tout, madame, parce que tout le monde
« se voit en droit de se défendre de ce que l'on croit
« d'autant moins légitime, que Votre Majesté le dés-
« avoue publiquement. — Mais tout de bon, dit la
« Reine, croyez-vous que Monsieur abandonnât M. le
« prince s'il étoit assuré que le cardinal ne revînt pas?
« — En pouvez-vous douter, madame, lui répondis-
« je, après ce que vous avez vu ces jours passés? Il
« l'eût arrêté chez lui si vous l'aviez voulu, quoi-
« qu'il ne se croie nullement assuré qu'il ne doive
« point revenir. » La Reine rêva un peu sur ma
réponse; et puis tout d'un coup elle me dit, même
avec précipitation, comme ayant impatience de finir
ce discours : « C'est un plaisant moyen de rétablir
« l'autorité royale, que de chasser le ministre du Roi
« malgré lui ! » Elle ne me laissa pas reprendre la pa-

rolè, et continua en me commandant de lui dire mon sentiment sur l'état où étoient les choses : « car, « ajouta-t-elle, je ne puis faire davantage sur ce point « que ce que j'ai déjà fait, et ce que je fais tous les « jours. » J'entendis bien qu'elle ne vouloit pas s'expliquer plus clairement. Je n'insistai donc point directement, mais je fis la même chose en satisfaisant à ce qu'elle m'avoit commandé, qui étoit de lui dire ma pensée; car je repris ainsi le discours : « Pour « obéir, madame, à Votre Majesté, il faut que je re- « tombe dans les prophéties que j'ai tantôt pris la « liberté de lui toucher. Si les choses continuent « comme elles sont, Monsieur sera dans une perpé- « tuelle défiance que M. le prince ne se raccommode « avec Votre Majesté par le rétablissement du cardi- « nal; et il se croira obligé par cette vue de le mé- « nager toujours, et de se tenir avec soin dans le « parlement et parmi le peuple. M. le prince, ou « s'unira avec lui pour s'assurer contre ce rétablisse- « ment s'il n'y trouve pas son compte, ou il parta- « gera le royaume pour le souffrir, jusques à ce « qu'il trouve plus d'intérêt à le chasser. Les parti- « culiers qui ont quelque considération ne songeront « qu'à en tirer leur avantage : il y aura mille subdi- « visions et dans la cour et dans les factions. Voilà, « madame, bien des matières pour la guerre civile; « et cette guerre, se mêlant à une guerre étrangère « aussi grande que celle que nous avons aujourd'hui, « peut porter l'Etat sur le penchant de sa ruine. — « Si Monsieur vouloit, repartit la Reine.... — Il ne « voudra jamais, lui répondis-je. On trompe Votre « Majesté si on le lui fait espérer, et je me perdrois

« auprès de lui si je le lui avois seulement proposé. Il
« craint M. le prince, il ne l'aime point; il ne peut
« plus se fier à M. le cardinal. Il aura dans des mo-
« mens des foiblesses pour l'un ou pour l'autre, se-
« lon ce qu'il en appréhendera ; mais il ne quittera
« jamais l'ombre du public, tant que ce public fera
« un corps ; et il le fera encore long-temps sur une
« matière sur laquelle Votre Majesté est obligée elle-
« même de l'échauffer toujours par de nouvelles dé-
« clarations. »

Je connus en cet endroit, plus encore que je n'a-
vois fait, qu'il est impossible que la cour conçoive ce
que c'est que le public. La flatterie, qui en est la peste,
l'infecte toujours à un tel point, qu'elle lui cause un
délire incurable sur cet article ; et je remarquai que
la Reine traitoit dans son imagination tout ce que je
lui en disois de chimères, avec la même hauteur que
si elle n'eût jamais eu aucun sujet de faire des réflexions sur les Barricades. Je glissai sur cela par cette
considération, plus légèrement que la matière ne le
portoit; et elle m'en donna d'ailleurs assez de lieu,
parce qu'elle me rejeta dans le particulier de la manière d'agir de M. le prince, en me demandant ce que
je disois de la proposition qu'il avóit faite pour l'éloignement de Le Tellier, de Lyonne et de Servien.
Comme j'eusse été bien aise de pouvoir pénétrer si
cette proposition n'étoit pas le *hausse-pied* de quelques négociations soûterraines, je souris à cette proposition de la Reine avec un respect que j'assaisonnai
d'un air de mystère. La Reine, de qui tout l'esprit consistoit en air, l'entendit, et elle me dit : « Non, il n'y
« a rien que ce que vous voyez comme moi et comme

« tout le monde. M. le prince a voulu tirer de moi
« de quoi chasser douze ministres, par l'espérance de
« m'en laisser un, qu'il m'auroit peut-être ôté dès le
« lendemain. On n'a pas donné dans ce panneau, il
« en tend un autre ; il me veut ôter ceux qui me res-
« tent, c'est-à-dire il propose de les ôter : car si on
« lui veut laisser la Provence, il me laissera Le Tel-
« lier, et peut-être que j'obtiendrai Servien pour le
« Languedoc. Qu'en dit Monsieur ? — Il prophétise,
« madame, lui répondis-je : car, comme j'ai déjà dit à
« Votre Majesté, que peut-on dire dans l'état où sont
« les affaires ? — Mais enfin qu'en dit-il, reprit la Reine ?
« ne se joindra-t-il pas encore à M. le prince pour
« me faire faire ce pas de ballet ? — Je ne le crois pas,
« madame, repartis-je, quand je me ressouviens de
« ce qu'il m'en a dit aujourd'hui ; mais je n'en doute
« pas, quand je fais réflexion qu'il y sera peut-être
« forcé dès demain. — Et vous, me dit la Reine, que
« ferez-vous ? — Je me déclarerai en plein parlement,
« répliquai-je, et en chaire même, contre la proposi-
« tion, si Votre Majesté se résout à se servir de l'u-
« nique et souverain remède ; et j'opinerai apparem-
« ment comme les autres, si elle laisse les choses dans
« l'état où elles sont. »

La Reine, qui s'étoit fort contenue jusque là, s'emporta à ce mot ; elle éleva même sa voix, et me dit que je ne lui avois donc demandé cette audience que pour lui déclarer la guerre en face ? « Je suis bien éloigné,
« madame, de cette insolence et de cette folie, lui
« répondis-je, puisque je n'ai supplié Votre Majesté
« de me permettre d'avoir l'honneur de la voir au-
« jourd'hui que pour savoir de la part de Monsieur

« ce qu'il vous plaît, madame, de lui commander,
« pour prévenir celle dont M. le prince vous menace.
« Il y a quelque temps que je disois à Votre Majesté
« qu'on est bien malheureux de tomber dans des
« temps où un homme de bien est obligé, même par
« son devoir, de manquer au respect qu'il doit à son
« maître. Je sais, madame, que je ne l'observe pas
« en parlant comme je fais sur le sujet de M. le cardi-
« nal; mais je sais en même temps que je parle et
« que j'agis en bon sujet, et que tous ceux qui font
« autrement sont des prévaricateurs qui plaisent,
« mais qui trahissent leur conscience et leurs devoirs.
« Votre Majesté me commande de lui dire mes pen-
« sées avec liberté, et je lui obéis. Qu'elle me ferme
« la bouche, et elle verra ma soumission, et que je
« rapporterai simplement à Monsieur et sans réplique
« ce dont elle me fera l'honneur de me charger. »
La Reine reprit tout d'un coup un air de douceur, et
me dit : « Non, je veux au contraire que vous me di-
« siez vos sentimens : expliquez-les-moi à fond. » Je
suivis son ordre à la lettre, je lui fis une peinture la
plus naturelle qu'il me fut possible de l'état où les
affaires étoient réduites; j'achevai de crayonner ce
que vous en voyez déjà ébauché; je lui dis toute la
vérité, avec la même sincérité et la même exactitude
que j'aurois eue si j'avois dû en rendre compte à Dieu
un quart-d'heure après. La Reine en fut touchée, et
elle dit le lendemain à la palatine qu'elle étoit convaincue que je parlois du cœur; mais que j'étois aveu-
glé moi-même par la préoccupation. Ce qui me parut,
c'est qu'elle l'étoit beaucoup elle-même par l'attachement qu'elle avoit pour le cardinal Mazarin, et que

son inclination l'emportoit toujours sur les velléités que je lui voyois de temps en temps d'entrer dans les ouvertures que je lui faisois pour rétablir l'autorité royale aux dépens et des mazarins et des frondeurs. Je remarquai que sur la fin de la conversation elle prit plaisir à me faire parler sur ce sujet; et que comme elle vit que je le faisois effectivement avec sincérité et avec bonne intention, elle m'en témoigna sa reconnoissance.

J'appréhenderois de vous ennuyer, si je m'étendois davantage sur un détail qui n'est déjà que trop long; et je me contenterai de vous dire que le résultat fut que je ferois tous mes efforts pour obliger Monsieur à ne se point joindre à M. le prince pour demander l'éloignement de messieurs Le Tellier, Servien et Lyonne, en lui donnant parole de la part de la Reine qu'elle ne s'accommoderoit pas elle-même avec M. le prince, sans la participation et sans le consentement de Monsieur. J'eus bien de la peine à tirer cette parole; et la difficulté que j'y trouvai me confirma dans l'opinion où j'étois que les apparences d'accommodement entre le Palais-Royal et Saint-Maur n'étoient pas tout-à-fait éteintes. Je le crus encore bien davantage, quand je vis qu'il m'étoit impossible d'obliger la Reine à s'ouvrir de ses intentions touchant la conduite que Monsieur devoit prendre, ou pour procurer le retour de M. le prince, ou pour le traverser. Elle affecta de me dire qu'elle n'avoit point changé de sentiment à cet égard, depuis ce qu'elle en avoit dit à Monsieur même; mais je connus clairement à ses manières, et même à quelques-unes de ses paroles, qu'elle en avoit changé plus de trois fois depuis que j'étois dans la galerie ; et je me souvins de ce que la palatine m'avoit écrit, qu'on ne savoit au Palais-Royal ce que l'on y vouloit. Je ne laissai pas d'insister et de presser la Reine, parce que je jugeois bien que Monsieur, qui étoit très-clairvoyant, ne recevant de moi qu'une parole vague et générale, à laquelle il n'ajouteroit pas beaucoup de foi, parce qu'il se défioit beaucoup des intentions de la Reine à son égard, ne manqueroit pas de jeter et d'arrêter toute sa réflexion, et avec beaucoup de raison, sur le peu d'éclaircissement que je lui donnerois du véritable dessein de la Reine. Et je ne doutois pas que par cette considération il ne fît encore de nouveaux pas vers M. le prince : ce que je ne croyois nullement de son intérêt, non plus que de celui du Roi. Je parlai sur cela à la Reine avec vigueur ; mais je n'y gagnai rien, et de plus je ne pouvois rien gagner, parce qu'elle n'étoit pas elle-même déterminée. Je vous expliquerai ce détail dans la suite.

Il étoit presque jour lorsque je sortis du Palais-Royal ; et ainsi je n'eus pas le temps d'aller chez madame la palatine, qui m'écrivit un billet à six heures du matin, par lequel elle me faisoit savoir qu'elle m'attendoit dans un carrosse de louage devant les Incurables. J'y allai aussitôt dans un carrosse gris. Elle m'expliqua son billet du soir ; elle me dit que M. le prince lui avoit paru fort fier, mais qu'elle avoit connu clairement par les discours de madame de Longueville qu'il ne connoissoit pas sa force, en ce qu'il croyoit ses ennemis beaucoup plus unis et beaucoup plus de concert qu'ils ne l'étoient ; que la Reine ne savoit où elle en étoit ; qu'un moment elle vouloit à toutes conditions le retour de M. le prince : qu'à l'autre elle re-

mercioit Dieu de sa sortie de Paris; que cette variation venoit des différens conseils qu'on lui donnoit; que Servien disoit que l'Etat étoit perdu, si M. le prince s'éloignoit; que Le Tellier balançoit; que l'abbé Fouquet, qui étoit nouvellement revenu de Brulh, l'assuroit que M. le cardinal seroit au désespoir, si elle ne se servoit de l'occasion que M. le prince lui avoit donnée lui-même de le pousser; que l'aîné Fouquet soutenoit savoir le contraire de science certaine : que tout iroit ainsi, jusqu'à ce que l'ordre de Brulh auroit décidé. La palatine étoit surtout persuadée qu'il y avoit des propositions sous terre, qui aidoient à tenir encore la Reine dans ces incertitudes. Voilà ce que madame la palatine me dit avec précipitation, parce que le temps d'aller au Palais pressoit, et Monsieur avoit déjà envoyé deux fois chez moi. Je le trouvai prêt à monter en carrosse. Je lui rendis compte en fort peu de paroles de ma commission : je lui exposai le fait tout simplement. Il en tira d'abord ce que j'avois prédit à la Reine; et dès qu'il vit que la parole qu'elle lui faisoit donner n'étoit ni précédée ni suivie d'aucun concert pour agir ensemble dans la conjoncture dont il s'agissoit, il se mit à siffler, et me dit :
« Voilà une bonne drogue! Allons, allons au Palais.
« —Mais encore, monsieur, lui dis-je, il me semble
« qu'il seroit bon que Votre Altesse Royale résolût ce
« qu'elle y dira. —Qui diable le peut savoir? qui le
« peut prévoir? répondit-il. Il n'y a ni rime ni raison
« avec ces gens-ci. Allons; et quand nous serons dans
« la grand'chambre, nous trouverons peut-être que
« ce n'est pas aujourd'hui samedi. Ce l'étoit pourtant,
« et le 8 juillet 1651. »

Aussitôt que Monsieur eut pris sa place, Talon, avocat général, entra avec ses collègues, et dit qu'il avoit porté la veille à la Reine la lettre que M. le prince avoit écrite au parlement ; que Sa Majesté avoit fort agréé la conduite de la compagnie, et que M. le chancelier avoit mis entre les mains du procureur général un écrit par lequel il seroit informé des volontés du Roi. Cet écrit portoit que la Reine étoit extrêmement surprise de ce que M. le prince avoit pu douter des assurances qu'elle avoit données tant de fois ; qu'elle n'avoit eu aucun dessein contre sa personne ; qu'elle ne s'étonnoit pas moins des soupçons qu'il témoignoit touchant le retour de M. le cardinal ; qu'elle déclaroit vouloir observer religieusement la parole qu'elle avoit donnée sur ce sujet au parlement ; qu'elle ne savoit rien du mariage de M. de Mercœur(1), ni des négociations de Sedan ; qu'elle avoit plus de sujet que personne de se plaindre de ce qui s'étoit passé à Brisach (je vous entretiendrai tantôt de ces trois articles) ; que pour ce qui étoit de l'éloignement de messieurs Le Tellier, Servien et Lyonne, elle vouloit bien qu'on sût qu'elle ne prétendoit pas être gênée dans le choix des ministres du Roi son fils, ni dans celui de ses domestiques ; et que la proposition qu'on lui faisoit sur ce point étoit d'autant plus injuste, qu'il n'y avoit aucun des trois nommés qui eût seulement fait un pas pour le rétablissement de M. le cardinal Mazarin. La compagnie s'échauffa beaucoup, après la lecture de cet écrit, sur ce qu'il n'étoit pas signé : ce qui, dans les circonstances,

(1) *De M. de Mercœur :* Louis de Vendôme, frère du duc de Beaufort, avoit épousé Laure-Victoire Mancini, l'une des nièces de Mazarin.

n'étoit d'aucune conséquence ; mais comme dans ces sortes de compagnies tout ce qui est de la forme touche les petits esprits et amuse même les plus raisonnables, on employa la matinée proprement à rien, et l'on remit l'assemblée au lundi. On pria, en attendant, Monsieur de s'entremettre pour l'accommodement. Il y eut dans cette séance beaucoup de chaleur entre M. le prince de Conti et M. le premier président. Celui-ci, qui n'étoit nullement content de M. le prince en son particulier, qu'il croyoit à mon sens, sans fondement, avoir obligé à plus de reconnoissance qu'il n'en avoit reçu ; celui-ci, dis-je, parla avec force de la retraite de Saint-Maur, et l'appela même un triste préalable de la guerre civile. Il ajouta deux ou trois paroles qui sembloient marquer les mouvemens passés, et causés par M. le prince de Condé. M. le prince de Conti le releva, même avec menaces, en lui disant qu'en tout autre endroit il lui apprendroit à se tenir dans le respect qui est dû aux princes du sang. Le premier président lui repartit hardiment qu'il ne craignoit rien, et qu'il avoit lieu de se plaindre lui-même qu'on osât l'interrompre dans sa place, où il représentoit la personne du Roi. On se leva de part et d'autre. Monsieur, qui étoit très-aise de les voir commis les uns contre les autres, ne s'en mêla que quand il ne put plus s'en défendre ; et il dit à la fin aux uns et aux autres que tout le monde ne devoit s'appliquer qu'à radoucir les esprits. Monsieur, étant de retour chez lui, me mena dans le cabinet des livres, ferma la porte à verrou lui-même, jeta son chapeau sur la table, et me dit après d'un ton fort ému qu'avant que d'aller au Palais il n'avoit pas eu le temps de me dire une chose qui me surprendroit, quoique cependant elle ne me devoit pas surprendre; qu'il savoit depuis minuit que le vieux Pantalon (il appeloit ainsi M. de Châteauneuf) traitoit, par le canal de Saint-Romain et de Croissy, avec Chavigny l'accommodement de M. le prince avec la Reine; qu'il n'ignoroit pas ce que j'avois à dire sur cela; qu'il ne falloit point disputer des faits; que celui-là étoit sûr : « Et si vous en « doutez, ajouta-t-il en me jetant une lettre, tenez, « voyez, lisez. » Cette lettre étoit de Châteauneuf et adressée à Croissy, et portoit entre autres ces propres mots : « Vous pouvez assurer M. de Chavigny que le « commandeur de Jarzé, qui n'est jamais dupe qu'en « des bagatelles, est convenu que la Reine marche « de bon pied, et que non-seulement les frondeurs, « mais que Le Tellier même, ne savent rien de notre « négociation. Le soupçon de M. de Saint-Romain « n'est pas fondé. »

Vous remarquerez, s'il vous plaît, que Le Grand, premier valet de chambre de Monsieur, ayant vu tomber ce billet de la poche de Croissy, l'avoit ramassé, et l'avoit porté à Monsieur. Il n'attendit pas que j'eusse achevé de le lire, pour me dire : « Avois-je « tort de vous dire ce matin que l'on ne sait où l'on « en est avec ces gens-là ? On dit toujours qu'il n'y a « point d'assurance au peuple, on en a menti : il y « a mille fois plus de solidité dans le peuple que dans « le cabinet; je veux m'aller loger aux halles. — Vous « croyez donc, monsieur, lui dis-je, que l'accom- « modement est fait. — Non, dit-il, je ne crois pas « qu'il le soit. — Et moi, monsieur, je serois per- « suadé qu'il ne se peut faire par ce canal, s'il m'é-

« toit permis d'être d'un autre sentiment que Votre
« Altesse Royale. »

Cette question fut agitée avec chaleur. Je soutins mon opinion, par l'impossibilité qui me paroissoit au succès d'une négociation dans laquelle, par une rencontre assez bizarre, tous les négociateurs se trouvoient avoir éminemment, au moins pour cette occasion très-épineuse en elle-même, toutes les qualités les plus propres à rompre l'accommodement du monde le plus facile. Monsieur demeura dans son sentiment, parce que sa foiblesse naturelle lui faisoit toujours voir ce qu'il appréhendoit comme infaillible, et même proche. Ce fut à moi de céder, ainsi que vous le pouvez croire, et de recevoir l'ordre qu'il me donna de faire dire dès l'après-dînée à la Reine, par madame la palatine, que son sentiment étoit que Sa Majesté s'accommodât en toutes manières avec M. le prince; et que le parlement et le peuple étoient si échauffés contre tout ce qui avoit quelque teinture du mazarinisme, qu'il ne falloit plus songer qu'à applaudir à celui qui a été assez habile, me dit-il même avec aigreur, pour nous prévenir à recommencer l'escarmouche contre le Sicilien.

J'eus beau lui représenter que, supposé même pour sûr ce qu'il croyoit très-proche, et ce que je tiendrois fort éloigné si j'osois le contredire, le parti qu'il prenoit avoit des inconvéniens terribles, et particulièrement celui de précipiter la Reine dans la résolution que l'on craignoit, et même de l'obliger à prendre encore plus de mesures contre le ressentiment de Monsieur : il crut que les raisons que je lui alléguois n'étoient que des prétextes pour couvrir la véritable

qui me faisoit parler, qu'il alla chercher dans l'appréhension qu'il s'imagina que j'avois qu'il ne s'accommodât lui-même avec M. le prince. Et il me dit qu'il prendroit si bien ses mesures du côté de Saint-Maur, que je ne devois pas craindre qu'il tombât dans l'inconvénient que je lui marquois; et que si la Reine l'avoit gagné de la main une fois, il le lui sauroit bien rendre. « Je ne suis pas si sot qu'elle croit, ajouta-
« t-il ; et je songe plus à vos intérêts que vous n'y
« songez vous-même. » Je confesse que je n'entendis point ce que signifioit en cet endroit cette dernière parole; mais je m'en doutai aussitôt après, car il ajouta : « M. le prince, quoique enragé contre vous,
« vous a-t-il nommé dans la lettre qu'il a écrite au
« parlement? » Je m'imaginai que Monsieur vouloit me faire valoir ce silence, et me le montrer comme une marque du ménagement que l'on avoit pour moi à sa considération, et des précautions qu'il prendroit de ce côté-là sur mon sujet, en cas de besoin. Je jugeai de ce discours, et de plusieurs autres qui le précédèrent et qui le suivirent, que la persuasion où je le voyois que la Reine et M. le prince étoient ou accommodés ou du moins sur le point de s'accommoder, étoit ce qui l'avoit obligé de me commander d'en faire presser la Reine en son nom, et de témoigner à elle-même qu'il ne se sentiroit pas désobligé de son accommodement, et de tirer mérite auprès de M. le prince du conseil qu'il en donnoit à la Reine. Je fus tout-à-fait confirmé dans mon soupçon par une conversation de plus d'une heure qu'il eut, un moment après que je l'eus quitté, avec Charai, qui étoit serviteur particulier de M. le prince, comme je vous

l'ai déjà dit, quoiqu'il fût domestique de Monsieur. Je combattis de toute ma force les sentimens de Monsieur, qui dans la vérité étoient plutôt des égaremens de frayeur que des raisonnemens. Je ne l'ébranlai pourtant point ; et j'éprouvai en cette rencontre ce que j'ai observé depuis en d'autres occasions, que la peur, qui est flattée par la finesse, est insurmontable.

Vous ne doutez pas que je ne fusse cruellement embarrassé au sortir de chez Monsieur. Madame la palatine ne le fut guère moins que moi du compliment que je la priai de faire à la Reine de la part de Monsieur. Elle en revint toutefois plus tôt et plus aisément, en faisant réflexion sur la constitution des affaires, « qui, dit-elle très-sensément, redresseront les hom-
« mes : au lieu que, pour l'ordinaire, ce sont les
« hommes qui redressent les choses. » Madame de Beauvais venoit de lui mander que Métayer, valet de chambre de M. le cardinal, venoit d'arriver de Brulh ; « et peut-être, ajouta-t-elle, cet homme nous
« apporte-t-il de quoi tout changer en un instant. »
Elle disoit cela à l'aventure, et dans la seule vue que M. le cardinal ne pourroit jamais rien approuver de tout ce qui se passoit par le canal de Chavigny. Son pressentiment fut une prophétie : car en effet il se trouva que le messager avoit apporté des anathêmes plutôt que des lettres contre les propositions qui avoient été faites ; et que, bien qu'il fût l'homme du monde qui reçût toujours en apparence le plus agréablement ce qu'il ne vouloit pas en effet, il n'avoit gardé dans cette rencontre aucune mesure qui approchât seulement de sa conduite ordinaire : ce que nous attribuâmes, madame la pala-

tine et moi, à l'aversion qu'il avoit pour les négociateurs. Châteauneuf lui étoit très-suspect; Chavigny étoit sa bête; Saint-Romain lui étoit odieux, et par l'attachement qu'il avoit avec Chavigny, et par celui qu'il avoit eu à Munster à M. d'Avaux. Madame la palatine, qui ne savoit pas encore ce que le messager avoit apporté, quoiqu'elle sût qu'il étoit arrivé, trouva à propos que je retournasse chez Monsieur pour lui dire que ce courrier auroit pu peut-être avoir donné à la Reine de nouvelles vues; et qu'elle jugeoit qu'il ne seroit que mieux, par cette considération, qu'elle n'exécutât pas la commission qu'il lui avoit donnée par moi, avant que l'on pût être informé de ce détail.

Monsieur, que j'allai trouver sur-le-champ, se gendarma contre cette ouverture, qui étoit pourtant très-sage, par une préoccupation qui lui étoit fort ordinaire, aussi bien qu'à beaucoup d'autres. *La plupart des hommes examinent moins les raisons de ce qu'on leur propose contre leur sentiment, que celles qui peuvent obliger celui qui les propose de s'en servir.* Ce défaut est très-commun et très-grand. Je connus clairement que Monsieur ne recevoit ce que je lui dis de la part de la palatine que comme un effet de l'entêtement qu'il croyoit que nous avions l'un et l'autre contre M. le prince. J'insistai, il demeura ferme; et je connus encore en cet endroit qu'*un homme qui ne se fie pas à soi-même ne se fie jamais véritablement à personne.* Il avoit plus de confiance en moi, sans comparaison, qu'en tous ceux qui l'ont jamais approché; mais sa confiance n'a jamais tenu un quart-d'heure contre sa peur.

Si le compliment que Monsieur faisoit faire à la Reine eût été fait par une personne moins adroite que madame la palatine, j'eusse été encore beaucoup plus en peine de l'événement. Elle le ménagea si habilement, qu'il servit au lieu de nuire. A quoi elle fut très-bien servie elle-même par la fortune, qui fit arriver ce messager dont je viens de vous parler justement au moment où il étoit nécessaire pour rectifier ce qu'il ne tenoit pas à Monsieur de gâter : car la Reine, qui étoit toujours soumise à M. le cardinal Mazarin, mais qui l'étoit doublement quand ce qu'il lui mandoit convenoit à sa colère, se trouva, lorsque madame la palatine commença à lui parler, dans une pensée si éloignée d'aucun accommodement avec M. le prince, que ce que la palatine lui dit de la part de Monsieur ne produisit en elle d'autres mouvemens que ceux que nous pouvions souhaiter, qui étoient de faire donner la carte blanche à Monsieur, et de l'obliger à se confesser, pour ainsi dire, de son balancement; d'y chercher des excuses, mais de celles qui assuroient l'avenir, et de désirer avec impatience de me parler. Madame la palatine fut même chargée par la Reine de lui faire savoir par mon canal le détail de la dépêche du messager, et de me commander d'aller, entre onze heures et minuit, au lieu accoutumé. Madame la palatine ne douta pas, non plus que moi, que Monsieur ne dût avoir beaucoup de joie de ce que je lui allois porter. Nous nous trompâmes beaucoup l'un et l'autre : car aussitôt que je lui eus dit que la Reine lui offroit tout sans exception, pourvu qu'il voulût s'unir de son côté sincèrement et parfaitement à elle contre M. le prince, il tomba dans un état que je ne puis bien vous exprimer qu'en vous suppliant de vous ressouvenir de celui où il n'est pas possible que vous ne vous soyez trouvée quelquefois. N'avez-vous jamais agi sur des suppositions qui ne vous plaisoient pas? Et n'est-il pas vrai pourtant que quand ces suppositions ne se sont point trouvées bien fondées, vous avez senti en vous-même un combat qui s'y est formé entre la joie de vous être trompée à votre avantage, et le regret d'avoir perdu les pas que vous y aviez faits? Je me suis retrouvé mille fois moi-même dans cette idée. Monsieur étoit ravi de ce que la Reine étoit bien plus éloignée de l'accommodement qu'il ne l'avoit cru; mais il étoit au désespoir d'avoir fait les avances qu'il avoit faites vers M. le prince, et qu'il avoit faites dans la vue de cet accommodement, qu'il croyoit bien avancé. Les hommes qui se rencontrent en cet état sont pour l'ordinaire assez long-temps à croire qu'ils ne se sont pas trompés, même après qu'ils s'en sont aperçus; parce que la difficulté qu'ils trouvent à découdre le tissu qu'ils ont commencé fait qu'ils s'y font des objections à eux-mêmes : et ces objections, qui leur paroissent être des effets de leurs raisonnemens, ne sont presque que des suites naturelles de leurs inclinations. Monsieur, comme je l'ai déjà dit plusieurs fois, étoit timide et paresseux au souverain degré. Je vis, dans le moment que je lui appris le changement de la Reine, un air de gaieté et d'embarras tout ensemble sur son visage. Je ne le puis exprimer, mais je me le représente fort au naturel; et quand je n'aurois pas eu d'ailleurs la lumière des pas qu'il avoit faits vers M. le prince, j'aurois lu dans ses yeux qu'il auroit reçu sur son sujet quelque nouvelle qui lui donnoit de la joie et qui lui faisoit de la peine. Ses paroles ne démentirent pas sa contenance : il voulut douter de ce que je lui disois, quoiqu'il n'en doutât pas. C'est le premier mouvement des gens qui sont de cette humeur, et qui se trouvent dans cet état. Il passa aussitôt après au second, qui est de chercher à se justifier de la précipitation qui les a jetés dans l'embarras. « Il est bien temps, me dit-il tout d'un coup! « La Reine fait des choses qui obligent les gens.... » Il s'arrêta à ce mot, de honte, à mon avis, de m'avouer ce qu'il avoit fait. Il pirouetta quelque temps, il siffla, il alla rêver un moment auprès de la cheminée ; puis il me dit : « Que diable direz-vous à la Reine? Elle « voudra que je lui promette de ne pas pousser les « *ministraux;* et comment puis-je le promettre après « ce que j'ai promis à M. le prince ? » Il me fit en cet endroit un galimatias parfait, pour me justifier ce qu'il avoit fait dire à M. le prince depuis vingt-quatre heures ; et je connus que ce galimatias n'alloit principalement qu'à me faire croire qu'il croyoit ne m'en avoir pas fait le fin la veille. Je pris tout pour bon, et je suis encore persuadé qu'il crut avoir réussi dans son dessein. Le lieu que je lui donnai de se l'imaginer lui donna occasion de s'ouvrir beaucoup plus qu'il n'eût fait assurément s'il m'eût cru mal satisfait, et j'en tirai tout le détail de ce qu'il avoit fait. Le voici en peu de mots.

Comme il avoit posé pour fondement que M. le prince étoit, ou accommodé, ou sur le point de s'accommoder avec la cour, il crut pour certain qu'il ne hasarderoit rien en lui offrant tout dans une conjoncture où il ne craignoit pas que l'on acceptât ses offres

contre la cour, parce que l'on s'accommodoit avec elle.
Vous voyez d'un coup d'œil le frivole de ce raisonnement. Monsieur, qui avoit beaucoup d'esprit, le connut parfaitement, dès qu'il se vit hors du péril que la peur lui avoit inspiré; mais comme il est toujours plus aisé de s'apercevoir du mal que du remède, il le chercha long-temps sans le trouver, parce qu'il ne le cherchoit que dans les moyens de satisfaire et les uns et les autres. Il y a des occasions où ce parti est absolument impossible; et quand il l'est, il est pernicieux en ce qu'il mécontente infailliblement les deux partis. Il n'est pas moins incommode aux négociateurs, parce qu'il a toujours un air de fourberie. Il ne tint pas à moi, par l'un et par l'autre de ces motifs, d'en dissuader Monsieur. Il ne fut pas en mon pouvoir; et j'eus ordre de faire agréer à la Reine que Monsieur se déclarât dans le parlement contre les trois sous-ministres, en cas que M. le prince continuât à demander leur éloignement; et j'eus en même temps la liberté de l'assurer que, moyennant cette permission, Monsieur se déclareroit dans la suite contre M. le prince, en cas que M. le prince eût après cela de nouvelles prétentions; et comme je ne croyois pas qu'il fût ni juste ni sage d'outrer de tout point la Reine par un éclat de cette nature, je représentai à Monsieur avec force qu'il avoit beau jeu pour faire un coup double, et même triple, en obligeant la Reine par la conservation des sous-ministres (qui dans le fond étoient assez indifférens), en faisant voir que M. le prince ne se contentoit pas de la destitution du Mazarin, et qu'il vouloit saper aussi les fondemens de l'autorité royale, en ne laissant pas même

l'ombre de l'autorité à la régente, et en satisfaisant en même temps le public par une aggravation, pour ainsi parler, contre le cardinal, que je proposai en même temps, et que je m'assurois même de faire agréer à la Reine. Madame la palatine m'avoit dit qu'elle avoit vu, dans une lettre écrite par le cardinal à la Reine, qu'il la supplioit de ne rien refuser de ce qu'on lui demanderoit contre lui, parce qu'il étoit persuadé que le plus que l'on désireroit, après l'excès auquel on s'étoit porté, tourneroit plutôt en sa faveur qu'autrement ce qu'il y auroit d'esprits modérés; et parce qu'il convenoit assez à son service que l'on amusât les *fâcheux* (c'étoit son mot) à des clabauderies, qui ne pouvoient plus être que des répétitions fort inutiles. Je ne tenois pas pour bien juste ce raisonnement de M. le cardinal; mais je m'en servis pour former la conduite que j'eusse souhaité que Monsieur eût voulu prendre, et je raisonnai ainsi : « Si
« Monsieur concourt à l'exclusion des sous-ministres,
« il fait apparemment le compte de M. le prince, en
« ce qu'il obligera peut-être la Reine à accorder à
« M. le prince tout ce qu'il lui demandera. Il ne fera
« pas le sien du côté de la cour, parce qu'il outrera
« de plus en plus la Reine, et qu'il outrera de plus
« ceux qui l'approchent. Il ne le fera pas non plus
« du côté du public : car, comme il le dit lui-même,
« M. le prince l'a gagné de la main; et comme c'est
« lui qui a fait le premier la proposition de se défaire
« de ces restes du mazarinisme, il en aura la fleur
« de la gloire : ce qui dans le peuple est le principal.
« Voilà donc un grand inconvénient, qui est celui
« de faire à la Reine une peur dont M. le prince peut

« se servir pour son avantage. Voilà, dis-je, un
« grand inconvénient, qui est accompagné, de plus,
« d'un grand déchet de réputation, en ce qu'il fait
« voir Monsieur agissant en second avec M. le prince,
« et entraîné à une conduite dont non-seulement il
« n'aura pas l'honneur, mais qui lui tournera même
« à honte, parce que l'on prétendra que c'étoit à lui
« à commencer à la prendre. Quelle utilité trouvera-
« t-il qui se puisse comparer à cet inconvénient? On
« ne s'en peut imaginer d'autre que celle d'ôter à la
« Reine des gens que l'on croit affectionnés au car-
« dinal. Est-ce un avantage, quand on pense que les
« Fouquet, les Bertet, les Brachet passeront éga-
« lement la moitié des nuits auprès d'elle; que les
« d'Estrées, les Souvré et les Senneterre y demeu-
« reront tous les jours; et que ceux-ci y seront d'au-
« tant plus dangereux, que la Reine sera encore plus
« aigrie par l'éloignement des autres? Je suis con-
« vaincu, par toutes ces considérations, que Mon-
« sieur doit faire à la première assemblée des cham-
« bres le panégyrique de M. le prince, sur la fermeté
« qu'il témoigne contre le retour de M. le cardinal
« Mazarin; confirmer tout ce qui s'est dit en son nom
« par M. le prince de Conti, touchant la nécessité
« des précautions qu'il est bon de prendre contre son
« rétablissement; combattre publiquement et par des
« raisons solides celle que l'on cherche dans l'éloi-
« gnement des trois ministres; faire voir qu'elle est
« injurieuse à la Reine, à laquelle on doit assez de
« respect et même assez de reconnoissance pour les
« paroles qu'elle réitère en toute occasion de l'exclu-
« sion à jamais de M. le cardinal Mazarin, pour ne

« pas abuser à tous momens de sa bonté par de nou-
« velles conditions auxquelles on ne voit plus de
« fin; ajouter que si la proposition d'aller ainsi de
« branche en branche venoit d'un fond dont l'on fût
« moins assuré que de celui de M. le prince, elle se-
« roit suspecte, parce que le gros de l'arbre n'est pas
« encore déraciné. La déclaration contre le cardinal
« n'est pas encore expédiée : on sait que l'on conteste
« encore sur des paroles, au lieu de la presser, au
« lieu de consommer ou plutôt de cimenter cet ou-
« vrage dont tout le monde est convenu. On fait des
« propositions nouvelles, qui peuvent faire naître des
« scrupules dans les esprits les mieux intentionnés.
« Tel croit se sanctifier en mettant une pierre sur le
« tombeau du Mazarin, qui croiroit faire un grand
« péché s'il en jetoit seulement une petite contre
« ceux dont il plaira dorénavant à la Reine de se ser-
« vir. Rien ne justifieroit davantage ce ministre cou-
« pable, que de donner le moindre lieu de croire
« que l'on voulût tirer en exemple journalier et même
« fréquent ce qui s'est passé à son égard. La justice
« et la bonté de la Reine ont consacré ce que nous
« avons fait, avec des intentions très-pures et très-
« sincères, pour son service et pour le bien de l'Etat ;
« il faut de notre part y répondre par des actions
« dans lesquelles on connoisse que notre principal
« soin est d'empêcher que ce que le salut du royau-
« me nous a forcé de faire contre le ministre ne
« puisse blesser en rien la véritable autorité du Roi.
« Nous avons en cette rencontre un avantage très-
« signalé. La déclaration publique que la Reine a fait
« faire tant de fois et à messieurs les princes et au

« parlement, qu'elle excluoit pour jamais le cardinal
« du ministère, nous met en droit, sans blesser l'au-
« torité royale qui vous doit être sacrée, de chercher
« toutes les assurances possibles à cette parole, qui
« ne lui doit pas être moins inviolable. C'est à quoi
« Son Altesse Royale doit s'appliquer, et avec dignité
« et avec succès. Il ne doit point, à mon opinion,
« prendre le change ; et il doit faire craindre qu'on
« ne lui veuille donner, en lui proposant des diver-
« sions qui ne sont que frivoles au prix de ce qu'il y
« a effectivement à faire. Ce qui presse véritablement
« est de bien fonder la déclaration contre le cardinal.
« La première que l'on a portée étoit son panégyri-
« que: celle à laquelle on travaille n'est, au moins à
« ce qu'on nous a dit, fondée que sur les remontran-
« ces du parlement et sur le consentement de la Reine;
« et ainsi elle pourroit être expliquée dans le temps.
« Son Altesse Royale peut dire demain à la compagnie
« que la fixation, pour ainsi dire, de cette déclara-
« tion est la précaution véritable et solide à laquelle
« il faut s'appliquer; et que cette fixation ne peut
« être plus sûre qu'en y insérant que le Roi exclut le
« cardinal de tout son royaume et de ses conseils,
« parce qu'il est de notoriété publique et incontes-
« table que c'est lui qui a rompu la paix générale à
« Munster. Si Monsieur éclate demain sur ce ton,
« je lui réponds de se voir faire agréer le soir par la
« Reine. Il se réunit avec elle en donnant une cruelle
« atteinte au Mazarin : il se donne l'honneur dans le
« public de le pousser personnellement et solidement,
« et il l'ôte à M. le prince, en faisant voir qu'il affecte
« de n'attaquer que son ombre. Il fait connoître à

« tous les esprits sages et modérés qu'il ne veut pas
« souffrir que, sous prétexte du Mazarin, l'on con-
« tinue tous les jours à donner de nouvelles atteintes
« à l'autorité royale. »

Voilà ce que je conseillai à Monsieur ; voilà ce que
je lui donnai par écrit avant que de sortir de chez
lui ; voilà ce qu'il porta à Madame, qui étoit au désespoir de ce qu'il s'étoit engagé avec M. le prince ;
voilà ce qu'il approuva de toute son ame ; et voilà
toutefois ce qu'il n'osa faire, parce que n'ayant pas
douté, comme je vous l'ai déjà dit, que M. le prince
ne s'accordât avec la cour, il lui avoit promis à jeu
sûr, à ce qu'il croyoit par cette raison, de se déclarer
avec lui contre les sous-ministres. Il l'avoua à Madame
encore plus en détail qu'il ne me l'avoit expliqué. Ce
que je pus tirer de lui fut qu'il donnât sa parole à la
Reine qu'il s'emploieroit fidèlement auprès de M. le
prince, pour l'empêcher de pousser sa pointe contre
les trois susnommés ; et que s'il n'y pouvoit réussir,
et qu'il fût contraint de parler contre eux, il déclareroit en même temps à M. le prince que ce seroit pour
la dernière fois ; et que la Reine demeurant dans les
termes de la parole donnée pour l'éloignement de
M. le cardinal, il ne se sépareroit plus de ses intérêts.
Madame, qui aimoit M. Le Tellier, et qui étoit très-
fâchée, par cette raison et par beaucoup d'autres, que
Monsieur ne fît pas davantage, lui fit promettre qu'il
feroit le malade le lendemain, dans la vue de retarder l'assemblée des chambres, et de se donner par
ce moyen le temps de l'obliger à quelque chose de
plus. Aussitôt qu'elle eut obtenu ce point, elle le fit
savoir à la Reine, en lui mandant en même temps

que je faisois des merveilles pour son service. Ce témoignage, qui fut reçu très-agréablement, parce qu'il fut porté dans un instant où la Reine étoit très-satisfaite de Madame (ce qui ne lui étoit pas ordinaire), facilita beaucoup ma négociation. J'allai le soir chez la Reine, que je trouvai avec un visage fort ouvert; et ce qui me fit voir qu'elle étoit contente de moi, fut que ce visage ouvert ne se referma pas, même après que je lui eus déclaré ce que je ne croyois pas pouvoir lui cacher, que l'on pût empêcher Monsieur de concourir avec M. le prince contre les sous-ministres; et que je ne pourrois pas moi-même m'empêcher d'y opiner, si l'on en délibéroit en parlement.

Vous devez être si fatiguée des dits et redits des conversations passées, que je crois qu'il est mieux que je n'entre pas dans le détail de celle-ci qui fut assez longue, et que je me contente de vous rendre compte du résultat, qui fut que je m'appliquai de toute ma force à faire que Monsieur tînt fidèlement la parole que je donnai à la Reine de sa part, qu'il feroit tous ses efforts pour adoucir l'esprit de M. le prince en faveur des trois nommés; et qu'en cas qu'il ne le pût, qu'il fût obligé lui-même par cette considération de les pousser, et que par la même raison je fusse forcé d'y concourir de ma voix, je déclarerois à Monsieur qu'au cas que dans la suite M. le prince fît encore de nouvelles propositions, je n'y entrerois plus, quand même Monsieur s'y laisseroit emporter. Je vous avoue que je me défendis long-temps de cette dernière clause, parce que dans la vérité elle m'engageoit beaucoup, et parce qu'elle me paroissoit même être au dernier point contre le respect, en ce qu'elle confondoit et qu'elle égaloit, pour ainsi parler, mes engagemens avec ceux de la maison royale. Il fallut enfin y passer. Je n'eus aucune peine à le faire agréer à Monsieur, qui fut si aise de ne se point trouver dans la nécessité de rompre avec M. le prince, même de concert avec la Reine, qu'il fut ravi de tout ce qui avoit facilité ce traité. Je vous en dirai la suite, après que je vous aurai suppliée de faire réflexion sur deux circonstances de ce qui se passa dans cette dernière conversation que j'eus avec la Reine.

Il m'arriva, en lui parlant de messieurs Le Tellier, Servien et Lyonne, de les nommer les trois sous-ministres. Elle releva ces mots avec aigreur, en me disant : « Dites plutôt les deux. Ce traître de Lyonne « peut-il porter ce nom ? c'est un petit secrétaire de « M. le cardinal. Il est vrai que parce qu'il l'a déjà « trahi deux fois, il pourra être un jour secrétaire « d'Etat. » Cette remarque s'est rendue, par l'événement, assez curieuse.

La seconde est que lorsque j'eus promis à la Reine de ne me point accommoder avec M. le prince dans la suite, quand même Monsieur s'accommoderoit, et que j'eus ajouté que je le dirois moi-même à Monsieur dès le lendemain, elle s'écria plutôt qu'elle ne prononça : « Quelle surprise pour M. Le Tellier ! » Elle se referma tout d'un coup ; et quoique je fisse tout ce qui se pût pour pénétrer ce qu'elle avoit voulu dire, je n'en pus rien tirer. Je reviens à Monsieur.

Je le vis le lendemain au matin chez Madame. Il fut très-satisfait de ma négociation, et me témoigna que l'engagement que j'avois pris en mon particulier avec la Reine ne lui pouvoit faire aucune peine, parce qu'il étoit très-résolu lui-même, passé cette occasion, à ne jamais concourir en rien avec M. le prince, pourvu que la Reine demeurât dans la parole donnée pour l'exclusion du Mazarin. Madame ajouta tout ce qui le pouvoit obliger à le confirmer dans cette pensée : elle fit même encore une nouvelle tentative pour lui persuader de commencer au moins dès ce jour-là à voir s'il ne pouvoit rien gagner sur l'esprit de M. le prince. Il trouva de méchantes excuses, et il dit qu'il pouvoit prendre des mesures plus certaines en se donnant tout ce jour pour attendre ce que M. le prince lui-même feroit dire. Il en reçut effectivement un gentilhomme sur le midi, mais pour savoir simplement des nouvelles de sa santé, ou plutôt pour savoir s'il iroit le lendemain au Palais. Monsieur, qui faisoit semblant d'avoir pris médecine, ne laissa pas d'aller chez la Reine sur le soir. Il lui confirma par serment ce que je lui avois promis par son ordre. Il lui protesta qu'il ne s'ouvriroit en façon du monde de ce qu'elle lui faisoit espérer; qu'elle céderoit encore pour cette fois à M. le prince, en cas que Monsieur ne le pût gagner sur l'article des sous-ministres. « A « votre seule considération, ajouta-t-elle, et sur la « parole que vous me donnerez que vous serez pour « moi dans toutes les autres prétentions de M. le « prince, qui seront infinies sans doute. » Elle le conjura ensuite de lui tenir fidèlement la parole qu'il lui avoit fait donner par moi de faire tous ses efforts pour obliger M. le prince de se désister de son instance. Monsieur l'assura qu'il avoit envoyé dès midi à Saint-Maur le maréchal d'Etampes pour cet effet : ce qui étoit vrai. Il s'étoit ravisé après l'avoir refusé à

Madame, comme je vous l'ai tantôt dit. Il attendit même au Palais-Royal la réponse du maréchal d'Etampes, qui fut négative, et qui portoit expressément que M. le prince ne se désisteroit jamais de son instance. Monsieur revint donc chez lui fort embarrassé, du moins à ce qu'il me parut. Il rêva tout le soir, et il se retira de beaucoup meilleure heure qu'à l'ordinaire.

Le lendemain, qui fut le mardi 11 juillet 1651, les chambres s'assemblèrent, et M. le prince de Conti se trouva au Palais, fort accompagné. Monsieur dit à la compagnie qu'il avoit fait tous ses efforts auprès de la Reine et auprès de M. le prince pour l'accommodement, et qu'il n'avoit pu rien gagner ni sur l'une ni sur l'autre; qu'il prioit la compagnie de joindre ses offices aux siens. M. le prince de Conti prit la parole aussitôt que Monsieur eut fini, pour dire qu'il y avoit un gentilhomme de monsieur son frère à la porte de la grand'chambre. On le fit entrer: il rendit une lettre de M. le prince, qui n'étoit proprement qu'une répétition de la première.

M. le premier président pressa assez long-temps Monsieur de faire encore de nouveaux efforts pour l'accommodement. Il s'en défendit d'abord par la seule habitude qu'ont tous les hommes à se faire prier, même des choses qu'ils désirent. Il le refusa ensuite sous le prétexte de l'impossibilité de réussir: mais en effet, comme il me l'avoua le jour même, parce qu'il eut peur de déplaire à M. le prince de Conti, ou plutôt à toute la jeunesse, qui crioit, et qui demandoit qu'on délibérât contre le reste du mazarinisme. Le premier président fut obligé de plier. On manda les gens du Roi, pour prendre leurs conclusions sur la réquisition de M. le prince. L'indisposition parut très-grande ce jour-là contre les sous-ministres; et toute l'adresse de M. le premier président, jointe à la froideur de Monsieur, qui ne parut nullement échauffé contre eux, ne put aller qu'à faire remettre la délibération au lendemain, en ordonnant toutefois que la lettre de M. le prince seroit portée dès le jour même à la Reine. Monsieur fut aussi supplié par le parlement de continuer ses offices pour l'accommodement. La chaleur qui avoit paru dans les esprits, jointe à celle de la salle du Palais, qui fut très-grande, fit que Monsieur se remercia beaucoup de ce qu'il n'avoit pas cru le conseil que je lui avois donné, de s'opposer à la déclaration de M. le prince contre les sous-ministres. Il m'en fit même une espèce de raillerie au sortir du Palais; et je lui répondis que je le suppliois de me permettre de ne me défendre que le lendemain à pareille heure.

L'après-dînée Monsieur alla à Rambouillet, où il avoit donné rendez-vous à M. le prince. Il y eut une fort longue conversation avec lui dans le jardin, et il me dit le soir qu'il n'avoit rien oublié pour lui persuader de ne pas insister à son instance contre les ministres. Il le dit à Madame, qui en fut très-persuadée; je le crus encore, parce qu'il est constant qu'il n'appréhendoit rien tant au monde que le retour de M. le prince à Paris, et qu'il se croyoit très-assuré qu'il ne reviendroit pas, si les ministres demeuroient à la cour. La Reine me dit le lendemain qu'elle savoit de science certaine qu'il n'avoit combattu pour elle que très-foiblement, et tout de même, me dit-elle, que si elle avoit eu l'épée à la main. Il n'est pas possible que, dans les conversations que j'ai eues depuis avec M. le prince, je ne me sois éclairci de ce détail; mais je ne me souviens nullement de ce qu'il m'en a dit. Ce qui est certain, c'est que la facilité qu'il eut à laisser mettre l'affaire en délibération fit croire à la Reine qu'il la jouoit. Elle me soupçonna ce jour-là, et encore davantage le lendemain, d'être de la partie. Vous verrez par la suite qu'elle ne me fit pas long-temps cette injustice.

Le lendemain, qui fut le 12, le parlement s'assembla, et M. l'avocat général Talon fit son rapport de l'audience qu'il avoit eue de la Reine. Sa Majesté lui avoit répondu simplement que la seconde lettre de M. le prince ne contenant rien que ce qui étoit dans la première, elle n'avoit rien à ajouter à la réponse qu'elle y avoit faite. M. le duc d'Orléans donna part à la compagnie des conférences qu'il avoit eues la veille avec la Reine et avec M. le prince. Il déclara qu'il n'avoit pu rien gagner ni sur l'une ni sur l'autre. Il se tint couvert au dernier point au sujet des trois ministres, et il crut qu'il satisferoit la Reine par cette modération. Il exagéra même avec emphase les sujets de défiance que M. le prince prétendoit avoir, et il s'imagina qu'il contenteroit M. le prince par cette exagération. Il ne réussit ni en l'un ni en l'autre. La Reine fut persuadée qu'il lui avoit manqué de parole : elle eut assez de raison de le croire, quoique je ne sois pas convaincu qu'il l'ait fait dans le fond. M. le prince se plaignit aussi beaucoup le soir de sa conduite, au moins à ce que M. le comte de Fiesque dit à M. de Brissac. Voilà le sort des gens qui veulent assembler les contradictoires en contentant tout le monde.

Talon ayant pris ses conclusions, qui pour cette fois ne répondirent pas à la fermeté qui lui étoit ordinaire (car elles parurent plutôt un galimatias affecté qu'un discours digne du sénat); on commença à opiner. Il y eut deux avis ouverts d'abord. L'un fut celui des conclusions, qui alloient à remercier la Reine des nouvelles assurances qu'elle avoit données que l'éloignement du Mazarin étoit pour jamais, et à la prier de donner quelque satisfaction à M. le prince. Voilà ce que je viens d'appeler galimatias. L'autre avis fut de Deslandes-Payen, qui, quoique proche parent de M. de Lyonne, déclama contre les trois sous-ministres, et opina à demander en forme leur éloignement. Vous jugez bien que je ne combattis pas son sentiment au Palais, quoique je l'eusse combattu dans le cabinet de Monsieur. Je mêlai dans mon avis certains traits qui servirent à me démêler de la multitude, c'est-à-dire qui me distinguèrent de ceux qui n'opinèrent qu'à l'aveugle contre le nom du Mazarin. Cette distinction m'étoit nécessaire à l'égard de la Reine : elle m'étoit bonne à l'égard de tous ceux qui n'approuvoient pas la conduite de M. le prince. Ils étoient en grand nombre dans le parlement; et le bon homme Lainé même, conseiller de la grand'chambre, homme de peu de sens, mais d'une vie intègre, et passionné contre le Mazarin, ne laissa pas de se déclarer ouvertement contre la réquisition de M. le prince. Il soutint qu'elle étoit injurieuse à l'autorité royale. Cette circonstance, jointe à d'autres, obligea Monsieur de m'avouer le soir que j'avois mieux jugé que lui; et que s'il se fût opposé à la proposition, comme je le lui avois conseillé, il en auroit été bien loué et suivi : car il fit croire, en ne la blâmant pas, qu'il l'approuvoit. Ceux mêmes qui l'eussent combattue avec peine y donnèrent avec joie. Je n'étois pas d'un poids à faire dans les esprits l'effet que Monsieur y eût fait par son opposition : c'est pourquoi je ne m'y opposai pas. Je connus que s'il s'y fût opposé, beaucoup de gens eussent concouru avec lui : ainsi je crus avoir assez de cette vue pour pouvoir, sans crainte de me nuire dans le public, donner des atteintes indirectes à une action dont il étoit bon pour toutes raisons de diminuer le mérite, quoique je fusse obligé, par celle de Monsieur et du peuple, d'y contribuer au moins de ma voix. J'entends bien mieux ce galimatias que je ne vous l'explique : et il est vrai qu'il ne se peut bien concevoir que par ceux qui se sont trouvés dans ce temps-là dans les délibérations de cette compagnie. J'y ai remarqué peut-être plus de vingt fois que ce qui y passoit dans un moment pour incontestablement bon y eût passé dans le suivant pour incontestablement mauvais, si l'on eût donné un autre tour à une forme souvent légère, à une parole quelquefois frivole. Le secret est d'en savoir discerner et prendre les instans : Monsieur manqua en ce point. J'essayai d'y suppléer en ce qui me regardoit, d'une manière qui ne donnât pas l'avantage sur moi à M. le prince de pouvoir dire que j'épargnasse les restes du mazarinisme, et qui ne laissât pas de noter en quelque façon sa conduite. Voici les propres paroles dans lesquelles je formai mon avis, que je fis imprimer et publier dès le lendemain à Paris, pour la raison que je vous expliquerai dans la suite :

« (1) J'ai toujours été persuadé qu'il eût été à sou-
« haiter qu'il n'eût paru dans les esprits aucune in-
« quiétude sur le retour de M. le cardinal Mazarin, et
« que même on ne l'eût pas cru possible. Son éloi-
« gnement ayant été jugé nécessaire par les vœux
« communs de toute la France, il semble que l'on ne
« puisse douter de son retour sans douter en même
« temps du salut de l'Etat, dans lequel il jetteroit as-
« surément la confusion et le désordre. Si les scru-
« pules qui paroissent sur ce sujet dans les esprits
« sont solides, ils produiront infailliblement cet effet
« si funeste ; et s'ils n'ont point de fondement, ils ne
« laisseront pas de donner une juste appréhension
« d'une très-dangereuse suite, par le prétexte qu'ils
« donneront à toutes les nouveautés.

« Pour les étouffer tout d'un coup, et pour ôter aux
« uns l'espérance et aux autres le prétexte, j'estime
« qu'on ne sauroit prendre en cette matière d'avis
« trop décisifs ; et comme on parle de beaucoup de
« commerces qui alarment le public et qui inquiè-
« tent les esprits, je crois qu'il seroit à propos de dé-
« clarer criminels et perturbateurs du repos public
« ceux qui négocieront avec M. le cardinal Mazarin,
« ou pour son retour, en quelque sorte et manière
« que ce puisse être.

« Si les sentimens que Son Altesse Royale témoi-
« gna il y a quelques mois dans cette compagnie,

---

(1) Ce discours ou avis se trouve avec quelque différence dans les Mémoires de Joly. Suivant les Mémoires de ce dernier, le coadjuteur l'avoit composé avec Caumartin et Joly, qui connoissoit parfaitement les dispositions du parlement, et les biais qu'il falloit prendre en cette occasion. (A. E.)

« sur le sujet de ceux qui y furent nommés, eussent
« été suivis, les affaires auroient maintenant une autre
« face. On ne seroit pas tombé dans ces défiances ;
« le repos de l'Etat seroit assuré, et nous ne serions
« pas présentement en peine de supplier Son Altesse
« Royale, comme c'est mon avis, de s'employer au-
« près de la Reine pour éloigner de la cour les restes
« du mazarinisme, et les créatures du cardinal Ma-
« zarin qui ont été nommées. Je sais que la forme
« avec laquelle on demande cet éloignement est ex-
« traordinaire. Il est vrai que si l'aversion d'un de
« messieurs les princes du sang étoit toujours la règle
« de la fortune des particuliers, cette dépendance
« diminueroit beaucoup l'autorité du Roi et la liberté
« de ses sujets ; et l'on pourroit dire que ceux du con-
« seil et les autres qui n'ont de subsistance que par la
« cour auroient beaucoup de maîtres.

« Je crois pourtant qu'il y a exception dans cette
« rencontre. Il s'agit d'une affaire qui est une suite
« comme naturelle de celle de M. le cardinal Mazarin ;
« il s'agit d'un éloignement qui peut lever beaucoup
« d'ombrages que l'on prend de son retour, d'un
« éloignement qui ne peut être que très-utile, qui a
« été souhaité et proposé à cette compagnie par M. le
« duc d'Orléans, dont les intentions toutes pures et
« toutes sincères pour le service du Roi et le bien de
« l'Etat sont connues de toute l'Europe, et dont les
« sentimens, étant oncle du Roi et lieutenant général
« de l'Etat, ne tirent point à conséquence à l'égard
« de qui que ce soit.

« Il faut espérer, de la prudence de Leurs Majestés
« et de la sage conduite de M. le duc d'Orléans, que

« les choses se disposeront en mieux, que les dé-
« fiances seront levées, que les soupçons seront dissi-
« pés, et que nous verrons bientôt l'union rétablie dans
« la maison royale : qui a toujours été le vœu de tous
« les gens de bien, qui ont souhaité la liberté de mes-
« sieurs les princes, particulièrement par cette con-
« sidération, avec tant d'ardeur, qu'ils se sont trou-
« vés bien heureux lorsqu'ils y ont pu contribuer de
« leurs suffrages.

« Pour former donc mon opinion, je suis d'avis de
« déclarer criminels et perturbateurs du repos public
« ceux qui négocieront avec M. le cardinal Mazarin,
« ou pour son retour, en quelque manière que ce
« puisse être; de supplier très-humblement Monsieur
« de s'employer auprès de la Reine pour éloigner
« de la cour les créatures du cardinal qui ont été
« nommées, et appuyer les remontrances de la com-
« pagnie sur ce sujet; le remercier des soins qu'il
« prend incessamment pour la réunion de la maison
« royale, si importante à la tranquillité de l'Etat et
« de toute la chrétienté, puisque j'ose dire qu'elle est
« le seul préalable nécessaire à la paix générale. »

Je vous supplie d'observer que Monsieur vouloit
absolument que je le citasse dans mon avis comme le
premier auteur de la proposition contre les sous-ministres, parce qu'il ne doutoit point qu'elle n'eût une
approbation générale; que je ne lui obéis en ce point
qu'avec beaucoup de peine, parce que je ne jugeois
pas que ce qu'il avoit dit de temps en temps fort en
général contre les amis de M. le cardinal fût un fondement assez solide pour avancer et pour soutenir un
fait aussi spécifique que celui-là. Observez aussi que

l'émotion des esprits fit qu'on le reçut pour aussi bon
que s'il eût été bien véritable ; que cette émotion,
quoique grande, n'empêcha pas que beaucoup de gens
ne fissent une sérieuse réflexion sur ce que M. Lainé
avoit expliqué clairement dans son avis, et sur ce que
j'avois touché dans le mien, de l'atteinte donnée à
l'autorité royale ; que Monsieur, qui s'en aperçut, eut
regret d'avoir été si vite, et crût qu'il pouvoit avec
sûreté, et sans se perdre dans le public, se mitiger un
peu. Quelle foule de mouvemens tout opposés! quelle
contrariété! quelle confusion! on l'admire dans les
histoires, on ne la sent pas dans l'action. Rien ne paroissoit plus ordinaire que ce qui se faisoit et se disoit
ce jour-là. J'y ai fait depuis réflexion, et je confesse
que j'ai encore peine à comprendre, à l'heure qu'il est,
la multitude, la variété et l'agitation des mouvemens
que ma mémoire me représente. Comme en opinant
on retomboit à la fin à peu près dans le même avis,
on ne sentoit presque pas ce mouvement ; et je me
souviens que Deslandes-Payen me disoit au lever de la
séance : « C'est une belle chose que de voir une com-
« pagnie aussi unie! » Remarquez, s'il vous plaît, que
Monsieur, qui avoit plus de discernement, s'aperçut
très-bien qu'elle l'eût été si peu en cas de besoin, qu'il
m'avoua que tous ces mêmes hommes qui parloient
si uniformément, à la réserve de fort peu d'entre eux,
qu'il sembloit qu'ils eussent été concertés ; qu'il m'a-
voua, dis-je, que ces mêmes hommes eussent tourné
à lui, s'il se fût déclaré contre la proposition. Il eut
regret de ne l'avoir pas fait ; mais il eut honte, et avec
raison, de changer : et il se contenta de me commander de faire dire à la Reine, par madame la palatine,

qu'il espéroit qu'il trouveroit lieu d'adoucir son avis. La réponse de la Reine fut que je me trouvasse à minuit à l'oratoire. Elle me parut aigrie au dernier point de ce qui s'étoit passé le matin au Palais : elle traita Monsieur de perfide ; elle ne me tira de pair que pour me faire encore plus sentir qu'elle ne me traitoit pas mieux dans le fond de son cœur. Il ne me fut pas difficile de me justifier, et de lui faire voir que je n'avois ni pu ni dû m'empêcher d'opiner comme j'avois fait, et comme je ne lui avois pas célé auparavant à elle-même. Je la suppliai d'observer que mon avis n'étoit pas moins contre M. le prince que contre M. le cardinal. Je lui excusai même la conduite de Monsieur, autant qu'il me fut possible, sur ce qu'en effet il ne lui avoit pas promis d'opiner pour les ministres ; et comme je vis que les raisons ne faisoient aucun effet, et que la préoccupation, dont le propre est de s'armer particulièrement contre les faits, tiroit même ombrage de ceux qui lui devoient être les plus clairs, je crus que l'unique moyen de les lever seroit d'éclaircir le passé par l'avenir, parce que j'avois éprouvé plusieurs fois que le seul remède contre les préventions est l'espérance. Je flattai la Reine de celle que Monsieur se radouciroit dans la suite de la délibération, qui devoit encore durer un jour ou deux ; et comme je prévoyois que cet adoucissement de Monsieur ne seroit pas au point qui seroit nécessaire pour conserver les sous-ministres, je prévins ce que je disois avec un peu trop d'exagération de son effet, par une proposition qui me disculpoit par avance de celui qu'elle n'auroit pas. Cette conduite est toujours bonne, quand on agit avec des gens dont le génie n'est capable de juger que par l'événement ; parce que le même caractère qui produit ce défaut fait que ceux qui l'ont ne raisonnent jamais constamment des effets à leurs causes. J'offris sur ce fondement à la Reine de faire imprimer et de publier dès le lendemain l'avis que j'avois porté au parlement; et je me servis de cette offre pour lui faire croire que si je ne me fusse tenu pour très-assuré que la fin de la délibération ne devoit pas être avantageuse à M. le prince, je n'eusse pas aggravé par un éclat de cette nature, auquel rien ne m'obligeoit, une action où je lui avois déjà donné plus d'atteinte que la politique même ordinaire ne me le permettoit.

La Reine donna, sans balancer, à cette lueur qui lui plaisoit. Elle crut que ce que je lui proposois n'avoit point d'autre origine que celle que je lui marquois. La satisfaction qu'elle trouva dans cette pensée fit qu'elle se donna à elle-même des idées plus douces, sans les sentir, de ce qui s'étoit passé le matin ; qu'elle entra avec moins d'aigreur dans le détail de ce qui se pouvoit passer le lendemain ; et que quand elle connut, vingt-quatre heures après, que le radoucissement de Monsieur ne lui seroit pas d'une aussi grande utilité, au moins pour la conjoncture présente, qu'elle se l'étoit imaginé, elle ne s'en prit plus à moi. Il ne se faut pas jouer à tout le monde par ces sortes de diversions : elles ne sont bonnes qu'avec les gens qui ont peu de vues, et qui sont emportés. Si la Reine eût été capable de lumière et de raison en cette occasion, ou plutôt si elle eût été servie par des personnes qui eussent préféré à leur conservation particulière son véritable service, elle eût connu qu'il n'y avoit qu'à plier dans ce moment, comme elle l'avoit promis à Monsieur, puisque Monsieur ne faisoit pas davantage pour elle. Elle n'étoit pas encore capable de la vérité sur ce fait, et moins de ma part que d'aucune autre. Je la lui déguisai par cette considération comme les autres, et je crus y être obligé pour être en état de la servir dans la suite elle-même, Monsieur et le public.

Le lendemain, qui fut le 13 juillet 1651, le parlement s'assembla. On continua la délibération, qui demeura presque toujours sur le même ton, à la réserve de cinq ou six voix, qui allèrent à déclarer messieurs Le Tellier, Servien et Lyonne perturbateurs du repos public. Quelqu'un, dont j'ai oublié le nom, y ajouta l'abbé de Montaigu.

Le 14, l'arrêt fut donné conformément à l'avis de Monsieur, qui passa de cent neuf voix contre soixante-deux. L'arrêt portoit que la Reine seroit remerciée de la parole qu'elle avoit donnée de ne pas faire revenir le cardinal; qu'elle seroit très-humblement suppliée d'envoyer une déclaration au parlement, comme aussi de donner à M. le prince toutes les sûretés nécessaires pour son retour; qu'il seroit incessamment informé contre ceux qui entretenoient avec le cardinal quelque commerce. Monsieur, qui empêcha que les sous-ministres ne fussent nommés dans l'arrêt, crut qu'il avoit fait au delà de tout ce qu'il avoit promis à la Reine. Il ne douta point non plus que M. le prince ne fût content de lui, parce que les sûretés que l'on demandoit pour lui emportoient certainement, quoique tacitement, l'éloignement des sous-ministres. Il sortit du Palais très-satisfait de lui-même, mais personne ne le fut de lui. La Reine ne prit ce qu'il avoit dit que comme une duplicité, ridicule pour lui et inutile pour elle. M. le prince ne le reçut que comme une marque que Monsieur étoit appliqué à se ménager au moins avec la cour. La Reine ne dissimula point du tout son sentiment : M. le prince ne dissimula point assez le sien. Madame, qui étoit fort en colère, releva de toutes les couleurs celui de tous deux. Monsieur eut peur ; et la peur, qui n'applique jamais de remèdes à propos, le porta à des soumissions envers la Reine, qui, étant sans mesures, augmentèrent la défiance qu'elle avoit de lui, et à des avances à l'égard de M. le prince qui firent un effet directement contraire à ce que Monsieur souhaitoit avec le plus d'ardeur. Son unique désir étoit de contenter l'un et l'autre, et de le faire néanmoins d'une telle manière que M. le prince ne revînt pas à la cour, et qu'il demeurât paisible dans son gouvernement. L'unique moyen pour parvenir à cette dernière fin étoit de lui procurer des satisfactions qui le pussent remplir pour quelque temps, mais qui ne l'assurassent pas pour le présent, ou du moins qui ne l'assurassent pas assez pour lui donner lieu de revenir à Paris. Voilà ce que je lui avois proposé, voilà ce que Madame avoit appuyé de toute sa force. Il en conçut l'utilité, il le voulut : sa foiblesse lui fit prendre le chemin tout opposé ; il s'ôta, par ses basses et fausses excuses, la croyance qui lui étoit nécessaire dans l'esprit de la Reine, pour la porter, de concert même avec lui, à un accommodement raisonnable avec M. le prince. Il donna tant d'assurances à M. le prince de son amitié pour lui, en vue de réparer le ménagement qu'il avoit témoigné à l'égard des sous-ministres, que, soit que M. le prince crût ses assurances véritables, soit qu'il prît confiance dans la frayeur même qu'il savoit que Monsieur avoit de lui, il prit le parti de revenir à Paris, sous le prétexte que les créatures du cardinal Mazarin en étant éloignées, il n'appréhendoit plus d'y être arrêté. J'ouvrirai cette nouvelle scène, après que je vous aurai priée de faire une réflexion qui marque, à mon sens, autant que chose du monde, le privilége et l'excellence de la sincérité.

Monsieur n'avoit point promis à la Reine de ne se pas déclarer contre les sous-ministres : au contraire, il lui avoit signifié, en termes formels, qu'il s'y déclareroit. Il ne le fit qu'à demi, il les ménagea, il leur épargna le dégoût d'être nommés dans l'arrêt; il ne s'emporta point contre la Reine, quoiqu'elle ne tînt pas elle-même ce à quoi elle étoit obligée, qui étoit de les abandonner, au cas que Monsieur ne pût empêcher le prince de les pousser. La Reine toutefois se plaignit, avec une aigreur inconcevable, de Monsieur : elle lui fit à lui-même, dès l'après-dînée, des reproches aussi rudes et aussi violens que s'il lui avoit fait toutes les perfidies imaginables; elle se prétendit dégagée, par ce procédé, de la parole qu'elle lui avoit donnée de ne pas s'opiniâtrer à la conservation des sous-ministres; elle ne le dit pas seulement, mais elle le crut : et cela, parce qu'au sortir de la conversation dans laquelle Madame lui fit peur il envoya le maréchal d'Etampes à la Reine lui demander proprement une abolition; et qu'il la lui demanda lui-même l'après-dînée, en lui faisant des excuses qui ne pouvoient être, me dit-elle à moi-même, que d'un homme coupable.

J'allai le soir chez elle, par le commandement de Monsieur : mais je ne lui fis, pour mon particulier, aucune apologie. Je supposai qu'elle ne pouvoit avoir oublié ce que je lui avois, par avance, toujours promis de faire en cette occasion. Elle s'en ressouvint avec bonté, et me dit positivement qu'elle ne pouvoit se plaindre de moi; et je connus clairement qu'elle parloit du cœur. Madame la palatine, qui étoit présente à la conversation, dit à la Reine : « Que ne « feroit point la sincérité dans la conduite d'un fils « de France, puisque dans celle d'un coadjuteur de « Paris, aussi contraire à votre volonté, elle oblige « Votre Majesté de la louer ? » Madame la palatine n'oublia rien pour faire connoître à la Reine qu'elle ne devoit pas attendre les remontrances du parlement pour éloigner les sous-ministres, parce qu'il seroit plus de sa dignité de les prévenir ; mais elle ne put rien gagner sur son esprit ou plutôt sur son aigreur, qui en de certains momens lui tenoit lieu de tout. Le maréchal d'Estrées m'a dit depuis qu'il y avoit encore quelque chose de plus que son aigreur, et que Chavigny la flattoit qu'il pouvoit obliger M. le prince à souffrir que l'on expliquât l'arrêt. Ce qui me fait croire que le maréchal d'Estrées avoit raison est que je sais, de science certaine, que le même Chavigny pressa en ce temps-là le premier président de biaiser un peu sur les remontrances. Sur quoi la réponse de celui-ci fut remarquable, et digne d'un grand magistrat : « Vous avez été, monsieur, l'un de « ceux qui ont le plus poussé ces messieurs ; vous

« changez, je n'ai rien à vous dire : mais le parlement
« ne change pas. » La Reine ne fut pas tout ce jour-là
de l'opinion du premier président : car il me parut
qu'elle crut que l'arrêt se pouvoit interpréter dans la
suite, et que peut-être le premier président le pourroit interpréter lui-même dans la remontrance. Elle
ne lui faisoit pas justice en cette rencontre, comme
vous le verrez dans peu.

Cet arrêt fut donné le 14 juillet 1651; et comme
messieurs les sous-ministres n'y étoient pas dénommés, il ouvrit un grand champ aux réflexions, et par
conséquent aux négociations depuis le 14 jusqu'au 18,
qui fut le jour auquel les remontrances furent faites.
Je pourrois vous rendre compte de ce qui s'en disoit; mais comme ce qui s'en disoit n'étoit, à proprement parler, que les bruits ou l'écho de Saint-Maur et du Palais-Royal, jetés apparemment avec dessein dans le monde, je crois que le récit en seroit
aussi superflu qu'incertain; et je me contenterai de
vous dire que ce que j'en pus pénétrer dans le moment ne fut qu'un empressement ridicule de négocier dans tous les subalternes des deux partis. Cet
empressement, en des conjonctures pareilles, n'est
jamais sans négociations : mais il est constant qu'il
en produit encore beaucoup plus d'imaginaires que
d'effectives. Le hasard y donna lieu, en faisant que
les remontrances, faute de la signature de l'arrêt, et
de je ne sais quel obstacle fort naturel du côté du
Palais-Royal, furent différées jusqu'au 18. *Tout ce
qui est vide dans les temps de faction et d'intrigue
passe pour mystérieux à tous ceux qui ne sont pas
accoutumés aux grandes affaires.* Ce vide, qui ne

fut rempli le 15, le 16 et le 17, que de négociations qui ne furent, au moins par l'événement, que d'une substance très-légère, le fut pleinement le 18, par les remontrances du parlement. Le premier président les porta avec toute la force possible; et quoiqu'il se contînt jusque dans les termes de l'arrêt, en ne nommant pas les sous-ministres, il les désigna si bien que la Reine s'en plaignit même avec aigreur, en disant que le premier président étoit d'une humeur incompréhensible, et plus fâcheux que ceux qui étoient les plus malintentionnés. Elle m'en parla en ces termes; et comme je pris la liberté de lui répondre que le chef d'une compagnie ne pouvoit, sans prévarication, s'empêcher d'expliquer les sentimens de son corps, quoique ce ne fussent pas les siens en particulier, elle me dit avec colère : « Voilà des maximes de répu-
« blicain. » Je ne vous rapporte ce petit détail que parce qu'il vous fera concevoir le malheur où l'on tombe dans les monarchies, quand ceux qui les gouvernent n'en connoissent pas les règles les plus légitimes et les maux les plus communs. Je vous rendrai compte des suites des remontrances après que je vous aurai fait le récit d'une histoire qui arriva au Palais dans le temps de la délibération dont je viens de vous entretenir.

La curiosité de la matière y attira beaucoup de dames qui voyoient la séance des lanternes, et qui entendoient aussi les opinions. Madame et mademoiselle de Chevreuse s'y trouvèrent avec beaucoup d'autres le 13 juillet, qui fut la veille du jour auquel l'arrêt fut donné; mais elles furent démêlées d'entre toutes les autres par un certain Maillard, qui étoit un criailleur à gages dans le parti des princes. Comme les dames craignent la foule, elles ne sortirent des lanternes qu'après que Monsieur et tout le monde se fut retiré. Elles furent reçues dans la salle avec une huée de vingt ou trente gueux de la qualité de leur chef, qui étoit savetier de sa profession. Mon nom ne fut pas oublié. Je n'appris cette nouvelle qu'à l'hôtel de Chevreuse, où j'allai dîner après avoir ramené Monsieur chez lui. J'y trouvai madame de Chevreuse dans la fureur, et mademoiselle sa fille dans les larmes. J'essayai de les consoler en les assurant qu'elles auroient une prompte satisfaction par la punition de ces insolens, dont je m'offrois de faire faire, dès le même jour, une punition exemplaire. Ces indignes victimes furent rebutées, même avec indignation, de ce qu'elles avoient seulement été proposées. Il falloit du sang de Bourbon pour réparer l'affront qui avoit été fait à celui de Lorraine (ce sont les propres paroles de madame de Chevreuse); et tout le tempérament que madame de Rhodes, instruite par M. de Caumartin, y put faire agréer, fut qu'elles retourneroient le lendemain au Palais si bien accompagnées, qu'elles seroient en état de se faire respecter, et de faire connoître à M. le prince de Conti qu'il avoit intérêt d'empêcher que les gens de son parti ne fissent plus d'insolence. Montrésor, qui se trouva par hasard à l'hôtel de Chevreuse, n'oublia rien pour faire concevoir et sentir aux dames les inconvéniens qu'il y avoit à faire une cause particulière de la publique, dans un moment qui pouvoit attirer et même produire des circonstances aussi extraordinaires et aussi affreuses que celles où un prince du sang pouvoit périr. Quand il vit que tous

ses efforts étoient inutiles sur l'esprit de la mère et sur celui de la fille, il les tourna sur moi, et fit tout ce qui étoit en son pouvoir pour m'obliger à remettre mon ressentiment à une autre fois. Il me tira même à part, pour me représenter avec plus de liberté la joie et le triomphe de mes ennemis, si je me laissois emporter à l'impétuosité de ces dames. Je lui répondis ces propres mots : « J'ai tort, et par la considération
« de ma profession, et par celle même des affaires
« que j'ai sur les bras, d'être aussi engagé que je suis
« avec mademoiselle de Chevreuse ; mais j'ai raison,
« supposé cet engagement que j'ai pris, et sur lequel
« il est trop tard de délibérer, de chercher et de trou-
« ver la satisfaction dans la conjoncture présente. Je
« n'assassinerai pas M. le prince de Conti : elle n'a
« qu'à commander sur tout ce qui n'est pas poison
« ou assassinat. Ce n'est plus à moi à qui il faut par-
« ler. » Caumartin prit en même temps la vue que je viens de vous marquer, d'aller en triomphe au Palais, non pas comme une bonne vue, mais comme la moins mauvaise, vu la disposition de la dame. Il l'alla proposer à madame de Rhodes, qui avoit pouvoir sur son esprit : elle fut agréée. Les dames se trouvèrent dans les lanternes le lendemain 14, qui fut le jour de l'arrêt, avec plus de quatre cents gentilshommes, et plus de quatre mille des plus gros bourgeois. Ceux du bas peuple qui avoient accoutumé de clabauder dans la salle s'éclipsèrent de frayeur ; et M. le prince de Conti, qui n'avoit point été averti de cette assemblée, dont les ordres furent donnés et exécutés avec un secret qui tint du prodige, fut obligé de passer avec de grandes révérences devant madame

et mademoiselle de Chevreuse, et de souffrir que Maillard, qui fut attrapé sur les degrés de la Sainte-Chapelle, reçût plusieurs volées de coups de bâtons. Voilà la fin d'une des plus délicates aventures qui me soient jamais arrivées dans le cours de ma vie. Elle pouvoit être cruelle et pernicieuse par l'événement, parce que ne faisant que ce que j'étois obligé de faire vu les circonstances, j'étois perdu presque autant de réputation que de fortune, si ce qui pouvoit naturellement y arriver y fût arrivé. Je concevois tout l'inconvénient, mais je le hasardois : et je ne me suis même jamais reproché cette action comme une faute, parce que je me suis persuadé qu'elle a été de la nature de celles que la politique condamne, et que la morale justifie. Je reviens à la suite des remontrances.

La Reine y répondit avec un air plus gai et plus libre qu'elle n'avoit accoutumé. Elle dit aux députés qu'elle enverroit dès le lendemain au parlement la déclaration qu'on lui demandoit contre le cardinal Mazarin; et que pour ce qui regardoit M. le prince elle feroit savoir sa volonté à la compagnie, après qu'elle en auroit conféré avec M. le duc d'Orléans. Cette conférence, qui se fit effectivement le soir même, produisit en apparence l'effet que l'on souhaitoit : car la Reine témoigna à Monsieur qu'elle se relâcheroit de ce qu'on lui demandoit à l'égard des sous-ministres, en cas qu'il le désirât véritablement. La vérité est qu'elle affecta de lui faire valoir ce à quoi elle s'étoit résolue dès le matin, beaucoup moins sur les remontrances du parlement que sur la permission qu'elle en avoit reçue de Brulh. Nous nous en doutâmes madame la palatine et moi, parce que son changement parut justement au moment que nous venions d'apprendre que Marsac en étoit arrivé la nuit ; et nous en sûmes bientôt le détail, qui étoit que le cardinal mandoit à la Reine qu'elle ne devoit pas balancer à éloigner les sous-ministres, et que ses ennemis la servoient en ne donnant point de bornes à leur fureur. Bertet me dit quelques jours après le contenu de la dépêche, qui étoit fort belle. Monsieur revint chez lui, triomphant dans son imagination.

La Reine envoya querir dès le lendemain les députés, pour leur commander de donner part de sa résolution au parlement. Celle que M. le prince prit le 21, de venir prendre sa place, étonna Monsieur à un tel point que je ne puis vous l'exprimer, quoiqu'elle ne le dût pas surprendre : je le lui avois prédit plusieurs fois. Il y vint, sur les huit heures du matin, accompagné de M. de La Rochefoucauld et de cinquante à soixante gentilshommes. Comme il trouva la compagnie assemblée pour la réception de deux conseillers, il lui dit qu'il venoit se réjouir avec elle de ce qu'elle avoit obtenu l'éloignement des ministres : mais que cet éloignement ne pouvoit être sûr que par un article qui fût inséré dans la déclaration que la Reine avoit promis d'envoyer au parlement. M. le premier président lui répondit avec un ton fort doux par le récit de ce qui s'étoit passé au Palais-Royal ; et il ajouta qu'il ne seroit ni de la justice ni du respect que l'on devoit à la Reine de lui demander tous les jours de nouvelles conditions ; que la parole de Sa Majesté suffisoit par elle-même ; qu'elle avoit de plus la bonté d'en rendre le parlement dépositaire ; qu'il eût été à souhaiter que M. le prince

eût témoigné la confiance qu'il y devoit prendre, en allant descendre au Palais-Royal plutôt qu'à celui de la Justice; qu'il ne pouvoit s'empêcher, à la place où il étoit, de lui faire paroître son étonnement sur cette conduite. M. le prince répondit que la fâcheuse expérience qu'il avoit faite depuis peu dans sa prison devoit empêcher qu'on ne trouvât étrange qu'il ne s'exposât plus sans précaution; qu'il étoit de notoriété publique que le cardinal Mazarin régnoit plus absolument que jamais dans le cabinet; que sur le tout il alloit de ce pas conférer avec Monsieur sur ce sujet, et qu'il supplioit la compagnie de ne pas délibérer de ce qui le regardoit qu'en présence de Son Altesse Royale. Il alla ensuite chez Monsieur, à qui il parla de son entrée au parlement comme d'une chose qui avoit été concertée la veille à Rambouillet, où il est vrai qu'ils s'étoient promenés tous deux pour le moins deux ou trois heures. Ce qu'il y a de merveilleux est que Monsieur dit à Madame, au retour de cette conversation, que M. le prince étoit si effarouché (il se servit de ce mot), qu'il ne croyoit pas qu'il pût se résoudre à rentrer dans Paris que dix ans après l'enterrement du cardinal; et que quand il eut entretenu M. le prince, qui vint chez lui au sortir du Palais, il me dit à moi-même ces propres paroles :
« M. le prince ne vouloit pas revenir hier à Paris, il
« y est aujourd'hui; et il faut, pour la beauté de
« l'histoire, que j'agisse avec lui comme s'il y étoit
« venu de concert avec moi. Il me dit à moi-même
« que nous le résolûmes hier ensemble. » Vous remarquerez, s'il vous plaît, que M. le prince, à qui j'ai parlé de ce détail sept ou huit ans après, m'a as-

suré aussi qu'il avoit dit la veille à Monsieur qu'il viendroit au parlement; qu'il aperçut à son visage qu'il eût mieux aimé qu'il n'y fût pas venu; mais qu'il ne s'y étoit point opposé, et qu'il lui en témoigna même de la joie quand il l'alla trouver au sortir du Palais. Les effets de la foiblesse sont inconcevables, et je maintiens qu'ils sont plus prodigieux encore que ceux des passions les plus violentes : elle assemble, plus souvent qu'aucune autre passion, les contradictoires.

M. le prince retourna à Saint-Maur : Monsieur alla chez la Reine lui faire des excuses, ou plutôt lui donner des explications de la visite de M. le prince. La Reine connut bien, par l'embarras de Son Altesse Royale, que sa conduite étoit plutôt un effet de sa foiblesse que de sa mauvaise volonté. Elle en eut pitié, mais de cette sorte de pitié qui porte au mépris, et qui ramène aussitôt après à la colère. Elle ne put s'empêcher d'en faire paroître à Monsieur, même beaucoup plus qu'elle n'avoit projeté; et elle dit le soir à madame la palatine qu'il étoit plus difficile qu'on ne croyoit de dissimuler avec ceux que l'on méprise. La Reine lui commanda en même temps de me dire de sa part qu'elle savoit que je n'en avois aucune dans ces infamies de Monsieur (ce fut son mot); et qu'elle ne doutoit pas que je ne lui tinsse la parole que je lui avois donnée de me déclarer contre M. le prince ouvertement, en cas qu'après l'éloignement des sous-ministres il continuât à troubler la cour. Monsieur, qui crut qu'il satisferoit en quelque façon la Reine en agréant cette conduite, eut une joie extrême lorsque je lui dis que je ne me pouvois défendre

24.

d'exécuter ce à quoi il avoit trouvé bon lui-même que je me fusse engagé. Je vis la Reine le lendemain : je l'assurai que si M. le prince revenoit à Paris, comme on le disoit, accompagné et armé, j'y marcherois au même état; et que pourvu qu'elle continuât de me permettre de parler et d'imprimer, à mon ordinaire, contre le cardinal, je lui répondois que je ne quitterois pas le pavé, et que je le tiendrois sous le titre que, le cardinal et ses créatures étant éloignés, il n'étoit pas juste que l'on continuât à se servir de leurs noms pour anéantir, en vue de quelques intérêts particuliers, l'autorité royale. Je ne puis vous exprimer la satisfaction que la Reine me témoigna. Il lui échappa même de me dire : « Vous me disiez, il y a quel« que temps, que les hommes ne croient jamais les « autres capables de ce qu'ils ne sont pas capables de « faire eux-mêmes; que cela est vrai! » Je n'entendis pas en ce temps-là ce que cela signifioit. Bertet me l'expliqua depuis, parce que la Reine lui avoit fait le même discours, en se plaignant que les sous-ministres, et particulièrement Le Tellier, qui n'étoit qu'à Chaville, préféroient la haine qu'ils avoient contre moi à son service, et lui mandoient tous les jours que je la trompois; que c'étoit moi qui faisois agir Monsieur comme il agissoit; et qu'elle verroit bientôt que je ne tiendrois pas le pavé, ou que je le tiendrois de concert avec le prince. Tout ce que je viens de vous dire se passa du vendredi 21 juillet au dimanche au soir 23. Je reçus, comme j'étois près de me mettre au lit, un billet de madame la palatine, qui me mandoit qu'elle m'attendoit au bout du Pont-Neuf. Je l'y trouvai dans un carrosse de louage que

le chevalier de La Vieuville menoit. Elle n'eut que le temps de me dire que je me rendisse en diligence au Palais-Royal. Aussitôt que j'y fus arrivé, la Reine me dit, avec un visage troublé, qu'elle venoit d'avoir avis certain que M. le prince devoit aller le lendemain au parlement, fort accompagné, demander l'assemblée des chambres, et obliger la compagnie à faire insérer dans la déclaration contre le cardinal l'exclusion des sous-ministres, « de laquelle, ajouta-t-elle avec une
« colère qui me parut naturelle, je ne me soucierois
« guère s'il n'y alloit que de leurs intérêts ; mais vous
« voyez, continua-t-elle, qu'il n'y a point de fin aux
« prétentions de M. le prince, et qu'il va à tout, si
« on ne trouve moyen de l'arrêter. Il vient d'arriver
« de Saint-Maur ; et vous m'avouerez que l'avis que
« l'on m'avoit donné de son dessein, et sur lequel
« je vous ai mandé, étoit bon. Que fera Monsieur?
« que ferez-vous? » Je répondis à la Reine qu'elle savoit bien, par les expériences passées, qu'il seroit difficile que je lui répondisse de Monsieur ; mais que je lui répondois que je ferois tous mes efforts pour l'obliger à faire ce qu'il lui devoit en cette occasion, et qu'en cas qu'il ne s'en acquittât pas je ferois connoître à Sa Majesté qu'il n'y auroit au moins aucune faute de ma part. Je lui promis de me trouver au Palais en mon particulier avec tous mes amis, et de m'y conduire d'une manière qui la satisferoit. Je lui fis agréer même que, si je ne pouvois obliger Monsieur à se déclarer pour elle, je fisse ce qui seroit en moi pour le persuader d'aller, au moins pour quelques jours, à Limours, sous le prétexte d'y prendre quelques remèdes : ce qui feroit voir et au parlement et

au public qu'il n'approuvoit pas la conduite de M. le prince. Toutes ces ouvertures plurent infiniment à la Reine, et elle eut hâte de m'envoyer chez Monsieur, que je trouvai couché avec Madame. Je les fis éveiller, et je leur rendis compte de ma légation. Monsieur, chez qui le prince étoit allé descendre en arrivant, avoit pris de lui-même l'expédient que j'étois résolu de lui proposer ; et il avoit répondu à M. le prince, qui le pressoit de se trouver au Palais, qu'il lui étoit impossible, et qu'il se trouvoit si mal qu'il étoit obligé d'aller prendre l'air pour quelques jours à Limours. Je fis une sottise notable en cette occasion : car, au lieu de faire valoir ce voyage à la Reine comme la suite de ce que je lui avois proposé à elle-même, je lui mandai simplement par Bertet, qui m'attendoit au bout de la rue de Tournon, que je l'y avois trouvé résolu. Comme les petits esprits ne tiennent jamais pour naturel rien de ce que l'art peut produire, la Reine ne put s'imaginer que cette résolution de Monsieur se fût rencontrée par un pur hasard si justement avec ce que je lui en avois dit à elle-même au Palais-Royal. Elle retomba dans ses soupçons que je ne fusse de toutes les démarches de Monsieur. Celles que je fis dans la suite lui donnèrent du regret de cette injustice, à ce qu'elle m'avoua elle-même.

La première fut que je me trouvai, dès le lendemain lundi 24 juillet, au Palais avec bon nombre de noblesse et de gros bourgeois. M. le prince entra dans la grand'chambre, et il demanda l'assemblée de la compagnie. Le premier président la refusa sans balancer, en lui disant qu'il ne la lui pouvoit accorder tant qu'il n'auroit pas vu le Roi. Il y eut sur cela beaucoup de paroles qui consommèrent tout le temps de la séance. On se leva, et M. le prince retourna à Saint-Maur, d'où il envoya Chavigny à Monsieur lui faire des plaintes beaucoup plus fortes et même plus aigres que celles qu'il lui avoit faites la veille : car j'ai oublié de vous dire que lorsque Monsieur lui eut déclaré qu'il faisoit état d'aller passer quelques jours à Limours, il n'avoit pas témoigné en être beaucoup fâché. Je ne sais ce qui l'obligea à changer de sentiment : mais je sais qu'il en changea, et qu'il fit presser Monsieur par Chavigny de revenir à Paris, à un tel point qu'il l'y obligea. Il m'envoya Jouy en montant en carrosse, pour me commander de dire à la Reine qu'elle verroit par l'événement que ce retour étoit pour son service. Je m'acquittai fidèlement de ma commission ; mais comme Jouy m'avoit dit que Chavigny n'avoit persuadé Monsieur que par la peur qu'il lui avoit faite de M. le prince, j'appréhendois que la continuation de cette peur ne l'obligeât à expliquer dans la suite ce service qu'il promettoit à la Reine d'une manière qui ne lui fût pas agréable ; et je jugeai à propos par cette raison de l'assurer du mien beaucoup plus fortement et plus positivement que de celui de Monsieur. Elle le remarqua, et elle y prit confiance : ce qui ne manque presque jamais à l'égard des offres qui font voir des effets prochains. C'est ce qu'elle dit à Monsieur, qui alla descendre chez elle à son retour de Limours, et qui le lui vouloit faire paroître comme un effet de la passion qu'il avoit de ménager et de modérer, disoit-il, les emportemens de M. le prince. Comme elle ne put le faire expliquer sur le détail de ce qu'il feroit dans cette vue au parlement le lendemain au matin,

elle s'écria de son fausset, et du plus aigre : « Toujours
« pour moi à l'avenir, toujours contre moi pour le
« présent. » Elle menaça ensuite, elle tonna après :
Monsieur s'ébranla. Il ne se rassura pas à son logis,
où il ne fut pas plutôt arrivé que Madame lui dit tout
ce que la fureur lui suggéra. Je ne contribuai pas à
lui cacher les abîmes que Madame lui faisoit voir ouverts. Ce dont Chavigny lui avoit fait plus d'horreur
étoit la haine du peuple, qu'il lui avoit montrée comme
inévitable, s'il paroissoit le moins du monde ne pas
convenir avec M. le prince, dont tous les pas étoient
directement contre le cardinal. Madame, qui n'ignoroit pas la délicatesse ou plutôt la foiblesse qu'il avoit
sur ce point, dont on lui faisoit des monstres à tous
momens, lui proposa de faire en sorte que la Reine
donnât de nouvelles espérances au parlement, et de
la déclaration contre le cardinal, et de la durée pour
toujours de l'éloignement des sous-ministres. Monsieur ajouta : « Et de la sûreté de M. le prince. » Madame, à qui il avoit témoigné cent et cent fois qu'il
n'appréhendoit rien tant au monde que son retour,
s'emporta à ce mot, et elle lui représenta qu'il sembloit qu'il prît plaisir à agir incessamment et contre
ses intérêts et contre ses vues. La conclusion fut qu'il
étoit encore engagé pour cette fois, et qu'il en falloit
sortir; et qu'après cette assemblée, à laquelle il n'avoit pu refuser à M. le prince de se trouver, il iroit
infailliblement à Limours songer à sa santé; et que ce
seroit à M. le prince à démêler ses affaires comme il
le jugeroit à propos. Il ajouta aussi que c'étoit à la
Reine de faire dire de son côté au parlement ce qui
le pouvoit empêcher d'ajouter foi aux apparences fa-

vorables que la cour donnoit mille fois par jour en faveur du Mazarin. Madame fit savoir dès le soir à la Reine ce qui s'étoit passé entre elle, Monsieur et moi; et le premier président, à qui elle envoya sur l'heure M. de Brienne, lui manda qu'il seroit en effet à propos qu'elle envoyât le lendemain au matin une lettre de cachet au parlement, par laquelle elle lui ordonnât de l'aller trouver sur les onze heures par députés; et qu'elle lui fît dire en sa présence, par M. le chancelier, qu'elle croyoit qu'ils dussent venir les jours passés chez M. le chancelier pour y travailler à la déclaration contre le cardinal Mazarin; qu'elle ajoutât de sa bouche qu'elle avoit mandé les députés pour rendre le parlement dépositaire de la parole royale qu'elle donnoit à M. le prince, qu'il pouvoit demeurer à Paris en toute sûreté; qu'elle n'avoit eu aucune pensée de le faire arrêter; que les sieurs Le Tellier, Servien et Lyonne étoient éloignés pour toujours, et sans aucune espérance de retour. Voilà ce que le premier président envoya à la Reine par écrit, en priant M. de Brienne de l'assurer que, moyennant une déclaration de cette nature, il obligeroit M. le prince à se modérer. Il se servit de cette expression.

Le lendemain, qui fut le mardi 26 juillet, le parlement s'assembla. Sainctor, lieutenant des cérémonies, apporta la lettre de cachet. M. le premier président alla au Palais-Royal avec douze conseillers de chaque chambre. M. le chancelier parla comme je vous ai marqué; la Reine s'expliqua comme je viens de vous dire. Monsieur s'en alla à Limours, disant qu'il n'en pouvoit revenir que le lundi d'après; et M. le prince, qui avoit enrichi et augmenté de beaucoup sa livrée, au lieu de retourner à Saint-Maur marcha avec une nombreuse suite, et même avec beaucoup de pompe, à l'hôtel de Condé, où il logea.

Je suis assuré qu'il y a déjà quelque temps que vous me demandez le détail ou plutôt le dedans de ce qui se passoit dans cette grande machine du parti de M. le prince, dont les mouvemens vous ont paru, si je ne me trompe, assez singuliers pour vous donner de la curiosité pour les ressorts qui la faisoient agir. Il m'est impossible de satisfaire votre désir sur ce fait, et parce qu'une infinité de circonstances en sont échappées à ma mémoire, et parce que je me souviens en général que la multitude des intérêts qui en agitoient le corps et les parties embrouilloient si fort dans ce temps même les espèces, que je n'y connoissois presque rien. Madame de Longueville, M. de Bouillon, messieurs de Nemours, de La Rochefoucauld et de Chavigny, formoient un chaos inexplicable d'intentions et d'intrigues, non pas seulement distinctes, mais opposées. Je sais bien que ceux qui étoient les plus engagés dans leur cause confessoient qu'ils ne pouvoient en démêler la confusion. Je sais bien que Viole donnoit, le dernier de ce mois de juillet dont il s'agit, à un de ses plus intimes amis, des raisons du voyage que madame de Longueville fit le 18 à Montrond ; et que Croissy, le 4 août, en donna d'autres directement contraires du même voyage, à l'homme du monde qu'il eût voulu le moins tromper. Je rappelle dans ma mémoire vingt circonstances de cette nature, qui ne me donnent de lumière sur ce détail que celle dont j'ai besoin pour vous assurer que, si j'entrois dans le particulier de tous les mouvemens que M. le prince et ceux de son parti se donnèrent dans ces momens, je ne vous ferois, à proprement parler, qu'un crayon fort défectueux des conjectures que nous formions tous les matins à l'aventure, et que nous condamnions tous les soirs au hasard.

Comme la Fronde étoit plus unie, je suis persuadé que ceux du parti qui lui étoit contraire en pouvoient raisonner plus juste; je ne le suis pas moins qu'ils ne laisseroient pas de s'égarer souvent, s'ils entreprenoient de suivre par un récit avec exactitude tous les pas qu'elle fit dans ces mouvemens. Je vous rends un compte fidèle de ce que je sais certainement. C'est par cette raison que je n'ai touché que fort légèrement ce qui se passa à Saint-Maur (1). On feroit des volumes de tout ce qui s'en disoit en ce temps-là; et la seule résolution que madame de Longueville y prit de se retirer en Berry avec madame la princesse eut autant de sens et d'interprétations différentes, qu'il y eut d'hommes ou de femmes à qui il plut d'en raisonner. Je reviens à ce qui se passa au parlement.

Je vous ai dit ci-dessus que M. le duc d'Orléans avoit pris le parti de faire un second voyage à Limours. M. le prince l'ayant su, vint chez lui à dix heures du soir pour lui en faire sa plainte; et il l'obligea de mander à M. le premier président qu'il se trouveroit le lundi suivant à l'assemblée des chambres. Comme il ne s'y étoit engagé que par foiblesse, et parce qu'il n'avoit pas la force de contredire en face M. le prince, il fit le malade le dimanche, et il envoya s'excuser pour le lundi. M. le prince fit trouver le mardi au

(1) *Ce qui se passa à Saint-Maur :* Ces détails se trouvent dans les Mémoires de La Rochefoucauld, qui font partie de cette série.

matin quelques conseillers des enquêtes dans la grand'-chambre, pour demander l'assemblée. M. le premier président s'en excusa sur l'absence de Monsieur. On murmura, on affecta de grossir à Monsieur ce murmure. Chavigny lui représenta M. le prince dans toute sa pompe, et tenant le pavé avec une superbe livrée et une nombreuse suite. Monsieur crut qu'il se rendroit maître du peuple, s'il ne venoit lui-même prendre sa part des criailleries contre le cardinal. Il apprit que le dimanche au soir les femmes avoient crié dans la rue Saint-Honoré, à la portière du carrosse du Roi, *Point de Mazarin!* Il sut que M. le prince avoit trouvé le Roi dans le Cours, et qu'il alloit pour le moins aussi bien accompagné que lui. Enfin il eut peur. Il revint le mardi à Paris, et le mercredi 2 d'août au Palais, où je me trouvai avec tous mes amis, et un très-grand nombre de bons bourgeois. M. le premier président y fit le rapport de tout ce qui s'étoit passé le 26 au Palais-Royal; et il exagéra beaucoup la bonté que la Reine avoit eue de rendre le parlement dépositaire de la parole qu'elle avoit donnée pour la sûreté de M. le prince. Il lui demanda ensuite s'il avoit vu le Roi. Il répondit que non : qu'il n'y avoit aucune sûreté pour lui, et qu'il étoit averti de bon lieu qu'il y avoit eu depuis peu des conférences secrètes pour l'arrêter; et qu'en temps et lieu il nommeroit les auteurs de ces conseils. En prononçant ces dernières paroles il me regarda fièrement, et d'une manière qui fit que tout le monde jeta en même temps les yeux sur moi. M. le prince reprit la parole, en disant qu'Ondedei devoit arriver ce soir-là à Paris, et qu'il revenoit de Brulh; que Bertet, Fouquet, Silhon, Brachet y faisoient des voyages continuels ; que M. de Mercœur avoit épousé depuis peu la Mancini; que le maréchal d'Aumont (1) avoit ordre de tailler en pièces les régimens de Condé, de Conti et d'Enghien; et que cet ordre étoit l'unique source qui les avoit empêchés de joindre l'armée du Roi.

Après que M. le prince eut cessé de parler, M. le premier président dit qu'il avoit peine de le voir en cette place avant qu'il eût vu le Roi; qu'il sembloit qu'il voulût élever autel contre autel. M. le prince s'aigrit à ce mot, et marqua, en s'en justifiant, que ceux qui parloient contre lui ne le faisoient que pour leurs intérêts particuliers. Le premier président repartit avec fierté qu'il n'en avoit jamais eu, mais qu'il n'avoit à rendre compte de ses actions qu'au Roi. Il exagéra ensuite le malheur où l'Etat se pouvoit trouver, par la division de la maison royale; et puis se tournant vers M. le prince, il lui dit d'un air pathétique : « Est-il possible, monsieur, que vous n'ayez pas « frémi vous-même d'une sainte horreur, en faisant ré- « flexion sur ce qui se passa lundi dernier au Cours? » M. le prince répondit qu'il en avoit été au désespoir, et que ce n'avoit été que par rencontre, dans laquelle il n'y avoit point eu de sa faute, parce qu'il n'avoit pas eu lieu de s'imaginer qu'il pût trouver le Roi au retour du bain, par un temps aussi froid qu'il faisoit. Il y eut à cet instant deux malentendus qui faillirent à faire changer la carte, et à la tourner contre moi. Monsieur, qui entendit un grand applaudissement à ce que M. le prince venoit de dire, parce que l'on

(1) Antoine d'Aumont de Rochebaron, duc et pair, et maréchal de France; mort en 1669, en sa soixante-huitième année. (A. E.)

trouva qu'il s'étoit très-bien défendu à la vérité sur ce dernier article, qui de soi-même n'étoit pas trop favorable; Monsieur, dis-je, ne distingua pas que l'applaudissement de la compagnie n'alloit qu'à ce point : il crut que le gros approuvoit ce qu'il avoit dit du péril de sa personne ; il appréhenda d'être enveloppé dans ce soupçon, et il s'avança lui-même pour s'en tirer, et dit qu'il étoit vrai que les défiances de M. le prince n'étoient pas sans fondement; que le mariage de M. de Mercœur étoit véritable ; que l'on continuoit à avoir beaucoup de commerce avec le Mazarin. Le premier président, qui vit que Monsieur appuyoit en quelque manière ce que M. le prince avoit dit du péril où il étoit dans le même discours par lequel il m'avoit désigné, crut qu'il m'avoit abandonné; et comme il étoit beaucoup mieux intentionné pour M. le prince que pour moi, quoiqu'il le fût mieux pour la cour que pour lui, il se tourna brusquement du côté gauche, en disant : « Votre avis, « M. le doyen? » Il ne douta pas que, dans une délibération dont la matière étoit la sûreté de M. le prince, il ne se trouvât beaucoup de voix qui me noteroient. Je m'aperçus d'abord du dessein, qui m'embarrassa beaucoup, mais qui ne m'embarrassa pas long-temps, parce que je me souvins de ce que M. de Guise (François) (1) fit dans ce même parlement, quand M. le prince de Condé (Louis) (2) y

---

(1) François de Lorraine, grand maître, grand chambellan et grand veneur. Poltrot le tua en trahison le 24 février 1563. (A. E.)—(2) Louis de Bourbon, premier du nom, septième fils de Charles de Bourbon, duc de Vendôme, né en 1530. C'est à l'occasion de l'entreprise d'Amboise qu'il fut emprisonné à Orléans par la faction de la maison de Guise; mais il fut absous en parlement en 1562, et tué au combat de Jarnac en 1569. (A. E.)

porta sa plainte contre ceux qui l'avoient porté sur
le bord de l'échafaud sous le règne de François II.
Il dit à la compagnie qu'il étoit prêt de se dépouiller
de la qualité de prince du sang, pour combattre ceux
qui avoient été la cause de sa prison; et M. de Guise,
qui étoit celui qu'il marqua, supplia le parlement de
faire agréer à M. le prince qu'il eût l'honneur de lui
servir de second dans ce duel. Comme j'opinois justement
après la grand'chambre, j'eus le temps de
faire cette réflexion, qui étoit d'autant meilleure que
je jugeois bien que ce seroit proprement à moi à ouvrir
les avis, parce que ces bons vieillards n'en portent
jamais qui signifient quelque chose, lorsque l'on
les fait opiner sur un sujet sur lequel ils ne sont pas
préparés. Je ne me trompai pas dans ma vue. Le doyen
exhorta M. le prince à rendre ses devoirs au Roi;
Broussel harangua contre le Mazarin; Charon effleura
un peu la matière, mais assez légèrement pour me
donner lieu de prétendre qu'elle n'avoit pas été touchée,
et pour dire, dans mon opinion, que je suppliois
ces messieurs, qui avoient parlé avant moi, de
me pardonner si je m'étonnois de ce qu'ils n'avoient
pas fait assez de réflexion, au moins à mon sens, sur
l'importance de cette délibération; que la sûreté de
M. le prince faisoit, dans la conjoncture présente,
celle de l'Etat; que les doutes qui paroissoient sur
ce sujet donnoient des prétextes fâcheux dans toutes
les circonstances. Je conclus à donner commission
au procureur général pour informer contre ceux qui
avoient donné des conseils pour arrêter M. le prince.
Il se mit à rire le premier, en m'entendant parler ainsi.
Presque toute la compagnie en fit de même. Je con-

tinuai mon avis fort sérieusement, en ajoutant que j'étois, sur le reste, de celui de M. de Charon, qui alloit à ce qu'il fût fait registre des paroles de la Reine; que M. le prince fût prié par toute la compagnie d'aller voir le Roi; que M. de Mercœur fût mandé pour venir rendre compte le lundi suivant à la compagnie de son prétendu mariage; que les arrêts rendus contre les domestiques du cardinal fussent exécutés; qu'Ondedei fût pris au corps, et que Bertet, Brechet, l'abbé Fouquet et Silhon fussent assignés par devant messieurs Broûssel et Munier pour répondre aux faits que M. le procureur général pourroit proposer contre eux. Il passa à cela de toutes les voix. M. le prince, qui témoigna en être très-satisfait, dit qu'il n'en falloit pas moins pour l'assurer. Monsieur le mena dès l'après-dînée chez le Roi et chez la Reine, desquels il fut reçu avec beaucoup de froideur; et M. le premier président dit le soir à M. de Turenne, de qui je l'ai su depuis, que si M. le prince avoit su jouer la balle qu'il lui avoit servie le matin, il avoit quinze sur la partie contre moi. Il est constant qu'il y eut deux ou trois momens, dans cette séance, où la plainte de M. le prince donna à la compagnie et des impressions et des mouvemens qui me firent peur. Je changeai les uns et j'éludai les autres par le moyen que je viens de vous raconter, et qui confirme ce que je vous ai déjà dit plus d'une fois, que tout peut dépendre d'un instant dans ces assemblées.

La Reine fut, sans comparaison, plus touchée de l'atteinte qu'on avoit donnée au mariage de M. de Mercœur qu'au contre-coup, et plus important et plus essentiel, que l'on avoit porté à son autorité.

Elle me commanda de l'aller trouver. Elle me chargea de conjurer Monsieur en son nom d'empêcher que l'on ne poussât cette affaire ; elle lui en parla elle-même les larmes aux yeux, et elle me marqua visiblement que ce qu'elle croyoit être plus personnel au cardinal étoit ce qui étoit et qui seroit toujours le plus sensible à elle-même. M. Le Tellier lui ôta cette fantaisie de l'esprit, en lui écrivant que c'étoit un bonheur que la faction s'amusât à cette bagatelle ; et qu'elle en devoit avoir de la joie, et d'autant plus qu'il seroit très-volontiers caution que ces mouvemens ne seroient qu'un feu de paille qui passeroit dans quatre jours et qui tourneroit en ridicule, parce que dans le fond on ne pouvoit rien faire de solide contre ce mariage. La Reine comprit enfin cette vérité, quoiqu'avec peine ; et elle consentit que M. de Mercœur vînt au Palais.

Ce qui se passa sur cette affaire le lundi 7 d'août et le jour suivant est si peu de conséquence, qu'il ne mérite pas votre attention. Je me contenterai de vous dire que M. de Mercœur répondit d'abord comme auroit fait Jean Doucet, dont il avoit effectivement toutes les manières ; et qu'à force d'être harcelé il s'échauffa si bien qu'il embarrassa cruellement Monsieur et M. le prince, en soutenant au premier qu'il l'avoit sollicité trois mois de suite à ce mariage ; et au second qu'il y avoit consenti positivement et expressément. La plus grande partie de ces deux séances se passa en négociations et en explications ; et dans la fin de la dernière on lut la déclaration contre le cardinal, qui fut renvoyée à M. le chancelier, parce qu'on n'y avoit pas inséré que le cardinal avoit empêché la paix de Munster, et qu'il avoit fait faire au Roi le voyage et le siége de Bordeaux contre l'avis de M. le duc d'Orléans. On voulut aussi qu'elle portât que l'une des causes pour laquelle il avoit fait arrêter M. le prince étoit le refus qu'il avoit fait de consentir au mariage de M. de Mercœur avec mademoiselle de Mancini.

LIVRE QUATRIÈME.

La Reine, outrée de la continuation de la conduite de M. le prince, qui marchoit dans Paris avec une suite plus grande et plus magnifique que celle du Roi et celle de Monsieur, en qui elle trouvoit un changement continuel; la Reine, dis-je, presque au désespoir, résolut de jouer à quitte ou à double. M. de Châteauneuf flatta en cela son inclination : elle y fut confirmée par une dépêche de Brulh, laquelle jetoit feu et flammes. Elle dit clairement à Monsieur qu'elle ne pouvoit plus demeurer dans l'état où elle étoit; qu'elle lui demandoit une déclaration positive, ou pour ou contre elle. Elle me somma en sa présence de lui tenir la parole que je lui avois donnée de ne point balancer à éclater contre M. le prince, s'il continuoit à agir comme il avoit commencé. Monsieur voyant que je n'hésitois pas à prendre ce parti auquel il avoit trouvé bon lui-même que je me fusse engagé, s'en fit honneur auprès de la Reine; et il crut la payer par ce moyen de ce qu'il ne la payoit pas de sa personne, qu'il n'aimoit pas naturellement à exposer. Il lui donna une douzaine de raisons, pour lui faire agréer qu'il ne se trouvât plus au parlement; et il lui insinua que ma présence, qui entraînoit la meilleure partie de sa maison, feroit assez connoître à la compagnie et au public sa pente et ses intentions. La Reine se consola assez aisément de son absence; quoiqu'elle fît semblant d'en être fâchée. Elle connut en cette occasion, sans en pouvoir douter, que j'agissois sincèrement pour son service; elle vit clairement que je ne balançois point à tenir ce que je lui avois promis. Ce fut en cet endroit où elle eut la bonté de me parler de la manière qu'il me semble que je vous ai tantôt touchée : elle s'abaissa, mais sans feinte et de bon cœur, jusqu'à me faire des excuses des défiances qu'elle avoit eues de ma conduite, et de l'injustice qu'elle m'avoit faite (ce fut son terme). Elle voulut que je conférasse avec M. de Châteauneuf de la proposition qu'elle lui avoit faite de ne demeurer pas toujours sur la défensive, comme elle avoit fait jusque là, et d'attaquer M. le prince dans le parlement. Je vous rendrai compte de la suite de cette proposition, après que je vous aurai expliqué la raison qui porta la Reine à prendre en moi plus de confiance qu'elle n'y en avoit pris jusque là. Les incertitudes de Monsieur l'avoient si fort effarouchée, qu'elle ne savoit quelquefois à qui s'en prendre; et les sous-ministres qui entretenoient toujours un grand commerce avec elle, à la réserve de Lyonne qu'elle haïssoit mortellement, n'oublioient rien pour lui mettre dans l'esprit que Monsieur ne faisoit, dans le fond, quoi que ce soit que par mes mouvemens. Elle en remarqua quelques-uns de si irréguliers, et même si opposés à mes maximes, qu'elle ne put me les attribuer; et je sais qu'elle écrivit un jour à Servien à ce propos : « Je « ne suis pas la dupe du coadjuteur; mais je serois la « vôtre, si je croyois ce que vous m'en mandez au- « jourd'hui. » Bertet m'a dit qu'il étoit présent lorsqu'elle écrivit ce billet; il ne se ressouvenoit pas précisément sur quel sujet. Quand sa patience fut à bout, et qu'elle se fut résolue, et par les conseils de M. de Châteauneuf, et par la permission qu'elle en reçut de Brulh, de pousser M. le prince, elle fut ravie d'avoir lieu de se pouvoir fier à moi pour l'y servir. Elle chercha ce lieu avec plus d'application qu'elle n'avoit fait; et en voici une marque. Elle mena Madame avec elle aux Carmélites, un jour de quelque solennité de leur ordre, la prit au sortir de la communion; elle lui fit faire serment de lui dire la vérité de ce qu'elle lui demanderoit; et ce qu'elle lui demanda fut si je la servois fidèlement auprès de Monsieur. Madame lui répondit sans aucun scrupule qu'en tout ce qui ne regardoit pas le retour du cardinal je la servois non-seulement avec fidélité mais avec ardeur. La Reine, qui aimoit et qui estimoit la véritable piété de Madame, ajouta foi à son témoignage, et à un témoignage rendu dans cette circonstance. Il se trouva par bonheur que dès le lendemain j'eus occasion de m'expliquer à la Reine devant Monsieur : ce que je fis sans balancer, et d'une manière qui lui plut; et ce qui la toucha encore plus que tout cela fut que Monsieur, qui n'avoit pas paru jusqu'à ce moment bien ferme à tenir ce qu'il avoit promis en de certaines occasions à la Reine, ne lui manqua point en celle-ci, au moins si pleinement que les autres fois. Il ne fut pas au pouvoir de M. le prince de le mener au Palais, quoiqu'il y employât tous ses efforts; et la Reine attribua à mon industrie ce que je croyois dès ce temps-là, et que j'ai toujours cru depuis, n'avoir été que l'effet de l'appréhension qu'il eut de se trouver dans une mêlée qu'il avoit sujet de croire pouvoir être proche, et par l'emportement où il voyoit la Reine, et par le nouvel engagement que je venois de prendre avec elle. Je reviens à la conférence que j'eus avec M. de Châteauneuf par le commandement de la Reine.

Je l'allai trouver à Montrouge avec M. le président de Bellièvre, qui avoit écrit sous lui le mémoire qu'il avoit proposé à la Reine d'envoyer au parlement, et dont il est vrai que les caractères paroissoient avoir moins d'encre que de fiel. M. de Châteauneuf, qui n'avoit plus que quelques semaines à attendre pour se voir à la tête du conseil, comme je vous l'ai déjà dit ci-dessus, joignoit en cette rencontre, à sa bile et à son humeur très-violente, une grande frayeur que M. le prince ne se raccommodât avec la cour, et ne troublât son nouvel emploi. Je crois que cette considération avoit encore aigri son style. Je lui en dis ma pensée avec liberté. Le président de Bellièvre m'appuya : il en adoucit quelques termes, il y laissa toute la substance. Je le rapportai à la Reine, qui le trouva trop doux. Elle l'envoya par moi à Monsieur, qui le trouva trop fort. M. le premier président, à qui il le communiqua par le canal de M. de Brienne, y trouva trop de vinaigre, mais y mit du sel (ce fut l'expression dont il se servit en le rendant à M. de Brienne, après l'avoir gardé un demi jour). Voici le précis de ce qu'il contenoit : Le reproche de toutes les grâces que la maison de Condé avoit reçues de la cour ; la plainte de la manière dont M. le prince s'étoit servi et conduit depuis sa liberté ; la spécification de cette manière ; ses cabales dans les provinces ; le renfort des garnisons qui étoient dans les places ; la retraite de madame de Longueville à Montrond ; les Espagnols dans Stenay ; les intelligences avec l'archiduc ; la séparation de ses troupes d'avec celles du Roi. Le commencement de cet écrit étoit orné d'une protestation solennelle de ne jamais rappeler le cardinal Mazarin, et la fin d'une exhortation aux compagnies souveraines, et à l'hôtel-de-ville de Paris, de se maintenir dans la fidélité.

Le jeudi 17 d'août 1651, sur les dix heures du matin, cet écrit fut lu, en présence du Roi et de la Reine, et de tous les grands qui étoient à la cour, à messieurs du parlement, qui avoient été mandés par députés au Palais-Royal. L'après-dînée, la même cérémonie se fit au même lieu à l'égard de la chambre des comptes, de la cour des aides et du prévôt des marchands.

Le vendredi 18, M. le prince, fort accompagné, se trouva à l'assemblée des chambres, qui se faisoit pour la réception d'un conseiller. Il dit à la compagnie qu'il la supplioit de lui faire justice sur les impostures dont on l'avoit noirci dans l'esprit de la Reine ; que s'il étoit coupable, il se soumettoit à être puni ; que s'il étoit innocent, il demandoit le châtiment de ses calomniateurs ; que comme il avoit impatience de se justifier, il prioit la compagnie de députer sans délai vers M. le duc d'Orléans, pour l'inviter à venir prendre sa place. M. le prince crut que Monsieur ne pourroit pas tenir contre une semonce du parlement : il se trompa ; et Menardeau et Doujat, que l'on y envoya sur l'heure, rapportèrent pour toute réponse qu'il avoit été saigné, et qu'il ne savoit pas même quand sa santé lui permettroit d'assister à la délibération. M. le prince alla chez lui au sortir de la délibération. Il lui parla avec une hauteur respectueuse qui ne laissa pas de faire peur à Monsieur, qui n'appréhendoit rien tant au monde que d'être compris dans les éclats de M. le prince, comme fauteur couvert du Mazarin. Il laissa espérer à M. le prince qu'il pourroit se trouver le lendemain à l'assemblée des chambres. Je m'en doutai à midi, sur une parole que Monsieur laissa échapper. Je l'obligeai à changer de résolution, en lui faisant voir qu'il ne falloit plus après cela de ménagement avec la Reine, et encore plus en lui insinuant sans affectation le péril de la commise et du choc, qui dans la conjoncture étoit inévitable. Cette idée lui saisit si fort son imagination, que M. le prince et M. de Chavigny, qui se relayèrent tout le soir, ne purent l'obliger à se rendre aux instances qu'ils lui firent de se trouver le lendemain au Palais. Il est vrai que sur les onze heures Goulas, à force de le tourmenter, lui fit signer un billet par lequel Monsieur déclaroit qu'il n'avoit point approuvé l'écrit que la Reine avoit fait lire aux compagnies souveraines contre M. le prince, particulièrement en ce qu'il l'accusoit d'intelligence avec l'Espagne. Ce même billet justifioit en quelque façon M. le prince de ce que les Espagnols étoient encore dans Stenay, et de ce que les troupes de M. le prince n'avoient pas joint celles du Roi. Monsieur le signa, en se persuadant en lui-même qu'il ne signoit rien; et il dit le lendemain à la Reine qu'il falloit bien contenter d'une bagatelle M. le prince, dans une action où il étoit même de son service qu'il ne rompît pas tout-à-fait avec lui, pour se tenir en état de travailler à l'accommodement lorsqu'elle croiroit en avoir besoin. La Reine, qui étoit très-satisfaite de ce qui s'étoit passé le matin du jour dont Monsieur lui fit ce discours l'après-dînée, le voulut bien prendre pour bon. Il me parut effectivement le soir que cet écrit de Monsieur ne l'avoit point touchée. Je n'ai pourtant point vu d'occasion où elle en eût, ce me semble, plus de sujet. Mais ce ne fut pas la première fois de ma vie que je remarquai qu'on a une grande pente à ne se point aigrir dans les bons événemens. Voici celui que l'assemblée des chambres du samedi 19 produisit.

M. le premier président ayant fait la relation de ce qui s'étoit passé au Palais-Royal le 17, et fait faire la lecture de l'écrit que la Reine avoit donné aux députés, M. le prince prit la parole, en disant qu'il étoit porteur d'un billet de M. le duc d'Orléans qui contenoit sa justification. Il ajouta quelques paroles tendantes au même effet, et en concluant qu'il seroit très-obligé à la compagnie si elle vouloit supplier la Reine de nommer ses accusateurs. Il mit sur le bureau le billet de Monsieur, et un autre écrit beaucoup plus ample, signé de lui-même. Cet écrit étoit une réponse fort belle à celui de la Reine : il marquoit sagement et modestement les services de feu M. le prince et les siens ; il faisoit voir que ses établissemens n'étoient pas à comparer à ceux du cardinal ; il parloit de son instance contre les sous-ministres, comme d'une suite très-naturelle et très-nécessaire de l'éloignement de M. le cardinal. Il répondit à ce qu'on lui avoit objecté de la retraite de madame sa femme et de madame de Longueville sa sœur en Berri ; que la seconde étoit dans les Carmélites de Bourges, et que la première demeuroit en celle de ses maisons qui lui avoit été ordonnée pour séjour dans le temps de sa prison. Il soutenoit qu'il n'avoit tenu qu'à la Reine que les Espagnols fussent sortis de Stenay, et que les troupes qui étoient sous son nom eussent joint l'armée du Roi ; et il allégua pour témoin de cette vérité M. le duc d'Orléans. Il demanda justice contre ses calomniateurs. Et sur ce que la Reine lui avoit reproché qu'il l'avoit comme forcée au changement du conseil qui avoit paru aussitôt après sa liberté, il répondit qu'il n'avoit eu aucune part à cette mutation que l'obstacle qu'il avoit apporté à la proposition que M. le coadjuteur et M. de Montrésor avoient faite de faire prendre les armes au peuple, et d'ôter de force les sceaux à M. le premier président.

Aussitôt que l'on eut achevé la lecture de ces deux écrits, M. le prince dit qu'il ne doutoit pas que je ne fusse l'auteur de celui qui avoit été écrit contre lui, et que c'étoit l'ouvrage digne d'un homme qui avoit donné un conseil aussi violent que celui d'armer Paris, et d'arracher de force les sceaux à celui à qui la Reine les avoit confiés. Je répondis à M. le prince que je croirois manquer au respect que je devois à Monsieur, si je disois seulement un mot pour me justifier d'une action qui s'étoit passée en sa présence. M. le prince repartit que messieurs de Beaufort et de La Rochefoucauld, qui étoient présens, pouvoient rendre témoignage de la vérité qu'il avançoit. Je lui dis que je le suppliois très-humblement de me permettre, pour la raison que je venois d'alléguer, de ne reconnoître personne pour témoin que Monsieur, et pour juge de ma conduite ; mais qu'en attendant je pouvois assurer la compagnie que je n'avois rien fait ni rien dit dans cette rencontre qui ne fût d'un homme de bien; et que surtout personne ne me pouvoit ôter ni l'honneur, ni la satisfaction de n'avoir jamais été accusé d'avoir manqué à ma parole. Ces derniers mots ne furent rien moins que sages : ils sont, à mon sens, une des grandes imprudences que j'aie jamais faites. M. le prince, quoique animé par M. le prince de Conti qui le poussa (ce qui fut remarqué de tout le monde) comme pour le presser de s'en ressentir, ne s'emporta point : ce qui ne put être en lui qu'un effet de la grandeur de son courage et de son ame. Quoique je fusse ce jour-là fort accompagné, il étoit sans comparaison beaucoup plus fort que moi; et il est constant que si on eût tiré l'épée dans ce moment, il eût eu incontestablement tout l'avantage. Il eut la modération de ne le pas faire; je n'eus pas celle de lui en avoir obligation. Comme je payai de bonne mine, et que tous mes amis payèrent d'une grande audace, je ne remerciai du succès que ceux qui m'y avoient assisté, et je ne songeai qu'à me trouver le lendemain au Palais en meilleur état. La Reine fut transportée de joie que M. le prince eût trouvé des gens qui lui eussent disputé le pavé. Elle sentit jusqu'à la tendresse l'injustice qu'elle m'avoit faite, quand elle m'avoit soupçonné d'être de concert avec lui. Elle me dit tout ce que la colère pouvoit inspirer contre son parti, et de plus tendre pour un homme qui faisoit au moins ce qu'il pouvoit pour lui en rompre les mesures. Elle ordonna au maréchal d'Albret (1) de commander trente gendarmes pour se pos-

(1) César-Phébus d'Albret, mort en 1676. (A. E.)

ter où je souhaiterois. M. le maréchal de Schomberg (1) eut le même ordre pour autant de chevau-légers. Pradelle m'envoya le chevalier Ravaz, capitaine aux Gardes, qui étoit mon ami particulier, avec quarante hommes choisis entre les sergens et les plus braves soldats du régiment. Anneri, avec la noblesse du Vexin, ne fut pas oublié. Messieurs de Noirmoutier, de Fosseuse, de Château-Renault, de Montauban, de Saint-Auban, de Laigues, de Montaigu, d'Argenteuil, de Lameth et de Sévigné, se partagèrent et les hommes et les postes. Guerin, Brigallier et L'Epinai, officiers dans les compagnies de la ville, donnèrent des rendez-vous à un très-grand nombre de bons bourgeois, qui avoient tous des pistolets et des poignards sous leurs manteaux. Comme j'avois habitude chez les buvetiers, je fis couler le soir, dans les buvettes, quantité de gens à moi, par lesquels la salle du Palais se trouvoit ainsi, même sans qu'on s'en aperçût, investie de toutes parts. Comme j'avois résolu de poster le gros de mes amis à la main gauche de la salle, en y entrant des Consignations par les grands degrés, j'avois mis dans une chambre trente des gentilshommes du Vexin, qui devoient, en cas de combat, prendre en flanc et par derrière le parti de M. le prince. Les armoires de la buvette de la quatrième, qui répondoient dans la grand'salle, étoient pleines de grenades. Enfin il est vrai que toutes mes mesures étoient si bien prises, et pour le dedans du Palais et pour le dehors, où le pont Notre-Dame et le pont Saint-Michel, qui étoient passionnés pour moi, ne faisoient qu'attendre le signal, que, suivant toutes

(1) Charles de Schomberg, duc d'Halluin, etc.; mort en 1656. (A. E.)

les apparences du monde, je ne devois pas être battu. Monsieur, qui trembloit de frayeur quoiqu'il fût fort à couvert dans sa maison, voulut, selon sa louable coutume, se ménager à tout événement des deux côtés. Il agréa que Ravaz, Belloy et Valois, qui étoient à lui, suivissent M. le prince ; et que le vicomte d'Autel, le marquis de La Sablonnière et celui de Genlis, qui étoient aussi ses domestiques, vinssent avec moi. On eut tout le dimanche, de part et d'autre, pour se préparer.

Le lundi 21 août, tous les serviteurs de M. le prince se trouvèrent à sept heures du matin chez lui ; et mes amis se trouvèrent chez moi entre cinq et six. Il arriva, comme je montois en carrosse, une bagatelle qui ne mérite de vous être rapportée que parce qu'il est bon d'égayer quelquefois le sérieux par le ridicule. Le marquis de Rouillac, fameux par son extravagance, qui étoit accompagnée de beaucoup de valeur, se vint offrir à moi. Le marquis de Canillac, homme de même caractère, y vint dans le même moment. Dès qu'il eut vu Rouillac, il me fit une grande révérence, mais en arrière, et en me disant : « Je venois, monsieur, pour vous assurer de mes « services : mais il n'est pas juste que les deux plus « grands fous du royaume soient du même parti. Je « m'en vais à l'hôtel de Condé. » Et vous remarquerez, s'il vous plaît, qu'il y alla. J'arrivai au Palais un quart-d'heure avant M. le prince, qui y vint extrêmement accompagné. Je crois toutefois qu'il n'avoit pas tant de gens que moi ; mais il avoit, sans comparaison, plus de gens de qualité, comme il étoit et naturel et juste. Je n'avois pas voulu que ceux qui étoient attachés à la cour, et qui fussent venus de bon cœur avec moi pour l'affaire de la Reine, s'y trouvassent, de peur qu'ils ne me donnassent quelque teinture ou plutôt quelque apparence de mazarinisme : de sorte qu'à la réserve de trois ou quatre qui, quoique attachés à la Reine, passoient pour mes amis en particulier, je n'avois auprès de moi que la noblesse frondeuse, qui n'approchoit pas en nombre de celle qui suivoit M. le prince. Ce désavantage étoit, à mon sens, plus que suffisamment récompensé, et par le pouvoir que j'avois assurément beaucoup plus grand parmi le peuple, et par les postes dont je m'étois assuré. Châteaubriand, qui étoit demeuré dans les rues pour observer la marche de M. le prince, m'étant venu dire, en présence de beaucoup de gens, que M. le prince seroit dans un demi-quart-d'heure au Palais; qu'il avoit, pour le moins, autant de monde que nous, mais que nous avions pris nos postes (ce qui nous étoit d'un grand avantage), je lui répondis : « Il n'y a certainement que la salle « du Palais où nous les sussions mieux prendre que « M. le prince. » Je sentis dans moi-même, en disant cette parole, qu'elle provenoit d'un mouvement de honte que j'avois de souffrir une comparaison d'un prince avec moi. Ma réflexion ne démentit point mon mouvement : j'eusse fait plus sagement si je l'eusse conservé plus long-temps, comme vous l'allez voir. Comme M. le prince eut pris sa place, il dit à la compagnie qu'il ne pouvoit assez s'étonner de l'état où il trouvoit le Palais; qu'il paroissoit plutôt un camp qu'un temple de justice; qu'il y avoit des postes pris; des gens commandés, des mots de ralliement; et qu'il ne convenoit pas qu'il se pût trouver dans le royaume des gens assez insolens pour prétendre lui disputer le pavé. Il répéta deux fois cette dernière parole. Je lui fis une profonde révérence, et je dis que je suppliois très-humblement Son Altesse de me pardonner si je lui disois que je ne croyois pas qu'il y eût personne dans le royaume qui fût assez insolent pour lui disputer le haut du pavé : mais que j'étois persuadé qu'il y en avoit qui ne pouvoient et ne devoient, par leur dignité, quitter le pavé qu'au Roi. M. le prince me répondit qu'il me le feroit bien quitter. Je lui repartis qu'il ne seroit pas aisé. La cohue s'éleva à cet instant. Les jeunes conseillers de l'un et l'autre parti s'intéressèrent dans ce commencement de contestation, qui commençoit, comme vous voyez, assez aigrement. Les présidens se jetèrent entre M. le prince et moi ; ils le conjurèrent d'avoir égard au temple de la justice, et à la conservation de la ville ; ils le supplièrent d'agréer que l'on fît sortir de la salle tout ce qu'il y avoit de noblesse et de gens armés. Il le trouva bon, et il pria M. de La Rochefoucauld de l'aller dire de sa part à ses amis. Ce fut le terme dont il se servit : il fut beau et modeste dans sa bouche : il n'y eut que l'événement qui empêcha qu'il ne fût ridicule dans la mienne ; il ne l'en est pas moins dans ma pensée, et j'ai encore regret de ce qu'il dépara la première réponse que j'avois faite à M. le prince touchant le pavé, qui étoit juste et raisonnable. Comme il eut prié M. de La Rochefoucauld de faire sortir ses amis, je me levai en disant imprudemment : « Je vais prier les miens de se retirer. » Le jeune d'Avaux, que vous voyez présentement le président de Mesmes, et qui étoit dans ce temps-là dans les intérêts de M. le prince, me dit : « Vous êtes « donc armés?— Qui en doute? lui répondis-je. » Voilà une seconde sottise en un demi quart-d'heure. Il n'est jamais permis à un inférieur de s'égaler en paroles à celui à qui il doit du respect, quoiqu'il s'y égale dans l'action ; et il l'est aussi peu à un ecclésiastique de confesser qu'il est armé, même quand il l'est. Il y a des matières sur lesquelles il est constant que le monde veut être trompé. Les actions justifient assez souvent, à l'égard de la réputation publique, les hommes de ce qu'ils font contre leurs professions : je n'en ai jamais vu qui les justifient de ce qu'ils disent, qui y soit contraire.

Comme je sortois de la grand'chambre, je rencontrai dans le parquet des huissiers M. de La Rochefoucauld qui rentroit. Je n'y fis point de réflexion, et j'allai dans la salle pour prier mes amis de se retirer. Je revins, après le leur avoir dit; et comme je mis le pied sur la porte du parquet, j'entendis une fort grande rumeur de gens dans la salle, qui crioient aux armes. Je me voulus retourner pour voir ce que c'étoit : je n'en eus pas le temps. Je me sentis le cou pris entre les deux battans de la porte, que M. de La Rochefoucauld avoit fermée sur moi, en criant à messieurs de Coligny et de Ricousse de me tuer (1). Le

(1) *De me tuer :* Le duc de La Rochefoucauld raconte cet événement d'une toute autre manière. « On auroit pu croire, dit-il, que cette oc-
« casion tenteroit le duc de La Rochefoucauld, après tout ce qui s'étoit
« passé entre eux, et que les raisons générales et particulières le pous-
« seroient à perdre son plus cruel ennemi. Outre la satisfaction de
« s'en venger en vengeant M. le prince des paroles audacieûses qu'il
« venoit de dire contre lui, on pouvoit croire encore qu'il étoit juste

premier se contenta de ne le pas croire ; le second dit qu'il n'en avoit point d'ordre de M. le prince. Montrésor, qui étoit dans le parquet des huissiers avec un garçon de Paris nommé Noblet, qui m'étoit affectionné, soutenoit un peu un des battans, qui ne laissoit pas de me presser extrêmement. M. de Champlâtreux, qui étoit accouru au bruit qui se faisoit dans la salle, me voyant en cette extrémité, poussa avec vigueur M. de La Rochefoucauld. Il lui dit que c'étoit une honte et une horreur qu'un assassinat de cette nature. Il ouvrit la porte, et il me fit entrer. Ce péril ne fut pas le plus grand que je courus en cette occasion, comme vous l'allez voir après que je vous aurai dit ce qui la fit naître et cesser.

Deux ou trois criailleurs de la lie du peuple du parti de M. le prince, qui n'étoient arrivés dans la salle que comme j'en sortois, s'avisèrent de crier, en me voyant de loin : *Au mazarin!* Beaucoup de gens du menu peuple, et Chavignac entre autres, m'ayant

« que la vie du coadjuteur répondît de l'événement du désordre qu'il
« avoit ému, et duquel le succès pouvoit apparemment être terrible ;
« mais le duc de La Rochefoucauld, considérant qu'on ne se battoit
« point dans la salle, et que, de ceux qui étoient amis du coadjuteur
« dans le parquet des huissiers, pas un ne mettoit l'épée à la main pour
« le défendre, il crut n'avoir pas le même prétexte de se venger de lui
« qu'il auroit eu si le combat eût été commencé en quelque endroit.
« Les gens même de M. le prince, qui étoient près du duc de La Roche-
« foucauld, ne sentoient pas de quel poids étoit le service qu'ils pou-
« voient rendre à leur maître en cette rencontre, et enfin l'un pour ne
« vouloir pas faire une action qui eût paru cruelle et les autres pour
« être irrésolus dans une si grande affaire, donnèrent le temps à Cham-
« plâtreux, fils du premier président, de dégager le coadjuteur. » Ce récit semble porter le caractère de la vérité : on voit que si La Rochefoucauld ne fut pas assez généreux pour porter secours au coadjuteur, du moins il ne provoqua personne à l'assassiner.

fait civilité lorsque je passois, et m'ayant témoigné de la joie de l'adoucissement qui commençoit de paroître, deux gardes de M. le prince qui étoient aussi fort éloignés s'avisèrent de mettre l'épée à la main. Ceux qui étoient les plus proches de ces deux crièrent aux armes. Chacun les prit: mes amis mirent l'épée et le poignard à la main; et, par une merveille qui n'a peut-être jamais eu d'exemple, ces épées, ces poignards, ces pistolets demeurèrent un moment sans action; et dans ce moment Crenan (1), qui commandoit la compagnie des gendarmes de M. le prince de Conti, mais qui étoit aussi de mes anciens amis, et qui se trouva par bonheur en présence avec M. de Laigues, avec lequel il avoit logé dix ans durant, lui dit : « Que « faisons-nous? nous allons faire égorger M. le prince « et M. le coadjuteur. Schelme qui ne remettra l'é- « pée dans son fourreau! » Cette parole, proférée par un des hommes du monde dont la réputation pour la valeur étoit la mieux établie, fit que tout le monde sans exception suivit son exemple. Cet événement est peut-être un des plus extraordinaires qui soit arrivé dans notre siècle. La présence d'esprit et de cœur d'Argenteuil ne l'est guère moins. Il se trouva par hasard fort près de moi quand je fus pris par le cou dans la porte, et il eut assez de sang-froid pour remarquer que Pesche, un fameux séditieux du parti de M. le prince, me cherchoit des yeux le poignard à la main, disant : « Où est le coadjuteur? » Argenteuil, qui se trouva par bonheur près de moi, parce qu'il s'étoit avancé pour parler à quelqu'un qu'il

(1) Le marquis de Crenan, capitaine des gardes du prince de Conti. (A. E.)

connoissoit du parti de M. le prince, jugea qu'au lieu de revenir à son gros et de tirer l'épée (ce que tout homme médiocrement vaillant eût fait dans cette occasion), il feroit mieux d'observer et d'amuser Pesche, qui n'avoit qu'à faire un demi tour à gauche pour me donner du poignard dans les reins. Il exécuta si adroitement cette pensée, qu'en raisonnant avec lui, et en me couvrant de son long manteau, il me sauva la vie, qui étoit d'autant plus en péril que mes amis, qui me croyoient rentré dans la grand'chambre, ne songeoient qu'à pousser ceux qui étoient devant eux. Vous vous étonnerez peut-être de ce qu'ayant si bien pris mes précautions partout ailleurs, je n'avois pas garni de mes amis et le parquet des huissiers et les lanternes; mais votre étonnement cessera quand je vous aurai dit que j'y avois fait toute la réflexion nécessaire, et que j'avois bien prévu les inconvéniens de ce manquement : mais je n'y avois point trouvé de remède, parce que le seul que j'y pouvois apporter, qui étoit de les remplir de gens affidés, étoit impraticable, ou du moins n'étoit praticable qu'en s'attirant d'autres inconvéniens encore plus grands. Presque tout ce que j'avois de gens de qualité auprès de moi avoit son emploi, et son emploi nécessaire dans les différens postes qu'il étoit important d'occuper. Il n'y eût eu rien de si odieux que de mettre des gens ou du peuple ou de bas étage dans ces sortes de lieux, où l'on ne laisse entrer dans l'ordre que des gens de condition. Si on les eût vus occupés par des gens de moindre étoffe, au préjudice d'une infinité de gens illustres que M. le prince avoit avec lui, les indifférens du parlement se fussent prévenus infailliblement contre un spectacle de cette nature. Il m'étoit important de laisser à ma conduite tout l'air de défensive; et je préférai cet avantage à celui d'une plus grande sûreté. Il faillit à m'en coûter cher : car, outre l'aventure de la porte, de laquelle je viens de vous entretenir, M. le prince, avec lequel j'ai parlé depuis fort souvent de cette journée, m'a dit qu'il avoit fait son compte sur cette circonstance; et que si le bruit de la salle eût duré encore un moment, il me sautoit à la gorge pour me rendre responsable de tout le reste. Il le pouvoit, ayant assurément dans les lanternes beaucoup plus de gens que moi; mais je suis persuadé que la suite eût été funeste aux deux partis, et qu'il eût eu lui-même grande peine de s'en tirer. Je reprends la suite de mon récit.

Aussitôt que je fus rentré dans la grand'chambre, je dis à M. le premier président que je devois la vie à monsieur son fils, qui fit effectivement, en cette occasion, tout ce que la générosité la plus haute peut produire. Il étoit, en tout ce qui n'étoit pas contraire à la conduite et aux maximes de monsieur son père, attaché à M. le prince jusqu'à la passion. Il étoit persuadé, quoiqu'à tort, que j'avois eu part dans les séditions qui s'étoient vingt fois faites contre monsieur son père dans le cours du siége de Paris; rien ne l'obligeoit de prendre davantage de part au péril où j'étois que la plupart de messieurs du parlement, qui demeuroient fort paisiblement dans leurs places. Il s'intéressa dans ma conservation jusqu'au point de s'être commis lui-même avec le parti, qui, au moins en cet endroit, étoit le plus fort. Il y a peu d'actions plus belles, et j'en conserverai avec tendresse la mémoire jusqu'au tombeau. J'en témoignai publiquement ma reconnoissance à M. le premier président en rentrant dans la grand'chambre, et j'ajoutai que M. de La Rochefoucauld avoit fait tout ce qui étoit en lui pour me faire assassiner. Il me répondit ces propres paroles (1) : « Traître, je me soucie peu de ce que tu « deviennes. » Je lui repartis ces propres mots : « Tout beau, la Franchise, mon ami (nous lui avions « donné ce quolibet dans notre parti), vous êtes un « poltron (je mentois, car il est assurément fort « brave), et je suis un prêtre; le duel nous est dé- « fendu. » M. de Brissac, qui étoit immédiatement au dessus de lui, le menaça de coups de bâton : il menaça M. de Brissac de coups d'éperon. Messieurs les présidens, qui crurent avec raison que ces dits et redits étoient un commencement de querelle qui alloit passer au-delà des paroles, se jetèrent entre nous. M. le premier président, qui avoit mandé un peu auparavant les gens du Roi, se joignit à eux pour conjurer pathétiquement M. le prince, par le sang de saint Louis, de ne point souffrir que le temple qu'il avoit donné à la conservation de la paix et à la protection de la justice fût ensanglanté; et pour m'exhorter, par mon sacré caractère, à ne point contribuer au massacre du peuple que Dieu m'avoit commis. M. le prince agréa que deux de ces messieurs allassent dans la grand'salle faire sortir ses serviteurs par le degré de la Sainte-Chapelle : deux autres firent la même chose à l'égard de mes amis, par le grand esca-

(1) *Ces propres paroles :* La Rochefoucauld dit dans ses Mémoires qu'il répondit au coadjuteur *qu'il falloit que la peur lui eût ôté la liberté de juger.*

lier qui est à la main gauche en sortant de la salle. Dix heures sonnèrent, la compagnie se leva ; et ainsi finit cette matinée, qui faillit à abîmer Paris.

Il me semble que vous me demandez quel personnage jouoit M. de Beaufort dans cette dernière scène; et qu'après le rôle que vous lui avez vu dans les premières, vous vous étonnez du silence dans lequel il paroît comme enseveli depuis quelque temps. Vous verrez dans ma réponse la confirmation de ce que j'ai remarqué déjà plus d'une fois dans cet ouvrage, que *l'on ne contente jamais personne quand on prétend contenter tout le monde.* M. de Beaufort se mit dans l'esprit (ou plutôt madame de Montbazon le lui mit), après qu'il eut rompu avec moi, qu'il se devoit et pouvoit ménager entre M. le prince et la Reine; et il affecta même si fort l'apparence de ce ménagement, qu'il affecta de se trouver tout seul, et sans être suivi de qui que ce soit, dans ces deux assemblées du parlement, desquelles je viens de vous entretenir. Il dit même tout haut à la dernière, d'un ton de Caton qui ne lui convenoit pas : « Pour moi, je ne suis qu'un « particulier qui ne me mêle de rien. » Je me tournai vers M. de Brissac, et lui dis : « Il faut avouer « que M. d'Angoulême et M. de Beaufort ont une « bonne conduite! » Ce que je ne proférai pas si bas que M. le prince ne l'entendît, et ne s'en prît à rire. Vous observerez, s'il vous plaît, que M. d'Angoulême avoit plus de quatre-vingt-dix ans (1), et qu'il ne bougeoit plus de son lit. Je ne vous marque cette

---

(1) *Avoit plus de quatre-vingt-dix ans :* Charles de Valois, comte d'Auvergne, et depuis duc d'Angoulême, fils naturel de Charles IX, étoit mort l'année précédente à soixante-dix-sept ans. On peut être étonné

bagatelle que parce qu'elle signifie que tout homme que la fortune seule a fait homme public devient presque toujours, avec un peu de temps, un particulier ridicule. On ne revient plus de cet état : et la bravoure de M. de Beaufort, qu'il signala encore en plus d'une occasion depuis le retour de M. le cardinal, contre lequel il se déclara sans balancer, ne le put relever de sa chute. Mais il est temps de rentrer dans le fil de ma narration.

Vous comprenez aisément l'émotion de Paris dans le cours de la matinée que je viens de vous décrire. La plupart des artisans avoient leurs mousquets auprès d'eux, en travaillant dans leurs boutiques. Les femmes étoient en prières dans les églises; mais ce qui est encore vrai, c'est que Paris fut plus touché l'après-dînée de la crainte de retomber dans le péril, qu'il ne l'avoit été le matin de s'y voir. La tristesse parut universelle sur les visages de tous ceux qui n'étoient pas tout-à-fait engagés à l'un ou à l'autre des partis. La réflexion, qui n'étoit plus divertie par les mouvemens, trouva sa place dans les esprits de ceux même qui y avoient le plus de part. M. le prince dit au comte de Fiesque, au moins à ce que celui-ci raconta le soir publiquement : « Paris a failli aujourd'hui à être brûlé ; quel feu de joie pour le « Mazarin ! Et ce sont ses deux plus capitaux ennemis qui ont été sur le point de l'allumer. » Je concevois de mon côté que j'étois sur la pente du plus fâcheux et du plus dangereux précipice où un particulier se fût jamais trouvé. Le mieux qui me

de cette méprise du cardinal de Retz. Les Mémoires du duc d'Angoulême font partie de la première série (tome 44).

pouvoit arriver étoit d'avoir l'avantage sur M. le prince; et ce mieux se fût terminé, s'il eût péri, à passer pour assassin du premier prince du sang, à être immanquablement désavoué par la Reine, et à donner tout le fruit de mes peines et de mes périls au cardinal par l'événement, qui ne manque jamais de tourner en faveur de l'autorité royale tous les désordres qui passent jusqu'au dernier excès. Voilà ce que mes amis, au moins les sages, me représentoient; voilà ce que je me représentois à moi-même. Mais quel moyen, quel remède, quel expédient pour se tirer d'un embarras où l'on a eu raison de se jeter, et où l'engagement en fait une seconde, qui est pour le moins aussi forte que la première? Il plut à la Providence d'y donner ordre. Monsieur, accablé des cris de Paris qui courut d'effroi au palais d'Orléans, mais plus pressé encore par sa frayeur, qui lui fit croire qu'un mouvement aussi général que celui qui avoit failli d'arriver ne s'arrêteroit pas au Palais; Monsieur, dis-je, fit promettre à M. le prince qu'il n'iroit le lendemain que lui sixième au Palais, pourvu que je m'engageasse à n'y aller qu'avec un pareil nombre de gens. Je suppliai Monsieur de me pardonner si je ne recevois pas ce parti, et parce que je manquerois, si je l'acceptois, au respect que je devois à M. le prince, avec lequel je savois que je ne devois faire aucune comparaison, et parce que je n'y trouvois aucune sûreté pour moi : ce nombre de séditieux qui criailloient contre moi n'ayant point de règles, et ne reconnoissant point de chef; que ce n'étoit que contre ces sortes de gens que j'étois armé; que je savois le respect que je devois à M. le prince; qu'il y avoit si peu de compétence d'un gentilhomme à lui, que cinq cents hommes étoient moins à lui qu'un laquais à moi. Monsieur, qui vit que je ne donnois pas dans sa proposition, et à qui madame de Chevreuse, à laquelle il avoit envoyé Ornano pour la persuader, manda que j'avois raison ; Monsieur, dis-je, alla trouver la Reine pour lui remontrer les grands inconvéniens que la continuation de cette conduite produiroit infailliblement. Comme de son naturel elle ne craignoit rien et prévoyoit peu, elle ne fit aucun cas des remontrances de Monsieur ; et d'autant moins qu'elle eût été ravie, dans le fond, des extrémités qu'elle s'imaginoit et possibles et proches. Quand M. le chancelier qui lui parla fortement, et les Bertet et les Brachet, qui étoient accablés de tristesse et cachés dans les greniers du Palais-Royal, et qui appréhendoient d'être égorgés dans une émotion générale, lui eurent fait connoître que la perte de M. le prince et la mienne, arrivées dans une conjoncture pareille, jetteroient les choses dans une confusion que le seul nom de Mazarin pouvoit même rendre fatale à la maison royale, elle se laissa fléchir plutôt aux larmes qu'aux raisons du genre humain ; et elle consentit de donner aux uns et aux autres un ordre du Roi, par lequel il leur seroit défendu d'aller au Palais. M. le premier président, qui ne doutoit pas que M. le prince n'accepteroit point ce parti, que l'on ne pouvoit dans la vérité lui imposer avec justice, parce que sa présence y étoit nécessaire, alla chez la Reine avec le président de Nesmond. Il lui fit connoître qu'il seroit contre toute sorte d'équité de défendre à M. le prince d'assister à un lieu où il ne se trouvoit que pour demander à se justifier du crime qu'on lui imposoit. Il lui marqua la différence qu'elle devoit mettre entre un premier prince du sang, dont la présence étoit de nécessité dans cette conjoncture, et un coadjuteur de Paris, qui n'y avoit jamais séance que par une grâce assez ordinaire que le parlement lui avoit faite. Il ajouta que la Reine devoit faire réflexion que rien ne le pouvoit obliger à parler ainsi que la force de son devoir; parce qu'il lui avouoit ingénument que la manière dont j'avois reçu le petit service que son fils avoit essayé de me rendre le matin (ce fut son terme) l'avoit touché si sensiblement, qu'il se faisoit une contrainte extrême à soi-même, en la priant sur un sujet qui peut-être ne me seroit pas fort agréable. La Reine se rendit à ses raisons, et aux instances de toutes les dames de la cour, qui, l'une par une raison et l'autre par une autre, appréhendoient le fracas presque inévitable du lendemain. Elle m'envoya M. de Charost, capitaine des gardes en quartier, pour me défendre au nom du Roi d'aller le lendemain au Palais. M. le premier président, que j'avois été voir et remercier le matin au lever du parlement, me vint rendre ma visite comme M. de Charost sortoit de chez moi. Il me conta fort sincèrement le détail de ce qu'il venoit de dire à la Reine. Je l'en estimai, parce qu'il avoit raison; et je lui témoignai de plus que j'en étois très-aise, parce qu'il me tiroit avec honneur d'un très-méchant pas. « Il est très-sage, me répondit-il, de « le penser, et il est encore plus honnête de le dire. » Il m'embrassa tendrement en disant cette dernière parole. Nous nous jurâmes amitié; je la tiendrai toute ma vie à sa famille avec tendresse et reconnoissance.

Le lendemain, qui fut le mardi 22 août, le parlement s'assembla. On fit garder à tout hasard le Palais par deux compagnies de bourgeois, à cause du reste d'émotion qui paroissoit encore dans la ville. M. le prince demeura dans la quatrième des enquêtes, parce qu'il n'étoit pas de la forme qu'il assistât à une délibération dans laquelle il demandoit, ou qu'on le justifiât, ou qu'on lui fît son procès. On ouvrit beaucoup de différens avis. Il passa à celui de M. le premier président, qui fut que tous les écrits, tant ceux de la Reine et de M. le duc d'Orléans que de M. le prince, seroient portés au Roi et à la Reine par les députés, et que très-humbles remontrances leur seroient faites sur l'importance de ces écrits ; que la Reine seroit suppliée de faire étouffer cette affaire ; et que M. le duc d'Orléans seroit prié de s'entremettre pour l'accommodement.

Comme M. le prince sortoit de cette assemblée, suivi d'une foule de peuple de ceux qui étoient à lui, je me trouvai tête pour tête devant son carrosse, assez près des Cordeliers, avec la grande procession de la grande confrérie que je conduisois. Comme elle est composée de trente ou quarante curés de Paris, et qu'elle est toujours suivie de beaucoup de peuple, j'avois cru que je n'y avois pas besoin de mon escorte ordinaire ; et j'avois même affecté de n'avoir auprès de moi que cinq ou six gentilshommes, qui étoient messieurs de Fosseuse, de Lameth, de Quericux, de Châteaubriand, et les chevaliers d'Humières et de Sévigné. Trois ou quatre de la populace qui suivoient M. le prince crièrent *au mazarin!* dès qu'ils me virent. M. le prince, qui avoit, ce me semble, dans son carrosse messieurs de La Rochefoucauld, de Rohan et de Goncourt, en descendit aussitôt qu'il m'eut aperçu. Il fit taire ceux de sa suite qui avoient commencé à crier; il se mit à genoux pour recevoir ma bénédiction. Je la lui donnai le bonnet en tête; je l'ôtai aussitôt, et lui fis une profonde révérence. Cette aventure est, comme vous voyez, assez plaisante. En voici une autre qui ne le fut pas tant par l'événement; et c'est, à mon sens, ce qui m'a coûté ma fortune, et qui a failli plusieurs fois à me coûter la vie.

La Reine fut si transportée de joie des obstacles que M. le prince rencontroit dans ses desseins, et elle fut si satisfaite de l'honnêteté de mon procédé, que je puis dire avec vérité que je fus pendant quelques jours en faveur. Elle ne pouvoit assez témoigner à son gré, à ceux qui l'approchoient, la satisfaction qu'elle avoit de moi. Madame la palatine étoit persuadée qu'elle parloit de cœur. Madame de Lesdiguières me dit que madame de Beauvais, qui étoit assez de ses amies, l'avoit assurée que je faisois chemin dans son esprit. Ce qui me le persuada plus que tout le reste fut que la Reine, qui ne pouvoit souffrir que l'on donnât la moindre atteinte au cardinal Mazarin, entra en raillerie; et de bonne foi, d'un mot que j'avois dit de lui. Bertet (je ne me souviens pas à propos de quoi) m'avoit dit quelques jours auparavant que le pauvre cardinal étoit quelquefois bien empêché; et je lui avois répondu : « Donnez-moi le Roi de mon côté « deux jours durant, et vous verrez si je le serai. » Il avoit trouvé cette sottise assez plaisante; et comme il étoit lui-même fort badin, il n'avoit pu s'empêcher de la dire à la Reine. Elle ne s'en fâcha pas, elle en rit de bon cœur; et cette circonstance sur laquelle madame de Chevreuse, qui connoissoit parfaitement la Reine, fit beaucoup de réflexion, jointe à une parole qui lui fut rapportée par madame de Lesdiguières, lui fit naître une pensée que vous allez voir, après que je vous aurai rendu compte de cette parole.

Madame de Carignan disoit un jour devant la Reine que j'étois fort laid; et c'étoit peut-être l'unique fois de sa vie où elle n'avoit point menti. La Reine lui répondit : « Il a les dents fort belles, et un homme n'est « jamais laid avec cela. » Madame de Chevreuse ayant su ce discours par madame de Lesdiguières, à qui madame de Niel l'avoit rapporté, se ressouvint de ce qu'elle avoit ouï dire à la Reine en beaucoup d'occasions, que la seule beauté des hommes étoit les dents, parce que c'étoit l'unique qui fût d'usage. « Essayons, « me dit-elle un soir que je me promenois avec elle « dans le jardin de l'hôtel de Chevreuse. Si vous « voulez bien jouer votre personnage, je ne déses- « père de rien. Faites seulement le rêveur quand vous « êtes auprès de la Reine; regardez continuellement « ses mains; pestez contre le cardinal. Laissez-moi « faire du reste. » Nous concertâmes le détail, et nous le jouâmes juste comme nous l'avions concerté. Je demandai trois ou quatre audiences de suite à la Reine, à propos de rien. Je ne fournis à la conversation, dans ces audiences, que ce qui étoit bon pour l'obliger à chercher le sujet pour lequel je les lui avois demandées. Je suivis de point en point les avis de madame de Chevreuse; je poussai l'inquiétude et l'emportement contre le cardinal jusqu'à l'extravagance. La Reine, qui étoit naturellement très-coquette, entendit ces

airs; elle en parla à madame de Chevreuse, qui fit la surprise et l'étonnée : mais qui ne la fit qu'autant qu'il fallut pour mieux jouer son jeu, en faisant semblant de revenir de loin, et de faire, à cause de ce que la Reine lui en disoit, des réflexions auxquelles elle n'auroit jamais pensé sans cela, sur ce qu'elle avoit remarqué, en arrivant à Paris, de mes emportemens contre le cardinal. « Il est vrai, madame, disoit-elle
« à la Reine: Votre Majesté me fait ressouvenir de
« certaines circonstances qui se rapportent assez à ce
« que vous dites. Le coadjuteur me parloit des jour-
« nées entières de toute la vie passée de Votre Ma-
« jesté avec une curiosité qui me surprenoit, parce
« qu'il entroit même dans le détail de mille choses
« qui n'avoient aucun rapport au temps présent. Ces
« conversations étoient les plus douces du monde,
« tant qu'il ne s'agissoit que de vous. Il n'étoit plus
« le même homme s'il arrivoit par hasard que l'on
« nommât M. le cardinal; il disoit même des rages
« de Votre Majesté; et puis tout d'un coup il se ra-
« doucissoit, mais jamais pour M. le cardinal. Mais, à
« propos, il faut que je rappelle dans ma mémoire
« la manie qui lui monta un jour dans la tête contre
« Buckingham: je ne m'en ressouviens pas préci-
« sément. Il ne pouvoit souffrir que je disse qu'il
« étoit fort honnête homme. Ce qui m'a toujours em-
« pêché de faire réflexion sur mille et mille choses
« de cette nature que je vois d'une vue est l'atta-
« chement qu'il a pour ma fille. Ce n'est pas dans le
« fond que cet attachement soit si grand qu'on le
« croit: je voudrois bien que la pauvre créature n'en
« eût pas plus pour lui qu'il en a pour elle. Sur le

« tout je ne puis m'imaginer, madame, que le coad-
« juteur soit assez fou pour se mettre cette vision dans
« la fantaisie. »

Voilà une des conversations de madame de Chevreuse avec la Reine. Il y en eut vingt ou trente de cette nature, dans lesquelles il se trouva à la fin que la Reine persuada à madame de Chevreuse que j'étois assez fou pour me mettre cette vision dans l'esprit, et dans lesquelles pareillement madame de Chevreuse persuada à la Reine que je l'y avois effectivement beaucoup plus fortement qu'elle ne l'avoit cru elle-même. Je ne m'oubliai pas de ma part; je jouai bien : je passai dans les conversations de la rêverie à l'égarement; et je ne revins de celui-ci que par des reprises qui, en marquant un profond respect pour elle, marquoient toujours du chagrin et quelquefois de l'emportement contre le cardinal. Je n'aperçus pas que je me brouillois à la cour par cette conduite : mais mademoiselle de Chevreuse, à laquelle sa mère avoit jugé de la faire agréer pour la raison que vous verrez ci-après, prit en gré de la brouiller au bout de deux mois, par la plus grande et la plus signalée de toutes les imprudences. Je vous rendrai compte de ce détail après que je me serai satisfait moi-même sur une omission qu'il y a déjà assez long-temps que je me reproche dans cet ouvrage.

Presque tout ce qui y est contenu n'est qu'un enchaînement de l'attachement que la Reine avoit pour M. le cardinal Mazarin; et il me semble par cette raison que je devois même beaucoup plus tôt vous en expliquer la nature, de laquelle je crois que vous pouvez juger plus sûrement, si je vous expose au préalable quelques événemens de ses premières années, que je considère comme aussi clairs et aussi certains que ceux que j'ai vus moi-même, parce que je les tiens de madame de Chevreuse, qui a été la seule et véritable confidente de sa jeunesse. Elle m'a dit plusieurs fois que la Reine n'étoit Espagnole ni d'esprit ni de corps ; qu'elle n'avoit ni le tempérament ni la vivacité de sa nation ; qu'elle n'en tenoit que la coquetterie, mais qu'elle l'avoit au souverain degré ; que M. de Bellegarde [1], vieux mais poli, et galant à la mode de la cour de Henri III, lui avoit plu ; mais qu'elle s'en étoit dégoûtée, parce qu'en prenant un jour congé d'elle lorsqu'il alla commander l'armée à La Rochelle, et lui ayant demandé en général la permission d'espérer une grâce avant son départ, il s'étoit réduit à la supplier de vouloir bien mettre la main à la garde de son épée ; qu'elle avoit trouvé cette manière si sotte qu'elle n'en avoit jamais pu revenir ; qu'elle avoit agréé la galanterie de M. de Montmorency beaucoup plus qu'elle n'avoit aimé sa personne ; que l'aversion qu'elle avoit pour les manières de M. le cardinal de Richelieu, qui étoit aussi pédant en amour qu'il étoit honnête homme pour les autres choses, avoit fait qu'elle n'avoit jamais pu souffrir la sienne [2]................................

Qu'elle lui avoit vu dès l'entrée de la régence une grande pente pour M. le cardinal, mais qu'elle n'avoit pu démêler jusqu'où cette pente l'avoit portée ;

---

[1] Roger de Saint-Lary et de Bellegarde, pair et grand écuyer de France, favori du roi Henri III. Il mourut en 1646, âgé de quatre-vingt-trois ans et sept mois. (A. E.) — [2] Il manque ici une demi-page. (A. E.)

qu'il étoit vrai qu'elle avoit été chassée de la cour si-tôt après; qu'elle n'avoit pas eu le temps d'y voir clair, quand même il y auroit eu quelque chose; qu'à son retour en France, après le siége de Paris, la Reine dans les commencemens s'étoit tenue si couverte avec elle, qu'elle n'avoit pu y rien pénétrer; que depuis qu'elle s'y étoit raccoutumée, elle lui avoit vu dans des momens de certains airs qui avoient beaucoup de ceux qu'elle avoit eus autrefois avec Buckingham; qu'en d'autres elle avoit remarqué des circonstances qui lui faisoient juger qu'il n'y avoit entre eux qu'une liaison intime d'esprit; que l'une des plus considérables étoit la manière dont le cardinal vivoit avec elle, peu galante et même rude : ce qui toutefois, ajouta madame de Chevreuse, a deux faces, de l'humeur dont je connois la Reine. Buckingham me disoit autrefois qu'il avoit aimé trois reines, et qu'il avoit été obligé de les gourmer toutes trois. C'est pourquoi je ne sais qu'en juger. Voilà comme madame de Chevreuse me parloit (1). Je reviens à ma narration.

Je n'étois pas assez chatouillé de la figure que je faisois contre M. le prince, quoique je m'en tinsse très-honoré, pour ne pas concevoir dans toute leur étendue les précipices du poste où j'étois. « Où allons-
« nous, disois-je à M. de Bellièvre, qui me parois-
« soit trop aise de ce que M. le prince ne m'avoit pas

(1) *Voilà comme madame de Chevreuse me parloit:* Il n'est pas nécessaire de prouver que les détails qui précèdent ne méritent aucune foi. Si Anne d'Autriche montra un peu de légèreté dans sa première jeunesse, tous les contemporains s'accordent à dire que depuis la régence sa conduite fut grave et irréprochable. La haute idée qu'elle avoit des talens de Mazarin fut l'unique cause de sa fermeté à le soutenir dans le ministère.

« dévoré? pour qui travaillons-nous? Je sais que
« nous sommes obligés de faire ce que nous faisons;
« je sais que nous ne pouvons mieux faire; mais
« nous devons nous réjouir d'une nécessité qui nous
« porte à un mieux, duquel il n'est pas possible que
« nous ne retombions bientôt dans le pis. — Je vous
« entends, répondit le président de Bellièvre, et je
« vous arrête en même temps pour vous dire ce que
« j'ai appris de Cromwell (M. de Bellièvre l'avoit vu
« et connu en Angleterre). Il me disoit un jour que
« l'on ne montoit jamais si haut que quand on ne
« sait où l'on va. — Vous savez, dis-je à de Bellièvre,
« que j'ai horreur pour Cromwell; mais, quelque
« grand homme qu'on nous le prône, j'y ajoute le
« mépris s'il est de ce sentiment; il est d'un fou. »
Je ne vous rapporte ce dialogue, qui n'est rien en
soi, que pour vous faire voir l'importance qu'il y a à
ne parler jamais des gens qui sont dans les grands
postes. M. le président de Bellièvre, en rentrant dans
son cabinet où il y avoit force gens, dit cette parole
comme une marque de l'injustice que l'on me faisoit,
quand on disoit que mon ambition étoit sans mesure
et sans bornes. Elle fut rapportée au Protecteur, qui
s'en souvint avec aigreur dans une occasion dont je
vous parlerai dans la suite, et qui dit à M. de Bordeaux, ambassadeur de France en Angleterre: « Je
« ne connois qu'un homme au monde qui me méprise,
« qui est le cardinal de Retz. » Cette opinion faillit à
me coûter cher. Je reprends le fil de ma narration.

Monsieur, qui étoit très-aise de s'être tiré à si bon
marché des embarras que vous avez vus ci-dessus, ne
songea qu'à les éviter pour l'avenir; et s'en alla le 26

à Limours, pour faire voir, dit-il à la Reine, qu'il n'entroit en rien de tout ce que M. le prince faisoit.

Le lundi 28, et le lendemain, M. le prince fit tous ses efforts au parlement pour obliger la compagnie à presser la Reine, ou à le justifier, ou à donner des preuves de l'écrit qu'elle avoit envoyé contre lui. Mais M. le premier président demeura ferme à ne souffrir aucune délibération jusqu'à ce que M. le duc d'Orléans fût revenu; et comme il étoit persuadé qu'il ne reviendroit pas sitôt, il consentit qu'il fût prié par la compagnie de venir prendre sa place. M. le prince y alla lui-même l'après-dînée du 29, accompagné de M. de Beaufort, pour l'en presser. Il n'y gagna rien; et Jouy vint à minuit, de la part de Monsieur, pour me dire ce qui s'étoit passé dans leur conversation, et pour me commander d'en rendre compte à la Reine dès le lendemain.

Le lendemain, qui fut le 30, M. le prince vint au Palais, et il eut le plaisir de voir jouer à M. de Vendôme l'un des plus ridicules personnages que l'on se puisse imaginer. Il demanda acte de la déclaration qu'il faisoit, qu'il n'avoit pas ouï parler, depuis l'année 1648, de la recherche de mademoiselle de Mancini; et vous pouvez croire qu'il ne persuada personne. M. le prince ayant demandé ensuite au premier président si la Reine avoit répondu aux remontrances que la compagnie lui avoit faites sur ce qui le regardoit, on envoya querir les gens du Roi. Ils dirent qu'elle avoit remis à répondre au retour de M. le duc d'Orléans, qui étoit à Limours. M. le prince se plaignit de ce délai comme d'un déni de justice. Beaucoup de voix s'élevèrent; et M. le premier président fut obligé, après beaucoup de résistance, à faire la relation de ce qui s'étoit passé au Palais-Royal le samedi précédent, qui étoit le jour auquel il y avoit fait la remontrance. Il l'avoit portée avec une grande force, et il n'y avoit rien oublié de tout ce qui pouvoit faire voir et sentir à la Reine l'utilité et même la nécessité de la réunion de la maison royale. Il finit par le rapport qu'il en fit au parlement, en disant que la Reine l'avoit remis, aussi bien que les gens du Roi, au retour de M. le duc d'Orléans.

M. le président de Mesmes, qui étoit allé à Limours de la part de la compagnie pour l'inviter à venir prendre sa place, n'avoit rapporté qu'une réponse fort ambiguë; et ce qui marquoit encore davantage qu'il n'y viendroit pas fut que M. de Beaufort, qui avoit accompagné la veille M. le prince à Limours, dit que Monsieur lui avoit commandé de prier la compagnie de sa part de ne le point attendre, ainsi qu'il avoit été résolu, pour consommer ce qui concernoit la déclaration contre M. le cardinal.

Le 31, M. le prince vint encore au Palais, et y fit de grandes plaintes de ce que la Reine n'avoit point encore fait de réponse aux remontrances. Il est vrai qu'elle avoit fait dire simplement par M. le chancelier, aux gens du Roi, qu'elle attendoit M. de Brienne, qu'elle avoit envoyé à Limours à cinq heures du matin. Vous croyez sans doute que cet envoi de M. de Brienne à Limours fut pour remercier Monsieur de la fermeté qu'il avoit témoignée de ne pas venir au parlement, et pour l'y confirmer; et vous aurez encore plus de sujet d'en être persuadée, quand je vous aurai dit que la Reine m'avoit commandé la veille de

lui écrire de sa part qu'elle étoit pénétrée d'une reconnoissance (elle se servit de ce mot), qu'elle con-
serveroit toute sa vie, de ce qu'il avoit résisté aux
dernières instances de M. le prince. La nuit changea
tout cela, ou plutôt le moment de la nuit dans lequel Métayer, valet de chambre du cardinal, arriva
avec une dépêche qui portoit entre autres choses
ces propres mots, à ce que j'ai su depuis du maréchal Du Plessis, qui m'a dit les avoir vus dans l'original : « Donnez, madame, à M. le prince toutes les
« déclarations d'innocence qu'il voudra : tout est
« bon pourvu que vous l'amusiez, et que vous l'em-
« pêchiez de prendre l'essor. » Ce qui est admirable,
c'est que la Reine m'avoit dit à moi-même, trois jours
avant, qu'elle eût souhaité, du meilleur de son cœur,
que M. le prince fût déjà en Guienne, pourvu, ajouta-
t-elle, que l'on ne crût pas que ce fût moi qui l'eût
poussé. Ce point d'histoire est un de ceux qui m'a
obligé à vous dire, en une autre occasion, qu'il y en
a d'inexplicables dans les histoires, et impénétrables
à ceux même qui en sont les plus proches. Je me souviens qu'en ce temps-là nous fîmes tout ce qui étoit
en nous, madame la palatine et moi, pour démêler la
cause de cette variation, si prompte que nous soup-
çonnâmes qu'elle étoit l'effet de quelque négociation
souterraine, et que nous crûmes depuis avoir pleinement éclairci que notre conjecture n'étoit pas fondée.
Ce qui nous confirma dans cette opinion fut que le
premier septembre la Reine fit dire en sa présence
par M. le chancelier, au parlement, qu'elle avoit
mandé au Palais-Royal que comme les avis qui lui
avoient été donnés de l'intelligence de M. le prince

avec les Espagnols n'avoient point eu de suite., Sa Majesté vouloit bien croire qu'ils n'étoient point véritables. Et le 4, M. le prince déclara, en pleine assemblée des chambres, que cette parole de la Reine n'étoit point une justification suffisante pour lui, puisqu'elle marquoit qu'il y eût paru du crime si la première accusation eût été poursuivie. Il insista pour avoir un arrêt en forme; et il s'étendit sur cela avec tant de chaleur, qu'il parut véritablement que le prétendu radoucissement de la Reine n'avoit pas été de concert avec lui. Comme toutefois ce radoucissement n'avoit pas été de celui de Monsieur, il fit le même effet dans son esprit que s'il y eût eu un accommodement véritable. Il rentra dans ce soupçon, en répondant à Doujat et à Menardeau, qui avoient été députés du parlement dès le 2 pour le prier d'y venir prendre sa place, qu'il n'y manqueroit pas. Il n'y manqua pas effectivement. Il me soutint, tout le soir du 3, qu'un changement si soudain n'avoit pu avoir d'autres causes qu'une négociation couverte; il crut que la Reine, qui lui fit des sermens du contraire, le jouoit; et le 4, il appuya avec tant de chaleur la proposition de M. le prince, qu'il n'y eut que trois voix dans la compagnie qui n'allassent pas à faire de très-humbles remontrances à la Reine pour obtenir une déclaration d'innocence en bonne forme en faveur de M. le prince, qui pût être enregistrée avant la majorité du Roi. Vous remarquerez, s'il vous plaît, que la majorité échouoit le 7. M. le premier président ayant dit en opinant qu'il étoit juste d'accorder cette déclaration à M. le prince, mais qu'il étoit aussi nécessaire qu'il rendît auparavant ses devoirs au Roi, fut interrompu par un grand nombre de voix confuses qui demandoient la déclaration contre le cardinal.

Ces deux déclarations furent apportées au parlement le 5, avec une troisième pour la continuation du parlement, mais seulement pour les affaires publiques.

Le 6, celle qui concernoit le cardinal, et l'autre pour la continuation du parlement, furent publiées à l'audience. Celle qui regardoit l'innocence de M. le prince fut remise au jour de la majorité, sous prétexte de la rendre plus authentique et plus solennelle par la présence du Roi : mais en effet dans la vue de se donner du temps pour voir ce que l'éclat de la majesté royale, que l'on avoit projeté d'y faire paroître dans toute sa pompe, produiroit dans l'esprit du peuple. Ce qui me le fait croire, c'est que Servien dit, deux jours après, à un homme de croyance de qui je ne l'ai su que plus de dix ans après, que si la cour se fût bien servie de ce moment, elle auroit opprimé les princes et les frondeurs. Cette pensée étoit folle ; et les gens qui eussent bien connu Paris n'eussent pas été assurément de cette opinion.

M. le prince, qui n'avoit pas plus de confiance à la cour qu'aux frondeurs, n'étoit pas mal fondé dans la défiance qu'il prit et des uns et des autres. Il ne voulut pas se trouver à la cérémonie ; il se contenta d'y envoyer M. le prince de Conti, qui rendit une lettre au Roi en son nom, par laquelle il supplioit Sa Majesté de lui pardonner : que les calomnies et les complots de ses ennemis ne lui permettoient pas de se trouver au Palais ; et il ajoutoit que le seul motif du respect qu'il avoit pour elle l'en empêchoit. Cette dernière parole, qui sembloit marquer que sans la considération de ce respect il y eût pu aller en sûreté, aigrit la Reine au delà de ce que j'en avois vu jusqu'à ce moment ; et elle me dit le soir ces propres mots : « M. le prince périra, ou je périrai. » Je n'étois pas payé pour adoucir son esprit en cette occasion. Comme je ne laissai de lui représenter, par un pur principe d'honnêteté, que l'expression de M. le prince pouvoit avoir un autre sens et plus innocent, comme il étoit vrai, elle me dit d'un ton de colère : « Voilà « une fausse générosité que je hais. » Ce qui est constant, c'est que la lettre de M. le prince au Roi étoit très-sage et très-mesurée.

M. le prince, après le voyage de Trie, étoit revenu à Chantilly. Il y apprit que la Reine avoit déclaré les nouveaux ministres (1) le jour de la majorité, qui fut le 7 du mois; et ce qui acheva de le résoudre de s'éloigner encore davantage de la cour fut l'avis qu'il eut dans le même moment par Chavigny, que Monsieur ne s'étoit pu empêcher de dire en riant, à propos de cet établissement : « Celui-ci durera plus que ce- « lui du jeudi saint. » Il ne laissa pas de supposer, dans la lettre qu'il écrivit à Monsieur pour se plaindre de ce même établissement, et pour lui rendre compte des raisons qui l'obligeoient à quitter la cour ; il ne laissa pas, dis-je, de supposer, et sagement, que Monsieur partageoit l'offense avec lui. Monsieur, qui étoit

(1) *Avoit déclaré les nouveaux ministres*: Châteauneuf fut placé à la tête des affaires; les sceaux furent rendus à Molé; et La Vieuville, dont le fils étoit l'amant de la princesse palatine, devint surintendant des finances.

ravi dans le fond de lui voir prendre le parti de l'éloignement, ne le fut guère moins de se pouvoir ou plutôt de se vouloir persuader à soi-même que M. le prince étoit content de lui, et par conséquent la dupe du concert dont il avoit été avec la Reine, touchant la nomination des ministres. Il crut que par cette raison il pouvoit fort bien demeurer avec lui à tout événement ; et le foible qu'il avoit toujours à tenir des deux côtés l'emporta même plus loin et plus vite qu'il n'avoit accoutumé : car il eut tant de précipitation à faire paroître de l'amitié à M. le prince au moment de son départ, qu'il ne garda plus aucunes mesures avec la Reine, et qu'il ne prit pas même le soin de lui expliquer le sous-main des fausses avances qu'il fit pour le rappeler. Il lui dépêcha un gentilhomme, pour le prier de l'attendre à Angerville. Il donna en même temps ordre à ce gentilhomme de n'arriver à Angerville que quand il sauroit que M. le prince en seroit parti. Comme il se défioit de la Reine, il ne voulut pas lui faire confidence de cette méchante finesse, qu'il ne faisoit que pour persuader à M. le prince qu'il ne tenoit qu'à lui qu'il ne demeurât à la cour. La Reine, qui sut l'envoi du gentilhomme, et qui n'en sut pas le secret, crut qu'il n'avoit pas tenu à Monsieur de retenir M. le prince. Elle en prit ombrage, elle m'en parla ; je lui dis ingénument ce que j'en savois, qui étoit le vrai, quoique Monsieur ne m'eût fait qu'un galimatias fort embarrassant et fort obscur. La Reine ne crut pas que je la trompasse ; mais elle s'imagina que j'étois trompé, et que Chavigny s'étoit rendu maître de l'esprit de Monsieur à mon préjudice. Cette opinion n'étoit pas fondée ;

Monsieur haïssoit Chavigny plus que le démon : et le seul principe de toute sa conduite ne fut que sa timidité, qui cherchoit toujours à se rassurer par des ménagemens même ridicules avec tous les partis. Mais, avant que d'entrer plus avant dans le détail de ce récit, je crois qu'il est à propos de vous rendre compte d'un détail assez curieux qui concerne M. de Chavigny, que vous avez déjà vu et que vous verrez au moins encore pour quelque temps sur le théâtre.

Je crois que je vous ai dit que Monsieur avoit été sur le point de demander son éloignement à la Reine un peu après le changement du jeudi saint; et qu'il ne changea de sentiment que sur ce que je lui représentai qu'il étoit de son intérêt de laisser dans le conseil un homme qui étoit aussi capable que celui-là d'éveiller et de nourrir la division et la défiance entre ceux de la conduite desquels Son Altesse Royale n'étoit pas contente. Il se trouva par l'événement que ma vue n'avoit pas été fausse; l'attachement qu'il avoit avec M. le prince contribua beaucoup à rendre toutes les démarches de son parti suspectes à la Reine, parce qu'elle ne pouvoit ignorer la haine envenimée que Chavigny avoit contre le cardinal. Elle savoit, à n'en pouvoir douter, qu'il avoit été l'instigateur principal de l'expulsion des trois sous-ministres. Le ressentiment qu'elle en eut l'obligea de lui commander de se retirer chez lui en Touraine, trois ou quatre jours après son expulsion. Il s'en excusa, sous prétexte de la maladie de sa mère; il s'en défendit par l'autorité de M. le prince. Quand M. le prince n'en eut plus assez dans Paris pour le maintenir, la Reine se fit un plaisir de l'y voir sans emploi; et elle me dit, avec une aigreur

inconcevable contre lui : « J'aurai la joie de le voir
« sur le pavé comme un laquais. » Elle lui fit dire
pour cette raison, par M. le maréchal de Villeroy,
le premier jour de l'établissement des nouveaux ministres, qu'il pouvoit y demeurer. Il s'en excusa, sous
le prétexte de ses affaires domestiques ; il se retira en
Touraine, où il n'eut pas la force de demeurer. Il
revint en l'absence du Roi à Paris, où vous verrez
dans la suite qu'il joua un triste et fâcheux personnage, qui lui coûta à la fin et l'honneur et la vie.
M. de La Rochefoucauld a dit très-sagement qu'il n'y
avoit rien de si nécessaire que de savoir s'ennuyer.

Il faut encore, avant que de reprendre la suite de
mon discours, que je fasse une autre digression de
ce qui se passa en ce temps-là entre M. le prince et
M. de Turenne. Aussitôt après que M. le prince fut
sorti de Paris pour aller à Saint-Maur, messieurs de
Bouillon et de Turenne s'y rendirent, et ils lui offri-
rent leurs services publiquement, et en la même manière que les autres qui paroissoient les plus engagés
avec lui. M. le prince m'a dit que depuis la veille du
jour qu'il quitta Saint-Maur pour aller à Trie, d'où il
ne revint plus à la cour, M. de Turenne lui avoit encore promis si positivement de le servir, qu'il avoit
même accepté un ordre signé de sa main, par lequel
il ordonnoit à La Moussaye, qui commandoit pour lui
dans Stenay, de lui remettre la place entre les mains ;
et que la première nouvelle qu'il eut après cela de
M. de Turenne fut qu'il alloit commander l'armée
du Roi. Je vous prie d'observer que M. le prince est
l'homme que j'aie jamais connu le moins capable d'une
imposture préméditée. Je n'ai jamais osé faire expli-

quer à fond M. de Turenne sur ce point : mais ce que j'en ai pu tirer en lui en parlant indirectement est qu'aussitôt après la liberté de M. le prince il eut tous les sujets du monde d'être mal satisfait de son procédé à son égard ; qu'il lui préféra en tout et partout M. de Nemours, qui n'approchoit pas de son mérite, et qui ne lui avoit pas rendu d'ailleurs à beaucoup près tant de services ; et que par cette considération il s'étoit cru libre de ses premiers engagemens. Vous remarquerez, s'il vous plaît, que je n'ai jamais vu personne moins capable d'une vilenie que M. de Turenne. Reconnoissons encore de bonne foi qu'il y a des points dans l'histoire inconcevables à ceux même qui se sont trouvés les plus proches des faits. Je reprends le fil de ma narration.

M. le prince, n'ayant demeuré qu'un jour ou deux à Angerville, prit le chemin de Bourges, qui étoit proprement celui de Bordeaux ; et la Reine, qui eût été bien aise, si elle eût suivi son inclination, de l'éloignement de M. le prince, mais qui avoit reçu une leçon contraire de Brulh, n'osa s'opiniâtrer contre l'avis de Monsieur, qui, fortifié par les conseils de Chavigny, et persuadé d'ailleurs que la cour entretenoit toujours quelques négociations secrètes avec M. le prince, feignit, à toute fin, un grand empressement à faire que M. le prince ne s'éloignât pas. Ce qui le confirma pleinement dans cette conduite fut qu'une ouverture qu'on attribuoit dans ce temps-là à M. Le Tellier, au moins dans le bruit du monde, lui fit croire qu'il jouoit à jeu sûr, et que cet empressement qui paroîtroit à rappeler monsieur son cousin à la cour n'iroit effectivement qu'à le tenir en repos dans son gouvernement : à quoi Monsieur prétendoit qu'il trouveroit son compte en toutes manières. Cette ouverture fut que l'on offrit à M. le prince qu'il demeurât paisible dans son gouvernement, jusqu'à ce qu'on eût assemblé les Etats-généraux. Cette proposition est de la nature de ces choses dont il me semble que j'ai déjà parlé quelquefois, qui ne s'entendent pas, parce qu'il est impossible de concevoir ce qui peut leur avoir donné l'être. Il est constant que cette ouverture vint de la cour, soit par M. Le Tellier, soit par un autre ; et il ne l'est pas moins qu'il n'y avoit rien au monde de plus contraire aux véritables intérêts de la cour, parce que ce repos imaginaire de M. le prince dans son gouvernement lui donnoit lieu d'y conserver, d'y fortifier et d'y augmenter ses troupes, qui par la même proposition y devoient demeurer en quartier d'hiver. Monsieur la reçut avec une joie qui me surprit au dernier point, parce qu'il m'avoit dit plus de mille fois que de l'humeur dont il connoissoit le cardinal, susceptible de toutes négociations, il ne croyoit rien de plus opposé à ses intérêts, de lui Monsieur, que les interlocutoires entre M. le prince et la cour. En pouvoit-on trouver un plus dangereux sur ce fondement, auquel cette proposition donnoit lieu ? Ce qui est merveilleux fut que ce qui étoit assurément pernicieux et à la cour et à Monsieur fut rejeté par M. le prince, et que son destin le porta à préférer et à ses inclinations et à ses vues ce caprice de ses amis et de ses serviteurs. Je ne sais de ce détail que ce que Croissy, qui fut envoyé par Monsieur à Bourges, m'en a dit depuis à Rome ; mais je suis persuadé qu'il m'en a dit la vérité, parce qu'il n'avoit aucun intérêt à me la déguiser. En voici le particulier :

M. le prince, qui étoit par son inclination fort éloigné de la guerre civile, parut d'abord à Croissy très-bien disposé à recevoir les propositions qu'il lui portoit de la part de Monsieur; et avec d'autant plus de facilité que les offres qu'on lui faisoit le laissoient, au moins pour très-long-temps, dans la liberté de choisir entre les partis qu'il avoit à prendre. Il est très-difficile de se résoudre à refuser des propositions de cette nature, particulièrement quand elles arrivent justement dans les instans où l'on est pressé de prendre un parti qui n'est pas de son inclination. Je vous ai déjà dit que celle de M. le prince n'étoit pas à la guerre civile; et tous ceux qui étoient auprès de lui s'en fussent aussi passés facilement, s'ils eussent pu convenir ensemble des propositions de son accommodement. Chacun l'eût voulu faire pour y trouver son avantage particulier : personne ne se voyoit en état de le pouvoir, parce que personne n'avoit assez de croyance dans son esprit pour exclure les autres de la négociation. Ils conclurent tous la guerre, parce qu'aucun d'eux ne crut pouvoir faire la paix; et cette disposition générale se joignant à l'intérêt que madame de Longueville trouvoit à être éloignée de monsieur son mari, forma un obstacle invincible à l'accommodement. On ne connoît pas ce que c'est que parti, quand on s'imagine que le chef en est le maître; son véritable service y est presque toujours combattu par l'intérêt même assez souvent imaginaire des subalternes; et ce qui est encore plus fâcheux est que quelquefois son honnêteté, et presque toujours sa prudence, prend parti avec eux contre lui-même. Croissy me dit plusieurs fois que le soulèvement et l'emportement des amis de M. le prince alla en cette rencontre jusqu'au point de faire entre eux un traité à Montrond, où il étoit allé voir madame sa sœur, par lequel ils s'obligeoient de l'abandonner, et de former un tiers parti sous l'autorité de M. le prince de Conti, au cas que M. le prince s'accommodât avec la cour aux conditions que M. le duc d'Orléans lui avoit fait proposer par lui Croissy. J'aurois eu peine à ajouter foi à ce qu'il me disoit pourtant sur cela avec serment, vu la foiblesse et le ridicule de cette fanatique faction, si ce que j'avois vu incontinent après la liberté de M. le prince ne m'en eût fourni un exemple assez pareil. J'ai oublié de vous dire, en traitant cet endroit, que madame de Longueville, cinq ou six jours après qu'elle fut revenue de Stenay, me demanda en présence de M. de La Rochefoucauld si, en cas de rupture entre les deux frères, je ne me déclarerois point pour M. le prince de Conti. La subdivision est ce qui perd presque tous les partis, particulièrement quand elle est introduite par cette sorte de finesse qui est directement opposée à la prudence; et c'est ce que les Italiens appellent *comedia in comediâ*.

Je vous supplie très-humblement de ne vous point étonner si, dans la suite de cette narration, vous ne trouvez pas la même exactitude que j'ai observée jusqu'ici en ce qui regarde les assemblées du parlement. La cour s'étant éloignée de Paris aussitôt après la majorité du Roi, qui fut le 7 du mois de septembre, pour aller en Berri et en Poitou; et M. le duc d'Orléans y agissant également entre la Reine et M. le prince, le théâtre du Palais se trouva beaucoup moins rempli qu'il n'avoit accoutumé; et l'on peut dire que depuis la majorité jusqu'à l'ouverture de la Saint-Martin suivante, qui fut le 20 novembre, il n'y eut aucunes scènes considérables que celles du 7 et du 14 d'octobre, dans lesquelles Monsieur dit à la compagnie que le Roi lui avoit envoyé un plein pouvoir pour traiter avec M. le prince; et qu'il avoit nommé, pour le suivre et le servir dans cette négociation, messieurs d'Aligre et de La Marguerite, conseillers d'Etat; et messieurs de Mesmes, Menardeau et Cumont, du parlement. Cette députation n'eut point de lieu, parce que M. le prince, à qui M. le duc d'Orléans avoit offert d'aller conférer avec lui à Richelieu, avoit refusé la proposition comme captieuse du côté de la cour, et faite à dessein pour ralentir l'ardeur de ceux qui s'engageroient avec lui. Il étoit arrivé à Bordeaux le 12 : on en eut nouvelle le 26 à Paris; et le même jour le Roi partit pour Fontainebleau, où il sut ce soir-là qu'en faisant avancer la cour jusqu'à Bourges, elle en chasseroit les partisans de M. le prince. M. de Châteauneuf et M. le maréchal de Villeroy pressèrent la Reine au dernier point de ne pas donner le temps à Persan de s'y jeter avec la noblesse du pays. La cour s'étant donc avancée, et les principaux habitans s'étant déclarés pour le Roi, tout se rendit sans coup férir. Palluau fut laissé avec un petit corps d'armée pour faire le blocus de Montrond, défendu par Persan. M. le prince de Conti et madame de Longueville se retirèrent à Bordeaux en grande diligence; M. de Nemours les accompagna dans ce voyage, dans le cours duquel il s'attacha à madame de Longueville plus que madame de Châtillon et M. de La Rochefoucauld n'eussent voulu. M. le prince crut qu'il avoit engagé dans son parti M. de Longueville, dans la conférence qu'il eut avec lui à Trie : ce qui n'eut pourtant aucun effet, M. de Longueville étant demeuré à Rouen. Le mouvement que les troupes commandées par le comte de Tavannes du côté de Stenay firent par l'ordre de M. le prince, après qu'il eut quitté la cour, ne fut guère plus considérable: le comte de Grand-Pré, qui avoit quitté par un mécontentement le service de M. le prince, leur ayant donné une même crainte auprès de Villefranche, et une autre auprès de Givet.

La désertion de Marsin (1) dans la Catalogne fut, en récompense, d'un très-grand poids. Il commandoit dans cette province lorsque M. le prince fut arrêté. Comme on le connoissoit pour être son serviteur très-particulier, on ne jugea pas à la cour qu'il fût à propos d'y prendre confiance : on envoya ordre à l'intendant de se saisir de sa personne. Il fut remis en liberté aussitôt après celle de M. le prince, et il fut rétabli même dans son emploi. Quand M. le prince se retira de la cour après sa prison, et qu'il prit le chemin de Guienne, la Reine pensa à gagner Marsin, et elle lui envoya les patentes de vice-roi de Catalogne, qu'il avoit passionnément souhaitées, en y ajoutant toutes les promesses imaginables pour l'avenir. Comme il avoit été averti à temps de la sortie et de la résolution de M. le prince, il appréhenda le même traitement qu'il avoit reçu l'autre fois. Il quitta la Catalo-

(1) *Marsin*: Jean-Gaspard-Ferdinand, comte de Marsin, mort au service d'Espagne en 1673.

gne avant qu'il eût reçu les offres de la Reine ; et il se jeta dans le Languedoc avec Baltons, Lussan, Mont-Pouillan, le Marcousse, et ce qu'il put débaucher de ses troupes. Cette désertion donna un merveilleux avantage aux Espagnols dans cette province, et l'on peut dire qu'elle en a coûté la perte à la France.

M. le prince ne s'endormoit pas du côté de Guienne : il engagea toute la noblesse dans son parti. Le vieux maréchal de La Force se déclara même pour lui ; et le comte Du Dognon, gouverneur de Brouage, qui tenoit toute sa fortune du duc de Brezé, crut être obligé d'en témoigner sa reconnoissance à madame la princesse, qui étoit sœur de son bienfaiteur.

On n'oublia pas de rechercher l'appui des étrangers. Lenet (1) fut envoyé en Espagne, où il conclut le traité de M. le prince avec le roi Catholique et M. l'archiduc qui commandoit dans les Pays-Bas, et qui venoit de prendre Bergue. Saint-Vinox fit de son côté des préparatifs qui coûtèrent dans la suite Dunkerque et Gravelines à la France, et qui obligèrent dès ce temps-là la cour à tenir sur la frontière une partie des troupes, qui eussent été d'ailleurs très-nécessaires en Guienne. Ces nuées ne firent pas tout le mal, au moins pour le dedans du royaume, que leur grosseur et leur noirceur en pouvoient faire appréhender. M. le prince ne fut pas servi dans ses levées comme sa qualité et sa personne le méritoient. Le maréchal de La Force n'en usa pas en son particu-

---

(1) *Lenet :* Pierre, procureur général près le parlement de Dijon. Il fut l'un des serviteurs les plus habiles et les plus zélés du prince de Condé. Mort en 1671. Ses Mémoires font partie de cette série.

lier d'une manière qui fût conforme au reste de sa vie. Les tours de La Rochelle, qui étoient entre les mains du comte Du Dognon, ne tinrent que fort peu de temps contre M. le comte d'Harcourt, qui commandoit l'armée du Roi ; les Espagnols auxquels il remit Bourg, place voisine de Bordeaux, entre les mains, ne le secoururent qu'assez foiblement. M. le prince ne put faire d'autres conquêtes que celle d'Agen et celle de Saintes. Il fut obligé de lever le siége de Cognac ; et le plus grand capitaine du monde, sans exception, connut ou plutôt fit connoître, dans toutes ces occasions, que la valeur la plus héroïque et la capacité la plus extraordinaire ne soutiennent qu'avec beaucoup de difficulté les nouvelles troupes contre les vieilles.

Comme je me suis fixé, dès le commencement de cet ouvrage, à ne m'arrêter proprement que sur ce que j'ai connu par moi-même, je ne touche ce qui s'est passé en Guienne, dans ces premiers mouvemens de M. le prince, que très-légèrement, et purement qu'autant que la connoissance vous en est nécessaire, par le rapport et la liaison qu'elle a à ce que j'ai à vous raconter de ce que je voyois à Paris, et de ce que je pénétrois de la cour.

Il me semble que j'ai déjà marqué ci-dessus que la cour s'avança de Bourges à Poitiers pour être en état de remédier de plus près aux démarches de M. le prince. Comme elle vit qu'il ne donnoit pas dans le panneau qu'elle lui avoit tendu, par le moyen d'une négociation pour laquelle elle prétendoit, quoiqu'à faux, à mon opinion, avoir gagné Gourville, elle ne garda plus aucunes mesures à son égard, et elle envoya une déclaration (1) contre lui au parlement, par laquelle elle le déclaroit criminel de lèse-majesté, etc. Voici, à mon sens, le moment fatal et décisif de la révolution. Il y a fort peu de gens qui en aient connu la véritable importance : chacun s'y en est voulu former une imaginaire. Les uns se sont voulu figurer que le mystère de ce temps-là consista dans les cabales qu'ils se persuadèrent avoir été faites dans la cour pour et contre le voyage du Roi. Il n'y a rien de plus faux : il se fit d'un concert uniforme de tout le monde. La Reine brûloit d'impatience d'être libre, et en lieu où elle pût rappeler M. le cardinal quand il lui plairoit. Les sous-ministres la fortifioient par toutes leurs lettres dans la même pensée. Monsieur souhaitoit plus que personne l'éloignement de la cour, parce que sa pensée naturelle et dominante lui faisoit toujours trouver une douceur sensible à tout ce qui pouvoit diminuer les devoirs journaliers auxquels la présence du Roi l'engageoit. M. de Châteauneuf joignoit, au désir qu'il avoit de rendre par un nouvel éclat M. le prince encore plus irréconciliable à la cour, la vue de se gagner l'esprit de la Reine, dans le cours d'un voyage dans lequel l'absence du cardinal et l'éloignement des sous-ministres lui donnoient lieu d'espérer qu'il se pourroit rendre encore et plus agréable et plus nécessaire. M. le premier président y concourut de son mieux, et parce qu'il le crut très-utile au service du Roi, et que la hauteur avec laquelle M. de Châteauneuf le traitoit lui étoit devenue insupportable. M. de La Vieuville ne fut pas fâché, à ce qu'il

---

(1) *Une déclaration* : Cette déclaration fut enregistrée au parlement de Paris le 4 décembre 1651.

me parut, de n'être pas trop éclairé dans les premiers jours de la fonction de la surintendance ; et Bordeaux, qui étoit son confident principal, me fit un discours qui me marqua même de l'impatience que le Roi fût déjà hors de Paris. Celle des frondeurs n'étoit pas moindre, et parce qu'ils voyoient la nécessité qu'il y avoit effectivement à ne pas laisser établir M. le prince au delà de la Loire, et parce qu'ils se tenoient beaucoup plus assurés de l'esprit de Monsieur lorsqu'il étoit éloigné de la cour que lorsqu'il étoit proche. Voilà ce qui me parut de la disposition de tout le monde sans exception, à l'égard du voyage du Roi ; et je ne comprends pas sur quoi l'on a pu fonder cette diversité d'avis que l'on a prétendu et même écrit, ce me semble, avoir été dans le conseil sur ce sujet.

Vous voyez donc qu'il n'y eut aucun mystère au départ du Roi ; mais en récompense il y en eut beaucoup dans la suite de ce départ, parce que chacun y trouva tout le contraire de ce qu'il s'étoit imaginé. La Reine y rencontra plus d'embarras, sans comparaison, qu'elle n'en avoit à Paris, par les obstacles que M. de Châteauneuf mettoit au rappel de M. le cardinal. Les sous-ministres eurent des frayeurs mortelles que l'habitude et la nécessité n'établissent à la fin dans l'esprit de la Reine M. de Châteauneuf et M. de Villeroy, qui paroissoit lassé de leurs avis. M. de Châteauneuf, de son côté, ne trouva pas le fondement qu'il avoit cru aux espérances dont il s'étoit flatté lui-même à cet égard, parce que la Reine demeura toujours dans un concert très-étroit avec le cardinal, et avec tous ceux qui étoient véritablement attachés à ses intérêts.

Monsieur devint en fort peu de temps moins sensible au plaisir de la liberté que l'absence de la cour lui donnoit, qu'aux ombrages qu'il prit assez subitement des bruits qui se répandirent des négociations souterraines, qu'il croyoit encore plus dangereuses par la raison de l'éloignement. M. de La Vieuville, qui craignoit plus que personne le Mazarin, me dit, quinze jours après le départ du Roi, que nous avions tous été des dupes de ne nous y être pas opposés. J'en convins en mon nom, et en celui de tous les frondeurs. J'en conviens encore aujourd'hui de bonne foi, et que cette faute fut une des plus lourdes que chacun pût faire, dans cette conjoncture, en son particulier. Je dis chacun de ceux qui ne désiroient pas le rappel de M. le cardinal Mazarin : car il est vrai que ceux qui étoient dans ses intérêts jouoient le droit du jeu. Ce qui nous la fit faire fut l'inclination naturelle que tous les hommes ont à chercher plutôt le soulagement présent que ce qui leur en doit faire un jour. J'y donnai de ma part comme tous les autres, et l'exemple ne fait pas que j'en aie moins de honte. Notre bévue fut d'autant plus grande que nous en avions prévu les inconvéniens, qui étoient dans la vérité non-seulement visibles, mais palpables et impardonnables, et que nous prîmes le détour de coure les plus grands pour éviter les plus petits. Il y avoit sans comparaison moins de péril pour nous à laisser respirer et fortifier M. le prince en Guienne, qu'à mettre la Reine, comme nous faisions, en pleine liberté de rappeler son favori. Cette faute est l'une de celles qui m'ont obligé de vous dire, ce me semble quelquefois, que la source la plus ordinaire des manquemens des hommes est qu'ils s'effraient trop du présent, et qu'ils ne s'effraient pas assez de l'avenir. Nous ne fûmes pas long-temps sans connoître et sans sentir que les fautes capitales qui se commettent dans les partis qui sont opposés à l'autorité royale les déconcertent si absolument, qu'elles obligent presque toujours ceux qui y ont eu leur part à une nécessité de faillir, quelque conduite qu'ils puissent suivre. Je m'explique. Monsieur ayant mis proprement la Reine en liberté de rappeler le cardinal Mazarin ne pouvoit plus prendre que trois partis, dont l'un étoit de consentir à son retour, l'autre de s'y opposer de concert avec M. le prince, et le troisième de faire un tiers parti dans l'Etat. Le premier étoit honteux, après les engagemens publics qu'il avoit pris ; le second étoit peu sûr, par la raison des négociations continuelles que les subdivisions qui étoient dans le parti de M. le prince rendoient aussi journalières qu'inévitables ; le troisième étoit dangereux pour l'Etat, et impraticable même de la part de Monsieur, parce qu'il étoit au dessus de son génie.

M. de Châteauneuf, se trouvant avec la cour hors de Paris, ne pouvoit que flatter la Reine par l'espérance du rétablissement de son ministre, ou s'opposer à ce rétablissement par les obstacles qu'il y pouvoit former par le cabinet. L'un étoit ruineux, parce que l'état où étoient les affaires faisoit voir ces espérances trop proches pour espérer que l'on les pût rendre illusoires. L'autre étoit chimérique, vu l'humeur et l'opiniâtreté de la Reine.

Quelle conduite pouvois-je prendre en mon particulier qui pût être sage et judicieuse ? Il falloit nécessairement, ou que je servisse la Reine selon son désir pour le retour du cardinal, ou que je m'y opposasse avec Monsieur, ou que je me ménageasse entre les deux. Il falloit de plus, ou que je m'accommodasse avec M. le prince, ou que je demeurasse brouillé avec lui : et quelle sûreté pouvois-je trouver dans tous ces partis? Ma déclaration pour la Reine m'eût perdu irrémissiblement dans le parlement, dans le peuple, et dans l'esprit de Monsieur ; sur quoi je n'aurois eu pour garant que la bonne foi du Mazarin. Ma déclaration pour Monsieur devoit, selon toutes les règles du monde, m'attirer un quart-d'heure après la révocation de ma nomination au cardinalat. Pouvois-je demeurer en rupture avec M. le prince, dans le temps que Monsieur feroit la guerre au Roi conjointement avec lui? Pouvois-je me raccommoder avec M. le prince, au moment que la Reine me déclaroit qu'elle ne se résolvoit à me laisser la nomination que sur la parole que je lui donnois que je ne m'y raccommoderois pas? Le séjour du Roi à Paris eût tenu la Reine dans des égards qui eussent levé beaucoup de ces inconvéniens, et qui eussent adouci les autres. Nous contribuâmes à son éloignement, au lieu d'y mettre les obstacles presque imperceptibles qui étoient en plus d'une manière dans nos mains. Il en arriva ce qui arrive toujours à ceux qui manquent de certains momens qui sont capitaux et décisifs dans les affaires. Comme nous ne voyions plus de bons partis à prendre, nous prîmes tous, à notre mode, ce qui nous parut de moins mauvais dans chacun : ce qui produit toujours deux mauvais effets; l'un est que ce composé, pour ainsi dire, de vues est toujours con-

fus et brouillé; et l'autre, qu'il n'y a jamais que la
pure fortune qui le démêle. J'expliquerai cela, et je
l'appliquerai au détail duquel il s'agit, après que je
vous aurai rendu compte de quelques faits assez curieux et assez remarquables de ce temps-là.

La Reine, qui avoit toujours eu dans l'esprit de
rétablir M. le cardinal Mazarin, commença à ne se
plus tant contraindre sur ce qui regardoit son retour,
dès qu'elle se sentit en liberté; et messieurs de Châteauneuf et de Villeroy connurent, aussitôt que la
cour fut arrivée à Poitiers, que les espérances qu'ils
avoient conçues ne se trouvoient pas, au moins par
l'événement, bien fondées. Les succès que M. le
comte d'Harcourt avoit en Guienne; la conduite du
parlement de Paris, qui ne vouloit point du cardinal,
mais qui défendoit sous peine de la vie les levées que
M. le prince faisoit pour s'opposer à son retour; la
division publique et déclarée qui étoit dans la maison
de Monsieur, entre les serviteurs de M. le prince et
mes amis, donnoient du courage à ceux qui étoient
dans les intérêts du ministre auprès de la Reine. Elle
n'en avoit que trop par elle-même en tout ce qui
étoit de son goût. D'Hocquincourt, qui fit un voyage
secret à Brulh, fit voir au cardinal un état de huit
mille hommes prêts à le prendre sur la frontière, et
à le mener en triomphe jusqu'à Poitiers. Je sais, d'un
homme qui étoit présent à la conversation, que rien
ne le toucha plus sensiblement que l'imagination de
voir une armée avec son écharpe (car Hocquincourt
avoit pris la verte en son nom); et que cette foiblesse
fut remarquée de tout le monde. La Reine ne quitta
pas la voie de la négociation dans le moment même

qu'elle projetoit de prendre celle des armes. Gourville alloit et venoit du côté de M. le prince. Bertet vint à Paris pour gagner M. de Bouillon, M. de Turenne et moi. Cette scène est assez curieuse pour s'y arrêter un peu plus long-temps. Je vous ai déjà dit que M. de Bouillon et M. de Turenne étoient séparés de M. le prince; ils vivoient l'un et l'autre d'une manière fort retirée dans Paris: et, à la réserve de leurs amis particuliers, peu de gens les voyoient. J'étois de ce nombre; et comme j'en connoissois pour le moins autant que personne le mérite et le poids, je n'oubliai rien et pour le faire connoître et pour le faire peser à Monsieur, et pour obliger les deux frères à entrer dans ses intérêts. L'aversion naturelle qu'il avoit pour l'aîné, sans savoir pourquoi, l'empêcha de faire ce qu'il se devoit à soi-même en cette rencontre; et le mépris que le cadet avoit pour lui, sachant très-bien pourquoi, n'aida pas au succès de ma négociation. Celle de Bertet, qui arriva justement à Paris dans cette conjoncture, se trouva commune entre M. de Bouillon et moi, par la rencontre de madame la palatine, qui étoit elle-même notre amie commune, et à laquelle Bertet avoit ordre de s'adresser directement.

Elle nous assembla chez elle entre minuit et une heure, et elle nous présenta Bertet, qui, après un torrent d'expressions gasconnes, nous dit que la Reine, qui étoit résolue de rappeler le cardinal Mazarin, n'avoit pas voulu exécuter sa résolution sans prendre nos avis. M. de Bouillon, qui me jura une heure après en présence de madame la palatine qu'il n'avoit encore jusque là reçu aucune proposition, au moins formée,

de la part de la cour, me parut embarrassé : mais il s'en démêla à sa manière, c'est-à-dire en homme qui savoit, mieux qu'aucun que j'aie connu, parler le plus quand il disoit le moins. M. de Turenne qui étoit plus laconique, et dans la vérité beaucoup plus franc, se tourna de mon côté, et il me dit : « Je crois que
« M. Bertet va tirer par le manteau tous les gens à
« manteau noir qu'il trouve dans la rue, pour leur
« demander leurs opinions sur le retour de M. le car-
« dinal : car je ne vois pas qu'il y ait plus de raison de
« la demander à monsieur mon frère et à moi, qu'à
« tous ceux qui ont passé aujourd'hui sur le Pont-
« Neuf. — Il y en a beaucoup moins à moi, lui ré-
« pondis-je : car il y a des gens qui ont aujourd'hui
« passé sur le Pont-Neuf, qui pourroient donner leurs
« avis sur cette matière ; et la Reine sait bien que je
« n'y puis jamais entrer. » Bertet me repartit brusquement, et sans balancer : « Et votre chapeau,
« monsieur, que deviendra-t-il ? — Ce qu'il pourra,
« lui dis-je. — Et que donnerez-vous à la Reine pour
« ce chapeau, ajouta-t-il ? — Ce que je lui ai dit cent
« et cent fois, lui répondis-je. Je ne m'accommoderai
« point avec M. le prince, si l'on ne révoque point
« ma nomination. Je m'y accommoderai demain, et
« je prendrai l'écharpe isabelle, si l'on continue seu-
« lement à m'en menacer. » La conversation s'échauffa, et nous en sortîmes cependant assez bien, M. de Bouillon ayant remarqué comme moi que l'ordre de Bertet étoit de se contenter de ce que j'avois dit mille fois à la Reine sur ce sujet, en cas qu'il n'en pût tirer davantage.

Pour ce qui étoit de M. de Bouillon et de M. de Turenne, la confabulation fut bien plus longue ; je dis confabulation, parce qu'il n'y avoit rien de plus ridicule que de voir un petit Basque, homme de rien, entreprendre de persuader à deux des plus grands hommes du monde de faire la plus signalée de toutes les sottises, qui étoit de se déclarer pour la cour, avant que d'y avoir pris aucunes mesures. Ils ne le crurent pas; ils en prirent de bonnes bientôt après. On promit à M. de Turenne le commandement des armées, et l'on assura à M. de Bouillon la récompense immense qu'il a tirée depuis pour Sedan. Ils eurent la bonté pour moi de me confier leurs accommodemens, quoique je fusse de parti contraire; et il se rencontra par l'événement que cette confiance leur valut leur liberté.

Monsieur, qui fut averti qu'ils alloient servir le Roi, et qu'ils devoient sortir de Paris à tel jour et à telle heure, me dit, comme je revenois de leur dire adieu, qu'il les falloit arrêter, et qu'il en alloit donner l'ordre au vicomte d'Autel, capitaine de ses gardes. Jugez, je vous supplie, en quel embarras je me trouvai, en faisant réflexion d'un côté sur le juste sujet que l'on auroit de croire que j'avois trahi le secret de mes amis, et de l'autre sur le moyen dont je me pourrois servir pour empêcher Monsieur d'exécuter ce qu'il venoit de résoudre! Je combattis d'abord la vérité de l'avis qu'on lui avoit donné; je lui représentai les inconvéniens d'offenser sur des soupçons des gens de cette qualité et de ce mérite; et comme je vis qu'il croyoit son avis très-sûr, comme il l'étoit en effet, et qu'il persistoit dans son dessein, je changeai de ton, et je ne songeai plus qu'à gagner du temps, pour leur donner à eux-mêmes celui de s'évader. La fortune favorisa mon intention. Le vicomte d'Autel, que l'on chercha, ne se trouva point. Monsieur s'amusa à une médaille que Bruneau lui apporta tout à propos ; et j'eus le temps de mander à M. de Turenne, par Varennes qui me tomba sous la main comme par miracle, de se sauver sans y perdre un moment. Le vicomte d'Autel manqua ainsi les deux frères de deux ou trois heures. Le chagrin de Monsieur n'en dura guère davantage ; je lui dis la chose comme elle s'étoit passée, cinq ou six jours après, l'ayant trouvé de bonne humeur. Il ne m'en voulut point de mal : il eut même la bonté de me dire que si je m'en fusse ouvert à lui dans le temps, il eût préféré à son intérêt celui que j'y avois, sans comparaison plus considérable par la raison du secret qui m'avoit été confié. Et cette aventure ne nuisit pas, comme vous pouvez croire, à serrer la vieille amitié qui étoit entre M. de Turenne et moi.

Vous avez déjà vu, en plus d'un endroit de cette histoire, que celle que M. de La Rochefoucauld avoit pour moi n'étoit pas si bien confirmée. Voici une marque que j'en reçus, qui mérite de n'être pas omise. M. Talon, qui est présentement secrétaire du cabinet, et qui étoit dès ce temps-là attaché aux intérêts du cardinal, entra un matin dans ma chambre comme j'étois au lit ; et après m'avoir fait un compliment et s'être nommé (car je ne le connoissois seulement pas de visage), il me dit que bien qu'il ne fût pas dans mes intérêts, il ne pouvoit pas s'empêcher de m'avertir du péril où j'étois ; que l'horreur qu'il avoit pour les mauvaises actions, et le respect qu'il avoit pour ma personne, l'obligeoient à me dire que Gourville et La Roche-Courbon, domestique de M. de La Rochefoucauld et major de Damvilliers, avoient failli à m'assassiner (1) la veille sur le quai qui est vis-à-vis du pont Bourbon. Je remerciai, comme vous pouvez juger, M. Talon, pour qui effectivement je conserverai jusqu'au dernier soupir une tendre reconnoissance; mais l'habitude que j'avois à recevoir des avis de cette nature fit que je n'y fis pas toute la réflexion que je devois faire et au nom et au mérite de celui qui me le donnoit, et que je ne laissai pas d'aller le lendemain au soir chez madame de Pommereux seul dans mon carrosse, et sans autre suite que celle de deux pages et trois ou quatre laquais. M. Talon revint chez moi le lendemain matin; et après qu'il m'eut témoigné de l'étonnement du peu d'attention que j'avois fait sur son premier avis, il ajouta que ces messieurs m'avoient encore manqué d'un quart-d'heure la veille auprès des Blancs-Manteaux, sur les neuf heures du soir, qui étoit justement l'heure que j'étois sorti de chez madame de Pommereux. Ce second avis, qui me parut plus particularisé que l'autre, me tira de mon assoupissement. Je me tins sur mes gardes, je marchai en état de n'être pas surpris. Je m'informai par M. Talon même de tout le détail. Je fis arrêter et interroger La Roche-Courbon, qui déposa devant le lieutenant criminel que M. de

(1) *Avoient failli à m'assassiner :* Il n'étoit pas question d'assassinat. Le prince de Condé avoit chargé Gourville et La Roche-Courbon d'enlever le coadjuteur, et de le conduire à Damvilliers. Le hasard seul fit manquer cette entreprise, dont les détails fort curieux se trouvent dans les Mémoires de Gourville.

La Rochefoucauld lui avoit commandé de m'enlever, et de me mener à Damvilliers; qu'il avoit pris pour cet effet soixante hommes choisis de la garnison de cette place; qu'il les avoit fait entrer dans Paris séparément; que lui et Gourville ayant remarqué que je revenois tous les jours de l'hôtel de Chevreuse entre minuit et une heure, avec dix ou douze gentilshommes seulement en deux carrosses, avoient posté leurs gens sous la voûte de l'arcade qui est vis-à-vis du pont Bourbon; que comme ils avoient vu que je n'avois pas pris le chemin du quai un tel jour, ils m'étoient allés attendre le lendemain auprès des Blancs-Manteaux, où ils m'avoient encore manqué, parce que celui qui étoit en garde à la porte du logis de madame de Pommereux, pour observer quand j'en sortirois, s'étoit amusé à boire dans un cabaret prochain. Voilà la déposition de La Roche-Courbon, dont le lieutenant criminel fit voir l'original à Monsieur en ma présence. Vous croyez aisément qu'il ne m'eût pas été difficile, après un aveu de cette nature, de le faire rouer; et que s'il eût été appliqué à la question, il eût peut-être confessé quelque chose de plus que le dessein de l'enlèvement. Le comte de Pas, frère de M. de Feuquières, et de celui qui porte aujourd'hui le même nom, à qui j'avois une obligation considérable, vint me conjurer de lui donner la vie, et je la lui accordai. J'obligeai Monsieur de commander au lieutenant criminel de cesser la procédure; et comme il me disoit qu'il la falloit au moins pousser jusqu'à la question pour en tirer au moins la vérité tout entière, je lui répondis en présence de tout ce qui étoit dans le cabinet du Luxembourg : « Il est si beau, si

« honnête et si extraordinaire, monsieur, à des gens
« qui font une entreprise de cette nature, de hasarder
« de la manquer, et de se perdre eux-mêmes par
« une action aussi difficile qu'est celle d'enlever un
« homme qui ne va pas la nuit sans être accom-
« pagné, et de le conduire à soixante lieues hors du
« royaume; il est si beau, dis-je, de hasarder cela
« plutôt que de se résoudre à l'assassiner, qu'il vaut
« mieux, à mon sens, ne pas pénétrer plus avant,
« de peur que nous ne trouvions quelque chose qui
« dépare une générosité qui honore notre siècle. »
Tout le monde se prit à rire, et peut-être en ferez-
vous de même. La vérité est que je voulus témoigner
ma reconnoissance au comte de Pas, qui m'avoit
obligé deux ou trois mois auparavant sensiblement,
en me renvoyant pour rien tout le bétail de Com-
mercy, qui étoit à lui de bonne guerre, parce qu'il
l'avoit repris après les vingt-quatre heures. J'appré-
hendai que si la chose alloit plus loin et que l'on pé-
nétrât la vérité de l'assassinat, qui n'étoit déjà que
trop clair, je ne pusse plus tirer des mains du parlement ce malheureux gentilhomme. Je fis cesser les
poursuites, par les instances que j'en fis au lieutenant
criminel; je suppliai Monsieur de faire transférer de
son autorité à la Bastille le prisonnier, qu'il ne voulut point à toutes fins remettre en liberté, quoique
je l'en pressasse. Il se la donna cinq ou six mois
après, s'étant sauvé de la Bastille, où il étoit à la
vérité très-négligemment gardé. Un gentilhomme qui
est à moi et qui s'appelle Malclerc, ayant pris avec
lui La Forêt, lieutenant du prévôt de L'Isle, arrêta
Gourville à Montlhéry, où il passoit pour aller à la

cour, avec laquelle M. de La Rochefoucauld avoit toujours des négociations souterraines : car Gourville ne fut pas trois ou quatre heures entre les mains des archers, qu'il arriva un ordre du premier président pour le relâcher.

Il faut avouer que je ne me sauvai de cette entreprise que par une espèce de miracle. Le jour que je fus manqué sur le quai, j'allai chez M. de Caumartin ; et je lui dis que j'étois si las de marcher toujours dans les rues avec cinq ou six carrosses pleins de gentilshommes et de mousquetons, que je le priois de me mettre dans le sien, et de me mener sans livrée à l'hôtel de Chevreuse, où je voulois aller de bonne heure, quoique je fisse état d'y demeurer à souper. M. de Caumartin en fit beaucoup de difficulté, à cause du péril où j'étois continuellement exposé ; et il n'y consentit que sur la parole que je lui donnai qu'il ne se chargeroit point de moi au retour, et que mes gens me reviendroient prendre sur le soir à l'hôtel de Chevreuse, à leur ordinaire. Je me mis donc dans le fond de son carrosse, les rideaux à demi tirés ; et je me souviens qu'ayant vu sur le quai des gens à collet de buffle, il me dit : « Voilà des gens qui sont « peut-être là à votre intention. » Je n'y fis aucune réflexion ; je passai tout le soir à l'hôtel de Chevreuse, et par hasard je ne trouvai auprès de moi, lorsque j'en sortis, que neuf gentilshommes, qui étoient justement un nombre très-propre à me faire assassiner. Madame de Rhodes, qui avoit ce soir-là un carrosse de deuil tout neuf, voyant qu'il pleuvoit, me pria de la mettre dans le mien, parce que le sien la barbouilleroit. Je m'en défendis, en lui faisant la guerre sur sa délicatesse. Mademoiselle de Chevreuse courut jusque sur les degrés après moi pour m'y obliger, et voilà ce qui me sauva la vie; parce que je passai par la rue Saint-Honoré pour aller à l'hôtel de Brissac, où madame de Rhodes logeoit; et qu'ainsi j'évitai le quai où l'on m'attendoit. Ajoutez cette circonstance à celle des Blancs-Manteaux, et à celle d'une générosité aussi extraordinaire que celle de M. Talon, qui, étant dans des intérêts directement contraires au mien, eut la probité de me donner l'avis de l'entreprise; ajoutez, dis-je, à ces deux circonstances que je viens de vous raconter, celle de madame de Rhodes, et vous avouerez que les hommes ne sont pas les maîtres de la vie des hommes. Je reviens à ce que je vous ai tantôt promis des suites qu'eut le voyage du Roi.

Je vous disois, ce me semble, que voyant, comme nous le vîmes clairement en moins de quinze jours, que nous n'avions plus de parti à prendre, après la faute que nous avions faite, qui n'eût des inconvéniens terribles, nous tombâmes, comme il arrive toujours en pareil cas, dans le plus dangereux de tous, qui étoit de n'en point prendre de décisif, et de prendre quelque chose de chacun. Monsieur ne prit point les armes avec M. le prince; et il crut, par cette raison, faire beaucoup pour la cour. Il se déclara dans Paris et dans le parlement contre le retour du Mazarin, et il s'imagina par cette considération qu'il contentoit le public. M. de Châteauneuf conserva quelque temps à Poitiers l'espérance de pouvoir amuser la Reine, par l'espérance qu'il lui donnoit à elle-même du rétablissement de son ministre, dans telle et telle conjoncture qu'il croyoit éloignée. Comme il connut et que l'impatience de la Reine et que l'empressement du cardinal approchoient ces conjonctures beaucoup plus qu'il ne s'étoit imaginé, il prit le parti de la sincérité, et il s'opposa directement au retour avec cette sorte de liberté qui est toujours aussi inutile qu'elle est odieuse toutes les fois que l'on ne l'emploie qu'au défaut du succès de l'artifice. Le parlement, qui se sentoit trop engagé à l'exclusion du Mazarin pour en souffrir le rétablissement, éclatoit avec fureur aux moindres apparences qu'il en voyoit. Comme d'autre part il ne vouloit rien faire qui fût contraire aux formes, et qui choquât l'autorité royale, il rompoit lui-même toutes les mesures que l'on pouvoit prendre pour empêcher ce rétablissement. Je le voulois en mon particulier moins que personne : mais comme je voulois aussi peu le rétablissement avec M. le prince, pour les raisons que vous avez vues ci-dessus, je ne laissois pas d'y contribuer malgré moi, par une conduite qui, quoique judicieuse dans le moment parce qu'elle étoit nécessaire, étoit inexcusable dans son principe, qui étoit d'avoir fait une de ces fautes capitales après lesquelles on ne peut plus rien faire qui soit sage. Voilà ce qui nous perdit à la fin les uns et les autres, comme vous l'allez voir par la suite.

Monsieur, qui étoit l'homme du monde qui aimoit le mieux à se donner à lui-même des raisons qui l'empêchassent de se résoudre, s'étoit toujours voulu persuader que la Reine ne porteroit jamais jusqu'à l'effet l'intention qu'il confessoit qu'elle avoit, et qu'elle auroit toujours, de faire revenir à la cour

M. le cardinal Mazarin. Quand il ne fut plus en son pouvoir de se tromper soi-même, il crut que l'unique remède seroit d'embarrasser la Reine sans la désespérer; et je remarquai en cette occasion ce que j'ai encore observé en plusieurs autres, qui est que les hommes ont une pente merveilleuse à s'imaginer qu'ils amuseront les autres par les mêmes moyens par lesquels ils sentent eux-mêmes qu'ils peuvent être amusés. Monsieur n'agissoit jamais que quand il étoit pressé, et Fremond l'appeloit l'interlocutoire incarné. De tous les moyens que l'on pouvoit prendre pour le presser, le plus efficace et le plus infaillible étoit celui de la peur; et il se sentoit, par la règle des contraires, une pente naturelle à ne point agir quand il n'avoit point de frayeur. Le même tempérament qui produit cette inclination fait celle que l'on a à ne se point résoudre, jusqu'à ce que l'on se trouve embarrassé. Il jugea de la Reine par lui-même; et je me souviens qu'un jour je lui représentois qu'il étoit judicieux et même nécessaire de changer de conduite selon la différence des esprits auxquels on avoit affaire, et qu'il me répondit ces propres mots : « Abus!
« Tout le monde pense également; mais il y a des
« gens qui cachent mieux leurs pensées les uns que
« les autres. » La première réflexion que je fis sur ces paroles fut que la plus grande imperfection des hommes est la complaisance qu'ils trouvent à se persuader que les autres ne sont pas exempts des défauts qu'ils se reconnoissent à eux-mêmes. Monsieur se trompa en cette rencontre encore plus qu'en aucune autre : car la hardiesse de la Reine fit qu'elle n'eut pas besoin du désespoir où Monsieur ne la vouloit pas

jeter pour se porter à l'exécution de sa résolution ; et cette même hardiesse perça encore tous les embarras par lesquels il prétendoit la traverser. Il vouloit toujours se figurer qu'en ne se joignant pas à M. le prince, et en négociant toujours, tantôt par M. de Damville, tantôt par Laumont qu'il envoya à la cour, il amuseroit la Reine, qu'il croyoit pouvoir être retenue par l'appréhension qu'elle auroit de sa déclaration. Il vouloit s'imaginer qu'animant le parlement contre le retour du ministre, comme il faisoit publiquement, il ne donneroit à la cour que de ces sortes d'appréhensions qui sont plus capables de retenir que de précipiter. Comme il parloit fort bien, il nous fit un beau plan sur cela au président de Bellièvre et à moi dans le cabinet des livres, dont nous ne demeurâmes toutefois nullement persuadés. Nous le combattîmes par une infinité de raisons ; mais comme il détruisoit toutes les nôtres par une seule que j'ai touchée ci-dessus, en nous disant : « Nous avons fait la sottise « de laisser sortir la Reine de Paris, nous ne saurions « plus faire que des fautes ; nous ne saurions plus « prendre de bon parti. Il faut aller au jour la jour-« née ; et, cela supposé, il n'y a à faire que ce que je « vous ai dit ; » ce fut en cet endroit où je lui proposai le tiers parti que l'on m'a tant reproché depuis, et que je n'avois imaginé que l'avant-veille. En voici le projet :

Je puis dire avec vérité et sans vanité que, dès que je vis la Reine hors de Paris avec une armée, je ne doutai presque plus de l'infaillibilité du rétablissement du cardinal, parce que je ne crus pas que la foiblesse de Monsieur, les contre-temps du parlement, les négociations inséparables des différentes cabales qui partageoient le parti des princes, pussent tenir long-temps contre l'opiniâtreté de la Reine, et contre le poids de l'autorité royale. Je ne crois pas me louer en disant que j'eus cette vue d'assez bonne heure, parce que je conviens de bonne foi que ne l'ayant eue que depuis que le Roi fut à Poitiers, je ne la pris que beaucoup trop tard. Je. vous ai dit ci-devant qu'il ne s'est jamais fait une faute si lourde que celle que nous fîmes quand nous ne nous opposâmes pas au voyage ; et elle l'est d'autant plus, qu'il n'y avoit rien de plus aisé à voir que ce qui nous en arriveroit. Ce pas de clerc, que nous fîmes tous sans exception à l'envi l'un de l'autre, est un de ceux qui m'a obligé de vous dire quelquefois que toutes les fautes ne sont pas humaines, parce qu'il y en a de si grossières que des gens qui ont le sens commun ne les pourroient pas faire.

Comme j'eus vu, pesé et senti la conséquence de celle dont il s'agit, je pensai en mon particulier au moyen de la réparer; et, après avoir fait toutes les réflexions que vous venez de voir répandues dans les feuilles précédentes sur l'état des choses, je n'y trouvai que deux issues, dont l'une fut celle de laquelle je vous ai parlé ci-dessus, qui étoit du goût et du génie de Monsieur, et à laquelle il avoit donné d'abord et de lui-même. Elle me pouvoit être bonne en mon particulier, parce qu'enfin Monsieur ne se déclarant point pour M. le prince, et entretenant la cour par des négociations, me donnoit toujours lieu de gagner temps et de faire venir mon chapeau. Mais ce parti ne me paroissoit honnête qu'autant qu'il se seroit rendu absolument nécessaire, parce qu'il ne se pouvoit procurer l'avantage qu'il donneroit peut-être par l'événement au cardinalat, qu'il ne fût très-suspect à tous ceux qui étoient dans les intérêts de ce que l'on appeloit le public. Je ne voulois nullement perdre ce public ; et cette considération, jointe aux autres que je vous ai marquées ci-dessus, faisoit que je n'étois pas satisfait d'une conduite dont les apparences n'étoient pas bonnes, et dont le succès d'ailleurs étoit fort incertain. L'autre issue que je m'imaginai étoit plus grande, plus noble, plus élevée : et ce fut celle aussi à laquelle je m'arrêtai sans balancer. Ce fut de faire en sorte que Monsieur formât publiquement un tiers parti, séparé de M. le prince, et composé de Paris et de la plupart des grandes villes du royaume, qui avoient beaucoup de disposition au mouvement, et dans une partie desquelles j'avois de bonnes correspondances. Le comte de Fuensaldagne, qui croyoit qu'il n'y avoit que la défiance où j'étois de la mauvaise volonté de M. le prince contre moi qui me fît garder des ménagemens avec la cour, m'avoit envoyé don Antonio de la Crusa pour me faire des propositions, qui me donnèrent la première vue du projet dont je vous parle : car il m'avoit offert de faire un traité secret par lequel il m'assuroit d'argent, et par lequel toutefois il ne m'obligeoit à rien de toutes les choses qui pourroient faire juger que j'eusse des correspondances avec l'Espagne. L'idée que je me formai sur cela, et sur beaucoup d'autres circonstances qui concoururent en ce temps-là, fut de proposer à Monsieur qu'il déclarât publiquement dans le parlement que, voyant que la Reine étoit résolue de rétablir le cardinal Mazarin dans le ministère, il étoit résolu, de son côté, de s'y opposer par toutes les voies que sa naissance et les engagemens publics lui permettoient ; qu'il ne seroit ni de sa prudence ni de sa gloire de se contenter des remontrances du parlement, que la Reine éluderoit au commencement et mépriseroit à la fin, pendant que le cardinal faisoit des troupes pour entrer en France, et pour se rendre maître de la personne du Roi, comme il l'étoit déjà de l'esprit de la Reine; que, comme oncle du Roi, il se croyoit obligé de dire à la compagnie qu'il étoit de sa justice de se joindre à lui dans une occasion où il ne s'agissoit, à proprement parler, que de la manutention de ses arrêts, et des déclarations qui étoient dues à ses instances ; qu'il ne seroit pas moins de sa sagesse, parce qu'elle n'ignoroit pas que toute la ville conspiroit avec lui à un dessein si nécessaire au bien de l'État ; qu'il n'avoit pas voulu s'expliquer si ouvertement avec elle avant que de s'être mis en état de la pouvoir assurer du succès, par l'ordre qu'il avoit déjà mis aux affaires ; qu'il avoit tant d'argent, qu'il étoit déjà assuré de tant et tant de places ; et sur le tout que ce qui devoit toucher la compagnie plus que quoi que ce soit, et lui faire même embrasser avec joie l'heureuse nécessité où elle se voyoit de travailler avec lui au bien de l'Etat, étoit l'engagement public qu'il prenoit dès ce moment avec elle, et de n'avoir jamais aucunes intelligences avec les ennemis de l'Etat, et de n'entendre jamais directement ni indirectement à aucune négociation qui ne fût proposée en plein parlement, les chambres assemblées; qu'au reste il désavouoit tout ce que M. le prince avoit fait et faisoit avec les Espagnols; et que pour cette raison, et celles des négociations fréquentes et suspectes de tous ceux de son parti, il n'y vouloit avoir aucune communication que celle que l'honnêteté requéroit à l'égard d'un prince de son mérite. Voilà ce que je proposai à Monsieur, et que j'appuyai de toutes les raisons qui lui pouvoient faire voir la possibilité de la pratique, de laquelle je suis encore très-persuadé. Je lui exagérai tous les inconvéniens de la conduite contraire; et je lui prédis tout ce qu'il vit depuis de celle du parlement, qui, au moment qu'il donnoit des arrêts contre le cardinal, déclaroit criminels de lèse-majesté ceux qui s'opposeroient à son retour.

Monsieur demeura ferme dans sa résolution, soit qu'il craignît, comme il disoit, l'union des grandes villes, qui pouvoit, à la vérité, devenir dangereuse à l'Etat; soit qu'il appréhendât que M. le prince ne se raccommodât avec la cour contre lui : à quoi toutefois je lui avois marqué plus d'un remède. Ce qui me parut, c'est que le fardeau étoit trop pesant pour lui. Il est vrai qu'il étoit au dessus de sa portée, et que par cette raison j'eus tort de l'en presser. Il est vrai de plus que l'union des grandes villes, en l'humeur où elles étoient, pouvoit avoir de grandes suites. J'en eus scrupule, parce que, dans la vérité, j'ai toujours appréhendé ce qui pouvoit effectivement faire du mal à l'Etat ; et Caumartin ne put jamais être de cet avis par cette considération. Ce qui m'y emporta, si je l'ose dire, et contre mes manières et contre mes inclinations, fut la confusion où nous allions tomber en prenant l'autre chemin, et le ridicule d'une conduite par laquelle il me sembloit que nous allions tous combattre à la façon des anciens andabates (1).

La seconde conversation que j'eus sur ce détail avec Monsieur dans la grande allée des Tuileries fut assez curieuse, et, par l'événement, presque prophétique. Je lui dis : « Que deviendrez-vous, monsieur, « quand M. le prince sera raccommodé à la cour ou « passé en Espagne? quand le parlement donnera des « arrêts contre le cardinal, et déclarera criminels ceux « qui s'opposeront à son retour? quand vous ne pour- « rez plus, avec honneur et sûreté, être ni mazarin « ni frondeur? » Monsieur me répondit : « Je serai « fils de France; vous deviendrez cardinal, et vous « demeurerez coadjuteur. » Je lui repartis sans balancer, comme par enthousiasme : « Vous serez fils « de France à Blois, et moi cardinal au bois de Vin- « cennes. » Monsieur ne s'ébranla point, quoi que je lui pusse dire; et il fallut se réduire au parti de *brousser à l'aveugle* de jour en jour. C'est le nom que Patru donnoit à notre manière d'agir; je vous en expliquerai le détail, après que je vous aurai rendu compte d'un embarras très-fâcheux que j'eus en ce temps-là.

Bertet, qui, comme vous avez déjà vu, étoit venu à Paris pour négocier avec M. de Bouillon et moi, avoit aussi ordre de la Reine de voir madame de Chevreuse, et d'essayer de lui persuader de s'attacher encore plus intimement à elle qu'elle n'avoit fait jusque là. Il la trouva dans une disposition très-favorable pour sa négociation. Laigues étoit rempli de lui-

(1) C'est-à-dire *à tâtons*. Les andabates étoient des gladiateurs qui combattoient les yeux fermés. (A. E.)

même, et de plus l'homme du monde le plus changeant de son naturel. Il y avoit déjà quelque temps que mademoiselle de Chevreuse m'avoit averti qu'il disoit tous les jours à madame sa mère qu'il falloit finir, que tout étoit en confusion, que nous ne savions plus où nous allions. Bertet, qui étoit vif, pénétrant et insolent, s'étant aperçu du foible, en prit le défaut habilement : il menaça, il promit; enfin il engagea madame de Chevreuse à lui promettre qu'elle ne seroit contraire en rien au retour de M. le cardinal; et qu'en cas qu'elle ne me pût gagner sur cet article, elle feroit tous ses efforts pour empêcher que M. de Noirmoutier, qui étoit gouverneur de Charleville et du Mont-Olympe, ne demeurât dans mes intérêts, quoiqu'il tînt ces deux places de moi. Noirmoutier se laissa corrompre par elle, sous des espérances qu'elle lui donna de la part de la cour; et quand je le voulus obliger à offrir son service à Monsieur lorsque le cardinal entra avec ses troupes dans le royaume, il me déclara qu'il étoit au Roi; qu'en tout ce qui me seroit personnel il passeroit toujours par dessus toutes sortes de considérations; mais que dans la conjoncture présente, où il s'agissoit d'un démêlé de Monsieur avec la cour, il ne pouvoit manquer à son devoir. Vous pouvez juger du ressentiment que j'eus de cette action. J'éclatai contre lui avec fureur, et au point que quoique j'allasse tous les jours chez mademoiselle de Chevreuse, qui se déclara ouvertement contre madame sa mère en cette occasion, je ne saluois ni lui ni Laigues, et je ne parlois presque pas à madame de Chevreuse. Je reprends la suite de mon discours.

La Saint-Martin de l'année 1651 ayant ouvert le parlement, il députa messieurs Doujat et Baron vers M. le duc d'Orléans qui étoit à Limours, pour le prier de venir prendre sa place au sujet d'une déclaration que le Roi avoit envoyée au parquet dès le 8 du mois d'octobre, par laquelle il déclaroit M. le prince criminel de lèse-majesté.

Monsieur vint au Palais le 20 novembre: et M. le premier président ayant exagéré, même avec emphase, tout ce qui se passoit en Guienne, conclut par la nécessité qu'il y avoit de procéder à l'enregistrement de la déclaration, pour obéir aux très-justes volontés du Roi : ce fut son expression. Monsieur, qui, comme vous avez vu ci-dessus, avoit pris sa résolution, répondit au premier président que ce n'étoit pas une affaire à précipiter ; qu'il falloit donner du temps pour travailler à l'accommodement; qu'il s'y appliquoit de tout son pouvoir; que M. de Damville [1] étoit en chemin pour lui apporter des nouvelles de la cour; qu'il étoit étrange que l'on pressât une déclaration contre un prince du sang, et que l'on ne songeât pas seulement aux préparatifs que le cardinal Mazarin faisoit pour entrer à main armée dans le royaume.

Je vous ennuierois fort inutilement si je m'attachois au détail de ce qui se passa dans les assemblées des chambres, qui commencèrent, comme je viens de vous le dire, le 20 novembre ; puisque celles du 23, du 24 et du 28 de ce mois, et du 1er et 2 décembre, ne furent, à proprement parler, employées qu'à une

---

[1] *M. de Damville:* François-Christophe de Levi, comte de Brian, puis duc de Damville ; mort en 1661.

répétition continuelle de la nécessité de l'enregistrement de la déclaration que M. le premier président prenoit au nom du Roi, et des raisons différentes que Monsieur alléguoit pour obliger la compagnie à le différer. Tantôt il attendoit le retour d'un gentilhomme qu'il avoit envoyé à la cour pour négocier; tantôt il assuroit que M. de Damville devoit arriver de la cour au premier jour, avec des radoucissemens; tantôt il incidentoit sur la forme que l'on devoit garder lorsqu'il s'agissoit de condamner un prince du sang; tantôt il soutenoit que le préalable nécessaire de toutes choses étoit de songer à se précautionner contre le retour du cardinal; tantôt il produisoit des lettres de M. le prince adressées au Roi et au parlement même, par lesquelles il demandoit à se justifier. Comme il vit, et que le parlement même ne vouloit pas souffrir qu'on lût ces lettres, parce qu'elles venoient d'un prince qui avoit les armes à la main contre son roi, et que ce même esprit portoit le gros de la compagnie à l'enregistrement, il quitta la partie, et il envoya M. de Croissy au parlement le 4, pour le prier de ne le point attendre pour la délibération qui concernoit la déclaration, parce qu'il avoit résolu de n'y point assister. On opina, et il passa de six-vingts voix, après qu'il y eut trois ou quatre avis différens, plus en la forme qu'en la substance, à faire lire, publier et enregistrer au greffe la déclaration, pour être exécutée selon sa forme et teneur.

Ce qui consterna Monsieur, c'est que Croissy ayant prié à la fin de l'assemblée de prendre jour pour délibérer sur le retour du cardinal Mazarin, dont personne ne doutoit plus, il ne fut presque pas écouté.

Monsieur m'en parla le soir, et me dit qu'il étoit résolu de faire agir le peuple, pour éveiller le parlement; et je lui répondis ces propres paroles : « Le « parlement, monsieur, ne s'éveillera que trop en « paroles contre le cardinal : mais il s'endormira trop « en effet. Considérez, s'il vous plaît, ajoutai-je, « que quand M. de Croissy a parlé, il étoit midi « sonné, et que tout le monde vouloit dîner. » Monsieur ne prit que pour une raillerie ce que je lui disois tout de bon, et comme je le pensois; et il commanda à Ornano, maître de sa garde-robe, de faire faire une manière d'émotion par Le Maillard, duquel je vous ai parlé dans le second volume de cet ouvrage. Ce misérable mena, pour mieux couvrir son jeu, vingt ou trente gueux criailler chez Monsieur; ils allèrent de là chez M. le premier président, qui leur fit ouvrir sa porte, et les menaça avec son intrépidité ordinaire de les faire pendre.

On donna, le 7, arrêt en pleine assemblée des chambres pour empêcher à l'avenir ces insolences : mais on ne laissa pas de faire réflexion sur la nécessité de lever les prétextes qui y donnoient lieu; et l'on s'assembla, le 9, pour délibérer touchant les bruits qui couroient du retour prochain de M. le cardinal. Monsieur ayant dit qu'il n'étoit que trop vrai, le premier président essaya d'éluder par la proposition qu'il fit de mander les gens du Roi, et de faire lire les informations qui, suivant les arrêts précédens, devoient avoir été faites contre le cardinal. M. Talon représenta qu'il ne s'agissoit point de ces informations; que le cardinal ayant été condamné par une déclaration du Roi, il ne falloit point chercher d'autres preuves; et que s'il falloit informer, ce ne pouvoit être que contre les contraventions à cette déclaration. Il conclut à députer vers Sa Majesté pour l'informer des bruits qui couroient de ce retour, et pour la supplier de confirmer la parole royale qu'elle avoit donnée sur ce sujet à tous ses peuples. Il ajouta que défenses seroient faites à tous les gouverneurs des provinces et des places de donner passage au cardinal, et que tous les parlemens seroient avertis de cet arrêt, et exhortés d'en donner un pareil. Après ces conclusions l'on commença à opiner : mais la délibération n'ayant pu se consommer, et Monsieur s'étant trouvé mal le dimanche au soir, l'assemblée fut remise au mercredi 15. Elle produisit presque tout d'une voix l'arrêt conforme aux conclusions, qui portoient, outre ce que je vous en ai dit ci-dessus, que le Roi seroit supplié de donner part au Pape et aux autres princes étrangers des raisons qui l'avoient obligé à éloigner le cardinal de sa personne et de ses conseils.

Il y eut ce jour-là un intermède, qui vous fera connoître que ce n'étoit pas sans raison que j'avois prévu la difficulté du personnage que j'aurois à jouer dans la conduite que nous prenions. Machaut et Fleury, serviteurs passionnés de M. le prince, ayant dit en opinant que le trouble de l'Etat n'étoit causé que par des gens qui vouloient à toute force emporter le chapeau de cardinal, j'interrompis le premier pour lui répondre que j'étois si accoutumé à en voir dans ma maison, qu'apparemment je n'étois pas assez ébloui de sa couleur pour faire à sa considération tout le mal dont il m'accusoit. Comme on ne doit jamais interrompre les avis, il s'éleva une fort grande clameur en faveur de Machaut. Je suppliai la compagnie d'excuser ma chaleur, laquelle toutefois, ajoutai-je, ne procède pas de défaut de respect.

Quelqu'un ayant dit aussi, en opinant, qu'il falloit procéder à l'égard du cardinal comme l'on avoit procédé autrefois à l'égard de l'amiral de Coligny, c'est-à-dire mettre sa tête à prix, je me levai, aussi bien que tous les autres conseillers-clercs; parce qu'il est défendu par les canons, aux ecclésiastiques, d'assister aux délibérations dans lesquelles il y a un avis ouvert à mort.

Le 18, messieurs des enquêtes allèrent par députés à la grand'chambre pour demander l'assemblée, sur une lettre que M. le cardinal Mazarin avoit écrite à M. d'Elbœuf, en lui demandant conseil touchant son retour en France. M. le premier président s'adressa la lettre; il dit que M. d'Elbœuf la lui avoit envoyée; qu'il avoit en même temps dépêché au Roi pour lui en rendre compte, et faire voir la conséquence; et qu'il attendoit la réponse de son envoyé, après laquelle il prétendoit assembler la compagnie, s'il ne plaisoit à Sa Majesté de lui donner satisfaction. Les enquêtes ne se contentèrent pas de cette parole de M. le premier président : elles renvoyèrent le lendemain, qui fut le 19, leurs députés à la grand'chambre; et l'on fut obligé d'assembler le 20, après avoir invité M. le duc d'Orléans. Le premier président ayant dit à la compagnie que le sujet de l'assemblée étoit la lettre dont j'ai parlé ci-dessus, et un voyage que M. de Noailles avoit fait vers M. d'Elbœuf, les gens du Roi furent mandés, qui, par la bouche de M. Talon, conclurent à ce qu'en exécution de l'arrêt d'un tel jour les députés du parlement se rendissent au plus tôt auprès du Roi, pour l'informer de ce qui se passoit sur la frontière; que Sa Majesté fût suppliée d'écrire à l'électeur de Cologne, pour faire sortir le cardinal Mazarin de ses terres et seigneuries; que M. le duc d'Orléans fût prié d'envoyer au Roi en son nom à cette même fin, comme aussi au maréchal d'Hocquincourt et aux autres commandans de troupes, pour leur donner avis du dessein que le cardinal Mazarin avoit de rentrer en France; que quelques conseillers de la cour fussent nommés pour se transporter sur la frontière, et pour dresser des procès-verbaux de ce qui se passeroit à l'égard de ce retour; qu'il fût fait défense aux maires et échevins des villes de lui donner passage, ni lieu d'assemblée à aucunes troupes qui le dussent favoriser, ni retraite à aucuns de ses parens et domestiques; que le sieur de Noailles fût assigné à comparoître en personne à la cour, pour rendre compte du commerce qu'il entretenoit avec lui; et que l'on publieroit un monitoire pour être informé de la vérité de ces commerces. Voilà le gros des conclusions conformément auxquelles l'arrêt fut rendu.

Vous croyez sans doute que le cardinal est foudroyé par le parlement, en voyant que les gens du Roi même forment et enflamment les exhalaisons qui produisent un aussi grand tonnerre. Nullement. Au même instant que l'on donnoit cet arrêt avec une chaleur qui alloit jusqu'à la fureur, un conseiller ayant dit que les gens de guerre qui s'assembloient sur la frontière pour le service du Mazarin se moqueroient de toutes les défenses du parlement, si elles ne leur étoient signifiées par des huissiers qui eussent de bons mousquets et de bonnes piques; ce conseiller, dis-je, du nom duquel je ne me souviens pas, mais qui, comme vous voyez, ne parloit pas de trop mauvais sens, fut repoussé par un soulèvement général de toutes les voix, comme s'il eût avancé la plus sotte et la plus impertinente chose du monde; et toute la compagnie s'écria, même avec véhémence, que le licenciement des gens de guerre n'appartenoit qu'à Sa Majesté.

Je vous supplie d'accorder, s'il est possible, cette tendresse de cœur pour l'autorité du Roi, avec l'arrêt qui, au même moment, défend à toutes les villes de donner passage à celui que cette même autorité veut rétablir. Ce qui est de plus merveilleux, c'est que ce qui paroît un prodige aux siècles à venir ne se sent pas dans le temps; et que ceux même que j'ai vus raisonner depuis sur cette matière, comme je fais à l'heure qu'il est, eussent juré, dans les instans dont je vous parle, qu'il n'y avoit rien de contradictoire entre la restriction et l'arrêt. Ce que j'ai vu dans nos troubles m'a expliqué dans plus d'une occasion ce que je n'avois pu concevoir auparavant dans les histoires. On y trouve des faits si opposés les uns aux autres, qu'ils en sont incroyables : mais l'expérience nous fait connoître que tout ce qui est incroyable n'est pas faux. Vous verrez encore des preuves de cette vérité dans la suite de ce qui se passa au parlement, que je reprendrai après vous avoir entretenue de quelques circonstances qui regardent la cour.

Il y eut contestation dans le cabinet sur la manière

dont la cour se devoit conduire à l'égard du parlement. Les uns soutenoient qu'il le falloit ménager avec soin, et les autres prétendoient qu'il étoit plus à propos de l'abandonner à lui-même : ce fut le mot dont Brachet se servit en parlant à la Reine. Il lui avoit été inspiré et dicté par Menardeau-Champré, conseiller de la grand'chambre et homme de bon sens, qui avoit donné charge de dire à la Reine de sa part que le mieux qu'elle pouvoit faire étoit de laisser tomber à Paris toutes choses dans la confusion, qui sert toujours au rétablissement de l'autorité royale, quand elle vient jusqu'à un certain point; qu'il falloit pour cet effet commander à M. le premier président d'aller faire sa charge de garde des sceaux à la cour; y appeler M. de La Vieuville avec tout ce qui avoit trait aux finances; y faire venir le grand conseil, etc. Cet avis, qui étoit fondé sur les indispositions que l'on croyoit qu'un abandonnement de cet éclat produiroit dans une ville où l'on ne peut désavouer que tous les établissemens ordinaires n'aient un enchaînement même très-serré les uns avec les autres; cet avis fut, dis-je, combattu avec beaucoup de force par tous ceux qui appréhendoient que les ennemis du cardinal ne se servissent utilement, contre ses intérêts, de la foiblesse de M. le président Le Bailleul, qui, par l'absence du premier président, demeureroit à la tête du parlement; et de la nouvelle aigreur qu'un éclat comme celui-là produiroit encore dans l'esprit des peuples. Le cardinal balança long-temps entre les raisons qui appuyoient l'un et l'autre parti, quoique la Reine, qui par son goût croyoit toujours que le plus aigre étoit le meilleur, se fût déclarée d'abord pour

le premier. Ce qui décida, à ce que le maréchal de
La Ferté m'a dit depuis, fut le sentiment de M. de Senneterre, qui écrivit fortement au cardinal pour l'ap-
puyèr, et qui lui fit même peur des expressions fort
souvent très-fortes du premier président, lesquelles
faisoient quelquefois, ajoutoit Senneterre, plus de
mal que ses intentions ne pouvoient faire de bien.
Cela étoit trop exagéré. Enfin le premier président
sortit de Paris par ordre du Roi, et il ne prit pas
même congé du parlement; à quoi il fut porté par
M. de Champlâtreux, assez contre son inclination.
M. de Champlâtreux eut raison, parce qu'enfin il eût
pu courre fortune, dans l'émotion qu'un spectacle
comme celui-là eût pu produire. Je lui allai dire
adieu la veille de son départ, et il me dit ces propres
paroles : « Je m'en vais à la cour, et je dirai la vérité;
« après quoi il faudra obéir au Roi. » Je suis persuadé
qu'il le fit effectivement comme il le dit. Je reviens à
ce qui se passa au parlement.

Le 29 décembre, les gens du Roi entrèrent dans la
grand'chambre. Ils présentèrent une lettre de cachet
du Roi, qui portoit injonction à la compagnie de différer l'envoi des députés qui avoient été nommés par
l'arrêt du 13 pour aller trouver le Roi, parce qu'il
leur avoit plus que suffisamment expliqué autrefois
son intention. M. Talon ajouta qu'il étoit obligé, par
le devoir de sa charge, de représenter l'émotion
qu'une telle députation pourroit causer dans un temps
aussi troublé. « Vous voyez, continua-t-il, tout le
« royaume ébranlé; et voilà encore une lettre du parle-
« ment de Rouen, qui nous écrit qu'il a donné arrêt
« contre le cardinal Mazarin, conforme au vôtre du 13. »

M. le duc d'Orléans prit la parole ensuite. Il dit que le cardinal Mazarin étoit arrivé le 25 à Sedan ; que les maréchaux d'Hocquincourt et de La Ferté l'alloient joindre avec une armée pour le conduire à la cour ; et qu'il étoit temps de s'opposer à ses desseins, desquels on ne pouvoit plus douter. Je ne puis vous exprimer à quel point alla le soulèvement des esprits : l'on eut peine à attendre que les gens du Roi eussent pris leurs conclusions, qui furent à faire partir incessamment les députés pour aller trouver le Roi, et déclarer dès à présent le cardinal Mazarin et ses adhérens criminels de lèse-majesté ; à enjoindre aux communes de leur courir sus ; à défendre aux maires et échevins des villes de leur donner passage ; à vendre sa bibliothèque et tous ses meubles. L'arrêt ajouta que l'on prendroit préférablement sur le prix la somme de cent cinquante mille livres pour être donnée à celui qui représenteroit le cardinal vif ou mort. A cette parole, tous les ecclésiastiques se levèrent, pour la raison que j'ai marquée dans une pareille occasion.

TABLE DES MATIÈRES

CONTENUES

DANS LE QUARANTE-CINQUIÈME VOLUME.

MÉMOIRES DU CARDINAL DE RETZ.

Livre troisième.   Pag. 1
Livre quatrième.   387

FIN DU TOME QUARANTE-CINQUIÈME.

www.ingramcontent.com/pod-product-compliance
Lightning Source LLC
Chambersburg PA
CBHW060513230426
43665CB00013B/1502